先 刚 著

柏拉图的本原学说

基于未成文学说和对话录的研究

Plato's Theory of Principles

An Investigation Based on the "Unwritten Doctrine" and on the Dialogues

生活·讀書·新知 三联书店

图书在版编目（CIP）数据

柏拉图的本原学说：基于未成文学说和对话录的研究 / 先刚著 . -- 修订版 . -- 北京：生活 · 读书 · 新知三联书店，2024. 8. --（三联 · 哈佛燕京学术丛书：修订版）. -- ISBN 978-7-108-07853-7

Ⅰ. B502.232

中国国家版本馆 CIP 数据核字第 2024LR1611 号

责任编辑 曾 诚 杨 乐
装帧设计 蔡立国 薛 宇
责任印制 李思佳
出版发行 生活 · 讀書 · 新知 三联书店
（北京市东城区美术馆东街 22 号 100010）
网 址 www.sdxjpc.com
经 销 新华书店
印 刷 北京中科印刷有限公司
版 次 2024 年 8 月北京第 1 版
2024 年 8 月北京第 1 次印刷
开 本 880 毫米 × 1230 毫米 1/32 印张 14.25
字 数 342 千字
印 数 0,001－4,000 册
定 价 82.00 元
（印装查询：01064002715；邮购查询：01084010542）

本丛书系人文与社会科学研究丛书，
面向海内外学界，
专诚征集中国中青年学人的
优秀学术专著（含海外留学生）。

·

本丛书意在推动中华人文科学与
社会科学的发展进步，
奖掖新进人材，鼓励刻苦治学，
倡导基础扎实而又适合国情的
学术创新精神，
以弘扬光大我民族知识传统，
迎接中华文明新的腾飞。

·

本丛书由哈佛大学哈佛－燕京学社
（Harvard-Yenching Institute）
和生活·读书·新知三联书店共同负担出版资金，
保障作者版权权益。

·

本丛书邀请国内资深教授和研究员
在北京组成丛书学术委员会，
并依照严格的专业标准
按年度评审遴选，
决出每辑书目，保证学术品质，
力求建立有益的学术规范与评奖制度。

目　录

Plato's Theory of Principles

An Investigation Based on the "Unwritten Doctrine" and on the Dialogues

Contents

柏拉图著作名称及引用缩写[1]

中译名	原书名（希腊文或拉丁文）	引用缩写
《大阿尔基比亚德》	Alkibiades meizon	Alk.
《苏格拉底的申辩》	Apologia Soktratous	Apol.
《夏米德》	Charmides	Charm.
《书信》	Epistolai	Epist.
《尤叙德谟》	Euthydemos	Euthyd.
《尤叙弗伦》	Euthyphron	Euthyphr.
《高尔吉亚》	Gorgias	Gorg.
《大希比亚》	Hippias maior	Hipp. mai.
《小希比亚》	Hippias minor	Hipp. min.
《伊翁》	Ion	Ion
《克里提亚》	Kritias	Kr.
《克拉底鲁》	Kratylos	Krat.
《克里同》	Kriton	Krit.
《拉刻斯》	Laches	Lach.
《吕西斯》	Lysis	Lys.
《美内克塞诺》	Menexenos	Mx.
《门农》	Menon	Men.
《米诺斯》	Minos	Min.
《法律》	Nomoi（Leges）	Leg.
《巴门尼德》	Parmenides	Parm.

[1] 本书引用柏拉图的著作原文时遵循这样的体例，即首先给出该文本所属的对话录的名称缩写，然后注明标准的“斯蒂凡页码”，比如“Gorg. 460c”指相关文本出自《高尔吉亚》，具体位置为斯蒂凡版本460c。

《斐多》	Phaidon	Phaid.
《斐德罗》	Phaidros	Phaidr.
《斐勒布》	Philebos	Phil.
《政治家》	Politiokos	Polit.
《普罗泰戈拉》	Protagoras	Prot.
《理想国》	Politeia（Res publica）	Rep.
《智术师》	Sophistes	Soph.
《会饮》	Symposion	Symp.
《泰阿泰德》	Theaitetos	Tht.
《蒂迈欧》	Timaios	Tim.

《柏拉图学说记述》 名称及引用缩写[1]

Testimonia Platonica. Quellentexte zur Schule und mündlichen Lehre Platons. In Konrad Gaiser，*Platons ungeschriebene Lehre. Studien zur systematischen und geschichtlichen Begründung der Wissenschaften in der platonischen Schule.* Stuttgart 1963. ^{2}1968. S. 441 – 557.

引用缩写：TP。

[1] 本书引用《柏拉图学说记述》时遵循的体例为引用缩写“TP”加上所属条目，比如“TP 22”。

再版前言

在首版十年之后，本书被收入《三联·哈佛燕京学术丛书》三十周年纪念版予以再版，我对此感到非常荣幸。

本书初版之际，得到了学界较多关注。聂敏里教授和谢文郁教授分别于中国人民大学和山东大学为本书举办了专门的研讨会，程炜教授[1]、程志敏教授[2]、吕纯山教授[3]、李伟教授[4]发表了一系列书评，詹文杰研究员和何祥迪教授也撰写了书评，但前者后来只是发布在网络公号上，后者并未公开发表；除此之外，有些学者虽然并未撰写专门的书评，但在不同场合对本书中的某些观点亦有所点评。从此以后，上世纪五十年代末兴起的图宾根学派研究范式（推崇柏拉图的未成文学说，注重从本原学说的角度解读柏拉图）在我国学界逐渐为人熟识，也有更多的年轻学者（比如南开大学的邓向玲、华中科技大学的易刚、复旦大学的王纬）投入到相关研究中。

当初围绕本书的讨论，总的说来分为两个方面：一个是方法论的方面，主要是对于柏拉图未成文学说仍然抱有某种怀疑的态度，或者质疑我的诠释方法过于强调科学体系，有独断论之嫌，另一个是具体内容的方面，主要涉及对于某些概念或问题的理解等等。前

---

[1] 程炜《评先刚〈柏拉图的本原学说〉》，刊于《希腊罗马哲学》第一期，商务印书馆，2016。

[2] 程志敏《柏拉图研究的新范式》，刊于《中国图书评论》2016 年第 3 期。

[3] 吕纯山《先刚：柏拉图的本原学说》，刊于《哲学门》总第三十三辑，北京大学出版社，2016。

[4] 李伟《重估“柏拉图未成文学说”的范式意义——评点先刚博士的〈柏拉图的本原学说〉》，刊于《哲学分析》2016 年第 5 期。

一个方面归根结底仍然是立场问题，这一点我在初版前言中已经有所预料，而众所周知，自觉的或不自觉的立场之争在哲学中本身是一个不可克服的恒古现象，因此大家在这件事情上保持“和而不同”是一个明智的做法。至于后一个方面，涉及很多零碎的问题，其中一些讨论对我是有启发意义的，比如程炜教授强调“书写”和“出版”这两件事情在柏拉图那里要区别对待，詹文杰研究员认为应当更加审慎对待柏拉图对于“本原”这个术语的使用等，但还有一些批评意见，比如有位学者居然认为我这位纯正的德国古典哲学专家不懂“直观”或“理智直观”的真正意义，这就不符合事实了。除了来自于外部的评论，这些年间我自己也有所反省，比如从我现在的角度看，本书的论战色彩可能稍过浓厚，还有就是对经验论的理解不够全面，太强调理性思维对于经验的超越和决裂，从而在某种程度上偏离了辩证法的“概念把握”（Begreifen）精神；此外我比从前更深刻地认识到苏格拉底—柏拉图的“无知”是一种体现为“明智”（Sophrosyne）的整全式辩证知识，也发现柏拉图的灵魂不朽说和回忆说与笛卡尔以来的近代哲学主张的理性不朽和理性的纯粹运用是同一回事[1]。

尽管如此，从总体上看，我认为本书的柏拉图诠释仍然是站得住脚的，所以此次再版的时候并没有做大的改动，而是仅仅修改了某些字句和表述，这样本书可以保留其原貌，清楚呈现其主旨和主线，而非继续纠缠于一些拉锯式的争议（更何况很多对我的批评意见是我在书中原本已经批驳过的）。即使从今天的角度看，本书在汉语学界林林总总的柏拉图研究中也称得上是一种“别致的”诠释，因此

[1] 这些方面的思考成果主要体现于我的如下几篇论文：《苏格拉底的“无知”和明智》，刊于《哲学研究》2017 年第 8 期；《柏拉图的经验论》，刊于《哲学动态》2017 年第 9 期；《柏拉图的“回忆说”和“灵魂不朽论”》，刊于《云南大学学报》（社会科学版）2018 年第 1 期。

我相信它对于专业的柏拉图研究仍然具有一定参考意义，同时对于普通读者而言也不失为一个有趣的柏拉图哲学导论。部分读者如果只对柏拉图“本原学说”的内容本身感兴趣，也可以暂时略过前面的方法论部分，首先阅读本书附录，然后从第6章直接进入正题。

正如本书初版前言所陈述的，本书是在图宾根学派精神的指引下进行的一个拓展研究。借这个机会，我想再澄清一下我与图宾根学派的关系。实际上，随着该学派的最后两位大师斯勒扎克（1940—2023）和哈弗瓦森（1958—2020）于近年去世，物理意义上的图宾根学派已经终结了。我虽然求学于图宾根，听过克雷默（1929—2015）的讲座，上过斯勒扎克的课，后来在海德堡与哈弗瓦森也有交往，对他们无比敬重，但这些都不是严格意义上的师承关系，所以我并不属于这个学派或圈子。这样我正好可以一方面采纳他们的很多方法和观点，另一方面结合我最擅长的德国古典哲学对柏拉图做出一个贯通式的诠释，同时不必忠实地继承他们的全部观点，或墨守他们划定的研究范围。据说有些人指责我在“贩卖私货”，但他们所谓的“私货”（Eigentum），可能恰恰是我对柏拉图哲学做出的某种创新解释。关于这件事情，还必须从辩证的角度来看：首先，哲学里面真正说来没有什么“私货”，因为思想本身是公有的、共通的；其次，每一位学者无论怎么标榜客观中立，都是自觉不自觉地带着自己的前见亦即某种预设的哲学立场进入研究，这是不可避免的，而他在哲学研究中做出多大贡献，恰恰取决于他的所谓的“私货”，即他如何以独到的方式去诠释普遍的思想，揭示出某些深刻的意蕴。就此而言，只要不是完全无凭无据的瞎说或那种匪夷所思的“逆练”（比如把柏拉图解释为民主制的拥护者，或把黑格尔解释为浪漫主义者），我们倒更应当鼓励学者真正拿出自己的“私货”，而不是做一些无意义的重复工作。

虽然图宾根学派已经终结，但不能说他们的研究范式因此就成为过时的东西，因为一方面看来，柏拉图未成文学说的存在和价值基本上已经得到承认，而且它和对话录不是相互排斥，而是形成互为犄角的关系；另一方面看来，未成文学说所强调的本原学说传统，特别是其中关于第二本原的思想，都日益受到重视，而这些都是图宾根学派给柏拉图研究留下的丰厚遗产。至于他们的研究范式究竟还有多大的拓展空间，或者将来具有多久的生命力，还是取决于我们能够在多大程度上着眼整个西方哲学传统阐发出柏拉图的本原学说的意义。这方面的工作是我一直都在做的，比如通过我对于谢林和黑格尔的翻译和诠释，“本原”（Prinzip）这个术语已经逐渐取代了过去的“原则”、“原理”之类译法。在具体的阐发中，我也致力于从本原学说的角度去理解德国古典哲学（尤其是德国唯心论）及其与古代本原学说的关系。

需要向读者坦白的是，自本书出版十年来，我的研究和教学的重点已经完全转到德国古典哲学。这期间除了发表几篇论文并翻译了陈康先生的博士论文《亚里士多德论“分离”问题》（*Das Chorismos-Problem bei Aristoteles*, 1940）[1]之外，我主要从事的是谢林和黑格尔的翻译和研究工作。尽管柏拉图在我心目中始终具有崇高的地位，但我对单纯的柏拉图研究或古希腊哲学研究失去了从前的热情。我的这种情况应该不是个别现象，因为据我观察，无论是在周围的学界同仁那里还是在年轻的学生当中，古希腊哲学的热度相比一二十年前已经大大降低。尽管部分学者仍然在这个领域辛勤耕耘，其研究成果也更加专精，但古希腊哲学研究不再是一门显学。实际上，古

[1] 这本书我在 2020 年初已经翻译完毕并交稿给中国人民大学出版社，但迄今一直没有出版。

希腊哲学研究在我国学界原本一直是不温不火的，后来之所以火热了一段时间，主要是归功于施特劳斯学派的推动，但随着后者的日渐沉寂，古希腊哲学研究也逐渐冷清下来，至于施特劳斯学派沉寂的原因，除了其愈来愈严重的教条化倾向之外，更在于其始终轻视乃至排斥严肃的理论哲学研究，而这种做法在哲学界是注定不能长久的。当今学界的主要关注点重新回到了更早受到冷落的近代哲学和德国古典哲学，在这里寻求并积蓄力量，这是合理之举，因为真正说来，这里才是西方哲学的蓄水池和活水源头，而一切古代哲学研究只不过是从这里溢漫出去的结果。也就是说，正如一切历史都是当代史，其实没有什么“自在的”柏拉图哲学和亚里士多德哲学，他们的种种形象毋宁是从近代以来的各种哲学立场出发投射出来或建构起来的，因此古希腊哲学研究中的很多争执，其根源和可能解决方案都在近代哲学和德国古典哲学自身之内，其最终比拼的是各自所依据的哲学资源的诠释力，而这种交锋才真正体现出古代哲学的活力。就我自己而言，这些年当我完全沉浸于谢林哲学和黑格尔哲学的研究，对于柏拉图哲学和亚里士多德哲学以及二者的关系反而有更深入的理解。由此看来，当前古希腊哲学研究热度的暂时降低未必是一件坏事，这更像是学术界的一种迂回前进的趋势，而当人们在近代哲学和德国古典哲学里受到足够的熏陶和滋养，就一定能够重新开启古代哲学的活生生的源泉。

以上就是我在本书再版之际的一些说明和感想。这里我要再次感谢三联书店“三联哈佛燕京学术丛书”给予我的支持，尤其感谢冯金红女士对我的信任和关照。

先刚

2024 年 4 月于北京大学外国哲学研究所

前　言

本书是对柏拉图哲学进行整体论述的一个尝试。确切地说，就是从“图宾根学派”（Tübinger Schule）的基本立场（强调柏拉图的口传的未成文学说）和基本精神（强调柏拉图的成文著作亦即对话录和他的未成文学说的结合）出发，在兼顾柏拉图哲学的表达形式和实质内容的情况下，以柏拉图的“本原学说”（Prinzipienlehre）为线索，勾勒出柏拉图哲学的一幅相对完整的肖像。就结构而言，本书的前半部分（第 1—5 章）主要是一种以柏拉图哲学的“形式”为对象的方法论讨论，而后半部分（第 6—11 章）则是就柏拉图哲学的“内容”作出的提炼和分析。

需要说明的是，本书虽然用了一定篇幅来阐述图宾根学派的各种基本观点及相关争论（因为国内学界对于这个视域尚且缺乏充分的了解），甚至在很大程度上借鉴了该学派已有的研究成果，但本书并不是一篇“介绍图宾根学派观点”的学术报告，而是一部遵循图宾根学派方法的独立的、更进一步的专题研究，也就是说，不仅（或重点不在于）讨论柏拉图的未成文学说的内容，更要讨论这些内容与柏拉图的成文著作之间的关系，即未成文学说在对话录里面的体现和印证。换言之，本书所阐述的“柏拉图哲学”是一个完整的东西，不仅包括他的未成文学说的内容，而且也包括他的对话录中的思想，最终目标是在这个基础上呈现出柏拉图的通过辩证法一以贯之的本原学说体系。在这个问题上，可以说本书是第一个较为全面的尝试。我深知，相比此领域的诸位前辈大师的那些鸿篇巨制，本书的“学术含金量”是颇为不及的，尽管如此，我仍然希望这部著作会由于它的些许新意而具有一定价值。

我在这里坦诚自己与图宾根学派的承继关系，也就明白表露了自己的柏拉图研究的诠释立场。诚然，公开表露自己的诠释立场有一个很大的风险，很有可能立即就被扣上“门户之见”的帽子，但我觉得这件事情没有什么好隐讳的，因为无论是那种虚假的不偏不倚，还是那些毫无立场的随波逐流的言论，都更不能赢得人们的尊敬。正如西方一句谚语所说的，有多少个脑袋，就有多少种看法（Quot capita，tot sensus）。同时费希特指出，你是什么样的人，就会选择什么样的哲学；把这个意思引申到柏拉图研究上面，也可以说，你具有什么样的哲学倾向，就会在诠释柏拉图的时候采取什么样的立场。实际上，每一位研究者——包括那些公开声称“不预设立场”的研究者——都有自己的哲学趋向和诠释立场，以及相应的解读方法。这些立场可能是“整体论的”、“片断式的”、“唯心主义的”、“实在论的”、“现象学的”、“分析哲学的”，也可能是“浪漫派的”、“施特劳斯学派的”、“图宾根学派的”等等，不一而足。在各种诠释立场相互之间的争论中，真正难以被说服的，不是对于某个特定问题或某段特定文本的认识，而是研究者自己的立场本身。从过去几十年的柏拉图研究状况来看，由于图宾根学派“逆潮流而动”，旗帜鲜明地恢复了古典唯心主义和整体论的研究路线，相关争论尤其是一个硝烟弥漫的战场，[1]因此我预计本书也会引发一些激烈的反应。另一方面，对于学术研究来说，不论多大的争论都是一件好事，究其根本原因，就是因为每一位研究者虽然是从一个特殊的立场出发，但他们并不把自己的工作看作是一件单纯的自娱自乐的事情，仅仅满足于一种直接的自身确定性，而是自觉或不自觉地

[1] 读者如果在进入本书正文之前首先阅读附录的《国外柏拉图研究中关于“图宾根学派”的争论》一文，也许是一个较好的办法。

追求一个超出学派立场、可以被普遍接受的东西。就本书而言，这里所阐发的柏拉图的“本原学说”虽然首要是在他的未成文学说中最为明确地表述出来，尤其受到我们的重视，但它本身终究是一个客观独立的存在（不仅存在于未成文学说里面，而且在某种意义上也存在于对话录里面），不是某一种阐释立场的“发明”。诚然，某些研究者（比如德国学者格诺特·伯姆）可以对柏拉图的未成文学说不闻不问，仅仅基于柏拉图的某几部对话录就对柏拉图的本原学说进行某种程度上的讨论。但在我们看来，只有把柏拉图的对话录和他的未成文学说结合起来，才能在事实上获得对于柏拉图的本原学说的一个完整的理解，并对其意义作出一个真正合理的评价。

我们在这里多次提到“完整的”柏拉图，同时将本书定位为一个对于柏拉图哲学的“整体论述”，对此我很清楚，这已经是一种反潮流的做法。因为在当前的柏拉图研究（甚至可以说整个哲学史研究）中，人们对于“整体论述”普遍地表达出不同程度的不信任，担心这种诠释方法会把柏拉图束缚在一个先入为主的、人为捏造的、僵化的框架之中，从而丧失了所谓的“开放性”、“问题意识”等等。然而正如我们前面已经指出的，如果说“整体论述”是一个诠释立场的话，那么对此的反对意见同样也仅仅是一个立场而已。借用黑格尔的话来说，如果人们可以不信任整体论述，那么我们为什么不能反过来对这种不信任表示不信任呢？如果人们对于柏拉图哲学缺乏整体上的把握（甚至对这种把握没有信心、没有兴趣），那么他们怎么能够断定某一个框架是人为捏造的东西呢？在我们看来，如果柏拉图哲学确实存在着一个整体框架的话，那么它当然不应当由谁先入为主地臆想出来，而是应当在全面研读柏拉图的著作和他的未成文学说的过程中自然地呈现出来。与此同时，要真正保持柏拉图研究的“开放性”，关键不在于拒斥“整体论述”本身，而是要承认，任何“整体论述”都只是对于柏拉图哲学的完整真相的一个揭示。就此而言，我们承认，本书仅仅是整体论述的一个“尝试”，是一家之言，尽管我们同时也希望其中揭示出了一些可以被普遍接受的东西。

同时需要说明的是，这里所谓的“完整”只是就整体框架结构而言，而非就具体内容而言。柏拉图哲学博大精深，永远是一个无穷无尽的可供探索的宝藏，本书由于主题和篇幅方面的限制，且主要由于作者学力的限制，所以没有涉及柏拉图哲学的全部思想和问题，而是仅仅在既定规划之内讨论了与柏拉图的“本原学说”最为密切相关的内容和问题。同理，我们在这里不是对柏拉图的每一篇著作都进行专门讨论，因此我也没有（因无必要）在本书里面写下自己关于柏拉图的各个单篇研究的所有理解和认识，而是专注于把蕴含在柏拉图的各篇著作中的相关思想提炼出来，纳入“本原学说”这条主线——明白人都知道，这项工作本身就以对于柏拉图各篇著作的熟悉了解和深入研究为前提，而不是像有些人想象的那样，单靠东拉西扯就可以胜任。与此同时我也承认，本书对于许多问题的分析和讨论肯定仍然存在着不够深入细致的地方。对于这些“缺陷”，我希望通过自己将来的继续研究和学界其他同仁的研究工作能够将其扬弃。

本书既然自我定位为对于柏拉图哲学的一个整体论述，所以它既是一部专题研究，在某种意义上也可以说是一个适合于一般读者的柏拉图哲学导论。对于那些本身已经具有明确而坚定的反对立场的专业柏拉图研究者，从过往经验来看，本书不期望能够完全“说服”他们，而是希望努力对他们充分地表述我对于柏拉图的理解和认识，尽可能消除一些不必要的误解。反之，对于那些初次接触这个领域、或在这个领域尚未形成根深蒂固的“先见”的读者，也许本书能够提供一种有趣的见解，传达一种特定的解读柏拉图哲学的方式，引导他们对于柏拉图哲学获得一个全面的且较为新颖的认识。

本书之所以能够充任某种意义上的“柏拉图哲学导论”，还在于本书设定的一个基本目标，即对柏拉图哲学达成一个较为完整的、忠实的理解。读者或许会注意到，在我的整个阐述过程中，我极少或几乎没有批评柏拉图的观点，不会指责柏拉图的哲学立场和政治立场是错误的。我这样做的原因很简单，就是我本人完全赞成并接纳他的各种立场。另一方面，我从不指责柏拉图在这里或那里“思路不清”、“论证不完善”等等，因为我一向认为，研究柏拉图哲学过程中遇到的各种疑难完全归咎于我们的理解能力和知识范围，而不能算作柏拉图的责任。诚然，学术研究尤其是哲学研究需要我们的独立思考，于是有些人觉得，如果不对哲学家提出这样那样的批评意见，就不能表明自己具有独立思考的批判精神或创新精神。但问题在于，“批判精神”并不意味着在尚未具有清楚认识的情况下就对哲学家横加指责，或轻易地断言哲学家的某个思想或努力“失败了”——自从海德格尔以来，“失败”（gescheitert）这一评语在今人对于前辈哲学家的研究中随处可见。同理，所谓的“创新精神”更不是意味着把“哲学”和“哲学史”对立起来，撇开哲学家本人的论述不管（或者仅仅把哲学家的文本当作一个话题引子），转而去大谈特谈什么“纯粹的”或“新颖的”哲学问题（实则这些问题要么是纯粹的胡扯，要么在历代哲学家那里早已得到相当全面深入的讨论），甚至以六经注我的方式把自己的肤浅观点“栽赃”在哲学家头上。在我看来，真正的“创新”毋宁在于潜心领会哲学家的丰富而深刻的思想，把哲学家的认识消化为自己的认识（真正的知识是一种普遍的东西，它必定不是仅仅属于某一位哲学家，而是必须也属于我们每一个人），当“柏拉图的”认识成为“我的”认识，它就已经是一个“新的”东西。与此相反，当前许多所谓的“独立思考”或“创新”其实不过是一些人云亦云的平庸看法，这些看法既谈不上“独立”，更谈不上“创新”，它们恰恰是哲学家努力想要从我们的大脑里清洗掉的各种陈旧的流俗之见。当然，出于学术自由，每个人都有权利说话，都有权利坚持自己的看法，但如果有人随意批评柏拉图这里不对那里有错，进而指责我“盲从”柏拉图等等，我想借用西塞罗的一句话答复道：“你们别管我，我宁愿和苏格拉底及柏拉图一起犯错误！”[1]

回顾自己的柏拉图学习和研究历程，我虽然在北京大学上学期间就倾心于“神一般的柏拉图”的哲学，把他的书几乎读了个遍，但对于柏拉图对话录的复杂的形式和内容一直感到束手无策，即便是读了许多二手研究，比如泰勒（A. E. Taylor）的那本大书，也只是徒劳地堆积了许多零碎的“看法”，对于完整的真正的“柏拉图哲学”始终不得其门而入。直到后来在图宾根大学留学，在斯勒扎克教授（Thomas A. Szlezák）和魏默尔教授（Reiner Wimmer）的课堂上接触到“图宾根学派”的观点及其解读对话录的方法，我才有豁然开朗的感觉，更由于我同时一直也在从事德国古典哲学的研究工作，所以在这个过程中逐渐看到了一个“亲切熟悉的”柏拉图（无论从德国唯心主义还是从德国浪漫派的角度看）。诚然，由于在图宾根上学而接纳“图宾根学派”的观点，这看起来是一个偶然的事件。假若我当初去德国留学的时候，选择的不是秉承古典唯心主义传统的图宾根，而是选择浪漫派的大本营海德堡，我是不是也有可能投入伽达默尔（Hans-Georg Gadamer）、魏兰德（Wolfgang Wieland）的浪漫式柏拉图诠释的怀抱呢？恰恰在反思这些问题的

---

[1] Cicero, *De Oratore*, 41 – 42. = Heinrich Dörrie, *Der Platonismus in der Antike*, Bausteine 30. 1. Stuttgart/Bad Cannstatt 1987.

时候，我更清楚地意识到，从我自己的思想立场和哲学理想来看，接纳“图宾根学派”的立场可以说是一个必然的结果，因为这条诠释路线揭示出来的柏拉图形象与我所拳拳服膺的谢林和黑格尔的哲学几乎完全一致。实际上，当我在图宾根上学的时候，“图宾根学派”的观点在它的大本营也不是一统天下的局面：斯勒扎克虽然继续高举这个学派的大旗，但盖瑟尔早已去世，克雷默也已退休多年，与此同时，图宾根的许多学者，比如我的导师弗兰克教授（Manfred Frank），还有费伽尔教授（Günter Figal），对于克雷默他们的柏拉图诠释都是持以明确的批判态度。对于我们这些学生来说，这种研究路向之间的张力无疑是有益的，而我恰恰是根据自己的独立思考把“图宾根学派”的观点与自己的德国古典哲学研究结合在一起，而且一直延续至今。

自 2005 年博士毕业回国以后，我在北京大学哲学系的科研和教学工作一方面是以德国古典哲学（尤其是谢林和黑格尔）为核心，另一方面也多次开设“柏拉图的哲学体系”、“柏拉图原著选读”、“柏拉图哲学导论”、“亚里士多德形而上学研究”等专题课程，并在这个过程中丰富并且深化了自己在古希腊哲学领域的理解和认识。过去的几年里，我曾经就相关问题在《哲学门》、《学术月刊》、《世界哲学》等期刊上零星地发表过几篇论文（其中的部分篇章和内容也糅合在本书里面），不过并未产生著书立说的念头。直到 2011—2012 年度，我作为“洪堡学者”重返阔别多年的德国，在海德堡大学哲学系从事为期一年的访问研究，这才有机会静下心来梳理之前的各种想法，开始尝试系统全面地表述自己的认识。对我来说，能在图宾根和海德堡这两座同处内卡河畔、一衣带水的德国最美丽的大学城求学和访学，实乃人生一大幸事。在海德堡期间，除了偶尔求教于哈弗瓦森教授（Jens Halfwassen）之外，我主要的工作就是沉浸在柏拉图的著作全集之中，对柏拉图的每一篇对话录分别进行梳理和提炼，再结合未成文学说中的相关思想，逐渐在头脑中形成了一个较为完整的关于柏拉图的本原学说体系的观念。在大致的准备工作完成之后，我在回国之前三个月开始了本书的写作，并在回国之后较短的时间里完成了本书初稿。这时正好赶上我此前翻译的黑格尔《精神现象学》进入审稿和校改的程序，于是在相当长的一段时间里，我的工作几乎是这样一种固定的模式：上午校改《精神现象学》的译文，下午修改本书的原稿，或者正好相反。如今新译本黑格尔《精神现象学》已经面世，自己的这本小书也即将付梓，这些"成果"固然令人欣喜，但更多的是对于我将来的继续工作的鼓励和鞭策吧！

本书的完成得益于洪堡基金会（Alexander von Humboldt Stiftung）的资助和哈弗瓦森教授的盛情款待，此外也离不开多年来与北京大学外国哲学研究所诸位同仁（特别是吴增定、李猛、吴飞、吴天岳等学友）就相关问题的交流以及在课堂上与学生的讨论，在此向他们谨致谢意。我的学生邓向玲同学和冯嘉荟同学仔细阅读了本书初稿，指出文字上的一些琐碎的纰漏之处，前者并且替我制作了本书中的几个图例以及本书的英文目录。除此之外，本书初稿的匿名评审者对我提出了一些中肯的修改意见，而责任编辑曾诚先生对于我的研究工作也给予了充分的信任和支持。这些都是我深为感谢的。在此我尤其要感谢妻子游文梅和女儿先弱非在工作和生活方面对我的全力支持，她们陪伴我一起度过这些年来虽然艰苦但也充满了乐趣的岁月时光。

先　刚

2013 年 11 月于北京大学外国哲学研究所

第 1 章

柏拉图的生平与著作

一 生平

柏拉图（Platon）于公元前 428 年出生于雅典的一个德高望重的贵族家庭，父亲名阿里斯顿（Ariston，“至善”的意思），母亲名佩里克提奥妮（Periktione）。在他的代表著作《理想国》里，柏拉图把他的两位亲兄弟格老孔和阿德曼托斯塑造为苏格拉底的对话伙伴，顺便借文中的苏格拉底之口赞美了他那高贵的家族：

> 龙兄虎弟，父名“至善”，
> 神之后裔，名不虚传。（Rep. 368a）

据说柏拉图是在太阳神阿波罗的生日（希腊日历 11 月 7 日，约等于现代的 5 月 25 日）那天出生的，正如他的老师苏格拉底是在狩猎女神阿尔忒弥斯的生日（希腊日历 11 月 6 日，约等于现代的 5 月 24 日）那天诞生。[1]柏拉图自幼接受了完善的文化教育，是一位才华横溢的文艺青年。他在公元前 408 年即 20 岁的时候被人

[1] 自古以来，尤其是在新柏拉图主义传统的影响下，人们认为柏拉图从人格到思想都与阿

引荐给苏格拉底。在两人见面之前的那个晚上，苏格拉底做了一个梦，梦到一只幼小的天鹅栖息在他怀里，很快长满羽毛，长啸着冲天而去。当他第二天见到柏拉图，马上断言：“这就是那只天鹅。”[1]柏拉图无比敬重和爱戴苏格拉底，[2]甚至在后者的影响下当众烧掉了自己以往的诗作，以表明和这类雕虫小技决裂，从此毅然献身严肃的哲学研究。在随后将近十年的时间里，柏拉图一直跟随苏格拉底，感受其言传身教，直到后者被判刑处死。

在苏格拉底的众多学生和追随者里，柏拉图一开始并没有突出的地位，他和他的师兄们如欧克莱德（Eukleides，后来成为麦加拉学派的创始人）、阿里斯提波（Aristippos，后来成为居勒尼学派的创始人）、安提斯特涅（Antisthenes，后来成为犬儒学派的创始人）、色诺芬（Xenophon）、艾希尼（Aischines）、莫龙（Molon）、伊索克拉底（Isokrates）等等的关系也不太和睦。这种互不相能的局面一直持续到苏格拉底死后的数十年，成为一件众人皆知的事情。比如，色诺芬和柏拉图分别撰写了一部《苏格拉底的申辩》，但他们在各自的记载中都没有提到对方的名字，仿佛对方压根就不存在一样。再比如，艾希尼为了营救苏格拉底出力甚勤，但柏拉图在对话

（接上页）波罗有密切渊源。至今仍有学者从这个角度出发阐释柏拉图的哲学，比如舍费尔（Ch. Schefer）的《柏拉图的不可言说的体验》（Christina Schefer, *Platons unsagbare Erfahrung. Ein anderer Zugang zu Platon*. Basel 2001.）就是如此。至于苏格拉底和阿尔忒弥斯之间的生辰联系，根据柏拉图《泰阿泰德》的叙述，很明显与苏格拉底及其母亲的“助产师”身份有关，因为永守处女之身的阿尔忒弥斯虽然自己不生育，但却司职助产术（Tht. 149a－e）。

[1] Diogenes Laertius, *Leben und Meinungen berühmter Philosophen* （“Diog. Laert.”），III, 5. Hamburg 1998. 此外需要指出的是，按希腊的神话传说，天鹅是阿波罗的神鸟，因此苏格拉底的这个梦同样暗指柏拉图与阿波罗之间的联系。

[2] 维希曼（O. Wichmann）认为，柏拉图在《会饮》（Symp. 215b－222a）中描述的阿尔基比亚德对于苏格拉底的惊叹和热爱之情实际上完全表达了柏拉图本人对于他的老师的那些感受。Vgl. Ottomar Wichmann, *Platon. Ideelle Gesamtdarstellung und Studienwerk*. Darmstadt 1966. S. 40.

录《克里同》里却把这些努力算在跟这件事莫相干的克里同身上。唯利是图的享乐主义者阿里斯提波虽然遭到柏拉图的鄙视，但反过来经常挖苦柏拉图是一个过于谨小慎微的人。[1]至于柏拉图与安提斯特涅（艾希尼的密友）结下梁子，则是因为后者有一次写了一篇论战之作《论矛盾是不可能的》，得意地拿来朗诵给柏拉图听，但柏拉图没等他念下去就当头给他泼了一盆冷水，说道："那你怎么可能写这样一篇文章呢?"（柏拉图的意思是，你说"矛盾不可能"，这岂不是与那些主张"矛盾可能"的人本身就构成了矛盾。）自从这件事以后，安提斯特涅逢人就说，柏拉图是一个自高自大的人。[2]至于安提斯特涅的学生，希诺佩的第欧根尼（Diogenes von Sinope），亦即那个最著名的犬儒主义者，对他的师叔柏拉图更是多有挑衅。他每次到柏拉图家里都要用肮脏的双脚在客厅地毯上使劲碾踩，声称要把柏拉图的"傲慢"踩在脚下。还有一次，柏拉图在课堂上给"人"下了一个定义："人是没有羽毛的两足动物。"（Vgl. Polit. 267c）这时第欧根尼突然站起身，不一会从外面捉了一只公鸡回来，拔光羽毛，扔在柏拉图的座位面前，说道："看，这就是柏拉图所谓的'人'——还带着尖利的爪子呢!"[3]还有一次柏拉图宣讲他的理念学说，提到了桌子的理念和杯子的理念，第欧根尼就插话说："柏拉图，恕我直言，我确实看到了一张桌子和一

---

[1] 阿里斯提波曾经和柏拉图一起去过西西里岛。叙拉古国王狄奥尼索斯送给他不少金钱，同时仅仅送给柏拉图一些书籍，当后来有人为此挖苦阿里斯提波时，他回应道："很正常，因为我本来就缺钱，而柏拉图确实需要多读书。"（Diog. Laert. II，81.）在一次宴会上，狄奥尼索斯下令让客人轮流穿着一件紫红色的衣服跳舞，柏拉图拒绝道："我怎么能够披上女人的服饰呢?" 反之阿里斯提波则是欣然从命，还一边翩翩起舞，一边挖苦柏拉图说："恪守妇道的女人即使是在酒宴上也不会被玷污的。"（Diog. Laert. III，78.）

[2] Diog. Laert. III，35.

[3] Diog. Laert. VI，40.

个杯子，但却从来没有见过什么‘桌子’理念和‘杯子’理念。”对此柏拉图回答道：“是啊，因为你有一双能看到桌子和杯子的肉眼，但是用来看‘桌子’理念和‘杯子’理念的心灵之眼，你却没有。”[1]尽管如此，作为长辈的柏拉图以德报怨，对于第欧根尼的刁难各种宽容，其高风亮节体现无疑，他这样做的部分原因也可能在于，第欧根尼的气质和风范在某些方面与柏拉图毕生敬重的苏格拉底颇为相似。

公元前399年，苏格拉底因为“不敬神”和“毒害青年”的罪名遭到控告。在审判大会上，高贵、英俊、富有的柏拉图打算为他的老师进行一番辩护，他走上讲台，刚打算振振有辞：“作为与会的雅典公民中最年轻的，鄙人……”然而围观的法官们（他们中的很大部分是通过抓阄从普通民众中临时产生的）根本没有耐心听下去，他们粗暴地打断了柏拉图的话，大声喊道：“下去，下去！”[2]柏拉图被轰下台，而苏格拉底为自己所做的申辩也没能打动围观的审判者，最终被判处死刑。这个事件对柏拉图的人生具有重大影响，他不仅失去了最敬爱的老师，更在深深体会到哲学家的孤立无助的同时，对民主制度、对广大愚昧的人民群众无比失望。从此他放弃了直接参与公众事务，而是退回到书斋里潜心钻研哲学，因为未来的希望惟有寄托在哲学上面。在晚年写成的《第七封信》里，柏拉图自述道：

> 我在年轻的时候也曾和许多年轻人一样，以为一旦成年就必须参与到公众事务中去。……看起来，如果没有朋友和可靠

---

[1] Diog. Laert. VI，53.

[2] Diog. Laert. II，41.

的同志，是不可能管理好城邦的，但这样的人不可能在旧的相识者里面找到（因为我们的城邦已经不再遵循祖先的伦常和习俗），而要赢得另外一些同道，一些新的同道，这在任何情况下都是极为困难的。再者，法制和伦常正在以惊人的速度败坏着，在这种情况下，我虽然刚开始尚且满怀热忱地参与公众事务，但当我仔细观察这种局面，最终也陷入了晕头转向的处境。此后，我虽然没有停止关于如何改善整个城邦的关系和政体的思考，但在行动方面却始终只是等待合适的时机而已。最后我发现，如今所有的城邦都具有一个糟糕的政体，就它们的法律而言，几乎可以说是不可救药的，除非一个美妙的计划依靠幸运的情况得以施行。所以我必须赞扬真正的哲学，因为惟有它才让人认识到城邦领域和个人领域里一切公正的东西。就此而言，除非那些公正而真实的哲学家接管城邦要职，或者，除非城邦的那些掌权人在神的感召之下开始真正进行哲学思考，否则世世代代的人们都不可能从苦难中解脱出来。(Epist. VII，324b－326b)[1]

人们后来指责柏拉图只是一个躲在书斋里的逃避现实的哲学家，是一个孤芳自赏、脱离群众的人，但事实上，柏拉图通过自己的身体力行（尤其是他后来不顾自身安危的第二次和第三次西西里岛之行）回击了这种说法。我们从柏拉图的《第二封信》（致叙拉古国王狄奥尼索斯二世）那里得知，他之所以去拜访这位国王，其实是出于这样一个原因：

[1] 可参阅柏拉图《理想国》中的相似说法（Rep. 473c－d）。

我〔第二次〕来到西西里岛，这使得我在众人的眼里已经是一位不合常规的哲学家，但我之所以这样做，就是为了赢得你这样一位同道，以便让哲学在普通群众那里也赢得声誉。(Epist. II，311e－312a)

而按《第七封信》里面的说法，柏拉图之所以答应狄奥尼索斯二世的邀请去西西里岛，除了希望为他的朋友狄翁提供帮助之外，还有一个重要的目的，就是要向世人证明，他并不是一个“在任何事情上都只有思想而缺乏自由行动的人”！(Epsit. VII，328d)

当然，柏拉图的实际行动总的说来还是很克制、很低调的，尤其是当这些实际行动没能取得期待中的效果，屡屡碰壁甚至惨遭变故（狄翁被杀害）以后，他进一步强化了之前的明哲保身的说法，而且这些说法甚至具有了某种悲凉的效果。比如他在《第五封信》中写道：

有人也许会说：“正如大家看到的，柏拉图宣称他知道什么东西有利于民主制；他本来可以面向民众讲话，给予民众一些最好的建议——但他却从不站出来让人听到他的声音。”对此可以答复道，柏拉图对他的父邦来说出生得太迟了，他发现民众已经到了风烛残年的境地，他对于人们的诸多恶行也已见惯不惊。其实他多么想给民众提建议，就像给他的父亲提建议一样，但他必然知道这一切都是危险的和徒劳无益的。(Epist. V，322a－b)

关于给民众提建议乃至采取行动的问题，柏拉图在《第七封信》的另一个地方更是给出了一个详细的比喻：

> 对于一个因为不良生活习惯而生病的人，除非他愿意改变之前的糟糕的生活方式，否则是没法对其进行治疗的，对他的任何进一步的指导也是无益的。如果病人不这样做，那么我只会认为那些不立即停止医疗行动，反而留下来的人是不成熟的人，是不专业的医生。同样，对于一个具有糟糕政体的城邦（不管它是由一人还是由多人统治），除非它的人民愿意进行改善，否则留下来出谋划策的都不是明智之人。……我不会强迫谁接受我的建议，哪怕他是我的儿子。对于一个奴隶，也许我会提出建议，如果他不顺从，也许我会强迫他去做；但强迫父亲和母亲去做什么事情，我认为这是无耻的，除非他们因为疾病而失去理智；如果他们选择了一个他们喜欢而我不喜欢的生活方式，那么我会向他们指出正道（虽然不指望能纠正他们），而不是与他们分道扬镳，但同样我也不会献媚取悦于他们，而是仅仅出于义务让他们的愿望得到满足——但要让我自己去遵循那些愿望，那我的生命简直就是遭罪。一个理性的人必须以同样这种态度来对待他的城邦。他必须说，即使他认为城邦的政体不是一个好的政体……那也不应对他的父邦采取暴力，哪怕一个最好的政体看起来必须通过流放和谋杀许多人才能建立；他只当安静地待着，为城邦的福祉祈祷。(Epist. VII，330c－331a，331b－d)

苏格拉底死后，他的学生们作鸟兽散，四处避祸。柏拉图也游历远方，大约又有十年左右的时间，最远到过意大利和埃及的许多地方。他很有可能是在这个过程中熟悉了毕达哥拉斯学派和埃利亚学派的哲学以及一些自然科学知识。柏拉图第一次去西西里岛（叙拉古王国）是在公元前389年左右，当时他已经40岁。在那里，柏拉图认识了叙拉古国王狄奥尼索斯，但是两人从一开始就话不投机。柏拉图说，真正优秀的东西不一定带来利益好处，而是通过自身内在的德行价值而表现出来。狄奥尼索斯对此不以为然，带着轻蔑的口吻说道："你的话都是些老生常谈。"而柏拉图则立即回敬道："你这话也只是暴君脾气的典型表现而已。"这句话几乎断送了柏拉图的性命。多亏了狄翁（Dion，狄奥尼索斯的女婿，柏拉图在此结识的亲密朋友）的说情，狄奥尼索斯才免除柏拉图的死罪，但仍然决定把他卖身为奴。在奴隶市场上，很多人都想看看哲学家的丑态，但柏拉图一言不发，一边思考哲学问题，一边耐心地等候发落。后来他的朋友花了 20 个金币（Minen）将他买了回来，并送回雅典。在这之后不久，有个曾经在狄奥尼索斯面前经常诽谤柏拉图的人在出海航行的时候突然淹死了，人们纷纷传说，这是上天对那些侮辱哲学家的人的惩罚。狄奥尼索斯听了感到很害怕，于是写信给柏拉图请求原谅。柏拉图回信说自己很忙，根本没工夫去念叨狄奥尼索斯这个人以及他做的那些事情。[1]

柏拉图于公元前 388 年回到雅典之后，在城郊建立了一所学校，即"学园"。事实上，开办学校并不是柏拉图的首创，因为他的师兄伊索克拉底已经于公元前 390 年建立了一所修辞学学校，但这两所学校之间的重大区别在于，伊索克拉底的学校是为了迎合"市场需要"，完全以盈利为目的，而柏拉图的学校根本不考虑赚钱的事情，只是仿效毕达哥拉斯学派的朋友团体，目标是把一些志同道合的人聚在一起研究学问，同时传授知识。至于柏拉图的这所学校的名称，᾿Ακαδήμεια，通常认为它是来源于学校所在地所尊奉的一位名叫赫卡德谟（῾Εκαδήμος）的古代阿提卡英雄，故取名

---

[1] Diog. Laert. III，21.

῾Εκαδήμεια，后来辗转而成᾽Ακαδήμεια。而据另一种说法，᾽Ακαδήμεια这个词起源于“ἑκάς”（脱离）和“δῆμος”（普通民众）的组合，意思是“摆脱普通民众”，“离群索居”，虽然孤独但却心无旁骛地研究学问。[1]实际上，即使不考虑纯粹的科学研究，单就政治影响而言，柏拉图在学园里的教学活动和人才培养也是卓有成效的。比如他的学生欧弗莱奥（Euphraios）得到了马其顿国王佩蒂卡三世的重用，在许多国家大事上为其出谋划策。（Epist. V，321d）他的另一位学生，数学家欧多克索（Eudoxos），在回到故乡科尼多之后，被授予最高的政治荣誉，即为城邦制定新的法律。此外，柏拉图的两位在学园长期生活和接受训练的学生，厄拉斯托（Erastos）和科里斯科（Koriskos），说服了小亚细亚的某位君主赫尔米亚（Hermias von Atarneus），按照柏拉图的理想国构想来进行改革，并且吸引了小亚细亚海岸的一系列城邦加入进来。[2]不管怎样，从此以后，“学园”（Akademie）开启了一种全新的“科研教学机构”模式，在西方乃至人类的文化史上产生了无比深远的影响，直至今日。柏拉图的学园断断续续存在了将近900年的时间，直到罗马皇帝查士丁尼（Justinian）在基督徒的撺掇下于529年将其强行关闭。

柏拉图于公元前388年建立学园以后，在里面整日聚徒讲学，也是从这个时候起，他开始著书立说。我们提请读者注意这一点，即柏拉图是从40岁亦即人生中的鼎盛时期开始进行写作的，在此之前他已经经历了丰富的思考和游学，可以说现在正处于思想的成

---

[1] Michael Erler，*Platon. Ueberweg*：*Grundriss der Geschichte der Philosophie. Die Philosophie der Antike. Band 2/2*. Basel 2007. S. 52.

[2] Vgl. Julius Stenzel，*Wissenschaft und Staatsgesinnung bei Platon*（1927），in Konrad Gaiser（hrsg.），*Das Platonbild. Zehn Beiträge zum Platonverständnis*. Hildesheim 1969. S. 104 –105.

熟结果时期。后世那些经常把柏拉图的“早期”对话录简单定性为柏拉图“思考未成熟”的产物的人，大都忽略了这样一个显而易见的事实。

柏拉图的得意门生，除了刚才提到的几位，最重要的还有斯彪希波（Speusippos）、塞诺克拉底（Xenokrates）、赫拉克莱德（Herakleides）、特奥弗拉斯特（Theophrast），以及后来大约于公元前367年进入学园的亚里士多德（Aristoteles）。由于柏拉图学园里面的学风是自由而宽容的，所以年轻气盛的亚里士多德能够一边说着“吾爱柏拉图，吾更爱真理”的名言，一边对柏拉图的哲学大加批评，以至于柏拉图有一次百感交集地感叹道：“亚里士多德开始扬起蹄子踢我了，就像长大的马驹对待它们的母亲那样。”[1]柏拉图去世以后，他的大弟子兼外甥斯彪希波继任学园第二代掌门人，对此大家没有异议。但斯彪希波去世以后，亚里士多德和塞诺克拉底却为着学园掌门人的席位展开了激烈竞争，最终，德高望重的塞诺克拉底因为得到更多同门的支持而胜利当选。失望且生气的亚里士多德因此离开学园自立门户，在吕克昂（Λύκειον）建立了“逍遥学派”（亦作“漫步学派”），与学园相抗衡。据说，在吕克昂学院的开幕典礼上，憋了一肚子火的亚里士多德愤然落座，第一句话就吼道：“塞诺克拉底可以滔滔不绝，而我就应该沉默吗?! 绝不!”[2]

柏拉图的余生并不是一直在学园里面平静度过的。距离第一次西西里岛之行大约20年后，60岁的柏拉图收到叙拉古国王狄奥尼索斯二世（之前那个狄奥尼索斯的儿子）的邀请。狄奥尼索斯二世声称自己对柏拉图的哲学很感兴趣，而且请求他和狄翁一起帮助他

[1] Diog. Laert. V，2.

[2] Diog. Laert. V，3.

改革国家制度。柏拉图接受了这个邀请，于是有第二次西西里岛之行。柏拉图本来对此充满了期待，他相信“深刻的认识”和“强大的权力”这两个东西应当天然地就会聚在一起，也知道他和狄奥尼索斯二世的交往“在希腊已经是一件众所周知的事情，而且在未来也将会成为人们继续谈论的对象”。（Epist. II，310e）遗憾的是，狄奥尼索斯二世并不信任柏拉图，他刚愎自用，贪恋“哲学家”的头衔，刚刚学到一点东西就自认为已经掌握了终极真理，甚至开始表现出对于柏拉图的傲慢态度。对此柏拉图告诫道：只要你尊重我，我也会尊重你，这样你才会得到好的名声；反之，如果只是我尊重你，却得不到你的尊重，那么人们肯定会认为我是趋炎附势；总之，如果是你先尊重我，对大家都是好事，而如果是我先尊重你，那么我们两个都会遭到嘲笑。（Epist. II，312a－d）但现实情况是，狄奥尼索斯二世和柏拉图的交往，部分是出于沽名钓誉的目的，更主要的还是利用柏拉图作为权力斗争的工具来牵制他的政敌狄翁。因此柏拉图后来等于被软禁起来，处境非常危险。最后，多亏一位在政界和学术界具有相当影响力的朋友，即毕达哥拉斯学派的阿尔基塔（Archytas），给狄奥尼索斯二世写了一封说情信，柏拉图才得以脱身回到雅典。

时隔六年，即公元前361年，66岁的柏拉图又有第三次西西里岛之行。这次和上一次的情况差不多，还是由于狄奥尼索斯二世的邀请。后者当时已经把狄翁驱逐出境，现在却又声称，只要巩固了自己的王位，就把狄翁召回来，还说，只有柏拉图也在西西里，狄翁才肯回来。不仅如此，狄奥尼索斯二世继续散布消息，说他自己在此期间已经“尽得柏拉图真传”，“在哲学方面取得了惊人的进步”（Epist. VII，338d，339b）。因此柏拉图这次去西西里岛，一是考察狄奥尼索斯二世是否真的改过自新，皈依了哲学，二是想要帮助狄翁。遗憾的是，现实情况仍然和六年前一模一样。狄奥尼索斯二世仍然不肯放过狄翁，在哲学上甚至比从前更加自以为是，因为他不仅宣称自己知道很多东西（甚至最重要的东西），而且把他通过道听途说（很可能也通过阅读柏拉图的著作）了解的东西书写下来——不是简单复述，而是胡乱发挥一通，就当作他自己的学说。（Epist. VII，341b）正是在这里，柏拉图对于书写著作提出了严厉的批判，他宣称，对于那些最重要的问题和对象，他既没有著作，也不会有所著作，因为这些知识只适合于长期的、亲密的口头传授和交流。任何一个有理智的人，都不会把他思考透彻的东西托付给一成不变的东西，比如书写下来的文字。（Epist. VII，341c ff.，343a）柏拉图再度陷入被软禁的危险处境，最终，仍然是靠着阿尔基塔亲自向狄奥尼索斯二世求情，柏拉图才得以全身而退，回到雅典。

柏拉图回到雅典不久，就听说狄翁已经举兵推翻了狄奥尼索斯二世的统治。现在是狄翁亲自来信邀请柏拉图去西西里和他共谋大局，而柏拉图也觉得在这个重要时刻赶去协助自己的朋友乃是一个不容推卸的责任。遗憾的是，他的“第四次”西西里岛之行终究没有实现，因为狄翁的阵营很快发生了内讧，狄翁被自己的同志所杀。狄翁之死不仅意味着一位挚友的逝去，也意味着柏拉图心目中的“哲学王”理想彻底破灭。可以说，在柏拉图的一生中，苏格拉底和狄翁的死是他所经受的最大的打击。从此以后，除了纯粹的哲学，他终于没有什么可以牵挂的了。

柏拉图于公元前347年去世，享年八十一岁。据说他死的那天恰恰是他的生日（因而也是阿波罗的生日）。柏拉图一生特立独行，既有许多死心塌地的追随者，也有各式各样的竞争者和批评者。我们看到，一方面，在古希腊的众多卓越的哲学家里，惟有柏拉图一人被冠以“神一般的”（ὁ θεῖος, der göttliche Platon）称号。在拉斐尔的名画《雅典学派》里，柏拉图和亚里士多德居于画面正中心，其他哲学家就像众星捧月一般围绕在他俩周围。另一方面，所谓树大招风，也存在着许多关于柏拉图的负面观点和说法。人们把柏拉图描绘为一个很难相处的人：性格阴郁，从不开怀大笑，就像诗人阿勒西斯（Alexis）所说的那样：“噢柏拉图，你永远阴沉的目光看不到别的什么东西，/你的眉头就像蜗牛一样紧紧扭在一起。”[1]还有人说柏拉图心胸狭窄，不敢和当时最著名的哲学家德谟克利特（Demokritos）公开争论，而是暗地里企图把德谟克利特的著作收集起来加以销毁，好在他的朋友及时劝阻了他，没有去做这种无用的事情。[2]最终，即便是关于柏拉图的死，也有各种不同说法：有人说他在参加一个婚宴时无疾而终，有人说他的死是因为被虱子咬伤所感染而造成的。[3]也有人说柏拉图是因为不能回答别人的一个提问而羞愧而死，还有人说柏拉图是因为听了过于激烈的音乐而发烧致死。[4]如是等等，加上之前的各种记载和传说，都折射出柏拉图毁誉交加，却又充满传奇色彩的一生。

至于柏拉图对于后世的影响，这简直是一个一望无垠的永远无法彻底探究的课题。简言之，柏拉图的巨大影响无处不在，甚至在那些压根没有听说过柏拉图的人那里也是如此。即使把这些影响力限定在哲学领域之内，我们在这里也只能借用一个老生常谈的说法，即怀特海（A. N. Whitehead）的那句名言：“整个欧洲哲学传统都是由一系列的关于柏拉图的注释构成的。”[5]

---

[1] Diog. Laert. III，28.

[2] Diog. Laert. IX，40.

[3] Diog. Laert. III，40.

[4] Michael Erler，*Platon*. Basel 2007. S. 57 –58.

[5] Alfred North Whitehead，*Process and Reality. An Essay on Cosmology*. Cambridge 1929. S. 63.

二　著作

柏拉图流传下来的著作包括30多部对话录和13封书信。他是古代世界第一位不仅创作颇丰，同时其著作又得以完整流传下来的哲学家。这是柏拉图的幸运，更可以说是人类文明的幸运。有鉴于此，黑格尔感叹这简直是神的恩赐："柏拉图的著作，无疑是命运女神从古代给我们保存下来的最美好的礼物之一。"[1]这个赞誉一点都不过分，因为这个现象绝对不是一件简单的理所当然的事情。众所周知，柏拉图之前或同时期的哲学家们，有些人（比如毕达哥拉斯、苏格拉底）是述而不作的，而有些人（比如巴门尼德、赫拉克利特）则是惜墨如金，还有一些人（比如德谟克利特）虽然笔耕不辍、著作等身，但绝大部分作品都遗失殆尽。结果是，近世德国哲学史家第尔斯（H. Diels）和克朗茨（W. Kranz）辛苦搜集而成《前苏格拉底残篇》[2]，在那里面，几十位哲学家的言论记述的篇幅加起来只赶得上柏拉图著作的零头，更何况其中还有不少本来就取材于柏拉图的著作。反差之大，可见一斑。

但在两千多年的历史长河里，人们并非一直都是如此幸运地拥有柏拉图的众多著作。实际上，自从希腊哲学完全陷入凋零的处境之后（以公元529年雅典的柏拉图学园被强行关闭为标志），早期基督教教父以及中世纪的经院哲学家所认识的柏拉图，仅仅借助于一部甚至没有完整翻译过来的拉丁文《蒂迈欧》，而这半本书曾经

---

[1] 黑格尔《哲学史讲演录》第二卷，贺麟、王太庆译，北京：商务印书馆1960年版，第152页。

[2] H. Diels und W. Kranz，*Die Fragmente der Vorsokratiker*（*DK*），Hildesheim 1952.

是中世纪的学识阶层——包括号称“新柏拉图主义者”的奥古斯丁在内——在长达七八百年的时间里唯一能接触到的柏拉图著作！直到12世纪中期，《斐多》和《门农》总算被翻译过来，又过了一百多年（13世纪末），才有人翻译《巴门尼德》。欧洲中世纪对于柏拉图的隔膜程度，可见一斑。后来随着阿拉伯帝国的兴起，靠着阿拉伯人的帮助，各种希腊文原典才慢慢重新流入西方。但在这个过程中获得最大好处的，并不是柏拉图，而是亚里士多德，后者通过托马斯·阿奎那的阐发最终被钦定为基督教的官方思想，并独享“哲学家”（Philosophus）的称号，也就是说，人们在各种场合谈到“根据哲学家的观点”的时候，意思仅仅是“根据亚里士多德的观点”。从此以后，基督教内部柏拉图主义与亚里士多德主义之间的斗争，包括推崇柏拉图主义的圣方济各教派（Franciskaner）与推崇亚里士多德主义的耶稣会（Jesuiten）之间的斗争，就没有停止过。随着14世纪以来的文艺复兴，人们越来越希冀摆脱“官方哲学家”亚里士多德的影响，于是很自然地到柏拉图那里寻找思想资源，这导致柏拉图的地位不断攀升。当时最著名的文化名流，比如诗人彼得拉克（Francesco Petrarca）、哲学家费西罗（Marsilio Ficino）和皮柯（Pico della Mirandola），都成为柏拉图的铁杆拥趸。尤其是1453年之后，君士坦丁堡被奥斯曼土耳其帝国攻陷，东罗马帝国灭亡，大量拜占庭学者流往西方，终于带来全面的柏拉图的希腊文著作。1484年，费西罗把柏拉图的全部著作首次翻译为拉丁文。1578年，亨利·斯蒂凡（Henricus Stephanus，1531－1598）于日内瓦编辑出版了拉丁文－希腊文对照的《柏拉图现存著作全集》（*Platonis opera quae existant omnia*）。这套三卷本的柏拉图全集的影响无比巨大，直到19世纪早期都被广泛采用。此后，随着欧洲各个国家陆续用本民族的语言来翻译柏拉图全集，斯蒂凡的版本虽然不再被直接使用，但它的希腊文本页码编号却成为一个通用标准，任何语言文字的柏拉图的著作版本（通俗读物除外）都必须标注相应的“斯蒂凡页码”，以供查证。由于斯蒂凡版全集分为三卷，每卷的页码都是从头开始编排，所以严格意义上的“斯蒂凡页码标注”除了注明页码之外（有的甚至精确到第几行），同时还必须要指明著作名称，这样才不至于混淆。比如“Ion 530b”指相应引文出自《伊翁》，具体位置在斯蒂凡版柏拉图全集第一卷第530页的b段落，而“Rep. 530b”则是指相应引文出自《理想国》，具体位置在斯蒂凡版柏拉图全集第二卷第530页的b段落。反之，如果仅仅标注“530b”，除非上下文有清楚的交代，否则我们不知道它是指哪一卷的第530页，不知道出自哪一部对话录。总的说来，通过斯蒂凡页码，无论我们阅读或引述什么语言文字的柏拉图著作，都可以很方便地查证原文或与其他学者进行交流。

近代语言的柏拉图全集译本首次于1699年出现在法国，而英国则是直到1804年才有译自希腊语的柏拉图全集。[1]至于德国，其第一个柏拉图全集译本是在18世纪下半叶出现的。[2]迄今为止，德国已经拥有十多个版本的柏拉图全集译本，至于各种单行本更是如过江之鲫，这在近代所有语言文字里面都是最多的。这些德语版本各有其优缺点，绝大多数到现在都仍然具有重要的使用价值。对于学习者和研究者而言，以下几种版本是最流行的：

1. 施莱尔马赫的译本。这是第二个德语译本，也是最经典的一个德语译本，迄今一直被众多出版社大量翻印。施莱尔马赫基本采取“硬译”原则，而这恰恰塑造出一种朴素隽永的文字风格和独特

---

[1] 参阅萨顿《希腊黄金时代的古代科学》，鲁旭东译，郑州：大象出版社2010年版，第505页。

[2] Johann Friedrich Kleuker, *Werke des Plato*. 6 Bände. Lemgo 1778－1797.

魅力，而且这种“硬译”非常有利于我们查证和学习希腊原文。自从施莱尔马赫的译本出现以来，尽管也有批评的声音，但绝大多数人包括很多顶尖学者都对其推崇备至，比如博克（August Beockh）就宣称：“唯有我们德意志民族——通过施莱尔马赫的功绩——才揭示出了真正的柏拉图。其他民族做不到这一点，将来也做不到。”同样，耶格尔（Werner Jaeger）也在1920年说道：“这个作品〔施莱尔马赫译本〕意味着最伟大的希腊哲学家的全面复兴，德意志民族第一次真正拥有了柏拉图的精神财富。”[1]但需要指出的是，施莱尔马赫译本并不是严格意义上的“全集”，他没有翻译《蒂迈欧》、《克里提亚》、《法律篇》以及书信。

2. 埃克勒尔（G. Eigler）编辑整理的8卷本希腊文－德文对照《柏拉图全集》：*Platon*：*Werke in acht Bänden.* Griechisch/deutsch. Übersetzt von F. Schleiermacher. Hrsg. von Günther Eigler. Darmstadt 1977。德文部分采纳施莱尔马赫的译本，至于施莱尔马赫没有翻译的那些篇目，则以缪勒（H. Müller）等人的翻译为补充。这个版本由于集合了施莱尔马赫的译文和法国Les Belles Lettres出版社考订出版的柏拉图希腊原文，二者相得益彰，因而成为德国学界最为频繁使用的一个柏拉图全集版本。

3. 阿佩尔特（Otto Apelt）翻译的7卷本《柏拉图全集》：*Platon*：*Sämtliche Dialoge in deutscher Übersetzung.* Hrsg. von Otto Apelt，in Verbindung mit K. Hildebrandt，C. Ritter u. G. Schneider，Leipzig 1923. Nachdruck Hamburg 1993。阿佩尔特的翻译讲究意义上的忠实，而不是在字句方面对原作者亦步亦趋。他的译本文笔优美流畅，

[1] Vgl. Th. A. Szlezák，*Friedrich Schleiermacher und das Platonbild des 19. und 20. Jahrhunderts.* In：*Protestantismus und deutsche Literatur*（Münchner Theologische Forschungen，Bd. 2），herausgegeben. von Jan Rohls，Gunther Wenz. Vandenhoeck & Ruprecht，Göttingen 2004. S. 125－144.

被誉为阅读体验最佳的柏拉图译本，其在德语译本里受欢迎的程度仅次于施莱尔马赫的译本。

4. 鲁芬纳（Rudolf Rufener）翻译，吉贡（Olof Gigon）编辑并写作导言的八卷本《柏拉图全集》：*Platon*，*Sämtliche Werke in acht Bänden*，übersetzt von Rudolf Rufener，herausgegeben und eingeleitet von Olof Gigon. Zürich/München Artemis Verlag，1960。鲁芬纳的翻译以精确、平实、自然著称，深得众多柏拉图研究者的信赖。尽管Artemis出版社后来没有继续重印鲁芬纳翻译的《柏拉图全集》，但很多出版社（尤其是DTV出版社）还是以单行本的形式重印了鲁芬纳翻译的众多柏拉图对话录。

5. Reclam出版社的袖珍丛书版。Reclam出版社没有专门的"柏拉图全集"，但它实际上已经以单行本的形式出齐了柏拉图的全部著作，其译者包括霍瓦尔德（E. Howald）、弗拉斯哈（H. Flashar）等十多位当代著名学者。Reclam出版社的袖珍版本的柏拉图著作集不仅便于携带（大大有利于德国人在任何场合都掏出书来阅读的习惯），而且每个单行本都附有详细的导读和注释，加上价格便宜，因而十分畅销。

6. 海奇（Ernst Heitsch）和缪勒（Carl Werner Müller）主持翻译并评注的美因茨科学院版《柏拉图全集：翻译和评注》：*Platon*：*Werke. Übersetzung und Kommentar.* Hrsg. im Auftrag der Kommission für klassische Philologie der Akademie der Wissenschaften und der Literatur zu Mainz von Ernst Heitsch und Carl Werner Müller. Göttingen 1994 ff。这个版本集合了当代众多学者，主要因为其详细的评注而受到重视。与此同时它的缺陷在于，一方面放弃了柏拉图的希腊原文，没有采取希腊文－德文对照的方式，另一方面又在考据和注释中大量涉及希腊原文细节，令读者有点无所适从。这个版本目前仍在进行

之中，暂时已出《苏格拉底的申辩》、《斐多》、《斐勒布》、《高尔吉亚》、《斐德罗》、《吕西斯》、《普罗泰戈拉》、《大希比亚》、《法律篇》(1-3卷）等卷。

此外，关于柏拉图全集的英语、法语、意大利语、西班牙语译本等信息，可参阅埃尔勒（Michael Erler）在“宇博威格哲学史”系列丛书（*Ueberweg: Grundriss der Geschichte der Philosophie*）《柏拉图》卷中的介绍，这里不再赘述。[1]就我们汉语学界而言，中文版的第一个（也是迄今唯一的一个）《柏拉图全集》是王晓朝完成的，2004年由人民出版社出版。在这之前，柏拉图的《理想国》（张竹明翻译）以及《巴门尼德篇》（陈康翻译并注释）早已由商务印书馆出版。除此之外，如严群、朱光潜、杨绛、王太庆、谢文郁等学者也零星翻译过柏拉图的若干作品。近十年来，主要在刘小枫的推动下，一批更年青的学者重新翻译并注疏柏拉图的各篇对话录，取得了可喜的成绩。

现在我们再来看看围绕着柏拉图的著作本身的一些重要问题。

事实上，关于柏拉图的众多著作，自古以来就颇多是非。其中最尖刻狠毒的莫过于“剽窃说”。根据第欧根尼·拉尔修《古代名哲言行录》的记载，逍遥学派的阿里斯托色诺斯（Aristoxenos）宣称，柏拉图的整部《理想国》都是抄袭职业智者普罗泰戈拉的著作；[2]也有人说，柏拉图委托朋友狄翁花了100个金币（另一说是花了40个金币）买来毕达哥拉斯学派的三部著作，[3]然后以之为蓝本撰写了他的《蒂迈欧》；[4]还有人说，柏拉图（还有更早的恩培多克

[1] Michael Erler, *Platon*. Basel 2007. S. 578 -579.

[2] Diog. Laert. III, 38.

[3] Diog. Laert. III, 9; VIII, 84.

[4] Diog. Laert. VIII, 85.

勒）参加毕达哥拉斯学派的学术讲座之后，不但把他们的思想据为己有，而且泄露给别人，因此被该学派禁止参加以后的讲座，[1]如此等等。这些传说的可信度是很低的，鉴于阿里斯托色诺斯作为亚里士多德逍遥学派的代言人对于柏拉图学园派的仇视态度，这些说法很有可能是他在派系斗争中为了贬低柏拉图的人格而散布的谣言而已（前面提到的关于柏拉图企图搜集并销毁德谟克利特的著作的说法也是来自于阿里斯托色诺斯）。从现存文献来看，柏拉图遭受的"人格中伤"可谓无分巨细，相当之多，正如我们之前所说的，这些情况表明，从柏拉图在世期间直到去世两千多年后，他都是既有大量的崇拜者，同时也有着众多的死敌和对头，后面这些人千方百计要贬低他的哲学和人格。

当然，"剽窃说"从来没有得到真正的严肃对待。近代以来，学术界真正关注并展开激烈争论的，是柏拉图的著作的"真伪问题"和"分类－排序问题"。

关于"真伪问题"。其实直到文艺复兴时期，人们对于流传下来的柏拉图的著作的真实性都是深信不疑的。直到 18 世纪末和 19 世纪初，通过众多卓越的德国学者如沃尔夫（F. A. Wolf）、芬戴森（Ch. G. Findeisen）、巴斯特（F. J. Bast）、施莱尔马赫（F. D. Schleiermacher）、贝克尔（I. Bekker）、斯达尔鲍姆（G. Stallbaum）等人的工作，人们才把"文本批判"方法应用到柏拉图的著作上面。正是在这个过程中，《阿尔基比亚德（上下篇）》、《泰阿格斯》、《大希比亚》、《米诺斯》、《竞争者》、《厄庇诺米》等等被宣判为伪托之作，迄今都未得到学界主流的承认。这股疑古风发展到 19 世纪下半叶和 20 世纪初，达到了顶峰，以至于连《克拉底鲁》、《苏格拉底的申辩》、《克

[1] Diog. Laert. VIII，55.

里同》、《尤叙德谟》、《门农》、《智术师》、《政治家》、《巴门尼德》、《斐勒布》、《法律》、《克里提亚》等一系列重要对话录以及全部书信等都被这个或那个学者指为伪作。[1]在这种情况下，只配拥有少数几部著作的柏拉图的形象变得破碎不堪，而柏拉图作为自古以来最伟大的哲学家的说服力也大打折扣。

然而不管怎样，疑古风终究不是长久之计。除了疑古派学者在论证时多有穿凿和武断的做法而不能令人信服之外，更重要的原因在于，那些被指为“伪作”的作品因此处于一种非常尴尬的地位：

1. 将这些“伪作”剥离出去，等于从柏拉图的哲学版图上割让出大片领土，柏拉图哲学的丰富性和深刻性严重受损，这对很多人来说，即使从感情上也是难以接受的；

2. 即使它们真是“伪作”，但其中包含的深刻哲学思想却不是伪造的，其思想价值未变；

3. 再次，列出一批包含有深刻思想的“伪作”，却又找不到它们的真正作者，这等于承认有一批匿名的、甚至可以比肩柏拉图的重要哲学家，从学术研究的便利原则来看，是极不可取的。

所以，疑古风终于没有坚持下去，更何况那些用来证伪的“证据”本身很多也是站不住脚的，转而遭到驳斥。事实上，经过一番唇枪舌战的动荡之后，学术界又恢复了秩序，将那些柏拉图的著作和书信，除了少数个别情况之外（比如《泰阿格斯》、《米诺斯》、《厄庇诺米》等就内容而言相对不太重要的对话录），重新逐一接受下来。对于现今绝大多数学习和研究柏拉图哲学的人而言，已经不必再去考虑柏拉图著作的“真伪”问题。

然后我们再看看柏拉图的著作的“分类”问题和“排序”问

---

[1] Vgl. Eduard Zeller, *Grundriss der Geschichte der griechischen Philosophie*. Stuttgart 1912. S. 129 –130.

题。在这里我们必须首先知道一个基本事实，即柏拉图的每一部著作都没有标明写作和发表时间。然而这一堆著作在客观上又要求我们按照某种方式对其进行排列。相比之下，古人更关心“分类”而不是“排序”，尽管二者之间没有明确的界限。根据第欧根尼·拉尔修的记载，最早对柏拉图的众多著作进行分类组合工作的是拜占庭语文学家、亚历山大里亚图书馆馆长阿里斯托芬（Aristophanes），后者把柏拉图的著作划分为一系列的“**三部曲**”（τριλογίας），比如《理想国》、《蒂迈欧》、《克里提亚》组成第一套三部曲，《智术师》、《政治家》、《克拉底鲁》组成第二套三部曲，如此等等。[1]然而比这更著名的分类法是第欧根尼·拉尔修记载的另一种分类方法，即“**四部曲**”（τετραλογίας）式组合。第欧根尼·拉尔修转述学园派哲学家特拉叙罗斯（Thrasyllos）的说法，认为柏拉图的写作是故意模仿悲剧的四部曲式结构，[2]把每四部对话录构成一组。虽然这个说法未必就是柏拉图的本意，但我们可以看出，归于同一个“四部曲”之内的对话录在文本背景（相关的历史事件、同样的对话者）或所讨论的问题（同样的、延续的）等方面的确构成了一个相对衔接得当的整体。具体说来，柏拉图的著作被分为这样九组“四部曲”：

第一组：《尤叙弗伦》—《苏格拉底的申辩》—《克里同》—《斐多》。记载了苏格拉底面临指控、法庭上的自辩、被判刑后拒绝越狱，并最终在狱中服毒去世的整个事件。

第二组：《克拉底鲁》—《泰阿泰德》—《智术师》—《政治家》。柏拉图在其中讨论概念和名称，尤其是后三部对话录由同样

---

[1] Diog. Laert. III，61 －62.

[2] 古代悲剧诗人经常把三部悲剧（Dionysiois，Lenaiois，Panathenaiois，都是在狄奥尼索斯祭拜仪式上演出）加上一部收尾的萨提尔戏（Chytrois）组成一个“四部曲”整体。

的人参与（苏格拉底、埃利亚客人、特奥多罗、泰阿泰德、小苏格拉底），在时间和主题上严密衔接。

第三组：《巴门尼德》—《斐勒布》—《会饮》—《斐德罗》。前两部对话录讨论“理念”及“一和多”，后两部对话录不但讨论理念，而且讨论“爱”等重要问题。

第四组：《阿尔基比亚德》（上）—《阿尔基比亚德》（下）—《希帕科》—《竞争者》。记载了苏格拉底对年轻后辈的谆谆教导。

第五组：《泰阿格斯》—《夏米德》—《拉刻斯》—《吕西斯》。苏格拉底和许多年轻后辈一起追问各种德行（“节制”、“勇敢”、“友爱”等）的本质。

第六组：《尤叙德谟》—《普罗泰戈拉》—《高尔吉亚》—《门农》。记载了苏格拉底和众多著名职业智者之间的较量。

第七组：《大希比亚》—《小希比亚》—《伊翁》—《美内克塞诺》。苏格拉底在“美”和艺术创作等问题上责难各位职业智者和诗人。

第八组：《克莱托丰》—《理想国》—《蒂迈欧》—《克里提亚》。这个序列表明，苏格拉底的“理想国”曾经在远古历史中存在，而蒂迈欧和克里提亚相继勾勒描述宇宙和人类社会的起源和结构。

第九组：《米诺斯》—《法律》—《厄庇诺米》—《书信》。撇开凑数的书信不论，这三部对话录都是以“法律”为讨论的对象。在最重要的《法律》里，克里特人克里提亚、斯巴达人梅吉罗斯，还有一位来自雅典的客人在克里特岛上对理想中的国家玛格尼西亚（Magnesia）的法律制度进行了详细规划。[1]

---

[1] Diog. Laert. III，56 –61.

自从特拉叙罗斯提出“四部曲”式分类法之后，这个模式被中期学园派及新柏拉图主义广泛接受，成为一种主流的看法，而且在整个中世纪都占据支配地位。然而自从文艺复兴时期以来，人们对这个分类法逐渐产生怀疑，认为它根本不是柏拉图的本意。在这种情况下，斯蒂凡在1578年整理出版他那套划时代的《柏拉图现存著作全集》时，已经不再遵循“四部曲”的结构和顺序，此后各种版本的柏拉图全集也都采纳了斯蒂凡的这个做法。迄今为止，在现当代学界，除了伯内特（John Burnet）主编的牛津古典文库版柏拉图全集[1]仍然保留“四部曲”式分类法之外，其他版本的柏拉图全集都抛弃了这个排列方式。

除了“四部曲”式结构之外，稍晚于特拉叙罗斯的中期学园派哲学家阿尔比诺（Albinos von Symrna）提出的分类方法也值得一提。大体说来，阿尔比诺按照各个对话录的“特性”尤其是它们的“功能”，把它们分为两大类，然后又在每个类下面继续作出细分：

1. **宣教类**（明确宣讲柏拉图的各种哲学主张）

  1.1. 偏重理论的

    1.11. 自然哲学方向：《蒂迈欧》

    1.12. 辩证法方向：《克拉底鲁》、《智术师》、《政治家》、《巴门尼德》

  1.2. 偏重实践的

    1.21. 伦理方向：《苏格拉底的申辩》、《克里同》、《斐多》、《会饮》、《书信》、《美内克塞诺》、《克莱托丰》、《斐勒布》、《希帕科》、《竞争者》

---

[1] Ioannes Burnet，*Platonis opera.* 5 Bde. Oxford 1899 ff.

1.22. 政治方向:《理想国》、《法律》、《米诺斯》、《厄庇诺米》、《克里提亚》

2. **探讨类**(提出各种疑问,没有或很少给出明确的答案)

2.1. 偏重训练的

2.11. 助产式的:《阿尔基比亚德》(上下篇)、《泰阿格斯》、《吕西斯》、《拉刻斯》

2.12. 检验考察:《尤叙弗伦》、《门农》、《伊翁》、《夏米德》、《泰阿泰德》

2.2. 偏重争论的

2.21. 反证:《普罗泰戈拉》

2.22. 辩驳:《大希比亚》、《小希比亚》、《尤叙德谟》、《高尔吉亚》[1]

不可否认,古人的上述分类方法对于我们具有一定启迪意义,尤其是有助于我们对柏拉图的各个对话录的论题和功能获得一个概观。当然,古人除了对柏拉图的著作进行"分类"之外,也注意到了"排序"的问题。比如第欧根尼·拉尔修就曾经提出,《斐德罗》是柏拉图的第一部著作(理由是其中还有许多不成熟的痕迹),《法律》是柏拉图最后的未完成的著作。至于更多细节,第欧根尼·拉尔修并未进行交代。[2]另一方面,相比厘清柏拉图的著作的严格的"**创作顺序**",阿尔比诺更关心我们的"**阅读顺序**",因为他认为,我们只有按照一个合适的顺序去阅读柏拉图的著作,才能掌握柏拉图想要传达的意思。正是基于这个立场,阿尔比诺批评特拉叙罗斯

---

[1] Albinos, *Eisagoge eis tous Platonos dialogous*. 3 = Heinrich Dörrie, *Platonismus in der Antike*. Bausteine 48. 2. Stuttgart/Bad Cannstatt 1990. Vgl. Michael Erler, *Platon*. Basel 2007. S. 20.

[2] Diog. Laert. III, 37, 38.

的“四部曲”排列组合，因为它没有揭示出柏拉图哲学的门径和结构。与此同时阿尔比诺又认为，柏拉图哲学的入门之径并不是唯一的，每个人都可以根据自己的特殊情况（比如天资聪颖与否、是否经过基本训练、年龄的大小、求学的目的等等），选择柏拉图的一部著作作为阅读的开端。对于那些真正具有哲学天赋并且有志于哲学的人，阿尔比诺推荐的阅读顺序是：从《阿尔基比亚德》开始，经过《斐多》、《理想国》，最后以《蒂迈欧》结束[1]。

阿尔比诺对于柏拉图著作的阅读顺序本身及其多样性的强调是一个非常重要和有趣的思想。当然，我们的阅读顺序和柏拉图本人的创作顺序是不可能、也没有必要完全重合的，虽然按照近代以来通常的做法，我们在研究一个哲学家的思想的时候，最好是按照他的创作顺序来阅读他的各种著作。因此从19世纪初开始，德国学者滕尼曼（W. G. Tennemann）、施莱格尔（F. Schlegel）、施莱尔马赫、赫尔曼（K. F. Hermann）、阿斯特（Friedrich Ast）再次把柏拉图的对话录的创作顺序当作一个重要问题提出来。在这里出现了三种代表性的主张：

1. 施莱尔马赫和施莱格尔认为，柏拉图在创作对话录时，已经具有一个整体的构想，然后按计划依次撰写各个对话录，循序渐进，把这个构想逐步展开。

2. 而在赫尔曼看来，柏拉图是根据自己的思想进展来进行写作的，每一部对话录都是柏拉图当时达到的思想认识的具体写照。

3. 至于阿斯特的观点则是，柏拉图既没有什么明确的总的写作计划，也不是通过写作来记载他的思想发展过程，毋宁说他是在各种偶然的机缘巧合之下创作了那些对话录。

---

[1] Albinos, *Eisagoge eis tous Platonos dialogous.* 4 – 5 = Heinrich Dörrie, *Platonismus in der Antike.* Bausteine 50. 1. Stuttgart/Bad Cannstatt 1990.

我们可以把这三种观点分别称之为“整体规划说”、“思想发展说”和“机缘说”。策勒尔（Eduard Zeller）谴责这三种观点都是“片面的”，但他自己的做法（承认三种观点在某种情况下都有一定道理）实际上也没有提供什么积极的解决方案。[1]

在某种意义上，上述三种观点都是围绕着作者的主观意图做文章，与此相反，英国学者坎贝尔（L. Campbell）和德国学者迪腾贝格尔（W. Dittenberger）、肖茨（M. Schautz）、里特尔（C. Ritter）自19世纪末和20世纪初以来采用的“文体风格分析和统计”方法，则是从客观的文本本身着手，提供了一个看似“科学的”解决方案，尤其是当电子计算机的使用也加入到这份工作里面之后。简言之，他们首先依据一些确诊无疑的史料，分别确定了柏拉图的最早的和最后的著作，然后统计和分析柏拉图的各个对话录对于某些字词（小品副词、虚词、不变词等等）的使用频率和习惯，由此把它们归为风格类似的三大组，然后再根据各组对话录的内容和题材，把它们分别看作是柏拉图的三个创作阶段（早期、中期、后期）。当然，这个划分只能是大致如此，并不是绝对的。比如《斐德罗》究竟属于“早期”还是“中期”，《巴门尼德》究竟应当划归“中期”还是“后期”，都是有争议的。至于更具体的细节，比如每一组对话录内部的排序问题，更是难以断定的。实际上，“文体风格分析和统计”方法尽管看起来比较科学，但它距离客观真理还很遥远，它的结果也不能被看作是一劳永逸的定论。自从20世纪80年代以来，特斯勒夫（H. Thesleff）、郝兰德（J. Howland）、奈尔斯（D. Nails）、冈萨雷斯（F. González）等越来越多的学者更是对这种方法提出质疑。[2]但另

[1] Eduard Zeller，*Grundriss der Geschichte der griechischen Philosophie*. Stuttgart 1912. S. 131.

[2] Michael Erler，*Platon*. Basel 2007. S. 24.

一方面，这种方法揭示出来的各组对话录的类别及其特征还是值得信任的，尽管怎么对此进行解释是另外的事情。正因如此，虽然存在着争议，文体风格分析和统计的结果还是得到了广泛的承认。在这个基础上，通常学者在列举柏拉图的著作的分期时，情况都是大同小异的。作为一个例子，我在这里列出德国哲学史家赫尔希贝格（J. Hirschberger）的划分方法：

第一组（所谓的“早期对话录”）:《苏格拉底的申辩》、《克里同》、《伊翁》、《普罗泰戈拉》、《尤叙弗伦》、《拉刻斯》、《夏米德》、《大希比亚》、《小希比亚》、《克拉底鲁》、《尤叙德谟》、《美内克塞诺》、《高尔吉亚》、《门农》；

第二组（所谓的“中期对话录”）:《斐多》、《斐德罗》、《会饮》、《理想国》、《巴门尼德》、《泰阿泰德》；

第三组（所谓的“后期对话录”）:《智术师》、《政治家》、《斐勒布》、《蒂迈欧》、《克里提亚》、《法律》。[1]

但必须指出的是，虽然我们基本承认柏拉图的对话录大致可以区分出风格和主题近似的三组，但必须警惕或至少谨慎地对待这样一种做法，即把三组对话在绝对的意义上分别界定为“**早期**”、“**中期**”和“**后期**”。这些时间状语很容易给人一个暗示，仿佛柏拉图的思想经历了一个发展演变的过程，仿佛这个过程是可以按照对话录的创作顺序而梳理出来的。我们看到，在前面提到的那三种起源于德国学术界的观点亦即“整体规划说”、“思想发展说”和“机缘说”里面，由赫尔曼、索赫尔（J. Socher）、斯达尔鲍姆提出的

---

[1] Johannes Hirschberger, *Geschichte der Philosophie. Band I: Altertum und Mittelalter.* Die 12. Auflage. Freiburg im Breisgau 1980. S. 74 –76. 至于那些基本已被确定为“伪作”的对话录，比如《阿尔基比亚德》（上下篇）、《希帕科》、《竞争者》、《泰阿格斯》、《克莱托丰》、《米诺斯》、《厄庇诺米》等等，则未进入这个名单。

“思想发展说”是文体风格分析和统计方法的最大受惠者。后来的德国学者维拉莫维茨（Ulrich von Wilamowitz-Moellendorf）、弗里德伦德尔（Paul Friedländer）、耶格尔[1]不仅用这个方法来阐释柏拉图，甚至把它运用到亚里士多德研究上面。第二次世界大战期间，弗里德伦德尔和耶格尔流亡到美国任教，从此以后，他们主张的“思想发展说”诠释方法不仅在其祖国德国，更在英美学界以及主要向英美学习的中国学界[2]取得了支配性的地位，影响至今，甚至演变为一个仿佛不证自明的真理。人们不仅用这个方法来考察柏拉图和亚里士多德的哲学，甚至把它套用到了哲学史上的每一位哲学家上面，因为这不愧是哲学史研究里面最为便捷易用的一个诠释模式，即可以把研究中的一切疑难归结为哲学家本人思想的发展变化。实则这里面有很多老生常谈的成见。就以柏拉图为例，比如泰勒（A. E. Taylor）认为，“早期对话录”表明柏拉图仍然处于苏格拉底的影响之下，尚未具有独立的哲学思考。[3]至于另外一种流传甚广的解释模式则是这样的：“早期柏拉图”的思想尚未成熟，在很多关键问题上尚未获得明确知识，经常陷入“困窘”，而“中期柏拉图”进入成熟阶段，作出了许多系统的和明确的论述，最后，“后期柏拉图”又陷入思想危机、自我批评、独断宣教、思想实验等等……

实际上，只要人们执着于“早期”、“中期”和“后期”这种时间段意义上的划分，并且有意无意地夸大这种划分的意义，那么他们很难正确地和准确地评估柏拉图的“早期的”和“后期的”

---

[1] 参阅维尔纳·耶格尔《亚里士多德：发展史纲要》，朱清华译，北京：人民出版社2013年版，第3—6页。

[2] 参阅汪子嵩等著《希腊哲学史》第二卷，北京：人民出版社1993年版，第640页。

[3] A. E. Taylor, *Plato. The man and his work.* London, 1937.

对话录的内容和哲学意义。一方面，他们太轻易地把“早期的”和“不成熟”画上等号，却没有反省一下，柏拉图在写作所谓的“早期对话录”的时候已经是40岁左右的年龄，这位如此伟大的、极具天才的、而且积累了二十多年游学经历的哲学家，如何可能在40岁的时候尚且处于不成熟的阶段，对于一系列根本的乃至简单的哲学问题尚未获得清楚认识？他们没有想想，当柏拉图笔下的苏格拉底在“早期对话录”里面每每陷入“困窘”的时候，这是意味着特定语境下的苏格拉底的“无知”呢，还是意味着柏拉图本人的“无知”？或者只是意味着柏拉图在这里故意保留了他的答案，并没有将其书写下来？另一方面，这些学者太容易断言柏拉图的“中期对话录”和“后期对话录”之间存在着“矛盾”（比如《巴门尼德》对理念学说的批评，《法律》里的“法治”取代《理想国》里的“人治”等等），然后又以一种轻松的方式处理了这些矛盾，亦即把它们归结为柏拉图的哲学思想的演变发展，仿佛这是一件天经地义的事，而既然如此，读者究竟是更喜欢“中期柏拉图”还是更认可“后期柏拉图”甚至“早期柏拉图”的观点，或者紧盯住柏拉图的“自相矛盾”不放，就纯粹取决于读者各自的兴趣了。[1]但问题在于，这些地方真的存在着“矛盾”吗，柏拉图从“早期”、“中期”到“后期”真的又经历了什么思想转变吗？他真正坚持、从未转变的思想是什么？柏拉图的写作和他所具有的认识究竟是什么关系？对于这些问题，那些坚持“思想发展说”的学者考虑得并不够充分。因此我们在这里同意埃尔勒对他们的批评：“这个构想

---

[1] 过去的哲学史研究重视完整的系统表述，所以柏拉图所谓的“成熟时期”的“中期对话录”更受重视；而近数十年以来，人们因为排斥“成熟的体系”，转而推崇那些“不成熟的”、“未完成的”、“片断式的”东西，所以柏拉图的“早期对话录”和“后期对话录”更受欢迎。这种研究兴趣的转变不仅发生在柏拉图这里，而且在绝大多数哲学家那里都是如此。

预设了两个前提：首先，柏拉图分别在每个对话录里都讲述了他当时所知道的全部的东西；其次，人们可以像阅读普通学术论著一样来阅读对话录，能够在对话角色于各种场景的言论中清楚明确地辨认出作者柏拉图自己的观点。考虑到对话录这种形式，也考虑到柏拉图宣称的对于知识的保留，上述两个前提恰恰都是有问题的。”[1]

我们在这里批评“思想发展说”这一研究方法，并不是要完全否定它的意义，而是想要指出，对于这种方法的使用必须是非常谨慎的，尤其是当把它用在柏拉图研究中的时候，一定不能把自己的某些朴素天真的想法算在柏拉图的头上。就此而言，我们虽然也承认柏拉图的对话录大致可以分为三组，但我们更愿意从**类型差别**的角度而不是从**思想发展**的角度来看待这种分组。而且，即使我们也采纳了“早期对话录”、“中期对话录”、“后期对话录”这样的说法，那么这只是意味着我们对于柏拉图写作众多对话录的先后顺序有一个大致的看法，而不是指我们认为柏拉图的哲学思想经历了这三个发展阶段。正如埃尔勒指出的，如果对于柏拉图的独特的写作方式缺乏了解，那么由此出发来构造柏拉图的思想发展是一个大有问题的做法。

关于柏拉图的独特的写作方式，本书随后会进行一些较为深入的讨论。这里只是简单谈谈如何处理柏拉图的繁多著作的问题。诚然，一般说来，每一位哲学家的思想都经历了一个形成过程，柏拉图也不例外，但关键在于，正如我们前面已经多次指出的，我们不能先天地把这个过程和柏拉图的创作顺序等同起来。换言之，即使这个创作顺序真的已经确定下来，我们暂时能够接受的，最多只是

---

[1] Michael Erler，*Platon*. Basel 2007. S. 25.

柏拉图表述其思想的顺序，而不是**柏拉图的思想本身形成的顺序**。至于这个顺序是按照一个有目的的整体计划逐步展开的（就像施莱尔马赫断定的那样），还是纯粹取决于各种偶然情境（就像阿斯特相信的那样），这不是我们一开始就能确定的；如果是前一种情况，那么我们必须严格按照这个顺序来研读柏拉图的著作，而如果是后一种情况，那么我们尽可以按照自己的喜好或实际情况随机挑选柏拉图的著作来阅读。从系统性研究者的理论旨趣来说，施莱尔马赫的那种解读方式是更吸引人的，问题只在于，他所说的那个“整体计划”——表述人的灵魂的塑造过程——是不是真的符合柏拉图的本意？诚然，我们已经先入为主地断定，任何一位伟大的哲学家都有一个“一以贯之”的核心思想，这个思想在他的不同著作里会从不同的角度、不同的层次和不同的领域那里呈现出来；与此同时，在柏拉图这里，考虑到他的著作的繁复性，我们很难相信他的那个核心思想的呈现一定是遵循着某个刻板的、线性的顺序，像剥洋葱一样逐层展现在我们面前。最重要的是，柏拉图的那个贯穿所有著作的核心思想究竟是什么呢？很显然，为了掌握那个思想，我们没有任何别的捷径可走，而是只能老老实实地去阅读柏拉图的全部著作。也就是说，无论是否遵循一个严格的顺序，**阅读柏拉图的全部著作**乃是研究和理解柏拉图哲学的一个基本前提。

第 2 章

从成文著作到未成文学说：柏拉图的书写批判

要研究一位哲学家的思想，最基本、同时也是最重要的途径，就是尽可能全面而深入地阅读他的“主要著作”——对柏拉图而言应该是“全部著作”。要理解柏拉图，必须研读柏拉图的每一部对话录。这是一个最基本的前提，也是本书所遵循的一条最基本的原则。

诚然，这只是一个一般意义上的要求。难道研究笛卡尔、斯宾诺莎、康德、费希特、谢林、黑格尔或其他哲学家，岂不是同样也得全面而深入地阅读他们的各种著作？人们相信，著作是哲学家生命和灵魂的延伸，是哲学家的思想忠实的守护之地。在这个意义上，叔本华在谈到如何领略康德的真正精神而不是被众多歪曲诠释所误导时，强调道：“对于所有那些真正的哲学家，人们只有从他们本人的著作中才能领略到他们的学说……因此，谁要是感受到了哲学的驱动，都必须到哲学家的著作的寂静的圣殿那里寻找不朽的导师。”[1]同样，叔本华坚持认为：“如果谁希望从根本上理解我的哲学，则必须阅读我的著作的每一行字。”[2]无疑，这既是叔本华的心

[1] Arthur Schopenhauer, *Die Welt als Wille und Vorstellung*. In ders. *Sämtliche Werke*. Band I. Hrsg. von Wolfgang Frhr. von Löhneysen. Stuttgart/Frankfurt am Main, 1960 -1962. S. 22 -23.

[2] Ebd., Band V, S. 827. 叔本华对于著作的完满自足性深信不疑，他要求后人在出版他

声，也是绝大多数哲学家的心声。

叔本华的言辞实际上代表了近代以来对于书写著作的一种普遍的崇拜态度，这种态度不仅决定了著作在读者心目中的地位，同时也支配着哲学家表述自己思想的方式。哲学家之所以进行创作，是为了将自己的思想倾注其中，让这部著作成为一个贴着分类标签永远陈列在书架上的"经典"（Classicum），成为"经典著作"、"传世之作"，仿佛哲学家的精神在哲学家个人消亡之后，仍然可以持存。同样，当我们捧起哲学家的著作时，也仿佛跨越了时间的长河，认为自己在直接聆听哲学家的当面教诲。简言之，对于这种崇拜书写著作的态度，我们归纳出两个最重要的特征：

第一，对著作的**根本性**的尊崇，即相信著作表达了哲学家终极的哲学思想；

第二，对著作的**绝对性**的尊崇，即相信著作是哲学家的思想的完整的、唯一的载体，舍此之外别无其他。

问题仅仅在于，这种思维模式可以简单地应用到柏拉图身上吗？在柏拉图那里，按照柏拉图本人的观点，著作也是如此神圣不可侵犯吗？

一　柏拉图的书写批判

恰恰在这个问题上，每一个熟悉柏拉图的著作的人都必然会

（接上页）的著作全集时，应当在全集的标题下加上这样一个箴言：Non Multa（无需更多）。（S. 827）为了确保他的著作的绝对权威性，他甚至说道："我诅咒任何一个将来重印我的著作时对其进行根本改动的人，不管这个改动涉及的是一个段落还是仅仅涉及一个词，一个音节，一个字母或是一个标点符号。"（S. 829）

注意到一个堪称独一无二的现象，即柏拉图对于书写著作的严厉批判。

这些批判首要出现在《斐德罗》这部对话录里面。柏拉图在那里讲述了一个传说：埃及古神托伊特（Theuth）发明了“数”、“算术”、“几何学”、“天文学”、“棋”、“书写文字”等，然后带着这些东西去见埃及国王塔姆斯（Thamus），让他转送给他的所有臣民们。塔姆斯问这些东西究竟有什么用处，于是托伊特便一件一件地解释，直到最后谈到“书写文字”（γράμματα）。托伊特宣称：“国王陛下，这门技艺将会使埃及人更智慧，更擅长记忆，因为它是作为记忆和智慧的工具而被发明出来的。”（Phaidr. 274e）但出人意料的是，塔姆斯国王毫不领情，当头予以驳斥：

> 你作为书写文字的发明者，出于对这个东西的爱，恰恰说的是这个东西所造成的影响的相反方面。实际上，这个发明会导致学习者的灵魂轻视记忆，因为他们将由于信任书写著作而仅仅通过陌生的符号从外面来保障回忆，而不是从自身内部依靠自己来保障回忆。所以你不是为了“记忆”（μνήμης），而是仅仅为了“回忆”（ὑπομνήσεως），才发明出这个药方。你仅仅赐予你的学徒们以智慧的假象，而不是真理本身。也就是说，当他们未经训练就听说很多东西，他们就会觉得自己无比智慧，但由于他们实际上并不智慧，而是变得愚蠢无比，所以他们都是一些一无所知，在行动上举步维艰的人。（Phaidr. 274e－275a）

对于塔姆斯的这段话，对话录中的苏格拉底给出了进一步的说明：

> 一方面，如果有人以为能够通过书写著作来传授什么技艺，另一方面，如果有人以为能够通过书写著作而获得什么清楚而确切的东西，那么他们就是处于莫大的天真幼稚之中。如果他们以为，书写下来的言谈除了仅仅让有知识的人回忆起他所讨论过的那些东西之外，还有别的什么意义，那么他们就真的没有领悟到阿蒙[1]的神谕。(Phaidr. 275c－d)

我们知道，托伊特在希腊神话里有时也等同于普罗米修斯和赫尔默斯，后者在传说中也是书写文字的发明人。柏拉图从一开始就追溯到书写在神那里的起源，表明了他的书写著作批判的根本性。柏拉图在上述第一段引文里面特意指称书写是一个"药方"(φάϱμακον)，这个词虽然泛指"药品"，但同时也有"毒药"的意思，好比我们常说的"是药三分毒"。在通行的德文译本里，无论是施莱尔马赫还是里特尔（Constantin Ritter）的译本，都把"φάϱμακον"这个词简单翻译为"工具"(Mittel)，这样就没有完全表现出柏拉图所想要传达的那种警示。但不管怎样，即使把这理解为"工具"，那它也是一个危险的工具。诚然，各种工具为人们的活动带来了轻松方便，这是毋庸置疑的。但同样真实的是，工具也为人们带来了越来越严重的惰性和依赖性，使得人们离本真的事物越来越远，这也是每一个人都深有体会的。比如在德国，如果人们在厨房里或餐桌上找不到一个"承蛋器"(Eierbecher)，那么他们简直不知道该把一个煮熟的鸡蛋放在什么地方。当人们对工具——包括书写著作这个工具——的态度发展到一种根本性和绝对性的崇拜时，人也就必然走上了工具化和物化的不归之路。然而哲学绝不是

[1] Amon 是托伊特的另一个名称。

一件在某些工具的帮助下就可以做到轻松方便的事情，同样，哲学思考的对象既不是工具本身，也不应该受到工具的遮蔽和桎梏。在这里，柏拉图并不否认书写著作作为一种工具所具有的功能，即“让有知识的人回忆起他所讨论过的东西”（Phaidr. 275c），但为了预先警示未来那些将“宝书”、“经典”乃至书写著作本身捧上天的后人们，他对这个工具的功能同时也作出了清楚的限定，指出那些迷信书写著作的人“处于莫大的天真幼稚之中”，根本没有理解神谕。

在随后的地方，柏拉图对于书写著作的功能进行了更为细致的区分。这些功能归结起来主要是以下两点：

1. 作者“一方面为了他自己，把各种回忆收集起来，以防年老健忘，另一方面，把它们留给那些后来追随他的足迹的人”。（Phaidr. 276d）

2. “在最好的情况下，书写著作也只是用来回忆那些已经教导过的东西。”（Phaidr. 278a）

可见，在柏拉图看来，书写著作最重要的功能就在于“备忘”、“唤起回忆”，同时作为一些路标，提示那些后来的追随作者足迹的人，防止他们迷失或走向歧路。

但是，这仅仅是就“最好的情况”而言。在现实中，书写著作更多的是不但自身处于各种糟糕的局面，而且导致各种糟糕的事情，这些才是柏拉图着重强调的。在这里，柏拉图将书写著作和绘画作品做了一个比较：它们看起来都是栩栩如生，在诉说着什么东西，仿佛它们具有理性和灵魂，但是，无论求知若渴的你向它们提出任何疑问，它们都只能沉默不答，永远展示一成不变的唯一的一个面貌。因此，书写著作的困境在于：

一旦被书写下来，每个词语就只能无助地四处游荡，以同样的方式面对那些理解它或者不理解它的人。它根本不知道，应该走向谁，不应该走向谁。倘若它遭到恶劣的处置或者不公正的责难，那么它总是需要它的父亲，因为只有他才能够帮助它，而它本身既不能保护自己，也不能帮助自己。(Phaidr. 275d－e)

柏拉图在这里强调，作者一旦把任何东西书写下来，这些东西都必然会遭到误解，只能任人处置，而且每每是“恶劣的”或“不公正的”处置。这些情形于我们并不陌生。近代德国诗人海涅对此曾经有一个形象的比喻：“然而箭一离开弦便不再属于射手了，言论一离开说话的人的口，尤其是经过大量印刷之后，便不再属于他了。”[1]按着这个趋势，当代法国文艺理论家罗兰·巴特（Roland Barthes）的“作者死亡论”就不是什么稀奇的观点了：人们只需处置纯粹的文本本身即可，至于作者主观上想要表达什么根本不重要，作者在书写时的宏观背景和具体情境也不重要，简言之，作者只需要把东西写下来就可以去死了，接下来怎么理解文本完全是读者的事情。然而柏拉图早在两千多年前就已经预感到了这种糟糕的局面和错误的观点，预感到将来有些“自以为无比智慧，实际上愚蠢无比”的人会企图撇开书写著作的“父亲”，肆意妄为地处置他书写下来的东西，因此他明确地提出，书写著作需要它的“父亲”的“帮助”，亦即需要作者的解释和辩护。

在这里，作为“帮助”的解释和辩护可以区分出两种情况：

1. 作者亲自作出的解释和辩护（它又可以区分为“口头的”

[1] 海涅《论德国宗教和哲学的历史》，海安译，收录于《海涅文集·批评卷》，张玉书选编，北京：人民文学出版社 2002 年版，第 200—201 页。

和“书面的”）；

2. 另外一些人遵循作者的本意而作出的解释和辩护，比如各种“注释”、“疏解”、“评论”、“答辩”等等。

实际上，每一位作者（柏拉图也不例外）都不希望自己书写下来的东西遭到误解，因此他们在著作中的各种论证和解释本身就是试图为自己的文字提供各种“帮助”。柏拉图在书写他的对话录的时候，由于他的思想的丰富性和深刻性，他甚至必须借助多种手段来为这些思想输送一系列层层相叠的“帮助”，以避免对话的参与者和后来的读者错误地理解他的观点，比如把他所反对的观点看作他所主张的观点，或正好相反。正因如此，斯勒扎克（Th. A. Szlezák）认为，“如何帮助遭到责难的逻各斯”乃是柏拉图的对话录的“中心结构原则”。[1]另一方面，其他人则是通过“注释”之类方式来澄清和捍卫柏拉图的原本的思想，传承柏拉图的学说。历代学者在这方面所做的工作可以说居功至伟，为我们后人正确且准确地理解柏拉图真正提供了莫大的“帮助”。

尽管如此，我们必须意识到，任何“帮助”，无论是书写著作的父亲亦即作者亲自写下的解释，还是其他学者提供的“注释”、“疏解”、“考据”等等，只要它们作为书写下来的著作，那么不可避免仍然会面临“书写著作”本身所面临的那种困境，即作为一种固定下来的东西而遭到别人的误解和歪曲。这些“帮助”同样也需要“帮助”，而后来的“帮助”仍然需要“帮助”，如此以至无穷。

---

[1] 作为例证，斯勒扎克列举了对话录中一些相关的场景（比如《斐德罗》88d－e，95e－105b；《理想国》第二卷362d，368b；《法律》第十卷891a等等）。根据斯勒扎克的见解，柏拉图行使“帮助”的办法通常都是暂时离开陷于困境的论点，转向探讨对本原的认识，然后在这个更高的层面上自然地揭示出前面遭到责难的逻各斯的真理。Vgl. Th. A. Szlezak, *Platon lesen*. Stuttgart, 1993. S. 77－85.

因此我们可以看到，任何书写下来的著作（柏拉图的对话录也不例外），它所需要的最根本的“帮助”只能是作者的口头讲解，相比僵死固定的书写下来的东西，只有活生生的口传学说才能提供无穷丰富的、根本的帮助。口传优先于书写——这是柏拉图的一个基本立场。

书写下来的文字是一种**固定的、一成不变的**东西，与之联系在一起的是书写著作的另一个巨大缺陷，即它的**被动性**。书写著作只能被动地接受阅读，不能主动选择自己的读者，因此当面对一个又一个完全陌生的读者，它既然完全不了解读者，也就不能为千差万别的读者分别指引一条恰恰适合每个人的道路，不能胜任传达真知的任务。在《斐德罗》的前面部分里，柏拉图已经指出，辩证法家（哲学家）的教诲是一种“灵魂引导”工作，为了做到这一点，辩证法家除了自己必须掌握真知之外，还必须知道作为施教对象的灵魂有多少种类，有多少种状态，这样才好对症下药，取得最佳效果。因为一种言谈也许能够轻松说服某一个人，但在另一个人那里却可能是对牛弹琴，毫无作用。（Phaidr. 271d－272a）很显然，一成不变的书写著作完全不能适应千差万别的现实状况，因此辩证法家必须通过同样丰富的口头传授来应对各种可能出现的局面。他们必须知道言谈的每一种具体形式，知道在什么情况下是合适的使用，在什么情况下是不适合的使用，对于每一个灵魂随机应显，**因材施教**，“对于复杂的灵魂施以复杂而广泛的言谈，对于单纯的灵魂施以单纯的言谈”（Phaidr. 277b）。借用一种比喻的说法，辩证法家的口传不是写在纸上，而是写在“学习者的灵魂”之内。因此柏拉图说道：

那些包含着真知的、书写在学习者灵魂之内的言谈，有能力帮助自己，它知道，对于谁应该说话，对于谁应该沉默，对于谁应该既说话又沉默（ἐπιστήμων δὲ λέγειν τε καὶ σιγᾶν πρὸς οὓς δεῖ）。(Phaidr. 276a)

相比之下，通常意义上的书写下来的著作却是唯一不变的东西，它仅仅是活生生的言谈的一个“阴影”（εἴδωλον），它有着固定的内容，固定的论证，固定的程序，它既不能选择自己的对象，要想恰好遇上与自己相配的对象，更是几乎渺无希望。因此柏拉图才说，书写著作“既没有能力在言谈中帮助自己，也没有能力合乎秩序地教导真理”（Phaidr. 276d）。除此之外，柏拉图还举了一个“阿多尼斯花圃”[1]的例子来说明书写和口传之间的差别：有些人会出于游戏的目的让植物在八天之内就成熟开花，但这些植物随后马上就凋亡了，相反，严肃的花农却宁愿用八个月的时间来耐心培育花草，直至其成熟；同理，那些希望用一两本著作就搞定一切的人只有可能是在玩游戏，与此相反，那“具有对于公正、美和善的认识的人”，在通过口传而培育灵魂的种子的时候，难道还会不如一位花农？（Phaidr. 276b－c）

值得注意的是，柏拉图通过“阿多尼斯花圃”的比喻把书写著作界定为一种“**游戏**”（παιδιᾶ）。在《斐德罗》这部分的短短3页的篇幅里（Phaidr. 276－278），“παιδιᾶ”这个词频繁出现达6次

---

[1] 阿多尼斯（Adonis）是爱神阿弗洛蒂特的情人，他死后每年有六个月的时间可以返回阳间，其余时间则必须在阴间度过。当他处于阴间的时候，大地一片肃杀，而当他重返阳间的时候，大地春光明媚，百花齐放，人们为此特地设立了“阿多尼斯节”来纪念他的回归。所谓“阿多尼斯花圃”，就是人们专门用来种植节庆期间四处摆放的花草。阿多尼斯神话反映了大自然年复一年的衰灭和重生。同样模式的神话还有关于大地女神德墨特尔（Demeter）的遭劫持的女儿佩耳塞福涅（Persephone）、关于酒神狄奥尼索斯（Dionysus）的传说。

之多，而且其每次出现都与书写著作联系在一起。与之相对应的是，“**严肃**”（σπουδὴ）这个词也出现了6次，且每次都是作为那些著作家的对立面而出现。柏拉图承认，书写著作在某种意义上是“一种非常美好的游戏”，但他同时也指出，对于那些认识到了“公正”、“善”、“美”的人而言，还有一种“更加美好得多的严肃”（πολὺ δ᾽ οἶμαι καλλίων σπουδὴ），它首先寻找并挑选一个合适的灵魂，然后“依照辩证技艺的规定”，将活生生的话语种植到灵魂里面（这些话语既能够帮助自己，也能够帮助那承受了它们的灵魂），直到它们慢慢地发芽、生长、成熟。（Phaidr. 276c－e，278a）一个严肃的人必须“宣称书写下来的文本是**价值低下的东西**”（Phaidr. 278c）。如果他做到了这一点，那么他就有资格被称为“智慧的朋友”（φιλόσοφον），亦即“哲学家”。（Phaidr. 278d）与之相对立的是另外一类人，他们将写作和著作看得至高无上，翻来覆去地折腾文本、字句，等等。这后一类人，正是柏拉图一向瞧不起的“诗人”、“讲稿作家”和“法律文书家”。（Phaidr. 278e）在这里，依据对待书写著作的不同态度，柏拉图区分开了真正的哲学家和那些只懂得“摹仿艺术”的人。

柏拉图在《斐德罗》里面的以上言论表明，他之所以批判书写著作，主要是因为书写著作本身具有的缺陷（使人依赖于外在的符号、懒于思考，注定被曲解滥用，一成不变而僵化固定，不符合活生生的“灵魂引导”等等）。这是柏拉图之书写著作批判的**客观方面原因**。与此同时，柏拉图也从**主观方面原因**出发，阐述了他对于书写著作的不信任。

简言之，柏拉图出于对他自己的独特的哲学活动及其探究对象的考虑，不可能完全信任书写著作，不愿意把自己最重要的学说，尤其是一些最关键的思想，全盘“托付”（Epist. VII，343a）给书写著作。这里涉及柏拉图的一些极具争议的言论，比如他在给叙拉古国王狄奥尼索斯二世的一封信里的郑重宣言：

> **所以，关于这些事物，我还从来没有写下任何东西；柏拉图的著作并不存在，将来也不会存在**（Διὰ ταῦτα οὐδὲν πώποτ᾽ ἐγὼ περὺ τοὺτων γέγραφα, οὐδ᾽ ἔστιν σὺγγραμμα Πλὰτωνος οὐδὲν οὐδ᾽ ἔσται）。（Epist. II，314c）

但我们知道，柏拉图在写这封信的时候，事实上已经写下了一系列对话录，而且他在同一封信里否认这是“柏拉图的著作”，反而将它们归之于一位“已经变得美丽和年轻的苏格拉底（Σωκράτους ἐστιν καλοῦ καὶ νέου γεγονότος）”（Epist. II，314c）。对于这个显明的矛盾（明明写了却说从来没写，明明存在的著作却说不存在），柏拉图本人毫不讳言的矛盾，对于“柏拉图”和“苏格拉底”这两个名字的交织，我们应当如何理解呢？实际上，如果我们仔细审视这句话的相关语境，注意到柏拉图对于书写著作的批判态度（柏拉图之前劝告狄奥尼索斯二世“不要进行写作，而是默识学习”，随后甚至要求后者在多次阅读这封信之后烧掉它，因为书信也属于“书写著作”的范畴），那么只有两个清晰的结论：

首先，柏拉图尽管出于“游戏”的动机有所著作，但另一方面，作为一位“严肃的”哲学家，他不愿把自己的名字“柏拉图”与“著作”这个东西联系在一起，这是一种坚定而毅然的“划清界限”的态度；

其次，柏拉图认为他的著作没有充分透彻地表达他的一些最重要的思想，因此他宁愿把这些著作算到“苏格拉底”的头上，尽管这位“已经变得美丽和年轻的苏格拉底”显然与历史中真实的苏格拉底无关，仅仅是柏拉图的某种程度上的“代言人”。

除此之外，理解柏拉图在那句话里面所说的“这些事物”究竟何指也甚为关键。在这封信（《第二封信》）里面，柏拉图并没有指出它们是指什么东西。但在柏拉图的另一封最重要的书信亦即《第七封信》里面，他不但多次提到“这些事物”，而且清楚地告诉我们这究竟是指怎样一些探究对象。根据雷亚利（Giovanni Reale）的钩稽，柏拉图单是在《第七封信》里就至少有 9 次谈到了“这些事物”所指的对象。在此列举如下：

1. 大全整体（τὸ ὅολον，Epist. VII，341a）；

2. 最伟大的事物（τ ὰ μέγιστα，Epist. VII，341b）；

3. 本性（φύσις,，Epist. VII，341d）；

4. 善（ἀγαθόν, Epist. VII，342d）；

5. 善、美和公正（περί τε ἀγαθοῦ καὶ καλοῦ καὶ δικαίου, Epist. VII，342d）；

6. 德行与痛苦的真理（ἀλήθεια ἀρετῆς εἰς τὸ δυνατὸν καὶ κακίας, Epist. VII，344a）；

7. 整个存在的真理和谬误（τὸ ψεῦδος ἅμα καὶ ἀληθὲς τῆς ὅλης οὐσίας Epist. VII，344b）；

8. 最严肃的事物（τὰ σπουδαιότατα，Epist. VII，344c）；

9. 现实之最初的和最高的本原（τὰ περὶ φύσεως ἄκρα καὶ πρῶτα，Epist. VII，344d）。[1]

正如柏拉图本人强调指出的，“这些事物”是柏拉图整个哲学

[1] Giovanni Reale，*Zu einer neuen Interpretation Platons.* Paderborn 2000. S. 104.

活动的最根本的、最困难的对象，是他不愿意书写下来，而是仅仅进行口头传授的内容。在《第二封信》里面，柏拉图已经指出，他仅仅是在学园内部多次口头讲授这些内容，他的学生们（其中一些追随他已经超过三十多年）必须“不断重复而且持续多年”听取他的教导，才能理解这些东西。（Epist. II，314a）柏拉图写下了一堆对话录，但是却将这些最重要的学说放置于书写著作之外，在这个意义上，柏拉图之前的那句宣言就绝不是一个矛盾，只要人们理解了它真正的意思：完全蕴含着柏拉图的最高学说和根本学说的“柏拉图的著作”并不存在，将来也不会存在。这个理解在柏拉图的《第七封信》里得到了柏拉图本人的进一步的证实：**“至少，我自己没有任何关于那些事物的著作，将来也不会有**（Οὔκουν ἐμόν γε περὶ αὐτῶν ἔστιν σύγγραμμα οὐδὲ μήποτε γένηται）。”（Epist. VII，341c）对于这个立场，柏拉图继续解释道：

> 因为它〔柏拉图哲学的努力目标〕并不像其他的教学对象：人们不可能通过词语来把握它，而只能是通过长期持续的投身于那些对象的科学交流，通过相应的长期的共同生活，然后，灵魂中突然出现仿佛是由一粒跳跃的火花所点燃的光亮，它先是在灵魂之内得到滋养，然后靠着自身继续闪亮下去。（Epist. VII，341d）

关于这个如此艰难的对象，柏拉图随后声称，最好还是由他自己来口头讲授。对于那些自不量力去著书立说，传播那些内容的人，柏拉图感到发自内心的恼火和担忧。因为，按照柏拉图的说法，假若真能够把“那些事物”以令人满意的方式书写下来，那么他早就不遑多让，亲自去从事这项伟大的工作了，“通过这样一部著作赐予人类巨大的幸福”（Epist. VII，341e）。遗憾的是，这样一部著作并不存在，将来也不会存在，不可能存在。如果有人勉为其难炮制出这样一部著作，那么它在柏拉图看来只有两种可能：一方面它的拙劣会导致人们对哲学的蔑视，另一方面它又给予某些人夸大过分的自我意识，读了一点东西之后就沾沾自喜，自以为掌握了什么惊天地泣鬼神的“智慧”。总之，一旦人们陷入到对于书写著作的崇拜和迷信之中，那么他们非但不可能变得更智慧，而且会变得更加愚昧。在这些地方，柏拉图明确地把“真实的言谈”和“封闭的言谈”亦即书写著作对立起来，坚定地强调指出：

> 因此，没有任何理性的人敢于把他那些殚精竭智获得的认识托付给这些不可靠的语言工具〔书写著作〕，更不敢让那些认识遭到书写下来的文字所遭受的命运。（Epist. VII，343a）

与之相联系的是，“严肃”这个词再度频频出现。柏拉图不但又提到“最严肃的事物”，并且宣称：“任何一个严肃的人都坚决不会发表关于那最严肃的事物的书写著作，以免那些事物成为人们争吵和怀疑的牺牲品。”（Epist. VII，344c）如果一个人居然“出于最高的严肃”（前面我们已指出，柏拉图并不反对出于某些“游戏”或“实用”的动机而写作，比如一个立法者把法律汇编书写下来）而发表类似著作，那么只有一个可能：他已经丧失了全部的理智。（Epist. VII，344d）

至此我们已经阐述了柏拉图对于书写著作的批判以及他对于口头传授和交谈的推崇。在这些地方，贯穿着两种动机（一方是“严肃”，另一方是“游戏”）和两类人（一方是“哲学家”，另一方是

“诗人”、“作家”、“法律文书家”等等）之间的对峙。这是柏拉图明白无误地呈现在我们面前的观点。如果我们承认柏拉图是一位“严肃的哲学家”，那么我们必须认真对待他的以上观点，得出如下几个初步结论：

1. 柏拉图的书写著作没有包含着他的关于一些最重要的对象的最重要的学说，而且这种缺失不是由于作者的疏忽造成的，而是由于作者考虑到书写著作的固有缺陷而有意有所保留，因此柏拉图的对话录不能被看作是柏拉图哲学的完整载体；

2. 柏拉图按照“活生生的辩证法”的要求，在学园内部反复口头传授这些学说，并且与他的学生进行讨论；

3. 柏拉图的部分学生最终完全领悟了这些学说（vgl. Epist. II, 314a－b；Epist. VII，341d）。

也就是说，即使我们暂时还不知道这些学说的内容，也应当具有一个清醒的意识，即柏拉图除了那些通过对话录表达出来的思想之外，还有一种“口传学说”或“未成文学说”，而且这些学说处理的是一些最根本、最困难的对象。诚然，这个结论已经动摇了对话录的“神圣不可侵犯”或“一家独大”的地位。但是如果谁因此认为这意味着应当排斥、取代、贬低对话录，那么这也是一个莫大的误解。我们强调的是，以上结论至少向人们指出，如果要完整而正确地理解柏拉图的哲学，必须具有这样一个基本的视野，即把柏拉图的对话录和柏拉图的“未成文学说”都囊括进来。即使那些死忠于柏拉图书写下来的文字的人，也必须承认，柏拉图恰恰在这些神圣伟大的文字里（比如前面列举的《斐德罗》、《第二封信》和《第七封信》），已经明确告诉他们：书写著作充满缺陷，他不信任书写著作，没有在其中记录关于最重要的对象的根本学说，而是仅仅在学园内部口头传授这些学说。如果他们真正尊重柏拉图的文字，那么也必须尊重柏拉图在其中作出的以上指示。

但现实状况是，仍然有很多学者囿于旧的思维模式，有意无意地忽视、掩饰、贬低或者曲解柏拉图对于书写著作的严肃批判。在这里我们以德国学者阿佩尔特（Otto Apelt）为例。作为《柏拉图全集》的一个广受赞誉的译本的译者，作为一名资深的柏拉图研究专家，他对于柏拉图的文本无比熟悉，自然就无法回避柏拉图在多处地方提出的对于书写著作的批判。但阿佩尔特是怎么解释这个现象的呢？他说："人们很容易认识到，这些批判是一种真正的柏拉图式的戏谑（platonische Ironie）……尽管在这种戏谑的背后，也隐藏着一丁点真理（ein Körnchen Wahrheit）。"[1]他还说："这些批判毫无疑问地展示出它们的戏谑特征……但另一方面，我们也必须认识到，这种完全滑稽的游戏（dieses ganze neckische Spiel）确实也包含着一丁点严肃（ein Körnchen Ernst）。"[2]简言之，在阿佩尔特看来，柏拉图的书写批判是一种"**戏谑**"或"**完全滑稽的游戏**"，尽管其中也包含有"**一丁点真理**"、"**一丁点严肃**"！这简直就是在光天化日之下施暴，把柏拉图明白指出的"严肃—游戏"之对立做了一个根本的倒转：柏拉图本来以"极为严肃"的态度所强调的东西反而成了一种"滑稽的游戏"，只剩下"一丁点严肃"，仅此而已。但是，每一位认真阅读柏拉图的上述文本的人都不得不说，柏拉图对于书写著作的那些严厉批判与"戏谑"何尝有一丁点的关系呢！我们可能要问，像阿佩尔特这样的大学者怎么会得出这样不靠谱的、显然与柏拉图的本意相矛盾的结论？然而看看阿佩尔特的另外一些表述，又是别样的情形。比如他指出，柏拉图的那"一丁点严肃"

---

[1] *Platons Briefe*. Übersetzt und erläutert von Otto Apelt. Leipzig 1921. S. 116.

[2] Ebd. S. 135.

恰好在于："真正透彻的、有效果的哲学教导只有通过一种基于直接的私人交往的口头思想交流才能实现，就像柏拉图在学园中所做的努力那样。"[1]他甚至补充说道："书写著作并不标志着柏拉图的哲学使命的顶峰，而只是具有**第二位**的意义：毋宁说，柏拉图的活动的重点在于口头讲授，在于精神的直接交互作用之中……"[2]令我们感到诧异的是，明明已经达到了如此明确认识的阿佩尔特，怎么会把柏拉图对于书写著作的严肃批判归结为"戏谑"和"游戏"？对此的解释只能是，阿佩尔特要么是揣着明白装糊涂，要么是实在受旧的思维模式桎梏太深，以至于他只能作出一些自相矛盾的解释，同时把柏拉图真正主张的和真正批判的东西倒转过来。事实上，阿佩尔特绝不是一个孤立的现象，时至今日，那些仍然固守旧的思维模式的柏拉图研究者还是不敢（或压根没有想到）去挑战对话录的绝对尊崇地位，当谈到柏拉图《斐德罗》、《第二封信》和《第七封信》的相关文本时，他们仍然有意无意地执行着那个根本的意义倒转。

还有一些学者，比如雅斯贝斯（K. Jaspers）、伽达默尔、格思里（W. K. C. Guthrie）、哈克福斯（R. Hackforth）等，企图通过另一种办法来对柏拉图的书写著作批判作无害处理。他们宣称，柏拉图在《斐德罗》和《第七封信》中批判的"著作"（σύγγραμμα）是指"论文"、"教科书"、"讲稿"之类所谓的僵死呆板的文体，但对话录（δίαλογος）这一文体具有独一无二的豁免权，因此柏拉图的批判只是针对他人，而非针对他自己。然而这种说法在柏拉图的那些文字里找不到任何依据，柏拉图明明针对的是一切著作（包括他自己的著作），从未把"论文"和"对话录"作为两种根本对立的

[1] Ebd. S. 116.

[2] Ebd. S. 135.

文体提出来。更何况，“论文”在当时并不是什么流行的文体，正相反，写作对话录反而是一种通行的做法，而且它并不是柏拉图的专利，当时很多人都以对话录的方式进行写作。很显然，如果柏拉图独独给对话录网开一面，那么他的书写著作批判就失去了任何意义。最后，斯勒扎克通过系统的考证，表明柏拉图所说的“著作”（σύγγραμμα）在当时并不具有什么特别的针对意义，而是泛指一切集结成文的东西，[1]因此柏拉图的书写著作批判具有普遍意义，其中没有例外。

二　“未成文学说”的文化背景和历史先例

柏拉图批判书写著作，推崇口传，同时在他那里存在着一种成文著作之外的“口传学说”或“未成文学说”。这是一件惊世骇俗的事情吗？

其实，在人类的几大古老文明传统中，不着文字或吝于文字乃是一个非常明显的特点。在中国，孔子述而不作，我们只是通过他的学生记载的“子曰……”才了解其思想大概；在印度，释迦牟尼同样也只是给他的门徒们留下了“如是我闻……”之类说教。我们今天所了解的孔子或释迦牟尼的思想，都是他们的不折不扣的“**未成文学说**”。唯一的差别在于，孔子或释迦牟尼那里只有“未成文学说”，此外无他，而柏拉图除了未成文学说之外，还有书写在著

---

[1] Thomas A. Szlezák, *Platon und die Schriftlichkeit der Philosophie.* Berlin 1985. S. 386 －405. Vgl. auch Thomas A. Szlezák, *Gilt Platons Schriftkritik auch für die eigenen Dialoge? Zu einer neunen Deutung von Phaidros* 278 *b*8 －*e*4. In Zeitschrift für philosophische Forschung, Band 53, 1999, S. 259 －267.

作中的学说。

就希腊而言，根据历史学家和考古学家的工作，尽管基本断定希腊文字诞生于公元前16至前14世纪之间，但希腊文明的最初的精神载体——荷马史诗——则是直到公元前8世纪才被书写下来。在此之前，荷马史诗由游吟诗人们口口相传，完全不着文字。人们不是没有文字，但他们并不重视，而且除了一些日常生活事务（比如记账和记事）之外也不需要文字。相反，人们对于言语和口传的崇拜则是无以复加。正因如此，肩负着传承知识职责的诗人们都具有非凡的记忆力。当然他们并不是逐字逐句的精确背诵，而是记住整个叙事框架和结构以及许多固定修饰搭配，然后可以在实际吟唱中作一些即兴发挥。[1]但即使这样，在今天看来这仍然是一项无比艰巨的工作，因此诗人的记忆力被看作是一种超凡的天赋，是诸神和缪斯的恩赐和特别眷顾。正是通过口口相传，诗人们把现在和过去（把过去发生的事情活生生地呈现在当代人面前），把人和神（把神的法则和禁忌传达给人们）联系在一起。诗人的崇高地位就是这样奠定的。当然，随着文字和书写的出现和传播，可以说这是社会发展的一个进步。但在希腊的各个城邦，特别是在民主的雅典，言语和演讲在公众生活中仍然发挥着巨大的、压倒性的作用。当面对参政院、法官和公民大会的时候，决定着人们对一件事情的判断的关键因素，往往是发言者的嗓门大小和辩论才能。从这里也可以看出，普罗泰戈拉等职业智者们之所以大受欢迎，就是因为他

---

[1] 近代哲学的研究表明，诸如《荷马史诗》这样的巨著都是在长久的口头创作的基础上逐渐集结成文的。口头创作并不一定代表着根本上的随意性和不规范性，而是有着固定的“程式系统”（formulaic system），诗人在程式的基础和史实的框架内自由发挥细节方面的描述。参阅约翰·迈尔斯·弗里（John Miles Foley）的《口头诗学：帕里－洛德理论》（*The Theory of Oral Composition. History and Methodology*），朝戈金译，北京：社会科学文献出版社2000年版。

们投其所好，专门教授人们演讲和辩论的本领。在雅典，人们没有时间，也没有兴趣坐下来阅读什么东西，因为他们可以通过口头交谈获得一切信息。在那个狭小的城邦里，公共场所就那么几个地方：广场、神庙、剧院、运动场，大多数公民几乎都相互认识，口头交流是非常便利的事情。职业智者兴起之后，他们在整个希腊进行巡回演出，在形形色色的听众面前围绕着各种问题作公开演讲或私人讲座，将口传的魅力发挥到了极致。因此正如历史学家所指出的那样，希腊文明是“闲聊的文明”，同时也有历史学家认为，至少在公元前5世纪，绝大多数希腊人都是文盲，或至多只能识别少数文字，读懂一些简单的信息。[1]综上所述，至少在当时，要想让思想发生影响，言谈是比书写有效得多的一种方式。

此外还需注意到的是，就古代的物质生产条件而言，书写创作也受到了非常大的制约。据说埃及人在公元前3000年前就发明了“纸”（πάπυϱος）——这种东西取材自尼罗河三角洲的“纸莎草”，一种类似于芦苇的植物。人们把它的秆外面的硬皮剥去，把里面的柔软的内茎晒干、压平，然后经过裁剪并穿在一起，就成了所谓的“纸”。这种“纸”在工艺和成本上远远逊色于我国东汉时期蔡伦发明的纸浆造纸术，不仅非常昂贵（至少在柏拉图那个时代是如此），而且极易受损，因此也难以大规模地普及。

除此之外，柏拉图对于书写著作的批判和对于口传的推崇，在希腊本土还有更多的文化和历史背景。在这里，我们希望通过讨论柏拉图的两个“榜样”亦即毕达哥拉斯和苏格拉底来说明，除了对于书写著作的本质认识之外，为什么柏拉图要在群众面前保留他最重

[1] 本段落中的部分历史知识借用了〔法〕克琳娜·库蕾《古希腊的交流》（广西师范大学出版社，2005年版）中的研究成果，特此说明。

要的学说，为什么柏拉图只是将它们口头传授给特定范围的精英圈子，而不是书写在人人可得的对话录中。

毕达哥拉斯（Pythagoras，前570—前480）及其学生是西方历史上第一个带有浓厚宗教性质的学术和生活共同体。其他人对他们的称呼，比如“异端”（Häresie，来源于希腊文αἵρεομαι，本意为“精选”）和“邪教”（Sekte，来源于拉丁文sequi，本意为“追随者”）等等，在当时并不是一些完全贬义的称谓。不过话说回来，现代通常认可的“异端邪教”的几大特征，比如严格的成员限制、绝对的领袖崇拜、严密的等级制度和组织结构、共同的精神信念、不合常规的生活方式、超强的优越感意识和精英意识、对违规者的严厉惩罚等等，却无一不适合于毕达哥拉斯的那个教团。[1]

不过我们在这里最感兴趣的还是毕达哥拉斯对于传授其学说的态度。从事实来看，毕达哥拉斯自己没有撰写任何著作，而只是在团体内部口头讲授其学说。此外，根据亚历山大的克莱门斯（Clemens von Alexander）的报道，毕达哥拉斯也有书写著作，但其内容却是奥菲欧教派的学说，而且署名不是他的真实名字，而是“奥菲欧”（Orpheus）。（DK 36B2 = KRS 262）[2]假若这个报道是真实的话，我们可以推断，这些书写著作里包含的并不是毕达哥拉斯最根本最重要的学说，而很有可能是一些他赞成或者认可的，值得更宽的受众范围接触的内容（我们可以在此联想到柏拉图的那些从来不以自己的名字发言的对话录，也许具有同样的功能）。另一方面，根据扬布里柯（Imblichos）的《毕达哥拉斯生平》（*Vita Pythagorica*）

---

[1] Christoph Riedweg，*Pythagoras. Leben*，*Lehre*，*Nachwirkung*. München 2002. S. 129 –149.

[2] KRS = G. S. Kirk/J. E. Raven/M. Schofied，*Die vorsokratischen Philosophen. Einführung*，*Texte und Kommentare*. Stuttgart/Weimar，1994，2001.（Englisch：*The Presocratic Philosophers*. Cambridge，1957，1983.）

一书的记载，毕达哥拉斯对那些希望成为他学生的人提出的考察要求之一乃是“五年的沉默”，因为“控制自己的舌头是所有的自我克服中最为困难的事情”。[1]的确，多年的沉默乃是毕达哥拉斯教团的主要标志之一，并且在公元前五世纪左右就已经得到人们（比如苏格拉底的同时代人伊索克拉底）的证实。在流传下来的记载着毕达哥拉斯言论的残篇里，也有不少关于“沉默”的教导，比如：“在所有别的人面前管紧你的舌头，跟随诸神！”以及：“你们年轻人，在虔敬的尊重里对所有这一切保持沉默！”[2]很显然，学派对于沉默的严厉要求并不是出于苦行主义的目的，而是出于对待毕达哥拉斯的根本学说的神圣态度：口传、保密。至于某位门人因为泄密而遭到被扔进大海喂鱼的惩罚，这是由来已久的著名传说。我们当然难以想象，一个对于秘传和沉默如此极为强调的人，会把他的根本学说托付给书写下来的文字著作。迄今为止，所有毕达哥拉斯教团成员及其后人记载的大宗师本人的学说都是“声闻学说”（Ἀκούσματα）[3]，亦即毕达哥拉斯的“口传学说”；相应地，声闻家（ἀκουσματικοί）在教团里面的地位也在数学家之上，只有他们才被看作真正的毕达哥拉斯学派的门人。（KRS 280）这些都证明，毕达哥拉斯的最重要的学说只存在于口头讲授，而不是存在于书写著作当中。

除此之外的另一个重要历史事实是，毕达哥拉斯的教团是一个

[1] 对于毕达哥拉斯学派的这个要求，黑格尔曾经评论道：“在某种意义下，这种缄默的义务实在是一切教育和学问的基本条件。我们必须从能认识别人的思想开始。这就包含有牺牲自己的意见在内。……缄默，保守我们本来面目，不唯绝不致使我们精神贫困，而且我们可借以养成一种认识事物之真实面目的能力，并且可以得到一种觉悟，明了主观的意见与主观的反对与赞成实毫无益处。”转引自开尔德《黑格尔》，载于《黑格尔·黑格尔学述》，贺麟编译，上海人民出版社 2012 年版，第 12 页。

[2] Christoph Riedweg，*Pythagoras. Leben*，*Lehre*，*Nachwirkung*. München 2002. S. 133.

[3] 根据亚里士多德、扬布里柯、品达的记载，这些学说包括“大师在人和神之间的地位”、“各种禁忌”、“数的学说”、“灵魂的命运”等等。（KRS 275－284）

人员众多，而且具有等级结构的组织，单是其内部的核心人员，据不同的记载（阿波罗尼奥、扬布里柯、第欧根尼·拉尔修等），就在300－600人之间，至于外围群众更是多不胜数。鉴于门生们的不同资质以及问题本身的艰深，我们很难想象，毕达哥拉斯会以同样的耐心和精力向所有这些人传授他的根本学说。因此最有可能的情形是，毕达哥拉斯在不同的场合，以不同的层次和不同的主题范围，向不同的学生口头传授他的学说。这是任何口传学说——考虑到受众的数量和不同资质时——必须采用的办法，相反，固定下来的书写著作就不具备这样的灵活性。

柏拉图长久与毕达哥拉斯学派的阿基塔斯交往，而且靠着他的周旋才被狄奥尼索斯二世释放，但是他的全部书写著作里却只有两处地方（Rep. 530d，600b）分别提到“毕达哥拉斯”和“毕达哥拉斯主义者”，而且持嘲讽的态度。有人推测，这种敌意的沉默表明柏拉图把毕达哥拉斯学派看作自己的一个强劲的竞争对手。尽管如此，这种竞争对立并不排除柏拉图在相当程度上学习借鉴对方的学说以及哲学活动的态度和方法。事实上，像《斐多》、《蒂迈欧》等对话录就在光天化日之下讲述着毕达哥拉斯学派的学说，以至于甚至有人指责《蒂迈欧》是柏拉图花钱买来毕达哥拉斯派学者的著作之后改写而成的。[1]不管怎样，毕达哥拉斯这个榜样以及他和柏拉图的密切关系说明，如果柏拉图效仿毕达哥拉斯，把他最重要最根本的学说仅仅口头传授给少数学生，这并不是什么出人意料的事，更何况柏拉图对书写著作持以深刻的批判态度，更何况所有学

[1] 杜立（Heinrich Dörrie）编辑的《古代的柏拉图主义》第二卷（*Der Platonismus in der Antike*. Band 2. Stuttgart，1990）搜集了希腊化时期许多对柏拉图的“剽窃行为”的指责，值得注意的是，其中提到的大部分“剽窃”对象都是毕达哥拉斯学派的学说。参阅该书第12—20页（史料），第236—245页（评论）。

者都承认，在柏拉图那里口头讲授相对于书写著作具有根本的优先性！

然而促使柏拉图决定性地采取口传学说和"秘学内传"还有更重要的一个原因，这就是苏格拉底的思想和实践对他的影响。

苏格拉底没有书写任何著作。[1]他一生中的时间除了吃饭睡觉以外都是在唾沫横飞中消耗掉的。他从不放弃任何与人交谈的机会，聆听别人，教导别人。苏格拉底不但放弃了对于宇宙世界的思辨，而且在生活方式上完全不是那种"思辨哲学家"的模式（孤独的沉思加上勤奋的写作）。不难理解，恰恰是这样一位热衷于交谈的人将"说话的艺术"——**辩证法**——而不是将书写的艺术发展到一个新的层次。

"辩证法"（διαλεκτική ἐπιστήμη或διαλεκτική τεχνή）这个词来源于"谈话"（διαλεκτός），本意为"说话的艺术"，可见辩证法天然地就起源于口头交谈。据亚里士多德说（DK 29A10 = KRS 328），埃利亚的芝诺是"辩证法"（τεχνή λεγεῖν）的发明人，目的主要是用于雄辩和驳难，比如对于同样一个事物，既能把它说成好的，也能够把它说成坏的，既能够把它说成美的，也能够把它说成丑的，等等（也参阅柏拉图《斐德罗》对此的批判）。著名的职业智者比如普罗泰戈拉、希比亚、高尔吉亚等等皆精通此类"辩证法"，并收费传授这项技术，使之广泛地运用在社会生活的各个方面，以至于"辩证法"在很多场合成了"诡辩术"（Eristik）

---

[1] 因为这个缘故，叔本华在他的《哲学史手稿》里批评苏格拉底："面向**整个人类**说话的唯一工具乃是书写著作：而口头言谈却只能面向一定数目的个体；所以，言谈的内容对于整个人类来说就只是一些私人的事情。"（Arthur Schopenhauer，*Parerga und Paralipomena I.* In ders. *Sämtliche Werke.* Band IV. Hrsg. von Wolfgang Frhr. von Löhneysen. Stuttgart/Frankfurt am Main，1960 –1962. S. 56 –57.）从某些角度来看，叔本华的这个看法不无道理，但他显然没有认识到，古人对于哲学活动和书写著作的认识是不同于我们的。

的代名词。

苏格拉底的贡献在于净化了辩证法的功能。根据柏拉图在《苏格拉底的申辩》里的记述，苏格拉底为了验证德尔斐神庙的神谕“没有人比苏格拉底更智慧”，走访了诸种人等（官员、诗人、技术专家），和他们交谈，号称是希望证明他们比他更聪明，实际上却是为了揭露他们的无知。值得注意的是苏格拉底的这个**验证检讨**（Zὴτειν）的方法：验证检讨他人，验证检讨自己，验证检讨事物自身。这三个元素只能存在于对话交谈之中，因为苏格拉底的主要目的既不是要宣传“一种学说”，也不是为了驳斥某项具体的观点，而是随机地从各种偶然现象出发，通过不停的提问、回答、验证检讨——无论你说什么我都可以把你导入困境——来证明人们的无知。这是苏格拉底的哲学活动（辩证法）的当下的、直接的目标，因为他重视的并不是向后人传达他对于什么问题有些什么样的具体观点，所以书写著作对于他来说是完全没有必要的东西。

当然，真正困难的不是揭露人们的无知，而是带给他们正确的认识，至少指明这种认识的方向。苏格拉底的具体做法是求事物的定义，即通过“归纳的交谈”和“一般的规定”。[1]也就是说，通过许多具体的、特定的例子（比如各种“美”的事物）上升到普遍一般的认识（“美”是什么）。苏格拉底自己运用这种“归纳的交谈”到了何种程度，可以从柏拉图的早期对话录（比如《普罗泰戈拉》、《尤叙弗伦》、《门农》）中略知端倪。很明显，这个求知的过程同样符合前面所说的“验证检讨”的程序，因此也只能存在于对话交谈而不是任何固定书写下来的文字当中。

柏拉图不但在形式上继承了苏格拉底的这种方法，并且在“归

---

[1] 亚里士多德，《形而上学》M，1078b。

纳的交谈”之外又发明了“划分法”(διαίϱεσις)[1]，将辩证法深化发展为一种广泛意义上的认识论，同时也继承了其口头交谈的本质。然而柏拉图与苏格拉底在实践上的巨大差别在于，苏格拉底整日在大街小巷中逡巡，随便拉上一个人就可以进行辩证交谈，[2]而柏拉图却明确地宣布：“我从来不和普通民众进行辩证法的交谈。”(Gorg. 474a－b) 诚然，这种贵族主义和精英主义的作风招来了许多嫉恨，但我们仍然不得不赞同，哲学本来就不关普通民众的事，反之只有职业智者才热衷于去献媚群众——通常他们都迫不及待地告诉群众，哲学“浪费时间”、“没有用处”、“没有能力探求真理”、“不好玩”等等，以此换得群众的喝彩以及由群众颁发的“原创性哲学家”头衔，同时顶着这个头衔大肆兜售他们的廉价“智慧”，大获其利。

事实上，根本的原因是苏格拉底走“大众哲学”路线的悲惨遭遇所给予柏拉图的反面教训。根据柏拉图的记载(Apol. 19b，24b－c；Phaid. 96a ff.)，苏格拉底被指控“研究天上和地下的事物”、“把坏的事物说成好的”、“毒害青年”、“颠覆城邦的宗教信仰”，并因此而被判处死刑。如果我们仔细留意一下，就可以看到，这些指控恰好分别牵涉到苏格拉底的哲学研究的**对象**、**方法**、**听众**、**结论**，尽管指控者颠倒黑白，但苏格拉底毕竟落下了把柄和口实。这里面最重要的原因，自然是苏格拉底“有教无类”、来者不拒的态度，也不管对方之老少、贫富、贵贱、智愚、善恶，一律可以唧唧歪歪。

---

[1] 参阅《智术师》中对“钓鱼者”(Soph. 219a－221c) 和对“职业智者”(Soph. 221c－231e，235b－237b，264c ff.) 的定义。此外，参阅《政治家》中对“政治家”的定义(Polit. 258b－267c，279c ff.)。关于柏拉图的“划分法”和“辩证法”思想，本书第10章还将专门进行探讨。

[2] Diog. Laert. II，28.

（Apol. 33a－b）尽管苏格拉底多次声称自己不是他们的老师，声称自己不对听众的人品和言行负责，但公众社会并不这样看。事实上，苏格拉底也承认，他的这些公开活动已经为自己树立了很多仇人（尤其是那些被他揭露出无知本质的官僚、技术专家、诗人），这些人最懂得如何假借群众之手，以莫须有的罪名除掉那些侮辱了他们的人。苏格拉底坦言，真正杀死他的凶手并不是美雷托斯和阿吕托斯这两位原告，"而是群众的罪恶流言和群众的嫉恨。这些东西已经消灭了很多杰出的人，将来也还会如此。很明显，这种事也不会在我身上结束"（Apol. 28a）。明眼看到这一切的柏拉图，借苏格拉底之口说出了一个真理：

> 无论是谁，只要他坦白诚实地对待你们或者其他的人民群众，努力阻止国家里的各种不公和违法犯罪，那么他的生命就是没有保障的。事实上，谁要是真的希望做正义的战士，而为此还要保障自己这短暂的一生，他就必须彻底地将自己限定在私人交往中，放弃参与公众事务。（Apol. 31e－32a）

这个真理所告诫的对象无疑是**哲学家**。同样，《理想国》（Rep. 517a）也指出，当那见过理念世界的哲学家想要解救那些永恒束缚在黑暗洞穴中的群众的时候，群众反而想把他灭之而后快。因此，柏拉图在《第七封信》（Epist. VII，326a）里谈到，苏格拉底事件是他的生命中的一大转折点，从此他"退回到对真正的哲学的研究中"，走上与苏格拉底的大众哲学根本不同的道路。柏拉图看到，苏格拉底"有教无类"的后果是，相当多的听众（尤其是年轻人）在他身上学习的根本不是"善"、"美德"，而是他的辩证法的诡辩的外在形式（比如"把坏的事物说成好的"），然后到处去不事正途，所以苏格拉底才会不无责任地落得一个“毒害青年”的罪名。(Apol. 23c－e) 试想，柏拉图的辩证法的技巧更远胜于苏格拉底(纯粹从技术上说，柏拉图的诡辩才能绝不逊色于任何一位顶尖的智者)，柏拉图的思想远比苏格拉底深奥晦涩，如果不对自己的学生和听众作严格的遴选和限制，如果再出现一些滥用柏拉图哲学的害群之马，他又将如何担当这随时可能降临的“颠倒是非”、“毒害青年”的罪名？因此，柏拉图的哲学拒绝群众参与，自然也不会把他最重要的学说书写下来拿给群众亵渎（更何况在一个连言论都要获罪的时代与社会，书写著作这样的“铁证”自然更为危险），而是只有少数学生才能够聆听它们。

另一方面，哲学研究（正如世界上一切阳春白雪的事物）在客观上就排斥普通民众。考虑到哲学的难度，考虑到“普通民众的愚昧”(Soph. 216e)，柏拉图“从不与群众进行辩证交谈”的做法是完全无可厚非的，因为他必须“极为严肃”地处理这类问题，严格挑选合适的听众和对话伙伴。而且，即使是在这些入选者里面，针对他们的资质和性情的不同，柏拉图还得采用不同的传授方法，因为这是对作为灵魂引导师的辩证家（哲学家）的基本要求。[1]柏拉图哲学的艰深程度，可以从前面柏拉图的一些言论看出，甚至那些追随他三十年以上的学生都必须反复聆听他的讲授，才能理解那些学说。可见，后人居然以为“得对话录即得柏拉图”，这就是一种很纯朴的天真了。且不说对于对话录这种公开散播、群众伸手可得

[1] 比如，柏拉图在《智术师》(Soph. 217c－218a) 中指出，如果谈话对象已具有一定的理论基础和理解能力，比较冷静且易于引导，那么就采取较为缓慢的问答式交谈，反之则采取宣说式的独白讲授。除此之外，如果涉及极为关键或者重要的问题，那么柏拉图同样会放弃问答交谈而采取独白讲授的方法（《蒂迈欧》就是最好的例子）。这无疑是德国大学里划分讨论课（Seminar）与讲授课（Vorlesung）的精神实质。

的书写著作，对于这种既不能选择自己的对象和交流方法，也不能保护自己的不可靠的媒介，柏拉图在最重要和最根本的问题上必然已经有所保留（前面已经详述理由），更何况，所谓的“对话录”所记载的并不是真实发生的辩证交谈，而只是“**游戏**”意义上的虚构。[1]试问，柏拉图的学生们（斯彪希波、塞诺克拉底、亚里士多德）在和柏拉图进行真正的辩证交谈的时候，会笨到像对话录中的那些傀儡一样，被一路牵着鼻子走，不住地说“完全正确”、“正是这样”、“我完全同意”之类?！夸张点说（当然也只是夸张地说），假若柏拉图真的打算在书写著作中完全传达他的根本学说，那么只需记录下他和学生（比如亚里士多德）的真实交谈的内容，其价值恐怕都要超过现存全部对话录的总和。

综上所述，无论是从当时的文化背景，还是从一些与柏拉图关系密切的历史先例来看，加上柏拉图本人对于书写著作的批判和对于口头传授的推崇，我们可以断言，柏拉图完全有可能、有必要、有能力对他的思想表述方式作不同处理：既有书写成文的对话录，也有未成文的口传学说；前者虽然蕴含着丰富而深刻的柏拉图的思想，但并不是柏拉图哲学的充分载体，而后者则是包含着柏拉图对于许多核心问题和最困难的探讨对象的最终答案。实际上，当对话录的根本性和绝对性的神化光环消去之后，我们并没有损失什么，因为我们仍然牢牢地掌握着对话录，仍然需要阅读对话录。另一方面，由于把柏拉图的未成文学说纳入到我们的视野，我们反而额外获得了一系列新的思路和新的认识。

---

[1] 更何况，即使是真实的、辩证的交谈，如果它一旦被书写成文，那么它也就是一个一**次性**的言谈，而不再能够表现交谈本身的活生生的无穷多的可能性，辩证家所重视的随机应显的、合适的“灵魂引导”也随之僵化了。在这个意义上，正如柏拉图在《斐德罗》里面指出的，书写下来的言谈也不过是一种“**摹仿**”。（Phaidr. 276a）

因此，为了完整而正确地理解柏拉图的哲学，我们必须把目光投向柏拉图的“**未成文学说**”（ἄγραφα δόγματα）——这个界定并不是我们后人的发明，而是亚里士多德明确告诉我们的。[1]

三　柏拉图的“未成文学说”和“图宾根学派”

根据柏拉图在《斐德罗》、《第二封信》和《第七封信》里的“亲笔手谕”，我们要完整了解他的思想，就不应当把眼光局限在他的对话录的范围，而是应当同时也去追寻他的口头讲授的“未成文学说”。这是一个简单的道理，但多少学者，出于各种理由，要么对这个要求置之不理，要么没有意识到这个问题的实质和重要性，要么在正确的方向上仅仅浅尝辄止。实际上，近代德国学者滕尼曼（W. G. Tennemann）在其三卷本的《柏拉图哲学的体系》（1792—1795）里面已经提醒我们，柏拉图哲学有“外传”（对话录）和“内传”（口传）的区分：“柏拉图利用了每一个思想家所享有的权利，即在他的发现中只传授他认为适宜于传授的那么多，而且只传授给某些他认为有能力接受他的学说的学生。亚里士多德也有一个外传的（exotersiche）和内传的（esoterische）哲学，但是有一点不同，即这个区分在亚里士多德那里只是**形式上的**，而在柏拉图那里则是**实质的**区分。”[2]对于这个观点，黑格尔提出了抗议：“这真是毫无意义的说法！这似乎是说，一个哲学家之占有他的思想与占有外在的物品是一样的。但思想却完全与此不同。不是哲学家占有思想，

---

[1] 亚里士多德《物理学》IV 2，209 b＝TP 54A。

[2] W. G. Tennemann，*System der platonischen Philosophie*. Leipzig 1792－1795. Bd. 2，S. 220.

而是哲学思想占有他这个人。当哲学家讨论哲学问题时，他必然要依照他的理念的线索进行，他不能够把他的思想藏在他的口袋里面。”[1]从某个方面来说，黑格尔的观点当然有一定道理，即从精神史的总体来看，思想的呈现不会以个人的主观意愿为转移，不可能由谁藏着掖着，[2]但另一方面，黑格尔没有认识到，具体到某位特定的哲学家尤其是柏拉图而言，他在表述自己的思想的时候当然可以（而且必须）选择他认为适当的方式，要么书写，要么口传，要么知无不言且言无不尽，要么适当地予以保留——这才是活生生的“辩证法”本身的要求。简言之，黑格尔仅仅是在一般的意义上来讨论这个问题，却没有注意到，在柏拉图这个特定的个体那里，“书写著作”与“口传”之间存在着重要的区别。

与此同时，另有一些学者认为，在柏拉图那里虽然有“书写著作”和“口传”之别，但这个区分在实质上是无关紧要的。比如里特尔（C. Ritter）就说道：“诚然，柏拉图看起来在给他的学生的口头传授中确实更为详细地讨论了一些在对话录里面几乎没有涉及的问题。反之同样确定的是，亚里士多德除了少数情况之外，都是从柏拉图的对话录而不是从他的老师的秘密授课里面汲取柏拉图的真正的和真实的学说，他也不懂得柏拉图有什么内传学说……既然如此，我们可以满足于对话录里面的哲学思想。”[3]对于这个观点，赫

---

[1] 黑格尔《哲学史讲演录》第二卷，贺麟、王太庆译，北京：商务印书馆 1960 年版，第 161—162 页。

[2] 当代学者沃尔夫冈·魏兰德（Wolfgang Wieland）在反对柏拉图的口传学说传统时，主要重复的就是黑格尔的上述观点：“没有一个人会严肃地相信，他能够把真正名副其实的‘知识’当作一个物品来占有，当作一个物品来和别人分享。” Wolfangang Wieland, *Platon und die Formen des Wissens*. Göttingen 1982. S. 24.

[3] Zitiert nach Karl Friedrich Hermann, *Ueber Plato's schriftstellerische Motive.* （1839） In Konrad Gaiser（hrsg.）, *Das Platonbild. Zehn Beiträge zum Platonverständnis.* Hildesheim 1969. S. 38 −39.

尔曼直接进行了批驳："亚里士多德所记载的柏拉图学说不可能仅仅从那些对话录里面提炼出来，毋宁说，这些记载恰恰包含着柏拉图由于不信任一切纸张而只是通过活生生的交谈而传授的某些内容。"[1]在这里，里特尔认为，亚里士多德所记载的柏拉图学说——除了少数情况之外（这些"例外"恰恰是关键之所在）——全都来自于对话录，因此我们可以满足于对话录，而赫尔曼则认为，亚里士多德的记载包含着某些显然不同的、仅仅来自于柏拉图的口头传授的内容，因此我们需要重视柏拉图的口传学说。

遗憾的是，由于当时古典语文学水平的局限（人们无论对于柏拉图还是亚里士多德的文本都还缺乏足够深入的考证和研究），这场发生于19世纪上半叶的争论并没有得到广泛的重视。更重要的是，自从施莱尔马赫把柏拉图的"内传"和"外传"的区分完全消解在对话录本身里面之后（我们在本书第5章将详细讨论这个问题），人们心中仿佛放下了一块大石头，对于对话录的排他性的尊崇心态日趋稳固。从此以后，尽管人们在这个过程中事实上对于柏拉图的口传学说的了解越来越多，而且或多或少地谈到了这些学说的重要意义，但这些观点在整个柏拉图研究中仍然只是处于一种边缘性的、经常遭到忽视的地位。尽管如此，我们还是必须对这些学者——比如罗斑（Leon Robin）、耶格尔、斯登泽尔（Julius Stenzel）、贡佩茨（Heinrich Gomperz）——在这个方向上作出的重要的铺垫工作表达敬意。

如果说柏拉图的完整的哲学是一个"哥伦布的鸡蛋"，那么，要把这个鸡蛋立起来，就必须把它的外壳——对话录的长期确立下来的权威性——敲破，同时以一种系统的柏拉图—亚里士多德比较

---

[1] Ebd. S. 36.

研究确立起整个鸡蛋的支撑点。1959 年，德国图宾根大学哲学系的当时年仅 30 岁的青年教师**克雷默**（Hans -Joachim Krämer）就当了这样一个哥伦布。他在同年出版的博士论文《柏拉图和亚里士多德论“德行”——柏拉图哲学的本质和历史》[1]里，从“德行”（Arete）这个概念出发，把亚里士多德的各种思想起源回溯到柏拉图在学园内部讲授的未成文学说，并且将未成文学说树立为柏拉图哲学的真正内核和根本基石。这部著作引爆了柏拉图学界的激烈争论，在短短几年时间里，催生出数十篇长篇书评和一系列针锋相对的论文。四年之后亦即 1963 年，克雷默的同门师兄兼同事**盖瑟尔**（Konrad Gaiser）发表了他的教职论文《柏拉图的未成文学说——科学在柏拉图学派里的系统的和历史的奠基》[2]，在克雷默的基础上更进一步，钩稽整理历史上关于柏拉图未成文学说的各种记载，结合柏拉图的未成文学说和对话录，通过广泛而深入的重构工作，全面地表述并阐释了柏拉图的哲学体系。这两部厚重的著作堪称 20 世纪柏拉图研究的两块里程碑，克雷默和盖瑟尔由此开创了著名的“图宾根学派”（Tübinger Schule），从此以后，学术界围绕着柏拉图的“未成文学说”所展开的暴风骤雨般的争论，从根本上改变了人们对于柏拉图哲学的认识。诚然，正如我们已经指出的，克雷默和盖瑟尔的创举并非“横空出世”，而是在前人工作的基础之上推陈出新。除此之外，克雷默和盖瑟尔之所以有这样的成就，也必须归功于他们所遵循的图宾根的古代哲学研究的“批判的—历史文本主义传统”，这个研究传统是

---

[1] Hans -Joachim Krämer, *Arete bei Platon und Aristoteles. Zum Wesen und zur Geschichte der platonischen Philosophie*. Heidelberg 1959.

[2] Konrad Gaiser, *Platons ungeschriebene Lehre. Studien zur systematischen und geschichtlichen Begründung der Wissenschaften in der platonischen Schule*. Stuttgart 1963.

由伟大的谢林和黑格尔制定的，它历经大卫·施特劳斯（David Strauss）、鲍尔（Ferdinand Ch. Baur）、策勒尔、施魏格勒（Albert Schwegler）、里特尔以及夏德瓦尔特（Wolfgang Schadewaldt，克雷默和盖瑟尔的老师）等图宾根学术大师的传承而延续至今。因此克雷默和盖瑟尔是站在巨人的肩膀之上，才会作出这种革命性的突破。

图宾根学派的“革命爆破力量”彻底动摇了近代自施莱尔马赫以来以对话录为绝对权威的柏拉图诠释模式，因此也遭到了旧模式阵营内保守势力的猛烈反扑甚至人身攻击。我们可以想象，有些人毕生埋头于柏拉图的对话录研究之中，皓首穷经而不明就里，现在突然有人站出来说，这不是完整的、最根本的柏拉图哲学，解读柏拉图哲学的真正钥匙是在柏拉图未曾书写下来的口传学说之中，在这种情况下，他们几乎是出于本能就要和这种观点作斗争。争论的战火愈演愈烈，在图宾根这边，为了捍卫并进一步阐发自己的观点，除了上述两部里程碑式的著作之外，克雷默于1964年出版了《精神形而上学的起源》[1]，该书旋即于1967年获得再版，而盖瑟尔不仅于1961年出版了《柏拉图和历史》[2]，而且他于1963年出版的《柏拉图的未成文学说》由于十分畅销而很快也列入了Cotta出版社的再版计划。这些厚重的著作如一颗又一颗的重磅炸弹不断投入到本已硝烟弥漫的战场。有鉴于激烈的争论局面，1967年春，为了学术真理，更为了学术界的团结与和谐，伽达默尔和夏德瓦尔特这两位学术界元老共同出面，召集德国各方学者，围绕“柏拉图的未成文学说”问题进行了一场

---

[1] Hans Jochim Krämer, *Der Ursprung der Geistmetaphysik. Untersuchungen zur Geschichte des Platonismus zwischen Platon und Plotin.* Amsterdam 1964.

[2] Konrad Gaiser, *Platon und die Geschichte.* Stuttgart 1961.

深入的恳谈会和讨论会，以求对立双方尽可能地消除彼此的误解，求同存异，化干戈为玉帛。受邀与会者中，包括来自图宾根的克雷默、盖瑟尔、哈普（Heinz Happ）和韦伯恩（Jürgen Wippern）在内，都是以三四十岁的青年才俊为主，他们中的绝大多数后来都成为学术界鼎鼎大名的人物，比如站在图宾根学派一边的奥勒尔（Klaus Oehler）、拜尔瓦尔特斯（Werner Beierwaltes）、库尔曼（Wolfgang Kullmann）、布尔克特（Walter Burkert），以及站在反对者一边的福尔克曼（Karl - Heinz Volkmann - Schluck）、帕泽西（Günter Patzig）、魏兰德（Wolfgang Wieland）、布普纳（Rüdiger Bubner）等等。这场会议于 1967 年在海德堡附近的罗伊特尔豪森（Leutershausen）小镇举行，克雷默和盖瑟尔作为大会的“主角”，轮番接受各位学者的质疑和挑战，整场会议参与者水平之高，讨论之深入，学术意义之深远，在近数十年里面都是极为罕见的。随后，经过精选后发表的会议论文集《理念与数》[1]，本身也成为一部“名著”。

诚然，学术真理不可能通过开会来决定，学术争论也不可能通过几场会议、若干论著和文章就平息下来。实际上在这之后，围绕图宾根学派及柏拉图未成文学说的争论仍然从未停止过。正如伽达默尔在 1983 年的一篇论文中写道：“从此以来，柏拉图的未成文学说已经成为理解柏拉图哲学的显要问题和中心问题。”[2]

进入 80 年代，维尔茨堡大学的斯勒扎克（Thomas A. Szlezák）于 1985 年发表了图宾根学派的另一部里程碑式的著作《柏拉图与

---

[1] Hans Georg Gadamer u. Wolfgang Schadewaldt (hrsg.), *Idee und Zahl. Studien zur platonischen Philosophie*. Heidelberg 1968.

[2] Hans Georg Gadamer, *Unterwegs zur Schrift?* In ders. *Gesammelte Werke*, Tübingen 1991. Band 7. S. 263.

哲学的书写性》。[1]和偏重于柏拉图的未成文学说的哲学义理的克雷默和盖瑟尔不同，斯勒扎克主要是从分析柏拉图的“对话录”形式入手，指出柏拉图的写作必然指向隐藏在后的口传领域。由于盖瑟尔在1988年因心肌梗塞不幸英年早逝，克雷默也濒临退休，斯勒扎克继任了盖瑟尔在图宾根大学的教席，并逐渐成为图宾根学派在近二十年里的新的领军人物。作为《柏拉图与哲学的书写性》的简写本，斯勒扎克于1993年发表了《读柏拉图》[2]，这部著作极受欢迎，迄今已有至少17种语言文字的译本。同年，意大利米兰天主教大学的雷亚利（Giovanni Reale）发表了巨著《走向一种新的柏拉图诠释》[3]，这部在图宾根学派的基础上重新诠释柏拉图的主要对话录的著作同样大受欢迎，迄今更是已有20种语言文字的译本。由于雷亚利及其米兰同仁的努力，柏拉图的未成文学说在意大利愈加受到学界重视，以至于人们甚至提出了“图宾根—米兰学派”的说法。除此之外，海德堡大学的哈弗瓦森（Jens Halfwassen）的《向“一”上升》[4]和维尔茨堡大学的埃尔勒（Michael Erler）的《“悬疑”在柏拉图的对话录中的意义》[5]等厚重的著作也是图宾根学派的代表性著作。时至今日，图宾根学派从当初的势单力孤的地位已经发展到如今在国际学界拥有广泛的支持者和捍卫者。与此同时，对于图宾根学派的批评声音也从不缺乏，而且这个批评者的阵营中同样拥有许多知名学者，除了之前提到的那些之外，这里还可

[1] Thomas A. Szlezák, *Platon und die Schriftlichkeit der Philosophie.* Berlin 1985.

[2] Thomas A. Szlezák, *Platon lesen.* Stuttgart 1993. 该书已有中译本：［德］斯勒扎克《读柏拉图》，程炜译，南京：译林出版社 2009 年版。

[3] Giovanni Reale, *Zu einer neuen Interpretation Platons. Eine Auslegung der Metaphysik der großen Dialoge im Lichte der, “ungeschriebenen Lehren”.* Paderborn 1993

[4] Jens Halfwassen, *Der Aufstieg zum Einen. Untersuchungen zu Platon und Plotin.* Stuttgart 1992.

[5] Michael Erler, *Der Sinn der Aporien in den Dialogen Platons.* Berlin 1987.

以列出布洛克尔（Walter Bröcker）、弗里茨（Kurt von Fritz）、哈格尔（P. H. Hager）、米特尔斯特拉斯（Jürgen Mittelstraß）、海奇（Ernst Heitsch）、布勒松（Luc Brisson）、格雷泽（Andreas Graeser）、库切拉（Franz von Kutschera）等名字。

此外需要提出的是，还有一些学者，比如费勃（Rafael Ferber）、舍费尔（Christina Schefer）、维勒尔斯（Jürgen Villers）等，他们号称自己是“继承并发展”图宾根学派的主张，要超越柏拉图书写下来的文字，但实际上却是把柏拉图的未成文学说的内容解释为“不能成文”甚至“不能言说”或“不可知”，因此同样走到了图宾根学派的对立面。这条诠释路线遭到了图宾根学派及其反对者的共同拒斥。[1]

我们毫不怀疑，图宾根学派引发的争论还将持续下去。今天看来，这场争论关涉的不再是柏拉图哲学诠释中的个别学者对于柏拉图的个别文本的个别观点，而是一种思维模式和研究范式的革新。这场争论考验的不仅仅是各位研究者对于柏拉图的具体看法，更考验着他们的不同的哲学立场乃至对于“哲学”本身的认识，就像盖瑟尔指出的那样：“在这场争论中，双方都不知不觉地把自己关于什么是‘标准的哲学’的看法带入进来，正因如此，要在这场争论中达成一致意见，基本上是没有希望的。”[2]出于这个认识，我们在本书还会专门拿出一章（本书第6章）来讨论柏拉图本人的“哲学观”。无论如何，我们同意雷亚利的一个看法，即图宾根学派的主张代表着柏拉图研究领域中的一个“范式革新”，代表着一场广泛的思想运动。雷亚利借用美国科学史家托马斯·库恩（Thomas Kuhn）

---

[1] 关于这场已经持续五十多年的争论的概览，可参阅本书附录《国外柏拉图研究中关于“图宾根学派”的争论》以及程炜《书写视域批判下的柏拉图》（载于［德］斯勒扎克《读柏拉图》，程炜译，南京：译林出版社 2009 年版，第 213—302 页）。

[2] Konrad Gaiser, *Prinzipientheorie bei Platon.* In ders. *Gesammelte Schriften*, Berlin 2004. S. 299.

的“科学革命”和“范式革新”的观点，区分出两千多年来的柏拉图诠释的四个主要“范式”（Paradigmas），以此揭示出图宾根学派的历史地位及新旧范式更替中的各种必然的现象：

1. 柏拉图的嫡系学生斯彪希波、塞诺克拉底、亚里士多德，他们在评述柏拉图的学说时主要依据柏拉图在学园内部口传的、未成文的学说，对于柏拉图的对话录则较少重视。

2. 以柏罗丁（Plotin）、波菲利奥（Porphyrios）、扬布里柯（Iamblichos）、普罗克洛（Proklos）为代表的新柏拉图主义，他们表述柏拉图的学说时一方面引用柏拉图的主要对话录，另一方面也糅合进了大量柏拉图的未成文学说。

3. 以施莱格尔和施莱尔马赫为代表的德国浪漫派，他们树立了对于柏拉图对话录的绝对崇拜，完全排斥对话录之外的任何“未成文学说”。

4. 图宾根学派从柏拉图的“未成文学说”出发，结合对话录，重构柏拉图的整个哲学体系。[1]

对于近代以来的柏拉图诠释而言，第三个范式亦即德国浪漫派的“旧范式”与第四个范式亦即图宾根学派的“新范式”尤其针锋相对，大致说来，这种对立主要体现在以下若干方面：

旧范式的立场	新范式的立场
柏拉图的著作就是柏拉图哲学的全部。	柏拉图的著作仅仅是柏拉图哲学的部分表现，完整的柏拉图哲学应当包含柏拉图的未成文学说在内。

[1] 对于这个四个研究范式的各自特征和承继关系，尤其是对于第二个研究范式亦即新柏拉图主义传统的具体分期，雷亚利进行了详细的分析。详参 Giovanni Reale, *Zu einer neuen Interpretation Platons*. Paderborn 1993. S. 49 –83。

续表

旧范式的立场	新范式的立场
柏拉图的著作是一个独立的、自足的存在，对于柏拉图的理解只需集中在他的著作上面。	柏拉图的著作不仅就整体还是就个别对话录而言都不是独立自足的，对于柏拉图的充分理解必须超出著作自身。
柏拉图的著作本身就已经是一个统一的整体，可以从其自身出发回应其中的所有问题，如果说其中缺失了某些明确答案乃至终极答案，那么这是由于柏拉图哲学乃至哲学本身的缺陷造成的。	柏拉图的著作本身并不是一个整体，它们必须和隐含在著作后面的口传的未成文学说结合起来，才能形成一个真正的整体，人们必须在这个框架下讨论柏拉图哲学提出的问题和答案。
柏拉图对于书写著作的批判针对的是“论文”、“教科书”之类呆板的文体，相反，他自己采纳的对话录这种独特的写作方式不但完美地继承了口传的一切优点（因而可以取代口传），同时避免了书写著作遭到的那些批判。	柏拉图所批判的不是某些特定的文体，而是书写著作本身，因此对话录不可能成为一个例外。诚然，对话录是一个高超的写作方式，但它既不是柏拉图的专有的护身符，同时作为对于口传的“模仿”，它并不能取代真实的口传。
柏拉图没有真正认识到最高本原意义上的“善”。	柏拉图认识到了作为最高本原的“善”的本质，并在学园内部口传中明确指出：“善是一。”
柏拉图或许认识到了“善”，但他之所以没有把这个认识书写下来，是因为这个认识超越了语言和文字表达的界限。	柏拉图对于“善”的认识不是一种神秘的不可言说的体验，相比固定下来的文字，它更适合于活生生的口传。任何不能付诸语言和文字的“认识”都不是真正的知识。
柏拉图的未成文学说不存在，是一个谣传。	亚里士多德等人明白告诉我们，柏拉图那里有“未成文学说”。

续表

旧范式的立场	新范式的立场
柏拉图的未成文学说是一种违背知识的公开性、神秘的“秘传学说”。	柏拉图的内传或口传不等于“秘传”，而是在反省“书写”和“口传”之间的张力之后对于书写著作的补充，其内容是对于最终本原的辩证知识，与任何神秘主义无关。
柏拉图的未成文学说仅仅是晚年柏拉图的一些不成熟的、无关大局的“思想实验”。	柏拉图的未成文学说尽管在他的后期著作中有着更为明显的体现，但并不能因此归结为仅仅是柏拉图的“晚年思想”，因为这些思想隐含在柏拉图的所有著作后面，是柏拉图哲学的“核心思想”。
柏拉图的未成文学说是基于斯彪希波、塞诺克拉底、亚里士多德对于柏拉图的误解和不解。	柏拉图的亲炙弟子尤其是亚里士多德比任何后人都更懂柏拉图。评价他们的报道是否“误解”柏拉图不能单纯以柏拉图书写下来的文字为标准。
柏拉图的未成文学说是通过新柏拉图主义的歪曲来诠释柏拉图而得出的结果。	柏拉图的未成文学说和新柏拉图主义的某种一致性恰恰表明后者不是歪曲，而是真正传承着柏拉图哲学；再者，对于柏拉图未成文学说的重构主要不是依据新柏拉图主义，而是依据亚里士多德。
柏拉图的未成文学说呈现出一个“独断的”体系，有悖“自由思考”的辩证法精神。	辩证法精神本身就要求一个体系，一个有本原、有秩序、有结果的整体。对于“体系”，我们不应当从其扭曲的意义，而是应当从其积极的意义来理解。
即使存在着柏拉图的未成文学说，这些思想对于我们理解柏拉图也没有任何价值，或者只具有很小的价值。	柏拉图的未成文学说给予我们理解柏拉图哲学的一把极为重要的钥匙，是我们理解作为整体的柏拉图哲学的关键之所在。

续表

旧范式的立场	新范式的立场
即使有所谓的“未成文学说”，这些思想其实已经完全包含在柏拉图的著作之内，可以从中挖掘出来。	亚里士多德等人记载的柏拉图未成文学说的思想有些根本没有出现在柏拉图的著作中，有些尽管在柏拉图的著作中有所反映，但并不能完全还原到后者。
主张柏拉图的未成文学说就意味着贬低乃至抛弃柏拉图的对话录。	正如柏拉图的口传活动和写作活动是结合在一起的，同样，柏拉图的未成文学说与他的著作也不是一种分裂的关系，因此任何对于未成文学说的考察都必须把对话录纳入进来，反之亦然。

对于以上列出的旧范式和新范式之间的对立分歧，我们在后面还会有较多讨论。这里只希望提请读者注意，即从另一个角度来看，所谓的“革新的”图宾根学派恰恰是一种古典的、向着柏拉图主义传统（早期学园派、亚里士多德、柏罗丁）复归的诠释模式，而“守旧的”德国浪漫派诠释模式在整个柏拉图诠释史里面反而代表着某种意义上的“创新”。这是历史的辩证法，反映了人们对于柏拉图的认识的螺旋式上升。

第 3 章

柏拉图未成文学说的文献依据和基本内容

一　基本文献简述

我们既然已经强调柏拉图的“未成文学说”的至关重要性，那么接下来自然要去探寻这些学说的内容。我们去哪里寻找呢？

根据之前的论述，我们可以有两点明确的结论：

1. 柏拉图在学园内部口头传授这些学说；

2. 部分学生最终完全领悟了这些学说。

这就为我们指出了一个明确的方向，即以柏拉图的嫡系学生——尤其是斯彪希波、塞诺克拉底、亚里士多德、特奥弗拉斯特（Theophrast）——的相关记载为首要线索。在这里，斯彪希波和塞诺克拉底是柏拉图之后学园的第二、三代掌门人，而亚里士多德和特奥弗拉斯特则是逍遥学派的第一、二代掌门人。这四位哲学家作为柏拉图的学生中的最优秀者，对他们的老师的思想无比了解，多有记述，而这些记述又通过学园派和逍遥学派这两大学派中的诸多哲学家和学者辗转记载而传承下来。按照“柏拉图的嫡系学生的记载”和“学园派和逍遥学派的转述”这两个层次，盖瑟尔以非凡的毅力和细致，首次从浩瀚的古典文献中整理搜罗出大量重要的相关资料，辑为《柏拉图学说记述》(*Testimonia Platonica*，标准缩写为“TP”)，收录在他的《柏拉图的未成文学说》一书里，并加以评注。这些资料成为我们目前了解柏拉图的“未成文学说”的内容的主要文献依据。

在这些文献里，亚里士多德——正是他明确告诉我们在柏拉图那里有一种“未成文学说”(ἄγραφα δόγματα)[1]——的记载最为丰富全面，他的报道因而也是整个《柏拉图学说记述》的最重要的组成部分。这些记载分散在《形而上学》、《物理学》、《论灵魂》、《论宇宙》、《尼各马可伦理学》、《欧伊德谟伦理学》等著作里面。除此之外极为重要的是亚里士多德就柏拉图在学园内部的授课《论善》(Περὶ τἀγαθοῦ) 所做的笔记残篇。[2]

由于亚里士多德的相关记载的重要性，我们在这里列出亚里士多德的著作里提到或涉及柏拉图的未成文学说的地方，以便读者对于相关文本有一个大致的了解，可以按图索骥或独力进行更深入的探究：

1. 《论灵魂》(*De Anima*)

I 2，404b16 – 27 = TP 25A

III 4，429a 22 – 29 = TP 29

2. 《论宇宙》(*De Caelo*)

I 10，279b32 – 280a10 = TP 68A

3. 《论生成和毁灭》(*De Generatione et Corruptione*)

968b5 – 22 = TP 36

---

[1] 亚里士多德《物理学》IV 2，209 b11 –17 = TP 54A。

[2] W. D. Ross，*Aristotelis. Fragmenta Selecta.* Oxford 1995. P. 111 –119.

4. 《尼各马可伦理学》(*Ethica Nicomachea*)

I 4，1095a30 – 1095b3 = TP 10

5. 《大伦理学》(*Magna Moralia*)

I 1，1182a23 – 30 = TP 9

6. 《物理学》(*Physica*)

I 4，187a12 – 21 = TP 45

III 2，201b – 16 – 26 = TP 55A

III 4，202b34 – 203a16 = TP 23A

III 6，206b16 – 33 = TP 24

IV 2，209 b11 – 17 = TP 54A

7. 《形而上学》(*Metaphysica*)

A 6，987a29 – 988a17 = TP 22A

A 9，990b15 – 22 = TP 48A

A 9，992a10 – 992b18 = TP 26A

Γ 2，1003b33 – 1004a2 = TP39A

Γ 2，1004b1 – 1005a2 = TP 40A

Δ 6，1016b1 – 1017a3 = TP 35a

Δ 8，1017b17 – 21 = TP 33b

Δ 11，1018b37 – 1019a4 = TP 33a

Δ 15，1020b26 – 1021a13 = TP 35b

Z 2，1028b16 – 32 = TP 28a

I 3，1054a20 – 32 = TP 41A

K 3，1061a10 – 15 = TP 42A

Λ 3，1070a13 – 19 = TP 64

Λ 7，1072a30 – b2 = TP 47A

Λ 8，1073a18 – 22 = TP 62

M 6，1080a12 – b36 = TP 59

M 7，1081a12 – 1082a15 = TP 60

M 8，1083a20 – b19 = TP 56

M 8，1084a7 – 10 = TP 63

M 8，1084a12 – b2 = TP 61

M 9，1085a7 – 14 = TP 27A

M 9，1086a2 – 13 = TP 57

N 1，1087b4 – 12 = TP 49

N 2，1089a31 – b15 = TP 29

N 3 – 4，1090b5 – 1091a29 = TP 28b

N 4，1091b13 – 15，26 – 35 = TP 51

可以看出，亚里士多德在其各种著作（尤其是《形而上学》）中对柏拉图未成文学说的记载相当丰富。除此之外，学园派和逍遥学派的斯彪希波、塞诺克拉底、特奥弗拉斯特、赫尔谟多（Hermodoros）、欧德谟（Eudemos）、波菲利奥（Porphyrios）、阿里斯托色诺斯（Aristoxenos）、亚历山大（Alexander von Aphrodisias）、阿斯克勒皮奥（Asklepios）、斐洛波诺（Philoponos）、辛普里丘（Simplikios）、斯多拜欧（Stobaios）、特米斯提奥（Themistios）、塞克都斯·恩皮里克（Sextus Empiricus）、普鲁塔克（Plutarch）等哲学家和第欧根尼·拉尔修（Diogenes Laertius）等学者也提供了重要证词。盖瑟尔把这些记载整理起来之后，按照其主题思想进行了这样的编排：

Ⅰ. 关于柏拉图的学园

1. 学园的机构组织（TP 1 – TP 6）

2. 柏拉图授课的主题、方法和影响（TP 7 – TP 11）

3. 学园的政治目标和历史意识（TP 12 – TP 14）

4. 数学在学园中扮演的地位（TP 15 – TP 21）

Ⅱ. 关于柏拉图的学说

1. 关于柏拉图哲学体系的整体概述（TP 22 – TP 32）

2. 关于柏拉图未成文学说的各种观点和主题

2.1 数学（维度、“确定”和“无定”、原子论等等）（TP 33 – TP 38）

2.2 关于“对立”的学说（存在种类的范畴划分、朝向本原的回溯）（TP 39 – TP 48）

2.3 从本原出发推导出各级存在

2.3.1 本原（“一”和“不定的二”）（TP 49 – TP 55）

2.3.2 理念—数（TP 56 – TP 65）

2.3.3 居间的各级存在（数学对象和灵魂）（TP 66 – TP 67）

2.3.4 宇宙整体（TP 68 – TP 69）

2.3.5 个别现象（形体世界、运动种类等）（TP 70 – TP 72）[1]

盖瑟尔整理编辑的《柏拉图学说记述》给我们提供了迄今最为完整的关于柏拉图未成文学说的基本文献。诚然，盖瑟尔的工作也有疏漏之处，因此克雷默、理夏德（M. D. Richard）[2]、帕伦特（Isnardi Parente）[3]等学者后来又对其进行了少许补充。但总的说来，盖瑟尔的《柏拉图学说记述》仍然是我们现在研究柏拉图的未成文

[1] Konrad Gaiser, *Platons ungeschriebene Lehre.* Stuttgart 1963, 1968. S. 445. Michael Erler, *Platon.* Basel 2007. S. 411 –412.

[2] M. D. Richard, *L'enseignement oral de Platon. Une nouvelle interprétation du platonisme.* Paris 1986.

[3] Isnardi Parente, *Testimonia Platonica. Per una raccolta delle principali testimonianze sui'legomena agrapha dogmata' di Platone. Testimonianze di etá ellenistica e di etá imperiale.* Roma 1998.

学说的最重要的文献依据。该书的希腊文—意大利文译注版已经于1998年由雷亚利翻译出版。[1]而由克雷默、哈弗瓦森、伯尔曼（Karl Bormann）共同负责的希腊文—德文译注版也即将由德国的雷克拉姆（Reclam）出版社出版。如果这些文献能够被完整地翻译为中文并加以详细的评注，对于我国学界的柏拉图理解和柏拉图研究必将大有裨益。本书尽管暂时无力从事这一份工作，但还是选译了部分"记述"作为本章附录，希望读者借此能够达到一定的"管中窥豹"的效果。

盖瑟尔本人并未满足于这些成绩。他于1970年在图宾根大学建立了柏拉图档案馆（Platon Archiv），并主持更为全面完整的《柏拉图文献补遗汇评》（*Supplementum Platonicum*）的编辑整理工作。按照规划，这套文献补遗汇评应当包含以下九大卷：

1.《斐罗德姆的学园》（*Philodems Academica*）；

2.《东方传统中的柏拉图生平和言论》（*Arabica*：*Platons Leben und Sprüche in orientalischer Tradition*）；

3.《冠名柏拉图的言论记述》（*Dicta*：*Die unter Platons Namen überlieferten Aussprüche*）；

4.《柏拉图的诗作、喜剧和书信》（*Epigrammata*，*Comica*，*Epistulae*）；

5.《柏拉图的生平：历史记载、杜撰和传说》（*Biographie*：*Historische Daten*，*Anekdoten und Legenden*）；

6.《柏拉图及其学生的政治活动》（*Politica*：*Die politischen Aktivitäten Platons und seiner Schüler*）；

7.《亚里士多德的"外学"划分法》（*Divisiones*：*Die "exoterischen"*

[1] *Testimonia Platonica. Le antiche testimonianze sulle dottrine non scritte di Platone.* Milano 1998.

Dihaireseis bei Aristoteles）；

8.《关于柏拉图的未成文学说的报道》（*Agrapha Dogmata: Berichte über die Prinzipien und Ideenzahlen*）；

9.《柏拉图学派的数学》（*Mathematica: Die mathematischen Wissenschaften in der Schule Platons*）。

在这套文献补遗汇评里，盖瑟尔本人主编并评注的第一卷《斐罗德姆的学园》已经于1988年出版。[1]遗憾的是，盖瑟尔当年就由于突发心肌梗塞而不幸早逝。在这之后，斯勒扎克继任盖瑟尔的教席以及柏拉图档案馆馆长的职位，继续主持《柏拉图文献补遗汇评》的编辑整理工作。

二　几个释疑

首先需要解释的是这样一个疑问：把柏拉图的"未成文学说"书写下来，这是可能的吗？

对此的答复是：这当然是可能的。这里的关键在于，对于那些至关重要的学说，柏拉图并不是客观上"不能"，而只是主观上"不愿"将其托付给书面文字。如果像舍费尔、费勒等人所说的那样，柏拉图的未成文学说是关涉一些神秘的"不可说的经验"，因此不能书写下来，这就是生生地把柏拉图的理性主义精神扭曲成了一种廉价的神秘主义。实际上柏拉图始终强调的是"书写与口传之间的对立"，而不是"理性认识与语言本身之间的对立"。柏拉图

[1] Konrad Gaiser, *Philodems Academia. Die Berichte über Platon und die Alte Akademie in zwei herkulanensischen Papyri.* Stuttgart 1988.

从未否定语言的力量，正如他从未对理性的威力有半点怀疑，因为“理性”和“语言”本来就是一对孪生姐妹，或者说在本质上是同一个东西——希腊语的“λογός”一词已经无比清楚地表明了这一点。凡是理性可以认识的东西，都可以通过语言清楚地表现出来，反之，任何“不可言说”或不能溢于言表的东西，都是违背理性的。在哲学的领域里，那些故作神秘鼓吹“不可言说的东西”的人，其实不过是脑子不清楚或理性思维不够发达而已。谢林早在1804年的《哲学与宗教》里就已经指出这种不可言说的体验仅仅是“个体的个人事情”（das Individuelle des Individuums），不具有任何普遍意义。[1]同样，黑格尔在《精神现象学》里面也指出，那种“不可言说的东西”仅仅是一种“单纯的意谓”，它貌似是最直接、最确定的东西，但实际上却是“某种不真实的、违背理性的东西”，它之所以是不可言说的，原因在于，“言谈具有一个神灵般的本性，也就是说，它把意谓中的东西直接颠倒过来，使之成为另外的东西，从而使之根本不能溢于言表”。[2]在《哲学全书》里，黑格尔更是清楚明白地指出：“不可言说的东西……并不是最杰出、最真实的东西，反而是最不重要、最不真实的东西。”[3]简言之，如果柏拉图的未成文学说是“不可言说”、“不能成文”的，那么它们就是最无价值的东西，而这显然不符合事实。

与此联系在一起的是另一个质疑：既然柏拉图本人批判书写著作，仅仅口头讲授这些未成文学说，那么亚里士多德等人反其道而行之，把这些学说书写下来，这是一个合理的做法吗？

---

[1] 谢林《哲学与宗教》，先刚译，北京：北京大学出版社 2017 年版，第 35 页。

[2] 黑格尔《精神现象学》，先刚译，北京：人民出版社 2013 年版，第 70 页。

[3] 黑格尔《哲学科学百科全书 I 逻辑学》，先刚译，北京：人民出版社 2023 年版，第 53 页。

我们的回答是：站在柏拉图本人的角度来看，这也许是一个不合理的做法；但是，对于今天我们这些不能亲自聆听柏拉图的口头教诲而又希望完整而准确地了解柏拉图哲学的后人而言，这又是一个非常合理的、甚至值得无比感谢的做法，否则我们永远都不可能知道柏拉图在他的口头传授里究竟讲了些什么内容。而且，正是通过亚里士多德等人的记载，我们从中了解到许多在柏拉图的对话录里面没有谈到的重要问题或结论，知道柏拉图那里确实有一种未成文学说，我们才会发现柏拉图在其著作中对于书写著作的批判和对于口传的推崇得到证实，也就是说，才真正准确无误地领会到柏拉图在这样做时的精神旨趣。进而言之，即使柏拉图本人对于书写著作的拒斥有很多独到的理由，但对于亚里士多德等人而言，这些理由就或多或少并不存在，反正至少没有被强调到柏拉图的那种程度，竟至于成为阻碍书写表达的因素。正因如此，当亚里士多德等人把柏拉图不愿意付诸著作的学说书写下来，这对于他们而言就既不是一种矛盾的做法，也不是一种不合理的做法。

接下来的问题是，亚里士多德等人对于柏拉图的未成文学说的记载，作为一种“书写著作”，是否同样会面临柏拉图在《斐德罗》和《书信》里面作出的严厉批判？

对于这个问题，我们的看法是，亚里士多德等人的记载作为一种“书写著作”确实面临着柏拉图提到的那些危险：固定的一成不变的文字、不能选择自己的读者、随时有可能遭到误解或曲解而无法为自己作出辩护，等等。但是，正如我们在领会柏拉图的书写批判之后仍然不得不倚重他书写下来的东西（因为我们已经不可能亲自聆听柏拉图的口传），同样，既然我们没法听到亚里士多德的亲口解释，那么我们也必须依托他所书写下来的东西。如果我们能够在柏拉图严厉批判书写著作的情况下仍然审慎地严肃对待柏拉图的文字，那么我们为什么不可以把这种严肃的态度同样应用到亚里士多德书写下来的东西上面呢？更何况，柏拉图是故意有所保留而进行书写的，很多重要的东西没有书写下来，而亚里士多德从来没有（至少他从来没有表露出这样的意思）去刻意地保留什么东西。因此就思想表达而言，柏拉图的文字是（故意）不完整的，而亚里士多德的文字是完整的，后者站在“旁观者清”的立场，以一种简单朴素的做法把他的老师的学说记录下来，知道什么就记下什么，想起什么就记下什么，就像他对于历史上其他哲学家的思想的记载一样。盖言之，无论人们是否或者在多大的程度上认可柏拉图的书写著作批判，“柏拉图的文字”和“亚里士多德的文字”都是同等地位的，都是同样值得尊重和重视的。

于是这就涉及另外一个极为重要的问题，即亚里士多德等人所记载并传达的“柏拉图学说记述”，真的是柏拉图的学说吗？其中会不会有歪曲和以讹传讹的成分？对此我们认为，诚然，从原则上看，任何学说在被转述的时候都是有可能被歪曲的。但这个问题的实质在于，我们必须预先确定某位哲学家的“真正的学说”是什么，然后才能以它为尺度或标准，来衡量其他人的转述是不是有歪曲。这件事情对于绝大多数哲学家来说不是什么严重的问题，或者说是一个很容易澄清的问题，因为他们的著作以及其中表达的思想就是标准，而这又是因为他们心无旁骛地进行写作，毫无保留地把自己的哲学思想书写下来，更不会区分“书写”和“口传”两种学说。比如，如果有人告诉我们，康德认为“自在之物”（Ding an sich）是可以在经验中被给予的，那么我们立即可以断定这是对于康德的“真正的学说”的歪曲，因为康德明明白白在《纯粹理性批判》里多次指出自在之物永远是一个未知的X。但是，正如我们强调的，以著作为标准（尤其是当作

"唯一的标准"）的做法并不是放之四海而皆准的，至少这不适合于柏拉图，因为他明确告诉我们，他在著作里有所保留，同时又把这些保留的内容口头传授给他的学生。也就是说，在柏拉图这里，如果人们没有把柏拉图的著作及其口传学说加以通盘考虑，得出完整的认识，那么他们就没有资格谈什么"柏拉图的真正的学说"。既然如此，那种独断地以柏拉图的对话录为唯一尺度，将凡是没有包含在对话录里面的，或者看似与对话录不符或矛盾的柏拉图学说记述一律宣布为"歪曲"，并进而否认柏拉图"未成文学说"的做法，就是片面的和错误的。

这种做法的始作俑者仍是德国浪漫派理论家弗利德里希·施莱格尔。他在1806年的一个名为《柏拉图的哲学》的系列讲座中，提到了一部早就失传的、据说包含着柏拉图的"秘传哲学"（geheime Philosophie）、书名为《未成文学说》（*Ungeschriebene Lehren*）的著作。既然这是一本失传的书，施莱格尔当然不可能读过，但是这不妨碍他信口开河就得出如下结论："那本书不是出自柏拉图本人的手笔，充其量只是出自他的学生斯彪希波和塞诺克拉底的手笔。其中可能包含着对于柏拉图的那些口头讲授的回忆，因此冠名为《未成文学说》。——这本书的失传根本就不像人们猜测的那样是一件多么要紧的事情。因为就我们对于斯彪希波和塞诺克拉底的了解而言，他们不怎么理解他们的老师，因此关于柏拉图的哲学，他们的著作不会提供什么新的、有意思的启发。……因此，我们通过柏拉图的著作就掌握了他的真正的、真实的哲学。"[1]

且不说柏拉图的"内传学说"根本就不是人们通常理解的那种

---

[1] Friedrich Schlegel, *Philosophie des Plato*, in *Friedrich Schlegel's Philosophische Vorlesungen aus den Jahren 1804 bis 1806. Nebst Fragmenten vorzüglich philosophisch – theologischen Inhalts*. Hrsg. von C. J. H. Windischmann. Erster Teil. Bonn 1846. S. 366 – 367.

"秘传哲学"，也且不说这样一部《未成文学说》根本就没存在过，问题在于施莱格尔完全忽略了这样一个基本事实，即"未成文学说"的说法和主要记载不是来自于他所蔑视的斯彪希波和塞诺克拉底，而是来自于亚里士多德，因此他才敢于理直气壮地宣称那本书"不会提供什么新的、有意思的启发"。遗憾的是，这种先入为主把柏拉图的著作奉为圭臬，顺带着对柏拉图的诸位学生不屑一顾的做法，从此以后竟然发展为一种根深蒂固的思维模式。到了现代，这个方向的极端表现可以以美国学者切尔尼斯（Harold Cherniss）为代表，他在他的代表著作《早期学园之谜》[1]里完全拒斥斯彪希波、塞诺克拉底、甚至是亚里士多德关于柏拉图学说的报道，而他之所以采取这个立场，仅仅因为他觉得那些报道与"我们从柏拉图的著作那里得知的学说"相矛盾。[2]对于这个矛盾之"谜"，由于切尔尼斯对于柏拉图的著作已经达到了极端迷信的程度，所以他虽然旁征博引，但最终给出的"解答"都在我们的意料之中，即把学园弟子的报道里面的所有那些与对话录不符的内容通通归结为"歪曲"。在《早期学园之谜》这部著作里，切尔尼斯不厌其烦地反复告诉我们以下几个"事实"：

第一，斯彪希波"不懂"柏拉图；

第二，塞诺克拉底不但"误解"了柏拉图，而且把他自己的学说嫁接在柏拉图的学说里面；

---

[1] Harold Cherniss，*The Riddle of the Early Academy*. Berkeley 1945. 自从克雷默于 1959 年发表《柏拉图和亚里士多德论"德行"》之后，切尔尼斯于 1962 年再版了他的著作以示对抗。随着图宾根学派日渐兴起，德国的反对者们于 1966 年翻译出版了切尔尼斯的这部著作（书名更改为《早期学园：一个历史之谜及其解答》，*Die ältere Akademie. Ein historisches Rätsel und seine Lösung*. Heidelberg 1966），以之作为一件对抗图宾根学派的尖利武器。

[2] Harold Cherniss，*Die ältere Akademie. Ein historisches Rätsel und seine Lösung*. Heidelberg 1966. S. 42.

第三，亚里士多德同样“没有充分理解”柏拉图，更糟糕的是，他出于对柏拉图的敌视，不但故意丑化柏拉图的学说，甚至在批评柏拉图的时候张冠李戴，把塞诺克拉底的学说算到了柏拉图的头上。[1]

我们不否认切尔尼斯是一位知识渊博的学者，但是当他从一些武断的“矛盾”出发，断定斯彪希波、塞诺克拉底、甚至亚里士多德（！）全都没有弄懂柏拉图的思想，那么我们不得不说，这就是以他自己的有限智商来推测古代那些伟大的哲学家的深不可测的智商了。至于说什么亚里士多德出于敌意而故意丑化歪曲柏拉图的学说，更是一种莫须有的诛心之论。亚里士多德九泉之下如何瞑目！那么，究竟是这位美国教授更懂柏拉图呢，还是柏拉图的亲炙弟子斯彪希波、塞诺克拉底、亚里士多德更懂柏拉图？我想，任何一位脑子清楚的人都会对此作出轻易的判断。更何况，我们不要忘了这样一个基本事实，即柏拉图在他的《书信》里明确指出他的某些学生完全领会了他的学说，并且把他们引为他的真正的学说的证人。（Epist. II，314a；Epist. VII，345b）如果这些学生不是指斯彪希波、塞诺克拉底和亚里士多德，还会有谁呢？因此我们可以确定，亚里士多德等人有能力、也比任何别的人更有资格来记载、评述柏拉图的学说，他们的报道是值得我们信赖的。然而切尔尼斯看不到这一切，结果就是，他为了捍卫“我们从柏拉图的著作那里得知的学说”的完满自足性，反而对于其他各种鲜明的事实作出歪曲。但最为滑稽的是，当他在别的地方研究别的古代哲学家的思想时，又把亚里士多德的报道（包括涉及柏拉图和其他柏拉图主义者的报道）当作一些确凿无疑的证据和文本材料来加以引证，这就暴露出他的

---

[1] Ebd.，S. 42，44，49，56，57，61 usw.

自相矛盾的、不严肃的研究态度。[1]由于以上情况，切尔尼斯的观点虽然一度颇为流行，但在来自柏拉图学界和亚里士多德学界的双重批评之下，很快失势，甚至被其从前的许多追随者抛弃。与此相反，图宾根学派对于早期学园的细致探究和诠释成为被普遍接受的标准，并被当代最重要的哲学史系列丛书“宇博威格哲学史”所接纳。[2]

最后的问题是，关于柏拉图的哲学思想，同样作为书写著作的柏拉图对话录和柏拉图学说记述，哪个更具有优先性？我们认为，对于这个问题，人们既不能抱着简单的非此即彼的褊狭态度，也不能拘泥于“孰优孰劣”的问题。诚然，对于绝大多数哲学家而言，甚至可以说对于除了柏拉图之外的所有哲学家而言，哲学家的亲笔著述相对于其他人的记载都具有一个绝对优先的地位。但在柏拉图这里却是一个例外。至于理由，我们此前已经给出足够的解释。也就是说，关于柏拉图的哲学思想，柏拉图的对话录相对于亚里士多德等人的记述并不具有绝对优先的地位，毋宁说亚里士多德等人的记述由于其涉及的特殊内容（即柏拉图号称仅仅在学园内部口头传授的关于某些最重要的对象的学说）而具有一种更基础的地位。与此同时我们当然也要摒弃另一种错误的极端想法，即完全局限在亚里士多德等人的柏拉图学说记述之内，轻视甚至忽视柏拉图对话录里面的丰富而深刻的思想，仿佛这样就可以理解柏拉图。假若是这样的话，那么施莱尔马赫和黑格尔对于“柏拉图内传学说”的批评就是合理的了。有些人经常给图宾根学派扣上一顶帽子，说他们“只要未成文学说，不要对话录”，这种说法如果不是一种敌意浓厚

---

[1] Hans Joachim Krämer, *Platone e i fondamenti della metafisica.* Milano 1982. S. 113.

[2] Hans Joachim Kramer, *Ueberweg: Grundriss der Geschichte der Philosophie. Die Philosophie der Antike, Bd.* 3: *Ältere Akademie – Aristotles – Peripatos.* Basel 1983. S. 1 –174.

的“有意构陷”，那么就是基于对事实缺乏了解或对于图宾根学派的立场的误解。没有任何一位学者（更不要说柏拉图专家）会把柏拉图的著作抛到一边置之不理。事实上，图宾根学派的学者们，无论是克雷默、盖瑟尔、斯勒扎克还是雷亚利、哈弗瓦森、埃尔勒等等，他们对于柏拉图的对话录的重视程度和熟悉掌握程度绝对不逊色于那些站在反对者立场上的柏拉图研究者们。他们始终强调的是**柏拉图的“未成文学说”和柏拉图对话录的结合**，主张唯有通过这个方式才能认识一个“完整的”柏拉图，才能认识到柏拉图的“真正的学说”。我们赞成这个观点，并且把这看作是当今柏拉图研究应当具有的一个基本视域和基本前提。

正是在这个意义上，克雷默把图宾根学派的纲领目标归结为以下主要几点：

第一，重新揭示并更好地理解柏拉图的书写著作；

第二，将柏拉图哲学的视野范围扩大到书写著作之外；

第三，力求达到更高程度上的柏拉图哲学的统一性；

第四，以一种新颖的、更合乎事实的方式，将柏拉图哲学整合进整个古希腊哲学里面。[1]

三 《柏拉图学说记述》选录[2]

TP 7 阿里斯托色诺斯《元素的和谐》II 39 –40 Da Rios

---

[1] Hans Joachim Krämer，*Die grundsätzlichen Fragen der indirekten Platonüberlieferung*. In H. G. Gadamer u. W. Schadewaldt（hrsg.），*Idee und Zahl. Studien zur platonischen Philosophie*. Heidelberg 1968. S. 150.

[2] 这份“选录”依据的是盖瑟尔收录在他的巨著《柏拉图的未成文学说》中的《柏拉图

亚里士多德曾经一再说道，那些来听柏拉图的讲课《论善》的人，绝大多数都是这样的情形：在此之前，每个人都以为会听到通常关于人的福祉（比如财富、健康、体能或其他值得惊叹的幸福）的指导，但是，他们听到的却是关于数学，关于数、几何、天文学的讨论，最终竟然是这样一个命题："善是一。"我觉得，对他们来说这是一些完全意想不到的，很奇怪的东西，所以他们中的有些人对这些内容不屑一顾，有些人则公开地拒绝它们。

TP 10　亚里士多德《尼各马可伦理学》，I 4，1095a30 －1095b3

在此我们必须注意，在从本原出发的论述和向着本原上升的论述之间有很大的差别。这也是柏拉图正确提出并研究了的问题：即一条道路是从本原出发呢，还是走向本原？这就像在赛跑的时候，一个人可以从裁判出发跑向终点，也可以刚好相反。

TP 22A　亚里士多德《形而上学》，A6，987a29 －988a17

在上述哲学体系之后，来了柏拉图的哲学。他虽则大体上趋于这些思想家，却又与意大利学派颇有不同。因为早在青年时期他就熟悉了克拉底鲁以及赫拉克利特的见解，认为一切可以感觉到的东西都永远都在流动，对它们是不能有知识的，这些看法他甚至坚持到晚年。苏格拉底从事研究伦理问题，根本不管整个自然界，他在各种伦理性的事情里寻求普遍的东西，首先把心思放在定义上面。

（接上页）学说记述》（*Testmonia Platonica*）。出于篇幅的考虑，这里仅仅择取了《柏拉图学说记述》中的具有代表意义的部分内容，而且没有把盖瑟尔对这些文本作出的考订和分析翻译过来。因此这份"选录"的主要目的在于向读者提供一份关于柏拉图的未成文学说的基本文献的概观。对于《柏拉图学说记述》，我们希望国内将来有在古典语文学方面具有更深造诣的学者将其完整地翻译出来并加以详细的评注。

柏拉图接受了他这种观点，但是认为定义不能针对那些可以感觉的东西，而是只能给另一类东西下定义，其所以如此，是因为感觉到的东西是变化不定，不能有共同的界限。他把这另外一类东西称为“理念”，说它在可以感觉的东西之外，可以感觉到的东西都是按照它来称呼的；因为众多事物之所以与它同名都是由于分有了它。“分有”只是一个新的说法，因为毕达哥拉斯派也说各种事物之所以如此是由于模仿了数，柏拉图说它们由于分有而成为它们，是换了个名称。到底是分有还是模仿了理念，可以留下来让大家研究。他说，在可以感觉的东西和理念之间还有“数学事物”，是中间性的东西：数学事物与可以感觉到的东西的区别在于它的永久和不动，与理念的不同在于它有很多相似的，而理念在每一种情况下都是唯一的。既然理念是其他事物的原因，他认为理念的元素就是一切事物的元素。作为质料，“大和小”是本原；作为本体，一是本原；因为由“大和小”，通过分有一，就产生出各种数来。他同意毕达哥拉斯派说一是本体，不是述说其他事物的谓项；他说数是其他事物本体的原因，这也是同意毕达哥拉斯派的说法；但是他又设定一个二，认为由“大和小”构成“无定”，而不把“无定”看作一，这是他的特点。所以他认为数在可以感觉到的事物之外，而毕达哥拉斯派说事物本身就是数，并不把数学事物放在二者之间。他与毕达哥拉斯派的不同在于他认为一和数与事物分开，他引进理念是由于他要研究定义（因为早期的人没有碰到辩证法），他把另外一个本原称为“二”，是由于他相信数除了最初的以外都能由二产生，就像用模子塑造似的。可是事情正好相反，因为这个说法不合道理。因为他们认为从质料造成许多其他事物，而理念的制造只是一次性的。我们看到一张桌子是由一块质料造成的，可是那个应用理念的虽然是一个，造出来的桌子却有许多张。这种关系好像公的和母的那样，因为母的由于一次交配而怀孕，公的却使许多母的受孕。这还是对于那两大本原的模仿。柏拉图对提出的问题自己宣布了这样一些答案。从以上所说的看来，他显然只用了两种原因，即“是什么”方面的原因和质料方面的原因（因为理念是其他事物是什么的原因，而“一”是理念是什么的原因），作为载体的质料对于可感事物来说是理念所表述的，对于理念来说是“一”所表述的，也就是说，它就是那个“二”，即“大和小”。他还把好和坏的原因归于这两种本原，认为一种本原造成了二者中的一种。这件工作我们说他以前的某些人就尝试过，例如恩培多克勒和阿那克萨戈拉。（据王太庆译文，根据原文略有修改）

TP 22B　阿弗罗迪希亚的亚历山大《亚里士多德〈形而上学〉注释》S. 56 13 –20

通过“不定的二”被“一”所规定，在数的领域内就产生了2，这个2从形式上来说也是一个东西。此外，二是第一个数：它的本原是超越者和被超越者，因为在最初的二中存在着“倍”和“半”。倍和半是超越的和被超越的，但超越者和被超越者却不是双倍的或一半，所以它们是“双倍”的元素。通过被规定，超越者和被超越者成为双倍和一半——它们不再是不确定的，正如三倍和三分之一或四倍和四分之一也不是不确定的，因为它们已经具有了一个被规定的超越，而超越则体现出一的影响作用；因为任何东西，任何被规定和被界定的东西，都是一个东西，所以在数的领域里，二的元素确实是“一”和“大和小”。而既然二是第一个数，那么它们就是二的元素。出于这样的理由，柏拉图把一和二设定为数以及所有事物的本原，如亚里士多德在《论善》中所说的那样。

然后他〔柏拉图〕试图表明，同和异是所有自在存在和对立存在的本原，也就是说，他试图把所有的东西都回溯到这两个本原上面，以之作为最简单的前提。因此他将同设定为统一，把异设定为超越和落后：因为异正是在于二，在于大和小。因此他也把异称作"不定的二"，因为无论超越还是落后都不是确定的，而是无规定、无规范的。

TP 23A　亚里士多德《物理学》，202b34－203a16

对"无定"这个概念的研究天然地就属于这门学科，这体现在：所有号称在这个思想领域曾经获得过值得一提的成功的人，都明确地讨论过"无定"，而且他们都把它规定为存在的根据：其中一些人，比如毕达哥拉斯派和柏拉图，把它看作一个纯粹自为的东西，并不依附于他者，毋宁说"无定"这个规定性自身就有一种意义。只不过毕达哥拉斯派认为，"无定"属于感性的可知觉的事物的范围——数与之是不可分的——，而天体之外的空间就是"无定"，但柏拉图认为，天体之外既不存在物体也不存在理念，因为理念并不在"某处"，而"无定"则是既出现在感性领域也出现在理念之间。此外，毕达哥拉斯派宣称无定即偶数——偶数即使受到奇数的规限，还是能保障存在者的无限的多样性。一个证据是，在几何中，如果人们把角尺移动一度，然后如果人们在取消这个角尺的同时做这件事，那么在第二种情况中总是产生一个另外的形状，而在第一种情况中则始终是唯一的一个形状。反之，柏拉图设定了两个"无定"："大和小"。

TP 23B　辛普里丘《亚里士多德〈物理学〉注释》S. 454，28－455

他〔柏拉图〕认为，第一个数的本原就是所有的数的本原。而第一个数是"2"，而且他宣称"2"的本原乃是"一"和"大和小”。就二而言，它在自身内就包含着“多”和“少”：如果双倍在它之内，就是多——因为双倍就更多，超越，更大；而如果一半在它之内，则是少。因此，超越和落后，大和小，都同样是以这种方式在二之内。但是，这两个部分之一也是一个单元，而且是一个整体的形象，具有两种形式，所以它也分有了一。所以他宣称“一”和“大和小”是二的本原。之所以也叫做“无规定的二”，是因为它分有了大和小或更大和更小，有着更多和更少。它们不是静止不变的，而是按照张力和弛力的不同，过渡到无界限的“无定”。

柏拉图把“更多和更少”以及“强烈和虚弱”看作是“无定”的本质。在任何包含有它们的地方，不管是向着紧张还是松弛的方向，任何分有它们的东西都不是确定的和限定的，而是向着“无定”无限延伸。对于“更多和更少”也是同样的情形，只不过柏拉图不是使用这个称呼，而是使用了“大和小”。——以上这些都是波菲利奥的完全准确的原话，他的目的是准确地分析柏拉图在讲授课《论善》中所讲述的晦涩难懂的东西；而波菲利奥之所以这样做，原因在于，那些学说与《斐勒布》中的相关内容是一致的。

TP 24　亚里士多德《物理学》III 6，206b16 －33

作为“增加”，无定也以潜在的方式存在着，在某种意义上，这与作为“划分”的无定是同样的情形。总是还有一些不能包揽进来的东西，无论如何人们都不可能超过一个定量；正如人们借助于划分来超过一个规定，但总是还存在着更小的东西。因此，即使是在潜在的意义上，也完全不能说以增加的方式超过一切；换句话说，必然已经存在着某种真真切切无规定的东西。自然哲学家们说，世界的外体——由气或类似事物构成——是无限大的。然而，如果不存在感性可知觉的、现实地具有无限广延的物体，那么很显然，作为“增加”的无限也不可能潜在地存在，除非像我们已经说过的那样，它是反过来进行划分的过程。柏拉图也认为有两个无定，因为通过增加或者减少，都可以无限进行下去。柏拉图固然认为有两个无定，但并没有用过它们：无定既没有从减少这个方面出现在数里——他认为1是最小的数，也没有从增加这个方面出现在数里——他认为数的序列到10为止。

可见，“无定”的意思和大家所宣称的恰好相反：“无定”不是指“没有什么东西在自身外”，而是指“总是有一些外面的东西”。

TP 25A　亚里士多德《论灵魂》I 2，404b16 -27

柏拉图在《论哲学》里面的论述中已经断定，生物本身是由“一”的理念本身和最初的“长”、“宽”、“高”构成的。其他生物同样也是如此。

……换言之，理性是“1”，理智是“2”（因为它以单纯的方式与“一”相关联），“面”的数是意见，“体”的数是感觉。数被称作是理念本身和原因本身，而它们又是起源于本原。诸对象要么通过理性，要么通过理智，要么通过意见，要么通过感觉而被区分开，而他所说的数则是诸对象的理念。

TP 26A　亚里士多德《形而上学》A9，992a10 -992b18

当我们把存在回溯到诸本原的时候，我们让线产生自“长和短”（即一种“大和小”），让面产生自“宽和窄”，让体产生自“深和浅”。然而面怎么可能包含着线，体怎么可能包含着线和面呢？因为“长和短”是一种不同于“深和浅”的东西。所以，正如数不能包含在这些东西之内（因为“多和少”不同于“长和短”、

“宽和窄”、“深和浅”等等），同样，较高一级的东西在这里也不可能包含在较低一级的东西里面。但是“宽”并不是一个比“深”更高的种，否则的话，体就是面的一个属了。

既然如此，又有什么根据说点包含在线之内呢？当然，柏拉图把这类东西斥为一种单纯的几何学学说。他把点称作是线的本原，并且经常用“不可分的线”这个说法来指代点。可是线必须有一个界限，而线之所以存在的理由和点之所以存在的理由也是同一个理由。

总的说来，智慧虽然研究可见事物的原因，但我们却放弃了这个做法（因为我们谈论的根本不是那个作为运动的本原的原因）。我们自以为已经说出了可见事物的本质，但我们实际上解释的却是另外一些存在着的本质。至于这些本质究竟在怎样的意义上是可见事物的本质，我们所说的都是一些空话。因为所谓的“分有”，就像我们之前说过的那样，是一句废话。同样，理念也不是我们所说的各种学问的原因，不是全部心灵和全部自然的行动因，不是我们所说的诸本原之一。可是现在的哲学家已经把数学当作哲学，尽管他们宣称，人们必须出于其他目的来研究数学。

除此之外，我们可以说，那个在底下支撑着的质料其实是一个数学的东西，这个东西与其说是质料本身，不如说是本质和质料的一个谓词或属差。我指的是“大和小”，即自然哲学家所说的“薄和厚”；他们把这个东西称作基体的最初的差别，是一种“过度和不足”。至于运动，如果“大和小”这个东西就是运动，那么理念显然出于运动之中；但如果它不是运动，那么运动从何而来呢？如果这个问题不解决，那么整个关于自然的研究就被取消了。看起来，证明“一切是一”是比较容易的，但是他们没有证明这一点。因为，即使人们承认他们的一切假定，把“一”从“多”那里凸显出来，那么也不能得出“一切是一”，而是只能得出有一个

“一”本身。而如果人们不承认普遍者是一个种（这在某些情况下确实是不可能的），那么连“一”本身也不会得到承认。如果他们在数的后面设定线、面、体，那么这是根本没有道理的，不管线、面、体是什么东西，不管它们有什么潜力。也就是说，线、面、体既不可能是理念（因为它们不是数），也不可能是居间者（因为数学对象才是居间者），更不可能是一些变动不居的事物；毋宁说，在这里显然出现了另一种亦即第四种本质。

TP 27A　亚里士多德《形而上学》M9，1085a7－14

在后于数而出现的“线”、“面”、“体”这几个种那里，也会出现类似的困难。有些人认为“线”、“面”、“体”是通过“大和小”产生出来的，比如“线”产生自“长和短”，“面”产生自“宽和窄”，“体”产生自“深和浅”，而所有这类东西都可以归之为“大和小”。这个学说的某些追随者以这种方式把“一”设定为统一性本原，而另一些追随者则不然。

TP 28a　亚里士多德《形而上学》Z2，1028b16－32

有些人认为，物体的规定者（比如面、线、点和单元）是实体，它们比物体和固体物更有资格被称之为实体。此外有些人认为，除了可感事物之外没有什么东西存在着，而另一些人则断定有更多的东西存在着，而且是永恒地存在着，比如柏拉图就把理念和数学对象确立为两种实体，然后把可感物体当作第三种实体。但斯彪希波却从“一”出发而设定了更多的实体，并且对于每一个实体都设定了不同的本原：一个是数的本原，另一个是量的本原，还有一个是灵魂的本原；通过这个方式，他扩大了实体的领域。此外还有一些人主张，理念和数具有同样一个本性，而其他东西则是随后按着秩序产生出来的，比如从线和面直到天体和可感事物等实体。现在我们必须来考察，这些观点里面哪些是正确的，哪些是错误的，存在着哪些实体，除了可感事物之外，是否还存在着别的实体，如果是，这些实体是如何存在的；我们必须研究，除了可感的实体之外，是否、为什么、以及如何存在着一个完全分离的实体，或者不存在这样一个实体。但我们首先得从按照原理来规定，什么是实体。

TP 30　特奥弗拉斯特《形而上学》6b 11 –16

看起来，柏拉图是通过追问更高的本原来把握其他的事物：从事物追溯到理念，从理念追溯到数，从数追溯到本原。反过来，他又按着这个产生顺序向下延伸到那些提到的事物。

TP 31　辛普里丘《亚里士多德〈物理学〉注释》S. 247 30 –248

正如亚里士多德在许多地方都提到的，柏拉图把物质称作"大—和—小"，那么人们还必须知道，根据波菲利奥的报道，德尔基里德斯（Derkylides）在他的《柏拉图的哲学》第 11 卷里讨论物质的时候，引用了柏拉图的学生赫尔谟多关于柏拉图的著述中的一句原话，以便表明，柏拉图所理解的物质就是无规范或"无定"，因此，在那些具备多和少的属性的事物那里（"大和小"也属于此类），都包含着物质。

TP 32　塞克都斯・恩皮里克《反数学家》X 258 u. 262

从前面所说的可以清楚看到，思维中可认识的形体的本原必然是无形体的。但是，如果某些无形体的东西先于有形体的物而存在，那么它们并非必然就是存在者的元素或最初的本原。因为人们看到：柏拉图所认为无形体的那些理念，是先于形体而存在的，而且具体事物只是通过与理念的关系才产生出来；尽管如此，理念并不是存在者的最初本原，因为每个单独的理念就其自身来说是单一，但与其他理念联系起来就成了二、三、四……所以必须有甚至比理念的存在地位还高的东西：这就是数。因为只有通过对数的分有，一、二、三或更多的东西才被陈述出来。

……存在者的本原是：原初的“一”——通过对它的分有，才可以思想所有能被计数的单元——，以及“不定的二”，通过对它分有，所有被规定（被限定）的二才是2。

……他们说，从这两个本原产生了数的领域里的1，然后是数学上的2：从原初的一产生1，从原初的一和无规定的二产生2。因为两个1就是2，而只要在数的领域里还不曾有2，也就还没有二倍，但二倍却是来自无规定的二，因此从这个无规定的二和那个一就产生了数的领域里的2。按照同样的方式，一每进行一次界定，无规定的二就产生出两个，如此以至无穷，其他的数也是从这两个本原那里产生出来。所以他们说，在这两个本原里面，一扮演的角色是积极主动的原因，而二扮演的角色则是被动接收的材料。

……按照对立，可以从某一方看到与之相对立的另一方，比如好和坏，正义和不义，有用和无用，条例和禁令，虔诚和不敬，运动和静止，等等许多类似的东西。但是对另一些东西来说，别的东西是通过不同的关系而与之相联系的，比如右—左，上—下，倍—半，因为右是通过与左的关系而左是通过与右的关系，下是通过与上的关系而上是通过与下的关系而被思考的，如此等等。

他们说，前面两种关系是不同的。因为在对立那里，一方的产生伴随着另一方的消失，比如健康与生病，运动与静止：生病了，就不再有健康，有健康，就不是生病；有运动，就不是静止，有静止，就没有运动。同样的情况也适用于痛苦和无痛，好和坏，以及所有相互对立的东西。而那另一种关系则有共存共亡的特点，因为如果没有左，就不会有右，如果没有一半的存在，也就不会有双倍。

此外，在对立的关系里永远都不可能有一个居中的东西，不管是在健康和生病，生与死，还是运动和静止那里：因为在健康和生病之间不存在任何东西，正如在生与死之间或运动与静止之间不存在任何东西。反之，在另一种关系里则存在着居中的东西：因为如果人们把更大的东西取走一点而给更小的东西加上一点，在它们之间就有可能出现同，同样在更多和更少之间有充足，在高音和低音之间有和弦。

…………

在那三个种——依靠自身而存在的种、依靠对立而存在的种、通过与他物相关而被思考的种——之上，必然还有一个更高的种，而且这个种必然是现成存在着，因为每个种都先于比它更低的属而存在。如果取消了种，随之也就取消了属，反过来则不是这样，因为属依赖于种而不是相反。

现在，在那个依靠自身而存在的东西之上，毕达哥拉斯派还设定了一个更高的种，亦即“一”。也就是说，正如“一”绝对地存在着，因此每个具体的东西，就它符合特殊性而言，都是一个东西，而且本身就被看作一个东西。但是他们说，在那些依靠对立而存在的东西之上，还有作为种的“同”和“不同”。因为在同和不同之间可以看出所有对立事物的存在方式，比如“坚持”的本质方式在于同（坚持就是不增多不减少），反之运动的本质方式则在于不同（运动就意味着增加或者减少）。同样的道理，合乎自然的就在于同（同对毕达哥拉斯派来说意味着顶尖的最高价值，没有再提升的可能性），违反自然的就在于不同（他们认为在这里有增多或减少）。同样的关系也适用于健康和生病，笔直和弯曲。与此不同，那些通过与其他事物的关系而被思考的东西就低于作为种的“超越”与“落后”。因为大和更大，多和更多，高和更高是通过“超越”而被思考的，小和更小，少和更少，低和更低则是通过“落后”而被思考。

依靠自身而存在的东西、依靠对立而存在的东西、以及通过与他物相关而存在的东西，既然它们都低于并且从属于其他的种（一、同和不同、超越和落后），那么我们想知道，这些种是否又会导向更高的种。事实上，同是归属于一，因为一首先是与自身等同的；而不同则是出现在超越和落后之间，因为不同就意味着，一方超过，另一方被超过。但是超过和落后又是从属于无规定的二，因为最初的超越和落后就在于二，在于超过和被超过。

TP 33a　亚里士多德《形而上学》D11，1018b37－1019a4

此外人们也称“在先者”的性质是“在先的”，比如“直”在“平”之先，因为前者是线的性质，而后者是面的性质。在这个意义上，有些事物被称作“在先的”和“在后的”。另一方面，则是本性和本质上的先后之别。如果某个东西能够不依赖于他物就存在，那么它是“在先的”，反之如果某个东西必须依赖他物才存在，那么它是“在后的”——这是柏拉图曾经使用过的一个区分。

TP 33b　亚里士多德《形而上学》D8，1017b17－21

此外据说实体是事物的内在组成部分，它们规定着事物，使之成为某种确定的东西，而如果这些部分毁灭，那么整个事物也会毁灭，就像某些人所说的那样，如果取消了面，那么就取消了体，如果取消了线，那么就取消了面。有些人认为数也是这样一类实体，因为如果取消了数，那么任何东西都不存在，是数规定着万物。

TP 39A　亚里士多德《形而上学》G2，1003b33－1004a2

因此，有多少种“一”，就有多少种存在者，而研究它们的“何是”乃是一种独一无二的科学的任务——我指的是关于“同”、“相似”等类似东西及其对立面的研究。然而一切对立都可以回溯到这个本原。关于这一点，我们已经在《对立选录》（ἐκλογῇ τῶν ἐναντίων）中进行了充分的研究。

TP 40A　亚里士多德《形而上学》G2，1004b27－1005a2

就相异对立而言，其中的一方面也是缺失，而所有的对立都归根于存在者和非存在者，归根于“一”和“多”。比如静止在“一”这方面，运动在“多”这方面。而且所有的哲学家都一致认为，存在物和实体的组成部分是“相异”，比如直和曲，热和冷，界限和无界，友谊和争斗。但是很明显，所有的“相异”都归根于“一”和“多”。因为回溯在这里可能是被预设的。过去的哲学家们树立的本原——正如已经指出的——可以完完全全归结为它们的这两个种（“一”和“多”）。

TP 48A　亚里士多德《形而上学》A9，990b15－22

总的说来，那些用来支持理念的理由就把事物取消了，但我们在谈到理念的时候，更关心的是事物的存在，而不是理念本身的存在。因为从那些观点出发，第一位的东西就不是“二”，而是数，相对的东西就优先于那就其自身而言的东西。再者，如果人们按照理念学说的观点去研究所有别的东西，就与他们之前提出的诸本原发生冲突。

TP 50　普罗克洛《柏拉图〈巴门尼德〉注释》

……他们〔柏拉图及其学生〕相信，如果把“一”分割开来单独进行思考，不考虑其他东西，只是依照它自身来设定它自己而不添加别的本原，那么其他的事物就根本不可能产生出来。因此他们又引入了“不定的二”，作为存在着的事物的本原。

TP 51　亚里士多德《形而上学》N4，1091b13 –15

在那些设定了不动的本质存在的人里面，有些人宣称，善本身即一本身。他们的意思是，归根结底，善的本质就是一。

TP 54A　亚里士多德《物理学》D2，209b 11 –17

所以柏拉图在《蒂迈欧》里也说，“物质”和“空间”是同一个东西，因为包容者和空间是同一个东西。虽然柏拉图在那儿以及所谓的“未成文学说”里以不同的方式提出了包容者，但是他又把“方位”和空间说成同一个东西。所有的人都说，空间是某种东西，但究竟是什么东西，只有柏拉图一个人试图去解释。顺便值得一提的是，柏拉图必须说明，如果包容者就是空间（不管是以“大和小”还是物质的名义），如他在《蒂迈欧》里所写的那样，那么，为什么理念和数不在空间之内?

TP 55A –B　辛普里丘《亚里士多德〈物理学〉注释》430，34 –431，16

早在阿弗罗迪希亚的亚历山大之前，欧德谟就已经报道过柏拉图关于运动的学说并且反驳了这个学说。他告诉我们，柏拉图说，运动就是“大和小”，非存在，无秩序，以及所有类似的东西。但是将这些看作运动似乎不太妥当。因为很明显，如果发生了运动，那么运动所在的东西也有运动。反之柏拉图认为，如果有某种不相等或无秩序的东西，那么这些东西就不得不运动。这个看法是可笑的。阿尔基塔把这些东西看作本原，这是比柏拉图更好的做法。随后欧德谟告诉我们，柏拉图和毕达哥拉斯学派把不定和运动联系起来，是有道理的，除了他们之外，再没有其他人持这种观点。

TP 62　亚里士多德《形而上学》L8，1073a18 –22

理念学说的追随者宣称，理念就是数，但他们一会说数是无穷多的，一会儿又说数以“10”为界，已经完结了。但为什么数的数目恰好是这么多，他们对此没有给出严肃的证明。

TP 63　亚里士多德《形而上学》M8，1084a7 –10

假若每一个理念都是某个东西的理念，而数是理念，那么无穷数也必定是某个东西的理念，不管这个东西是可感事物还是别的什么东西。但无论从他们的主张还是从他们的理由来看，这都是不可能的，毋宁说他们仅仅断定理念是这样的。

TP 64　亚里士多德《形而上学》L3，1070a13 –19

在某些事物那里，“这一个”（τὸ τόδε τι）并不是独立地存在于具体实体之外，比如，如果人们不是把技艺看作是房屋的形式，那么房屋的形式就不是独立存在的。对于这些事物而言，也谈不上产生和消灭，毋宁说是通过另外的方式，非质料的房屋、健康、以及一切借助于技艺而产生出来的东西才获得存在和非存在。如果说存在着独立的“这一个”，那么这是对自然事物而言。因此，当柏拉图仅仅承认自然事物有对应的理念（比如“火”、“肉体”、“头”之类不同的理念），这是不无道理的。

TP 65　第欧根尼·拉尔修《名哲言行录》III，15

柏拉图在陈述他为什么设定理念时，如是说道："如果存在着回忆，那么事实上必定存在着理念，因为回忆以某种静态的、持久不变的东西为前提；然而除了理念之外，没有任何东西具有一种稳固的持存。假若生物与理念没有某种联系，并且天然地就获得了理性，那么它们会以何种方式存活下来呢？但是生物能够回忆起饮食的同一性，知道什么饮食是适合它们的，这就让我们认识到，一切生物天然地就具有对于同一性的认识（ἡ τῆς ὁμοιότητος θεωρία）。因此它们的感官知觉同样也能认识到一切对它们有害的东西。"

TP 66A　亚里士多德《论灵魂》III4，429a22－29

灵魂的理性（νοῦς）——我所说的理性是指这样一个东西，灵魂借助于它而进行反思和确信——在进行认识以前，并不是一种现实的存在。因此我们有很好的理由相信灵魂并没有与身体搅和在一起。否则的话，灵魂就会具有一个特定的性质，就会变得冷或热，并且像感官能力那样具有一个特定的器官。然而灵魂不具备任何这些东西。有些人说，灵魂是理念的场所（τόπον），只不过这不是指全部灵魂，而是指具有理性的灵魂，而且灵魂并不是现实的理念，而是潜在的理念。这个观点是正确的。

第4章

作为一种本原学说的柏拉图未成文学说

一　柏拉图未成文学说的基本内容

在这一章里，我们只是提取“柏拉图学说记述”里面的一些重要证词，梳理柏拉图未成文学说的基本要点，并且勾勒出这些学说的基本形态。至于这些内容的更为详细的阐释和分析，则是本书后半部分的工作。需要说明的是，由于本书的主旨是把柏拉图的未成文学说和他的对话录结合起来进行探讨，因此我们在将来那些阐述和分析中就不是仅仅依据柏拉图的未成文学说，而是同时也整合了柏拉图的对话录中的许多重要思想，以求达到相得益彰的效果。但在这里，我们的任务主要是搭起一个奠基性的框架。

1. 柏拉图哲学的最终本原

亚里士多德在《形而上学》的开篇部分叙述了之前的哲学家的核心思想。在谈到柏拉图的时候，亚里士多德首先简要地评述了柏拉图的理念学说，随后指出：“因为理念是其他事物的原因

（αἴτια），所以他相信，理念的元素（στοιχεῖα）也是所有存在者的元素。在这里，'大和小'（τὸ μέγα καὶ μικρὸν）是质料意义上的本原（ἀρχάς），而'一'是本质（οὐσία）。"（TP 22A）

按照古希腊哲学家（包括柏拉图和亚里士多德）的习惯，他们一向都是把"原因"（αἴτιον）、"元素"（στοιχεῖον）、"本原"（ἀρχῆ）等术语当作同义词来使用。因此在亚里士多德的上面那段话里，谈的都是"本原"问题。根据亚里士多德的记述，柏拉图虽然把理念当作其他事物的本原，但理念本身也倚仗于某些本原，这些本原——"大和小"和"一"——不仅是理念的本原，而且通过理念的中介成为所有存在者的本原。

随后亚里士多德继续说道："……很明显，他〔柏拉图〕仅仅使用了两个原因，即'何是'（τί ἐστι）这一原因和质料这一原因。理念是其他事物之'何是'的原因，而'一'（τὸ ἕν）却是理念之'何是'的原因。同样柏拉图认为，根本上的质料乃是'二'（δυάς），即'大和小'，靠着它，理念在其他事物身上体现出来，而'一'在理念身上体现出来。"（TP 22A）

这两段话结合起来，就更清楚地表明，柏拉图把"一"和"二"（即"大和小"）置于理念之上，前者规定了理念和万物的"何所是"或"本质"，后者为理念和万物提供了质料。简言之，"一"和"二"是比理念更为根本的本原。这就颠覆了学界通常的看法，即以为理念是柏拉图哲学中的最高本原，以及理念学说是柏拉图哲学的顶峰。但实际上，柏拉图心目中的最终本原另有所指。由于这部分学说是柏拉图未成文学说的最基本的内容和一以贯之的核心思想，因此柏拉图的未成文学说通常也被称为一种**"本原学说"（Prinzipienlehre）**。

但正如本书后半部分将要阐述的那样，事实上柏拉图的本原学说，就其作为一种基本的思想和方法而言，并不是仅仅存在于柏拉图在学园内部的口头传授之中，而是同时在他书写下来的对话录里面也有大量体现，因此很显然，对于柏拉图的本原学说研究另一方面也不能脱离对话录。但与此同时，有些学者，比如伯姆（Gernot Böhme），一方面声称柏拉图的本原学说具有非常重要的意义，另一方面却认为，本原学说与柏拉图的未成文学说无关，相反却是已经包含在柏拉图的对话录之内，而且仅仅包含在《斐勒布》和《智术师》这两部对话录之内！[1]可见，虽然图宾根学派从不排斥对话录，但某些旧思维模式的柏拉图研究者对于未成文学说却是避之唯恐不及，这种作茧自缚的褊狭做法只会导致片面的和肤浅的理解。

亚里士多德对柏拉图的本原学说的报道得到了学园派以及逍遥学派两大传统的广泛证实。限于篇幅，我们在这里不再引用更多证词（对此可参阅本书第3章第3节的《柏拉图学说记述》选录）。但需要特别强调的一点是，“一”和“二”绝不能被理解为数学意义上的东西（比如数目、数字）。简单说来，根据《柏拉图学说记述》中的众多证词，柏拉图所说的“一”和“二”分别代表着一种绝对的规定性（“确定”）和一种绝对的缺乏规定的东西（“无定”），因此这两个本原也被后人（比如阿弗罗迪希亚的亚历山大）表述为“同一”和“差异”，后者同时代表着“多”，因为它可大

---

[1] Gernot Böhme, *Platons theoretische Philosophie*. Suttgart－Weimar 2000. S. 10－13. 伯姆的自相矛盾之处在于，他一方面承认，“‘未成文学说’是柏拉图哲学的一个重要组成部分——这在今天已经是语文学研究和哲学研究的一个确切结论”，但另一方面却对这个“重要组成部分”及其相关研究成果完全不理不问，同时还理直气壮地宣称：“‘未成文学说’不能填补柏拉图书写下来的学说中的空白，更不能解决柏拉图哲学深陷其中的那些最终疑难。”（Ebd. S. 14，16.）除此之外，伯姆一边指责别的学者把柏拉图的学说“独断化”，另一边自己却制造出“理念学说”、“本原学说”、“认识论”、“逻辑学”、“本体论”几个板块，用来概括阐述柏拉图的“理论哲学”，这难道不也是一种“独断”的做法？

可小，可多可少，具备无穷的延展和收缩的可能性。（TP 22B）除此之外非常重要的是，辛普里丘在他的报道里援引了柏拉图的学生和朋友赫尔谟多的亲口证词，指出柏拉图把“大和小”看作“**物质**”（ὑλη）。（TP 31）结合上面引用的亚里士多德的两段报道，可以看出，柏拉图的本原学说正是亚里士多德的“四因说”的直接先驱，因为虽然柏拉图只讲“形式因”和“质料因”，而亚里士多德却提出了“动力因”、“形式因”、“目的因”、“质料因”，但由于亚里士多德自己也承认他的四因里面的前面三个实际上可以归结为唯一的一个原因亦即“形式因”，[1]所以亚里士多德的思想实际上是和柏拉图完全一致的，是一种直接的一脉相承的关系。

《柏拉图学说记述》中的众多证词也表明，柏拉图的本原学说是一种**二元论**。对于这个问题，学界一直争论不休，甚至在图宾根学派内部也有不同的声音。比如盖瑟尔、芬德莱（J. Findlay）、福格尔（C. de Vogel）、魏茨策克（C. Weizsäcker）强调柏拉图仅仅把“一”看作最高的东西，这些学者虽然承认“二”这个本原的存在，但却反对把它与“一”相提并论，因此在这个意义上仍然坚持柏拉图的本原学说是“一元论”。按照这个理解，我们在谈到“一”和“二”的时候，就不能简单地笼统称之为柏拉图哲学的“**最高**本原”，而是应当谨慎地称之为“**最终**本原”。另一方面，魏珀特（P. Wilpert）、克雷默和雷亚利则着力强调两个本原的存在，并在这个意义上称柏拉图的本原学说是“二元论”。[2]我们认为，这两种意见实际上是可以统一起来的，也就是说，从存在的角度来看，“一”

---

[1] 亚里士多德《物理学》198a 24.

[2] Vgl. Jens Halfwassen, *Monismus und Dualismus in Platons Prinzipienlehre*. In Thomas A. Szlezak (hrsg.), *Platonisches Philosophieren*. Hildelsheim/Zürich/New York, 2001. S. 67 –85.

和“二”的并存显然已经意味着二元论，但从存在的等级阶次的角度来看，那居于本原的最高峰的“一”规定着一切，本身却不接受任何他者的规定（而“二”必须接受规定），因此可以从它的至高无上而独一无二的地位出发而把这种学说称之为一元论。有鉴于此，本书一方面把柏拉图的本原学说界定为“二元本原学说”，把“一”和“二”看作是最终本原，但另一方面也承认，唯有“一”才有资格被称作“最高本原”。

2. 柏拉图哲学的存在等级阶次

刚才我们提到了“存在的等级阶次”，这也是柏拉图的未成文学说的一个重要思想。在此我们引用亚里士多德的一个报道：“但是，除了感性事物和理念之外，他〔柏拉图〕认为还有一类数学对象（τὰ μαθηματικὰ）存在于二者之间：它们和前者的区别在于，它们是永恒的和不动的，而它们和后者的区别在于，存在着多个的同样一个数学对象，而每个理念却只有唯一的一个。”（TP 22A）随后亚里士多德继续告诉我们：“当‘大和小’分有‘一’，就产生出数，产生出理念。”（TP 22A）除此之外，特奥弗拉斯特在他的同样名为《形而上学》的著作里也写道：“柏拉图……把其他事物追溯到理念，把理念追溯到数，又从数出发追溯到诸本原（ἀρχάς）。”（TP 30）

根据亚里士多德的前一处报道，柏拉图排列了“感性事物—数学对象—理念”的等级阶次，这个情况是我们通过柏拉图《理想国》中的“线喻”（Rep. 509d ff.）已经了解到的（那里还提到了比感性事物更低的“影像”）。但亚里士多德的后一处报道则表明，在柏拉图那里还有由下至上的“理念—数—‘一’和‘大和小’”这样一个等级阶次，而这却是只有在柏拉图的未成文学说里面才出现的。如果我们把这两种等级阶次予以合并，就会得出这样一个完整的由下到上的存在等级阶次：“**影像—感性事物—数学对象—理念—数—最终本原**”。这个结构与特奥弗拉斯特的那个报道也是基本吻合的，后者尽管省略了其中的几个层次，但却证实了柏拉图的一些核心思想，即理念并不是他的哲学的目的和终极答案，因为理念之上还有数，而数之上还有最终本原。

结合以上报道，我们可以用一个图例来大致表示出柏拉图哲学中的存在的等级阶次：

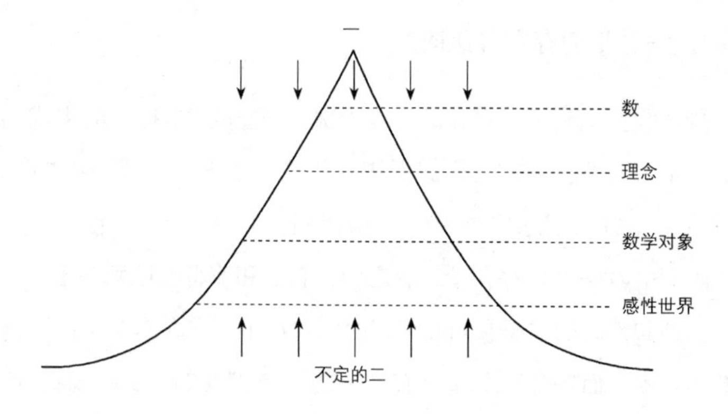

从形式上看，熟悉哲学史的人对于存在的这种等级阶次结构不会感到陌生，因为柏罗丁在他的哲学体系里面已经给我们展示出一个相似的模式：通过“流溢”（ἀπόρροια）的方式，整个存在分化为“太一”—“精神”—“理念”—“灵魂”＋“物质”—“可感知事物”这样一个等级阶次。对于那些仅仅关注柏拉图对话录的研究者来说，亚里士多德所报道的柏拉图的那个包含着比理念更高的数和本原的等级阶次简直是不可理喻的。但事实上，这个结构得到了柏拉图的其他学生的证实。[1]同样是那些研究者，他们经常指责柏罗丁的思想是打着“柏拉图主义”的旗号对

[1] Giovanni Reale，*Zu einer neuen Interpretation Platons.* Paderborn 1993. S. 53 –59.

柏拉图的歪曲，但这毋宁表明他们未必真正了解柏拉图主义传统的承继关系。须知柏罗丁从未把自己称作“新”柏拉图主义，而是把自己的工作界定为柏拉图学说的忠实继承。按照刚才指出的那个存在的等级阶次，不但“一”和“二”这两个最终本原，而且数也是比理念更为根本的东西，因为数那是两个本原结合所最初的产物。此外我们也应当注意到，正因为存在着多个理念，所以理念本身还处于“多”（数目）的规定之下，比如一个理念对应于“1”，两个理念对应于“2”，三个理念对应于“3”，如此以至无穷……也就是说，理念的秩序遵从数的秩序，每一个数规定一个理念。也正是通过数的序列，理念的地位和秩序才获得了理性可以把握的清晰和确定性。相比未成文学说中的这个清楚的记载，在柏拉图书写下来的著作里，他对于“数”的地位仅仅给出了一个隐喻：介于万物的理念和太阳（至高的善）之间的“群星”。(Rep. 516a ff. , 532a)

至于那些居于理念和感性事物之间的“数学对象”，就像柏拉图在“线喻”中表明的那样，只不过是算术和几何学的研究对象，在存在的等级阶次里低于理念。比如“三角形”，它一方面不同于众多三角形状的感性事物，其各种性质是“永恒的”、“不动的”，但“三角形”本身比理念更多地融入了“多”的因素，因为对于任何一个三角形而言，都存在着无穷多的与它全等的三角形，而每一类理念却只能有唯一的一个。

3. 柏拉图哲学的走向本原之路

“回本溯源”是古希腊哲学自泰勒士以来确立的根本传统，是整个西方哲学的命脉之所在。古希腊哲学在本质上都是一种本原学说，这是每一位熟悉哲学史的人都知道的。同样，近代自从笛卡尔强调哲学研究必须首先奠定“不可动摇的根基”以来，直到整个德国古典哲学对于“最高原理”的强调和重视，都透露出本原学说的基本特征。可以说，任何一位哲学家都必须对于“本原”有着清楚的交代（且不管他们对于“本原”的理解有着怎样的偏差），否则他的学说就是无源之水，仅仅是一些无根基的思想的灵光闪现和堆积。

柏拉图当然也要回本溯源。他揭示出感性事物（至于感性事物的“影响”就更不必说）的变动不居和虚无本性，认识到感性事物的本原在于某种超感性的事物那里。不同于原子论者，柏拉图是在精神的领域内寻找感性事物的本原，找到了理念，并因此建立了理念学说。——人们在柏拉图的对话录里面很容易找到这些内容，而旧模式的柏拉图研究者通常也止步于此。

然而正如我们前面已经指出的，亚里士多德等人关于柏拉图的未成文学说的报道表明，理念学说仅仅是柏拉图的本原学说的初级阶段，因为事实上存在着比理念更为根本的本原。如果说柏拉图当初不能满足于感性事物的杂多性，需要追溯它们的更高的统一性，那么他在发现理念之后同样也面对着这样的问题，即**理念的多样性及其起源**。在这里，柏拉图正是通过理念的“数的规定性”达到这样的认识：数是比理念更为根本的本原。具体说来，柏拉图回溯本原的办法是他所独创的“归同法”（σναναίϱεισθαι）。它的含义是，如果 B 只有通过 A 才能存在（即如果 A 不存在则 B 也不可能存在），而 A 能够不依赖于 B 而存在，那么可以说 A 在 B“之先”（πϱότεϱα），B 在 A“之后”（ὕστεϱα），也就是说，A 比 B 更根本，A 是 B 的本原（参阅亚里士多德《形而上学》D，1018b = TP 33A）。对此著名的例子是“原点—直线—平面—立体”，在这里，立体的存在必须以平面的存在为前提（反之则不然），平面的存在以直线为前提（反之则不然），直线的存在又以原点为前提（反之则不然），因此平面是立体的本原，直线是平面的本原，原点是直线的本原。同样，概念上的“种—属—类”之间的关系也是这样的情形。

按照这个方法，柏拉图必然也不会停留在数上面，而是得回溯到“一”和“二”这两个最终本原，就像特奥弗拉斯特所报道的那样。（TP 30）至于柏拉图为什么确立了两个最终本原而不是索性回溯到唯一的一个绝对的“一”，这是因为绝对的“一”单靠自身不能给出“多”的起源，不能创造出数。关于这些问题，本书第7、8章将会有较为详细的讨论。

4. 柏拉图哲学的从本原出发的道路

很显然，这条道路的方向正好与走向本原的道路相反。根据亚里士多德的报道：“柏拉图正确地提出并研究了这样的问题，即从本原出发或走向本原的道路……”（《尼各马科伦理学》I，1095a－b＝TP 10）所谓从本原出发的道路，就是依据那两个最终本原，逐级推导出数、理念、数学对象、感性事物等等。在这个意义上，贡佩茨（H. Gomperz）认为“柏拉图的哲学体系”就其本质而言是一个“演绎系统”（Ableitungssystem）。[1]

本原首先派生出数。我们看到，这里的关键是“二”。如前所述，这个“二”并不是数学上的“2”，而是一种绝对的无规定性，游移于无穷的“大和小”之间，可以任意分割，为“多”、“量”的产生提供了最初的可能性。相反，“一”则是绝对不可分的单元，

[1] Heinrich Gomperz，*Platons philosophisches System*. In Jürgen Wippern（hrsg.），*Das Problem der ungeschriebenen Lehre Platons*. Darmstadt 1972. S. 161.

纯粹的规定性。根据阿弗罗迪希亚的亚历山大、辛普里丘和塞克都斯·恩皮里克等人的柏拉图学说记述，柏拉图认为，通过“一”和“二”的结合（或者说通过“一”对“二”的规定），产生出的第一个数是“2”，并且，“通过同样的方式，即‘一’不断地作出限定而‘二’不断地产生出两个数，所有其他的数都从这两个本原那里产生出来，直至无穷多。”（TP 22B，TP23B，TP 32）在此我们提请注意，“1”并不是第一个数，甚至不是数；另一方面，每一个数都是唯一的一个，都是“1”，体现着“一”的规定性。

正如亚里士多德所言，柏拉图在他的推演过程中始终使用两个本原：“一”作为本质因（或形式因），“二”作为质料因。可以说，“通过同样的方式”，也产生出众多的理念和“数学对象”。比如在几何学里，直线的产生是出于“点”和“长—短”的结合，平面的产生是“线”和“宽—窄”的结合，立体的产生是“平面”和“高—低”的结合。随着数—理念—数学对象（尤其是几何空间）的等级结构的确立，本原的派生活动不断地更加物质化、物体化，直到整个物理世界、感性世界、现象世界的产生。

出于相关报道的残缺，我们不可能毫无空白地了解这个演绎系统的许多细节。可以说，柏拉图未成文学说的这部分内容的重构工作乃是最为艰辛的任务。幸运的是，柏拉图的《蒂迈欧》对于理解柏拉图的演绎系统可以起着很好的补充作用。这部对话录对于柏拉图的未成文学说而言具有一种特殊的重要地位，一来因为它显著的“传授”而非“交谈”的形式，二来因为它的主题内容正好是一种自上而下的宇宙生成学说。但是我们应该看到，柏拉图在《蒂迈欧》里仍然对更高层次的本原学说保持了沉默：“**此刻**（Nῦν），我们不去谈论‘万物的本原’或‘本原’（τὴν μὲν περὶ ἁπάντων εἴτε ἀρχὴν εἴτε ἀρχὰς）——且不管人们此外如何称呼它们，唯一的原因是，如果采用现在的表述方式来演绎我的学说，将会产生巨大的困难。”（Tim. 48c）柏拉图明确宣称，他在这里保留了“最终的话语”。（Tim. 48d）事实上，我们看到，尽管《蒂迈欧》也从两个原则（“宇宙理性”和“土、火、水、气”）出发讨论了宇宙的生成（Tim. 29d－47d），但这两个原则——如柏拉图明确所言——都不是“真正的本原”，而只不过是在这个特定的文本中扮演了“本原”的角色，以作为当下的讨论的出发点。因此，只有从真正的最终本原“一”和“二”出发，并通过数的谱系和结构，才能揭示出《蒂迈欧》的宇宙生成学说的背景和基础。对此本书第9章亦有更为详细的分析讨论。

5. 柏拉图的哲学体系

通过走向本原的道路和从本原出发的道路，柏拉图的本原学说所展示出来的不仅仅是一种单纯的本体论和认识论，而且是一个把存在论、认识论和实践哲学（伦理学、政治学）、教育学、诗学等等整合起来的有机总体。这些思想尤其和我们的实践生活联系在一起，尽管这种联系并不是流于表面而唾手可得的。因此，值得注意的是，柏拉图在学园内部讲授其哲学体系的时候，使用的题目既不是《论“本原”》也不是《论“一”》之类，而是**《论善》**（Περὶ τἀγαθοῦ），就像阿里斯托色诺斯所报道的那样：“如亚里士多德所一再叙述的，……柏拉图的讲授课《论善》讲授的是数学、数、几何学和天文学，最后的结论则是：‘善是一。’”（TP 7）

至于“一”和“二”这两个本原与善和恶的关系，亚里士多德亲自告诉我们：“他〔柏拉图〕进而将这两个本原规定为善和恶的起源。”（TP 22A）这里最关键的当然还是“善”的问题，而亚里士多德明确指出：“那些设定了不动的本质存在的人〔柏拉图及其学生〕说，一本身是善本身，因此他们认为，最确切地说来，善的本质就是一。”（TP 51）柏拉图把最高的本原“一”等同于“善”，这表明他的形而上学本身就具有伦理意义，这也让我们想起后世的斯宾诺莎，他的整个哲学体系的冠名不是别的，恰恰是“伦理学”。

我们知道，对话录《理想国》里面同样也谈到了至高无上的“善的理念”，但是柏拉图在那里并没有对善本身及其本质进行讨论，而是仅仅谈论“善的理念的儿子”，即借用太阳的比喻来描述“善的理念”的一些特征。他没有像在口传的未成文学说里面一样，明确界定“善是一”或“善的本质就是一”。正相反，柏拉图在对话录里故意中断了对这个问题的讨论：“**此刻**，我们不去谈论善的**真正的本质**（αὐτὸ μὲν τί ποτ᾽ ἐστὶ τἀγαθὸν ἐάσωμεν τὸ νῦν εἶναι）。因为我觉得，对于我们目前的进程来说，即使要理解我前面对问题的看法，都已经要求太多的东西。”（Rep. 506d－e）那些不了解柏拉图的未成文学说的研究者不理解柏拉图为什么在这里有所保留，反而推测柏拉图本人也搞不懂“善”的本质是什么，而这显然不符合事情的真实情况。

柏拉图的本原学说作为一种本体论，也为认识论提供了依据。简言之，通过“一”对“无定的二”的规定、界定、排序和同一化，在不同的层次上产生出不同的存在者，而那伴随着这些存在者产生出来的“统一性”、“界限”、“秩序”等等，正是认识的基础。事物的可认识性和真理依赖于两个本原的共同作用，从本原的认识过渡到产生物的认识，如扬布里柯所报道的：“在更高的层次上，人们总是先认识先行的东西，然后认识后继的东西，先认识本性更好的东西，然后认识本性更坏的东西。”（TP 34）同样，人们总是先认识点（数），然后认识直线，然后认识平面，然后认识立体……在这个过程中，“**辩证法**”尤其发挥着至关重要的作用，因此我们把辩证法看作是柏拉图的本原学说的“命脉”。

此外，伴随着稳定的“秩序”的出现，“一”也产生出**价值**，因为凡是合乎秩序的、和谐的、恒定的东西，都是善的和美的。[1]同理，一切混乱不堪的、矛盾重重的、变动不居的东西，换句话说，任何“不定的二”占主导地位的地方，也就是恶，比如“过度—不及”。而“一”的本质，善，恰好在于“**持中**”。

简言之，只要我们掌握了柏拉图的二元本原学说，也就为完整理解柏拉图的集本体论、认识论、伦理学、政治学、教育学、诗学于一身的哲学体系打下了坚实的基础。

二　柏拉图未成文学说的哲学意义和哲学史意义

图宾根学派引发的争论持续到现在，人们已经不再追究“柏拉图的未成文学说是否真实存在”这一问题，因为这已经是一个通过诸多学者的语文学、历史学、考古学的工作而得到确证的定论。与此同时，仍然有许多学者提出这样的疑问：如果柏拉图的未成文学说确实存在，那么它有什么意义？对于我们理解柏拉图有什么帮助？

在前一节里，我们只是对于柏拉图的未成文学说的内容进行了最简单的勾勒，揭示出了这些学说作为一种“本原学说”所具有的基本特征和基本框架。诚然，这样勾勒出来的内容是非常单薄的，它们虽然是一些至关重要的思想和指导线索，为我们提供了一把打

---

[1] 亚里士多德《欧德谟伦理学》I，1218a。

开柏拉图哲学大门的关键钥匙，但我们毕竟不能满足于钥匙本身，而是希望用它来打开柏拉图哲学的大门，洞悉其中的丰富宝藏。我们之前所做的工作，不是为未成文学说而研究未成文学说，而是以“柏拉图的完整的真正的学说”为目标。另一方面，正是基于柏拉图的未成文学说，我们找到了一个稳固的根基，同时把柏拉图的对话录纳入进来，把整个柏拉图哲学树立在这个根基上面。因此柏拉图的未成文学说的最初的哲学意义，就是打破旧的思维模式下的柏拉图对话录的绝对权威地位，帮助我们获得一种新颖的审视对话录的眼光，发现人们以前在其中完全没有注意到的诸多“沉默”、“中断”、“暗示”等情况，[1]从而走向柏拉图的未成文学说，同时又能够反过来澄清对话录中的疑难，达到融会贯通的地步。简言之，要真正理解对话录，必须得到柏拉图（或柏拉图的未成文学说）的“帮助”。斯勒扎克在其经典著作《柏拉图与哲学的书写性》里对柏拉图对话录的形式和内容的关系进行了深入分析，指出：“柏拉图从一开始就把他的哲学著作看作非独立的著作，作为在被完全理解后必须被扬弃的著作。哲学家的著作必须在论证之外拥有对这些论证的最终捍卫。”[2]因此，“对话录自身就迫使我们严肃地接纳柏拉图的间接文献”。[3]在他的另一部广为流传的著作《读柏拉图》里，斯勒扎克更是细致地引导读者如何以新的目光来阅读和理解柏拉图的对话录。

---

[1] 这方面的例子非常之多，比如《普罗泰戈拉》（Prot. 357b）、《理想国》（Rep. 509c, 566d ff.）、《斐德罗》（Phaidr. 246a，274a）、《智术师》（Soph. 254c）、《政治家》（Polit. 262c，263b，284d）、《蒂迈欧》（Tim. 28c，48c，53d）等等。Vgl. Hans Joachim Krämer，*Die Platonische Akademie und das Problem einer systematischen Interpretation der Philosophie Platons*. In *Kant Studien*，Band 55，1964. S. 74.

[2] Th. A. Szlezák，*Platon und die Schriftlichkeit der Philosophie. Interpretation zu den frühen und mittleren Dialogen*. Berlin 1985. S. 328.

[3] Ebd. S. 330.

过去，由于柏拉图书写了众多对话录，涉及众多题材和思想，却没有撰写一部明确带有指导纲领的著作，所以旧模式的柏拉图研究者们最经常的做法就是各自割据一些对话录，从中提炼出一些支离破碎的，要么互不相关，要么互相矛盾的学说，然后把这些疑难归结为柏拉图本人“思想尚不成熟”或柏拉图“晚年进行的思想实验”。而如今，通过柏拉图的未成文学说与柏拉图对话录的结合，柏拉图的哲学首次呈现出一种更高程度的统一性。未成文学说不但明确地提出了最终本原，而且给出了这两个本原创造出的存在的等级阶次，并将这个严密的结构应用在包括存在论、认识论、实践哲学等在内的全部领域。也就是说，**未成文学说是整个柏拉图哲学的指导纲领和基本架构**。因此，对于作为整体的柏拉图哲学而言，未成文学说并不是像很多人理解的那样，仅仅是柏拉图对话录的一个可有可无的、无关紧要的“补充”，毋宁说它是对话录的根基和前提，如盖瑟尔所言：“只有当我们清楚地意识到，柏拉图的对话录在细节上和整体上都指向一个更深的根基，一个在书写著作中从未公开展示出来，但却始终被设定的根基，我们才能理解对话录的整个意义。”[1]也只有按着这个方向，我们才能理解柏拉图哲学的整个体系。

我们在这里说到柏拉图哲学的“体系”，意思并不是指柏拉图像近代的克里斯蒂安·沃尔夫那样，用一条一条的公理、原则、证明和解释拼凑起一个教科书般僵化固定的框架，给人们的头脑灌输一个又一个的独断的结论。我们的意思是，柏拉图的哲学是一个无所不包的整体，它有原则、有方法、有线索、有结论，简言之，有

[1] 盖瑟尔《柏拉图作为哲学著作家》(*Platon als philosophischer Schriftsteller*, 1984)，第13页。该手稿现收藏于图宾根大学哲学系图书馆，尚未公开发表。

始有终，完满自足。诚然，柏拉图并没有把这样一个活生生的整体以一种现成的方式书写下来（他也不会这么做），但这不妨碍我们从许多不同的方面把它揭示出来，而这些揭示绝不可能是独此一家、一劳永逸的。我们知道，自从19世纪中叶以来，由于人们纷纷背离德国古典哲学尤其是黑格尔的哲学，各种反形而上学、反体系和不可知论思潮在西方思想界占据了统治地位，加上20世纪甚嚣一时的生命哲学、存在主义以及后现代主义，使得学者们对于“体系”以及类似的字眼噤若寒蝉，讳莫如深。而在偶尔谈到“体系”的时候，他们惯常的做法是在沃尔夫式的学院体系和黑格尔等伟大哲学家的体系之间默默画上等号，然后把“僵死”、“独断”、“封闭”、“机械”、“扼杀生命力和自由”等帽子扣在体系的头上，藉此表明他们对于体系的拒斥是一件合情合理的事情。但这简直是一个莫大的笑话！须知体系恰恰是一个最富有生命力的东西，上自宇宙，下至一个只有通过显微镜才能观察到的草履虫，无一不是一个完整的体系。就以一个人而言，他本身就是一个完整的体系，不仅如此，这个体系还是由众多体系（比如呼吸体系、消化体系、循环体系、生殖体系等等）组成的，如果他陷入到某种“无体系”（ἀσύστατον）的状态，那么等待着他的只能是疾病乃至死亡。简言之，体系是无所不在的，体系不排斥任何人，而某些人却欲自绝于体系。但正如谢林指出的，“体系”（System）这个词按希腊文的本意就是“和谐共存”（σύ－στᾶσις）的意思。[1]恰恰在作为一个体系的哲学里，各种思想才真正彰显它们各自的意义和合理性，而一旦脱离这个整体，即便是一些“最深刻的思想”，也立即变得毫

---

[1] F. W. J. Schelling，*Über die Natur der Philosophie als Wissenschaft.* In ders. *Sämtliche Werke.* Stuttgart und Augsburg 1856－1861. Band 9，S. 212.

无价值，甚至成为一个谬误。在柏拉图这里，很多受现当代思潮影响的人把自己的观念投射在柏拉图身上，他们不但否认了柏拉图（以及其他古代哲学家）的哲学体系的存在或价值，更宣称柏拉图有意识地放弃了体系，甚至扬言柏拉图对“形而上学”、“真理”等根本就没有兴趣，而只是为了在不断涌现的问题和矛盾中揭露人的生存处境。在这里，柏拉图在对话录中采用的文学手法和辩证方式被他们肆意发挥，人们在其中看到的是存在主义、荒诞派的诗人和剧作家，唯独不见真正的严肃的哲学家的影子！与此同时，由于拒不承认柏拉图的哲学体系的存在，他们可以心安理得地对柏拉图的文本断章取义，津津乐道于一些芝麻蒜皮的琐碎细节，炮制出一个又一个肤浅的甚至完全违背柏拉图本意的结论。这类论调的“柏拉图诠释”是我们完全不能接受的。而我们在这里强调柏拉图未成文学说的意义，恰恰是因为其中明显的体系特征为我们的柏拉图诠释制定了必须遵守的纪律和规范。

最后我们再谈谈柏拉图的未成文学说对于哲学史研究的意义。通过以上介绍人们可以看到，柏拉图的未成文学说不但使我们认识到一个完整的柏拉图，而且给予我们新的眼光和角度，来认识古希腊哲学乃至整个西方哲学的发展情况。这里仅列举最重要的几个方面。

1. 柏拉图的未成文学说揭示出，苏格拉底的“人文转向”对柏拉图的影响并不像迄今人们所设想的那样深重，相反，泰勒士以降的自然哲学（本原学说）传统毫无欠缺地在柏拉图那里得到了继承、发展和深化，柏拉图在首要意义上显现为一位“本原哲学家”。克雷默和盖瑟尔的老师夏德瓦尔特曾经一再强调，柏拉图从其最初的哲学思考开始就置身于苏格拉底之前的本原学说传统之中：“柏拉图并非直到后期才重新引入宇宙论，而是自始至终处于该传统之中……当柏拉图在《蒂迈欧》里讨论宇宙论的时候，这并不是一种后续的增补，而是属于柏拉图从一开始就置身其中的线索。”[1]这个观点在图宾根学派的后续工作中得到了完全的证实。

2. 关于柏拉图的未成文学说（本原学说）对亚里士多德的影响，克雷默在里程碑式著作《柏拉图和亚里士多德论“德行”》中已经证明，亚里士多德的伦理学核心概念**“持中”**（μεσότης）正是来源于柏拉图的本原学说，即“一”对“二”（两个不确定的极端）的规定。[2]克雷默也揭示出，甚至亚里士多德的“第一哲学”结构也可以归结到柏拉图的本原学说的存在等级阶次。[3]哈普在其巨著《物质》中证明，亚里士多德关于“物质”或“质料”的观点几乎完全继承自柏拉图的本原学说。[4]这些成果几乎得到了整个亚里士多德学界的承认，并被应用在亚里士多德的哲学体系的各个方面。

3. 关于古代柏拉图主义传统，克雷默在其另一部奠基性著作《精神形而上学的起源》中证明，在柏拉图和柏罗丁之间，并不存在一个断层（通常这是人们以柏拉图对话录的内容为准绳得出的结论），后者既非柏拉图哲学的“歪曲”也非“突破”，而是直接扎根于学园内部的柏拉图的未成文学说，是它的自然延续和发展（比如“太一”、“流溢”、“物质”、“存在的等级结构”、“向上向下的两条道路”等关键问题）。[5]这些观点在新柏拉图主义学界里得到广泛

---

[1] Wolfgang Schadewaldt, *Die Anfänge der Philosophie bei den Griechen. Die Vorsokratiker und ihre Voraussetzungen.* Tübinger Vorlesungen Band 1. Frankfurt a. M., 1978. S. 17.

[2] Hans Joachim Krämer, *Arete bei Platon und Aristoteles.* Heidelberg 1959. S. 244 –289.

[3] Hans Joachim Krämer, *Zur geschichtlichen Stellung der aristotelischen Metaphysik.* In *Kant Studien*, Band 57, 1966. S. 313 –354.

[4] Heinz Happ, *Hyle. Studien zum aristotelischen Materie – Begriff.* Berlin 1971. S. 82 –208.

[5] Hans Joachim Krämer, *Der Ursprung der Geistmetaphysik. Untersuchungen zur Geschichte des Platonismus zwischen Platon und Plotin.* Amsterdam 1964. S. 292 ff.

回应，甚至决定性地促使斯勒扎克、哈弗瓦森等新柏拉图主义研究者完全投奔到图宾根学派的阵营。经常有人批评图宾根学派是“新柏拉图主义的复辟”，是用新柏拉图主义来解释柏拉图，这些批评虽然是基于对图宾根学派观点的误读和对于柏拉图—柏罗丁传承关系的无知，但在客观上也揭示出了柏拉图未成文学说与新柏拉图主义之间的亲缘性。

4. 以上三点已经改写了人们迄今对于古希腊哲学史的通常认识。如果人们更进一步，按着本原学说的线索来梳理新柏拉图主义对中世纪哲学（奥古斯丁、爱留根纳、库萨的尼古拉），文艺复兴（费西诺、布鲁诺），近代理性主义（斯宾诺莎、莱布尼茨[1]），直至德国古典哲学的顶峰（谢林、黑格尔、叔本华）的影响，那么可以毫不夸张地说，我们对于整个西方哲学史都将获得一种新颖的、深入的认识。

---

[1] 图宾根学派的影响显然已经超出了柏拉图学界，有些近代哲学的研究者明确指出，他们是在图宾根学派的启示下注意到了“莱布尼茨的未成文学说”。布歇（Hubertus Busche）以及持类似观点的维尔曼（Klaus－Rüdiger Wöhrmann）根据莱布尼茨在一些书信里面的表述，比如“如果谁仅仅通过我的出版物来认识我，那么他不会懂我”，以及莱布尼茨明确对于“内传”和“外传”的区分（前者只是针对一个很小的哲学家圈子，目标是“用最大的严格和最大的精确性来证明一切”，而后者则是用通行的观念和概念来发布一系列适合公众理解的论断），提出，莱布尼茨在自己的各种著作中只是透露了自己的哲学构想的大概，但对于“关键点”则有所保留，仅仅记载在私人使用的笔记里。Vgl. Hubertus Busche（hrsg.），*Gottfried Wilhelm Leibniz Monadologie.* Klassiker Auslegen. Berlin 2009. S. 10－12. 布歇的这些观点是很有趣的，尤其是他揭示出的历史悠久的“内传”和“外传”之分在莱布尼茨那里的影响。尽管如此，我们也必须认识到，柏拉图和莱布尼茨的实际做法还是有根本的差别，因为柏拉图认为，为了避免“外传”面临或招致的困难，只能付诸口传和辩证法训练，从而与著作拉开距离，与之相反，莱布尼茨对于口传毫无兴趣，他觉得只需要把那些关键思想写在另外一些专门的著作里面就可以了，而且他也确实亲自写了下来。也就是说，莱布尼茨的“未成文学说”（假若它确实存在的话）仍然是包含在莱布尼茨书写下来的东西之内（大小著作75000篇，书信15000封），只需耐心寻找即可，而这和柏拉图的仅仅包含在学生记述中的“未成文学说”有着根本的区别。

为了证明柏拉图的本原学说不仅在古希腊，而且在近代也具有深远影响，我们在这里以德国古典哲学家谢林作为一个例子。谢林哲学自从1809年的《论人类自由的本质》开始具有明显的“二元本原学说”倾向，其最明显的表现就是区分“存在者”和“存在的根据”，后者是一个“在上帝之内，虽然与他不可分割，但却毕竟不同的存在”，是一个“在上帝之内但却不是他自身的东西”，简言之，是不依赖于上帝的**另一个本原**。[1]在随后的《斯图加特私人讲授录》和《世界时代》里，谢林更是把那另一个本原称作“物质”、“非存在”等等，同时强调指出，希腊人（无疑也包括柏拉图在内）和《新约》所说的“非存在”（οὐκ ὄν, das Nichtseyende）并不是指虚无，而是指一种活生生的、隐蔽的、永远与第一本原相抗衡的存在。[2]在一份大致写于1814年的《世界时代》手稿中，谢林把那两个本原分别称为凌驾于所有的数之上的“一”（μονάς）和“二”（δυάς），把它们分别称作所有的数的“父亲”和“母亲”，并且认为是由于“二”禁锢了“一”才产生具体的存在。[3]在很多年之后的《世界时代体系》（1827）里，谢林又提出了同样的说法：“‘一’和‘二’一起生出了万物，‘二’是万物的母亲，‘一’是万物的父亲。”[4]尽管谢林把这些学说归于毕达哥拉斯学派，但是正如普鲁塔克在其《柏拉图〈蒂迈欧〉注释》（TP 35c）中指出的，这也是柏拉图在学园内部主张的观点，而且亚里士多德在《形而上学》（TP 22A）里也指出这些主张是柏拉图

---

[1] 谢林《论人类自由的本质及相关对象》，先刚译，北京大学出版社2019年版，第33—35页。

[2] 同上，第128页。

[3] 谢林《世界时代》，先刚译，北京大学出版社2018年版，第256页。

[4] F. W. J. Schelling, *System der Weltalter. Münchner Vorlesungen 1827/28 in einer Nachschrift von Ernst von Lasaulx*. Frankfurt am Main 1990. S. 98.

未成文学说与毕达哥拉斯学派的共同点。也就是说，虽然谢林自己并没有清楚意识到他现在的哲学已经与柏拉图的未成文学说接通，但他在事实上却是走上了后者的路线，这些尤其体现在他对“逻辑”、“辩证法”以及书写著作的怀疑和对柏拉图本原学说的兴趣里，即使在他征引柏拉图的《智术师》、《斐勒布》、《蒂迈欧》等著作的时候，所关注的都是与柏拉图的本原学说密切相关的问题，比如“非存在”、“物质”、“无定”等等。[1]由于在柏拉图的对话录里面没有找到明确的答案，在某一处地方，谢林甚至提出，柏拉图在他的书写著作里“对他的终极思想（Letzte Worte）保持了沉默”。[2]

谢林的这些思想保持到了他的晚年。尤其值得提出的是，与后来的图宾根学派相一致，谢林从来都没有把理念当作柏拉图哲学的最高本原，因为理念还只是产生出来的、次级的原则，虽然相对于杂多的事物它们是统一性的原则，但它们本身还处于一种“多”的规定。他在《神话哲学之哲学导论》中明确说道：“有些人以为柏拉图心目中的本原是理念。但是，根据勃兰迪斯的发现[3]和亚里士多德的佚失了的著作中的记载，**‘大和小’**（即亚里士多德自己所说的物质）也参与到了理念的塑造形成中，所以那种以为理念是本原的想法是站不住脚的，毋宁说，柏拉图的本原必然意指的是绝对单纯的元素。”[4]因此谢林指出，那些坚持理念是最终本原的人，可

---

[1] Ebd., S. 95, 100, 113, 119, 199.

[2] Ebd., S. 110.

[3] 勃兰迪斯（Ch. A. Brandis）是德国当时著名的哲学史家，他在1823年出版的《亚里士多德论理念及善的佚失著作》（*De perditis Aristotelis libris de ideis et de bono*）一书里已经搜集并评论了亚里士多德所记载的柏拉图学说，指出它们与柏拉图的对话录中的内容存在着很大的差异。当然，这些观点在当时的主流思想界那里并没有得到足够重视。

[4] 谢林《神话哲学之哲学》导论，先刚译，北京大学出版社2023年版，第85页。

以说“完全不懂理念”。[1]在别的地方，谢林也明确地把柏拉图的“大和小”与以“无定”或“物质”为代表的第二本原等同起来，并且指出柏拉图的哲学是一个“二元本原的体系”，“这个体系从最远古的时代深深地渗透进了中世纪，即使在基督教的影响下仍然能够立足，甚至可以说在任何时代都不缺乏众多的拥护者”。[2]总的说来，谢林的后期哲学不但具有明显的柏拉图式的二元本原学说的特征，而且他甚至注意到了亚里士多德在《尼各马可伦理学》里面提到的“从本原出发的道路或从走向本原的道路”（TP 10）的区分，强调柏拉图毫无疑问确实采取了这个方法。[3]尽管谢林自己并未公开声称他也采用了这个方法，但实际上他的“否定哲学”（negative Philosophie）和“肯定哲学”（positive Philosophie）恰恰就是分别代表着“走向本原的道路”和“从本原出发的道路”。也正是在这个意义上，谢林批评亚里士多德虽然倡导“第一哲学”（即在思想中追溯最终本原），但另一方面却缺乏一种“第二哲学”，即一种“从本原（上帝）出发的科学”。[4]关于谢林哲学与柏拉图的本原学说的密切关系，由此可见一斑。[5]这个例子表明，理解把握柏拉图的未成文学说对于我们深化研究德国古典哲学同样具有重要意义。

---

[1] 谢林《神话哲学之哲学》导论，先刚译，北京大学出版社 2023 年版，第 198 页。

[2] 同上，第 95、163、197 页。

[3] 同上，第 100 页。

[4] 同上，第 134 页。

[5] 关于这个问题，更详细的阐述可参阅收录于拙著《永恒与时间——谢林哲学研究》（北京：商务印书馆 2008 年版）中的“谢林哲学之走向本原的道路和从本原出发的道路”一章（该书第 310—347 页）。

第 5 章

从未成文学说到成文著作

一　柏拉图为什么要进行写作？

我们在此前频频提到柏拉图对于书写著作的批判，强调柏拉图的口传的未成文学说对于我们完整而准确地理解柏拉图的哲学具有重要意义。但与此同时我们也不能回避这个基本的事实，即柏拉图事实上又书写了众多包含着丰富而复杂的思想的著作。

因此这里首先需要回答的问题是，柏拉图既然数落了书写著作的诸多缺陷，他为什么仍然要进行写作？

对于这个问题，我们至少可以联系到柏拉图在《斐德罗》里批判书写著作的同时指出的书写著作的某些优点或用途，即它们至少可以作为一种储存工具把知识保存下来：

1. 让作者回忆起他曾经讨论过的东西；（Phaidr. 278a）

2. 收集作者的回忆，一方面防止他本人年老健忘，另一方面留给将来那些追随他的足迹的人。（Phaidr. 276d）

由此可以看出，柏拉图完全意识到了书写著作之作为“文献”的重要意义，因此他除了口头传授之外，必然也要进行写作，把他的很多思想记载下来，尽管他在写作的过程中有意识地有所保留，只把他认为应当并且可以书写下来的东西付诸文字。

也正因如此，柏拉图对于写作本身同样提出了严格的要求。在《斐德罗》里，苏格拉底和斐德罗的交谈就是从吕希亚的一篇关于爱情的讲演稿引发的。吕希亚在他的文章里主张，一个人应当委身于那个不爱他的人，而不是委身于那个爱他的人，因为后者会由于爱他而陷入癫狂状态，和他纠缠不清，带来许多麻烦，相反，前者不谈爱情只谈享受，大家好聚好散，彼此了无牵挂，落得一身轻松，何乐而不为。（Phaidr. 230e－234c）对于这篇令斐德罗非常欣赏的文章，苏格拉底直言批评它写得非常啰嗦，翻来覆去说的都是同样的意思，而且只知道堆砌辞藻，卖弄能言善辩的本领，但对于事情本身却没有清楚的认识。（Phaidr. 235a）苏格拉底的意思是，写作本身是一件无可厚非的事情，但如果一个人写得很糟糕，那么这就很可耻了。（Phaidr. 258d）至于如何才称得上是一篇“好的”文章，苏格拉底纠正了斐德罗的错误观点，即以为只需让读者觉得漂亮和精彩就行了（比如吕希亚的那篇文章），相反，一篇真正的好文章必须包含着真知灼见，而这又要求作者本人真正具有知识，就像苏格拉底所强调的那样：“如果演讲家没有深入进行哲学思考，那么他绝不可能深入地谈论任何东西。”（Phaidr. 261a）正是从这个立场出发，苏格拉底指出吕希亚的那篇文章之所以是拙劣的，除了只知道玩弄词藻之外，最重要的是作者头脑中的概念不清，不仅对于“爱情”，而且对于那与爱情联系在一起的“癫狂”都没有正确的认识，否则的话，他就不会写下这么一篇亵渎爱神厄若斯的文章。与此同时，苏格拉底即兴创作了另一篇讲演稿，在其中叙述灵魂的本性，分析了爱情以及癫狂的不同层次和不同表现，同时在结尾不忘祈求爱神厄若斯去教训吕希亚，让这位修辞学家停止扯淡，转而研究哲学。苏格拉底的这篇“讲演稿”显然是一篇优秀的包含着真知灼见的文章，因为它立即就让吕希亚的拥趸斐德罗折服，并且回过头来认识到吕希亚的文章的众多不足。

也就是说，柏拉图作为一位哲学家，他强调无论是在进行口头交谈还是进行书面写作的时候，都应当以拥有真知为前提。一个无知的或具有错误观点的人，本身是无所谓的，但当他通过言谈或写作来散播无知和错误的思想，这就是一个可耻的值得谴责的做法。对于错误的言论，可以直接予以口头的辩驳，但对于那些四处散播的充斥着错误思想的文章和著作，则必须同样以文字的形式加以反驳和纠正。

因此这就推导出一个自然而然的结论，即柏拉图不得不进行写作，以之作为他的哲学活动的补充。其实我们在此前考察柏拉图推崇口传的优点时，同时也应当意识到，正如凡事有利必有弊，口传也不可避免地具有它的缺点，即它在根本上只能是一种限定在特定时间和特定空间之内的活动，它所能影响的只能是一小部分受众，而且不可能永远持续下去。关于“那些事物”，关于一些最重要的对象，柏拉图只愿意、只能够口头传授他的思想；但柏拉图还有大量重要而深刻的思想，他不可能、也不愿意把它们封闭在一个狭小的圈子里面，仅供少数学生分享，而是必须把它们书写下来，让尽可能多的人们在可行的限度内接触到它们。柏拉图在《第七封信》里面曾经说，假若能够通过写作而一劳永逸地为人们带来巨大福祉，他一定会去从事这份工作。（Epist. VII，341c－e）在那里他虽然是以一种否定的态度表明他的最重要的思想不可能书写下来，但换个角度看，这句话并不排斥他通过写作而为人们带来“一定程度上的”福祉。简言之，写作是对于口传的必要补充，在这种情况下，由柏拉图这样一位具有真知的哲学家来进行写作，这对于写作本身来说也是一个最好的结果。

柏拉图的书写著作必然与当时流传的各种著作形成竞争对立关系，这是柏拉图意料之中、甚至期待之中的事情。我们在本书第2章介绍未成文学说的文化背景时曾经指出，即使在柏拉图那个年代，书写著作在古希腊也不是一项规模宏大的事业。因此柏拉图的著作的竞争者主要是以下三类著作：

1. 哲学家的著作。尤其值得提出的是，柏拉图同时代的德谟克利特笔耕不辍，著作等身，其著作在当时流传甚广，影响很大，以至于后人甚至杜撰出这样一种说法，即柏拉图企图购买德谟克利特的书籍而集中加以销毁，但由于朋友的劝阻或这件事情本身的困难而作罢。[1]不管怎样，柏拉图无论在口传还是在著作中都从未提到德谟克利特的名字，这个现象本身确实折射出柏拉图对于唯物主义哲学家德谟克利特的某种深重的敌视态度。另一方面，柏拉图在他的著作里尽管没有提到德谟克利特，但对于其他哲学家的很多观点都以点名或不点名的方式提出了批评，就像第欧根尼·拉尔修所报道的那样："柏拉图第一个在著作里对所有的前辈哲学家提出了批评。"[2]通过这些批评，那些曾经读过其他哲学家的著作或受其影响的人有可能"弃暗投明"，转而追随柏拉图的哲学观点，而这样的效果是很难通过学园内部小范围的口传而达到的。

2. 诗人的作品。柏拉图在他的著作里经常批评诗人，尤其是在《理想国》第二、三、十卷里，柏拉图强烈批评诗人在理论上只能认识到事物的影像（模仿），在实践上则是宣扬贪生怕死、自私自利、声色犬马、以强权和欺骗为公正等错误思想，对整个社会尤其

---

[1] Diog. Laert. III，25.

[2] Ebd.

是青少年造成了无比恶劣的影响，因此必须被驱逐到理想的城邦之外。（Rep. 398a－b）由于诗人的作品在当时的文化生活和青少年教育领域几乎占据了垄断地位，它们也成为柏拉图的著作的最大挑战目标。柏拉图书写著作，不仅是为了抵消诗人作品的负面影响，更希望自己的著作能够取代它们而成为希腊人的思想品德的新的教科书，就像他在《法律》里所说的那样："如果和我读过或听过的绝大部分诗歌作品和散文作品比起来，我觉得我的谈话对于青年教育要远远合理、合适得多。对于法律监护者和教育者来说，我只能衷心地推荐我的谈话作为典范的学习材料，此外没有更好的东西。他应该命令所有的教师将这些谈话交给孩子们。"（Leg. 811c－e）关于这个问题，我们在本章第四节里还会进行更多的讨论。

3. 职业智者们的著作。职业智者们是古希腊的公知，他们和当代公知的相同之处在于，名气响亮与否对他们来说有着至关重要的意义，对于他们的收入有着直接影响，因此职业智者经常提出一些惊世骇俗的观点来吸引人们的眼球，而公知则是通过不断的炒作来维持人们对于他们的关注。诚然，对于古希腊的职业智者们来说，口传才是正业，但写作也是一项必要的副业，是他们用来招揽顾客的广告，他们中的某些人（比如普罗泰戈拉和高尔吉亚，以及刚才提到的吕希亚等等）写作了不少论文和讲演稿，其主要目的是为了在更大的范围内展示他们的能言善辩和高强的修辞学本领，吸引那些在这方面有所需求的顾客慷慨解囊，前来拜师学艺。对于柏拉图而言，职业智者对于社会的危害远远超过诗人，而他既然不屑于与职业智者进行直接接触，那么就必须通过写作来反驳职业智者的错误观点，揭露他们的浅薄思想和虚伪面目，同时昭示那些痴迷于辩论和演讲的人们，柏拉图才是真正掌握了"修辞学"的人（本书

第10章将详细讨论这个问题）。柏拉图必须借助于著作来与职业智者进行交锋，因为职业智者在当时已经是一个非常流行的文化现象，如果柏拉图仅仅是在学园内部关起门来批评他们，自说自道，那么这当然是一个可笑的做法，没有什么现实意义。事实上，柏拉图正是通过《普罗泰戈拉》、《尤叙德谟》、《高尔吉亚》、《智术师》、《希比亚》等等以职业智者的名字为标题的著作对那些职业智者提出了严厉而深刻的批评，并最终导致甚嚣一时的职业智者走向衰亡。柏拉图不仅通过口头传授，而且通过书写著作力拒职业智者之类洪水猛兽，捍卫希腊文明的正统，其意义之重大，毫不亚于孟子之拒杨朱墨翟以及韩愈之力排老佛。

总的看来，柏拉图通过书写著作，不仅正面阐述了他的大量深刻思想，而且驳斥了许多哲学家、诗人和职业智者的错误观点。这些著作广为流传，远远超出了雅典的范围，在激烈的竞争中吸引到了很多有识之人和优秀青年，甚至在普通民众那里也产生了巨大影响。这里有一个著名的例子，根据亚里士多德的记载（1484b 15ff. = Frag. 64），科林斯（Korinth）的一位农民就是在读了柏拉图的华丽磅礴的《高尔吉亚》之后被其深深吸引，于是变卖了自己的全部农田和葡萄园，来雅典进入柏拉图的学园进行学习。[1]

二 柏拉图为谁进行写作？

我们看到，柏拉图的著作甚至能对一位农民产生影响。这究竟是一个意外的收获呢，还是在某种意义上符合柏拉图预先的期许？

---

[1] *Platons Dialog Gorgias.* Übersetzt und erläutert von Otto Apelt. Leipzig，1922. S. 1.

而这就涉及这样一个问题，柏拉图究竟是为谁进行写作？

柏拉图本人从未提出这个问题，自然也不会给我们一个答案。但如果我们回忆起柏拉图在《斐德罗》里对于口传的要求，即辩证法家必须根据不同的听众而采取不同的言谈方式，“对于复杂的灵魂施以复杂而花哨的言谈，对于单纯的灵魂施以简单的言谈”（Phaidr. 277b－c），那么可以推知，一位优秀的作家也应当预先考虑到读者的差异，他即使不能避免书写下来的文字在某种意义上成为一种僵化固定的一成不变的东西，但仍然应当尽其所能让自己的著作具有丰富的、多层面的特性，使不同的著作具有不同的思想和风格，以便它们在相应的读者那里达到最佳的教育效果。我们认为，柏拉图作为一位具有真知的哲学家，作为一位对于口传和书写著作的本质具有如此洞见的辩证法家，他在进行写作时一定考虑到了以上要求。

事实恰恰表明，柏拉图的著作确实风格迥异，从简明易读的《伊翁》到充斥着纯概念思辨的《巴门尼德》再到包含着大量数学和自然科学知识的《蒂迈欧》，其间的差距是如此之大，以至于人们几乎难以相信这是出自同一个人的手笔。这个现象让我们回想起本书第1章已经讨论过的关于柏拉图著作的“分类组合”问题。就此而言，当阿尔比诺把柏拉图的著作分为“探讨类”（提出各种疑问，没有或很少给出明确的答案）和“宣教类”（明确宣讲柏拉图的各种哲学主张），这个思想对我们就具有很大的启发意义。我们也知道，近代学者根据“文体风格分析和统计”的方法大致区分出三组对话录，并分别把它们界定为柏拉图的“早期”、“中期”和“后期”著作，而这恰恰揭示出这三组对话录分别具有明显的相似性。需要强调指出的是，很多人从这个分类出发，认为三组对话录分别代表了柏拉图的思想发展的不同阶段，甚至认为所谓的“早期对话录”表明柏拉图的思想尚未成熟，对于很多问题尚未找到答案，以及所谓的“后期对话录”表明柏拉图的思想逐渐陷入僵化的宣教阶段，失去了早先的生动探讨特性等等，但这只是根据我们今人的习惯来推及古人的做法，仅仅是一个猜想而已。实际上，即使那三组对话录表明了柏拉图的“写作顺序”，那么这也不能理所当然地与柏拉图的真实的“思想发展顺序”画上等号。即使承认那个“写作顺序”，我们也可以认为，这只不过表明，柏拉图在较早的时候主要写作A类型的对话录（所谓的“早期对话录”），后来主要写作B类型的对话录（所谓的“中期对话录”），再后来偏重写作C类型的对话录（所谓的“后期对话录”），而且在这个过程中，他完全有可能跳出这个死板的顺序，在写作A类型对话录的同时也写作B类型或C类型的对话录，在写作B类型对话录的同时也写作A类型或C类型的对话录，如此等等。事实上，所有的学者都承认，这三组对话录的划分并不是绝对的，关于某些对话录（比如《斐德罗》和《巴门尼德》）的归属问题的争论恰恰表明，柏拉图的那个所谓的“写作顺序”并不是完全可靠的。不仅如此，这个论断的依据，亦即所谓的“**文体风格**的分析和统计”，本身就表明，它所揭示出来的主要是柏拉图的著作在“文体风格”上的差异，因此我们更愿意从“类型差别”而不是从“思想发展”的角度来看待柏拉图的著作的分组情况。也就是说，柏拉图之所以创作了众多风格迥异、内容迥异的对话录，是因为这些对话录分别指向不同的读者群。

正是从这个立场出发，斯勒扎克在其《读柏拉图》中分析柏拉图的众多著作的不同风格和内容，提出柏拉图的著作面向的主要是三种人：1. 业余的哲学爱好者；2. 已经接受过基础学术训练的人；

3. 柏拉图学园中的学生。[1]具体说来，则是如下情况：

1. 对于一般地对于哲学问题及哲学所探讨的对象有一定兴趣的“圈外人”，柏拉图用生动形象的手法进行写作，谈论公众普遍关注的那些话题。比如《伊翁》、《斐多》、《会饮》、《尤叙弗伦》、《斐德罗》用优美的文笔谈论“诗歌”、“爱情”、“灵魂”、“敬神”、“写作”等对象，《普罗泰戈拉》、《尤叙德谟》、《高尔吉亚》用生动激烈的辩论展示柏拉图的更在职业智者之上的修辞学造诣，《苏格拉底的申辩》、《门农》、《理想国》用激情磅礴的语言声张柏拉图的政治抱负等等。

2. 对于那些已经具有一定哲学素养的人（柏拉图笔下的“泰阿泰德”是这类人的典型代表），柏拉图用《巴门尼德》、《斐勒布》、《泰阿泰德》、《智术师》、《政治家》等对话录逐步解答之前那些对话录里面的谜团和疑难，同时鼓励他们独立思考，更大程度地参与到辩证讨论之中，以便逐渐触及柏拉图的本原学说和其他核心观点。

3. 对于柏拉图学园中的学生或水平相当者，因为他们已经具备了丰富的知识和强大的理解能力，柏拉图用《蒂迈欧》和《法律》直接宣讲他的全面的哲学观点。

与此同时需要指出的是，柏拉图虽然是针对不同的读者群进行写作，但他并不认为某一类型的读者必须限定在相应的著作范围之内，仿佛初学者就不应当阅读《泰阿泰德》或《蒂迈欧》，或高阶者就可以置《会饮》或《高尔吉亚》于不顾。原因在于，一方面，读者的心智本身处在提升的过程中，另一方面，每一个读者都必须

---

[1] 〔德〕托马斯·A. 斯勒扎克《读柏拉图》，程炜译，南京：译林出版社 2009 年版，第 30 页。

像作者那样，随时“回忆起他所讨论过的对象”。柏拉图的伟大之处在于，他在写作时充分考虑到了读者的心智的复杂情况，因此他的每一部对话录都具有开放的特性，“没有哪一部对话录是如此之费解，以至于一个初学者在阅读时会一无所获”[1]。柏拉图的每一部著作都是对每一个人开放的，因此可以说：“柏拉图为所有的人写作。”[2]

三 柏拉图为什么用对话录的形式进行写作?

每一个初次接触柏拉图哲学的人都会遭遇到一个特殊的现象，即柏拉图的著作采取的是对话录的写作形式。诚然，如果我们放开视野，就可以发现从古至今以来，哲学家们在表达自己的思想时，除了最为常见的“系统论著”（比如康德的《纯粹理性批判》和叔本华的《作为意志和表象的世界》）之外，还有诗（巴门尼德的六部韵脚诗《论自然》或卢克莱修的长诗《物性论》）、论文汇编（亚里士多德的《形而上学》）、心灵独白（奥古斯丁的《忏悔录》和笛卡儿的《谈谈方法》）、书信（近代哲学家多有采用）、几何学式演绎（斯宾诺莎的《伦理学》）、公开演讲（费希特的《学者的使命》和施莱尔马赫的《论宗教》）、课堂讲稿（谢林的《神话哲学》和《启示哲学》及黑格尔的《历史哲学讲演录》）、随笔（蒙田）、箴言（李希滕贝格）、断片（德国浪漫派）、神话故事（谢林的《世界时代》）、日记（克尔凯郭尔）、散文诗（尼采的《查拉图

[1] ［德］托马斯·A. 斯勒扎克《读柏拉图》，程炜译，第30页。
[2] 同上书，第31页。

斯特拉如是说》)、速记纸条(维特根斯坦)等非常多样化的形式。[1]而柏拉图著作采取的对话录形式，更是在这里面独树一帜，两千多年来从者甚众，其中不乏西塞罗、奥古斯丁、布鲁诺、莱布尼茨、贝克莱、休谟、谢林、叔本华等响当当的名字。

但在绝大多数情况下，哲学家们对于自己为什么恰好采纳现在的这种表述方式并没有给出什么解释或说明。对他们来说，这根本不算是一个问题，现有的选择是一件自然而然的，甚至带点偶然性的事情，因为以他们的思想和才华，换一种表述方式绝不是什么难事。前面提到的柏拉图对话录形式的几个追随者，特别是谢林，除了写作对话录之外，也以别的很多形式的著作来表述同样的思想。比如谢林在1804年发表《哲学与宗教》的时候就明确指出，这部著作就内容而言与他两年前以对话录的形式发表的《布鲁诺，或论事物的神性本原和自然本原》"就内容而言是完全一致的"[2]。主要是为了达到不同的影响效果，他才用不同的方式进行写作。

另一方面不可忽视的是，也有少数哲学家对于自己采取的写作方式有着非常自觉的考虑和独特要求，而这又与他们的哲学思想本身有着根本的联系。比如斯宾诺莎写作《神学政治论》和《伦理学》就采取了迥然不同的表述方式，前者涉及受众面较广的宗教和政治问题，因此采取了通俗显白的论说形式，反之后者论及形而上学、认识论、伦理学等最基本的哲学问题，因此从术语到行文都带有浓厚的学院气息。更重要的是，《伦理学》本身就带有一个副标题"以几何学方式加以证明"(geometrico demonstrata)，全书共五卷，每一卷都是由"界说"、"公则"、"论题"、"证明"、"附释"等

---

[1] Vgl. Vittorio Hösle, *Platon interpretieren*. Paderborn 2004. S. 58 –59.

[2] 谢林《哲学与宗教》，第17页。

构成，在形式上与欧几里得的《几何原本》基本相同。斯宾诺莎之所以用这种形式来写作自己心目中最重要的代表著作，是因为他秉承笛卡尔强调“清楚明白”的理性主义精神，同时在几何学那里找到了最佳的“说理”方式。至于这部以几何学方式写作的著作在客观上是否达到了斯宾诺莎所期待的那种一劳永逸的“清晰论证”的目标，则是另外的问题。

类似的情形也出现在德国浪漫派的作家和哲学家（比如弗里德里希·施莱格尔和诺瓦利斯）那里，他们之所以热衷于用“断片”（Fragmente）的方式来表述自己的思想，也与他们的基本世界观有着直接联系。对德国浪漫派来说，世界作为一个整体，并不是像体系教科书所排列的那样，以井井有条的方式呈现出来，相反，世界是“系统化了的无系统性”，[1]在我们日常的生活中，它只能以零碎断片的方式闪现在我们面前，而我们的思考，我们对于这些思想的表述因此也只能是断片式的。

尽管有这些写作形式上的差异，以及哲学家对此的不同考虑，但基本说来，这些哲学著作还是遵循着一些共同的模式，即哲学家都明确地提出了他们的原则或问题，要么从它们出发，要么围绕着它们，逐步进行推导和分析，并在这个过程中不断论证自己的观点。一般说来，读者能够清楚地知道哲学家主张什么，反对什么，以及他是怎样来论证自己的观点的。而读者要做的，就是像叔本华所要求的那样，“阅读著作的每一行和每一个字”，[2]在这个过程中开动自己的理智力量，紧跟哲学家的思路，理解他所说的一切；除此之外，读者不用担心或顾及别的什么。

---

[1] Novalis，*Schriften*. Stuttgart，1960 ff. Band 2，S. 288 f.

[1] Arthur Schopenhauer，*Sämtliche werke*. Band V. Frankfurt am Main，1960. S. 827.

但在这里，实际上有几个基本的前提被假定下来：

1. 人们相信哲学家在著作中已经将自己核心的、关键的思想尽可能充分地表述出来，不会在重大问题上有所保留；

2. 相对于著作所传达的思想内容而言，其写作形式终归是一件次要的事情（即使对前面所说的斯宾诺莎和德国浪漫派来说也是如此），这些不同的写作形式在阅读上可能会给我们带来一些便利或者困难，但只要经过勤奋的研读和仔细的甄别，我们就能正确、充分地掌握哲学家的思想。

但在面对柏拉图的对话录的时候，我们通常的阅读习惯和思维模式都遭遇了严峻的挑战。首先，柏拉图的著作无一例外地以对话录或交谈的形式来表现，参加对话者除了少数例外，都是历史中的真实人物，但这些角色在对话录中所表达的思想究竟是否符合客观事实，还是仅仅是柏拉图的杜撰，这是不易断定的。其次，在柏拉图的著作里，他本人的名字总共只在《苏格拉底的申辩》和《斐多》里三次以微不足道的方式被提到（Apol. 34a，38b；Phaid. 59b），除此之外，"柏拉图"几乎完全处于隐身的状态，相比之下，绝大多数对话录中引领着对话进程的角色是"苏格拉底"，而在那些具有思辨内容的对话录里，对话引导者则变成了"巴门尼德"、"埃利亚客人"、"蒂迈欧"、"雅典人"等。在这种情况下，要把某个思想观点（特别是那些争议较大的观点）归之于柏拉图就不是一件很有把握的事情。加上柏拉图在他的《第二封信》里曾经声称"柏拉图的著作并不存在，将来也不会存在"（Epist. II，314c），以及对话录是"一位已经变得美丽和年轻的苏格拉底的著作"（Epist. II，314c）等等，以至于泰勒（A. E. Taylor）、[1]伯内特（John

---

[1] A. E. Taylor, *Plato. The man and his work*. London, 1937.

Burnet)[1]等学者竟认为柏拉图直到很晚才形成自己独立的哲学思想，他的很大一部分对话录所传达的都是苏格拉底的思想。而在通常所谓的早期对话录里，“苏格拉底”与对话者之间的讨论经常陷入疑难（Aporie）的结局，“苏格拉底”虽然每每让对方词穷理屈，但他自己同样拿不出令人信服的答案，那么我们是不是能够认为柏拉图本人在这里也遭遇到了挫折，或者他的思想还没有发展到成熟的地步呢？还有，“苏格拉底”或其他对话引导者在对话录里俨然常胜将军，操纵着话语霸权，而与他交谈的人，即使是“普罗泰戈拉”、“高尔吉亚”、“特拉叙马库斯”这样的著名雄辩家，都是要么从头到尾唯唯诺诺像一个应声虫，要么刚开始的时候还纵横捭阖，后来却突然如泄气一般，被“苏格拉底”牵着鼻子走，让很多读者恨不得自己上阵辩论的同时，也对柏拉图的公正性和思想产生反感和质疑。这些，都是柏拉图虚构的对话录给我们带来的困难和麻烦。

由于这些原因，绝大多数哲学家和学者在讨论和分析柏拉图哲学的时候，都对柏拉图的写作形式不是很重视，他们关心的是如何从中提炼出“纯粹的”哲学义理。即使黑格尔曾经称赞柏拉图的写作形式具有“造型艺术”的特色，认为这种写作形式“充分避免了一切肯定、独断、说教的作风”[2]，但他仍然不忘强调：“我们绝不能因此像有些人那样，认为对话体是表达哲学思想的最好形式，这不过是柏拉图的个人风格罢了。”[3]

同样，后来的新康德主义者那托普（Paul Natorp）在其名著《柏

[1] J. Burnet, *Greek philosophy. Thales to Plato.* London 1914; J. Burnet, *Platonism.* Berkeley, 1928.

[2] 黑格尔《哲学史讲演录》第二卷，贺麟、王太庆译，北京：商务印书馆，1960 年版，第 165 页。

[3] 同上书，第 164 页。

拉图的理念学说——唯心主义导论》里，仅仅在开篇处声称，“柏拉图的作家特色或更确切地说诗人特色只有借助于柏拉图哲学的内容并从这些内容出发才能被理解”[1]，此后对于柏拉图的写作形式就再也没有任何关心，而是完全随心所欲地从柏拉图的对话录里面提取他认为具有重要意义的哲学思想。进入20世纪以来，在英美学界，特别由于逻辑实证主义和分析哲学的影响，人们最感兴趣的是柏拉图对话录中的各种论证方式和过程，这些兴趣在某种程度上甚至压倒了对于哲学思想本身的关注。这条路线下的研究者几乎认为对话录的文学形式只具有装饰作用。这里最极端的例子是美国学者肖雷（P. Shorey），他独出心裁，把柏拉图的对话录改写成论文纲要的形式，将一切文学和戏剧因素排除之后，罗列出柏拉图的各种哲学思想。[2]但这个尝试失败了，不仅因为肖雷在提炼相关思想时引发的争议，更在于他经常想当然地把某些观点认为是柏拉图所主张或反对的，但在脱离了文本场景的情况下,这些结论就显得非常武断。无疑，完全无视柏拉图的书写形式就对柏拉图的哲学进行评述，这是一种冒险的、根基不稳的做法。

在上述偏重柏拉图的纯粹的“哲学义理”或“论证方式”的哲学家和学者那里，他们对于柏拉图的写作方式已经表现出了不同程度的抱怨和忽视，这种态度与那些高度推崇柏拉图的文学性和艺术性的人截然相反。然而就在这个对峙中，一个更大的问题被引发出来，这就是图宾根学派所强调指出的柏拉图对于书写著作的批判和对于口传的推崇。这个观点甚至超越了人们通常对于柏拉图著作

---

[1] Paul Natorp, *Platos Ideenlehre. Eine Einführung in den Idealismus.* Leipzig, 1921. S. VIII.

[2] P. Shorey, *What Plato said.* Chiago, 1933; P. Shorey, *Platonism*, *ancient and modern.* Berkely, 1938.

的“内容”和“形式”，也就是说，超越了柏拉图的著作本身，把我们的目光导向柏拉图的口传的未成文学说。

但正如我们在本章前两节里指出的，重视柏拉图的未成文学说并不意味着要贬低甚至抛弃柏拉图的著作。正相反，图宾根学派从柏拉图的未成文学说出发，不仅深化并且丰富了对于柏拉图的著作的“内容”的认识，同时也必然触及柏拉图的著作的独特“形式”，即对话录的形式。

简言之，既然柏拉图如此推崇口传，推崇辩证交谈的优越性，那么当他进行写作的时候，最有可能会选择那种与口头交流最为相似的写作形式亦即“对话录”的形式，而不是像很多人那样采用“论文”或“论著”的形式。就此而言，对话录是对于柏拉图的口头传授的直接“模仿”。

与此同时我们也应当知道，柏拉图并不是他那个时代第一个，也不是唯一的一个以对话录的形式来进行写作的人。事实上，众多的职业智者、柏拉图的众多师兄（比如艾希尼斯、安提斯特涅、欧克莱德、斐多、色诺芬）以及柏拉图的学生们（包括亚里士多德在内）都写了很多对话录，尽管这些人的对话录著作基本上都已遗失。相比枯燥的论文，对话录具有更为平易近人的风格，更能传达一些通俗易懂的思想，更能起到“劝勉”（προτρεπτικός）的作用，这是当时人们的共识，因此写作对话录是一种流行的做法。正因如此，亚里士多德书写的对话录作为所谓的“劝勉书”全都被后人归结到“外传著作”（exoterische Schriften）的范围，而我们今天所了解的亚里士多德的思想，则是全都是来自于他在吕克昂学院内部的讲课手稿，即所谓的“内传著作”（esoterische Schriften）。柏拉图的对话录同样具有“劝勉”的作用，这是毋庸置疑的，但不同之处在于，柏拉图只有

“外传著作”，但却没有“内传著作”（因为他的“内传学说”是基于口头传授而没有书写下来），既然如此，柏拉图在书写对话录的时候，是仅仅追随当时通行的“劝勉”方式，还是有着更多的独特考虑呢？

这个问题的答案只能蕴含在柏拉图的对话录本身之内。实际上，自19世纪初以来，德国思想界已经对柏拉图的对话录写作形式产生了浓厚的兴趣。他们不是像之前的某些哲学家（比如贝克莱和休谟）那样，仅仅是不假思索地借用对话录的形式来写作，而是对于这种写作方式的本性进行了深刻的反思，并且有意识地用对话录的形式来表达他们的思想。这里还是以谢林为例，他于1802年发表了对话录《布鲁诺》，并且将其列为“一系列对话录的开端”。[1]只是后来出于与论敌论战的需要，谢林才打断了起初的写作计划，改为以普通的论著形式进行写作。同时他也强调：“倘若不是上述理由阻止我继续发表对话录，那么**通过对话录本身来传达思想无疑是最好的做法**。在我们看来，**唯有对话录这种更高级的形式才能够确保那种已经成熟独立的哲学具有一种无所依赖的、自由的精神**。但是，当需要达到一个具体目的〔论战〕的时候，我们绝不会采用对话录的形式，因为它永远都不能被当作一个工具，而是本身就包含着自己的价值。”[2]尽管谢林后来没有再发表对话录，但“对话”的精神却一直保留在他的表述方式中，比如他在1809年的《论人类自由的本质及相关对象》里面还明确写道：“笔者在当前这部著作中采取的进程，尽管不具有对话录的外在形式，但一切都是以**对话的方式**产生出来的，将来他还会保留

---

[1] 谢林《哲学与宗教》，第17页。

[2] 同上，第18页。

这个进程。”[1]正如一些学者指出的，谢林的哲学思考始终是通过对话的形式来进行的，即使在他后来采用讲授录的方式来阐述他的哲学思想时，仍然强调这是一种与那些具有自由精神的听众之间的对话交流。[2]

谢林在上述言论中没有提到柏拉图的名字，但他和柏拉图的密切关系是每一个德国古典哲学研究者都熟知的，因此他对于对话录形式的重视和身体力行有着重大的开拓意义，对于以施莱格尔和施莱尔马赫为代表的德国浪漫派有着重要影响。[3]但谢林对于柏拉图的对话录形式更多的是一种指引性的赞美，但对于柏拉图的对话录究竟为什么具有那些优越之处还缺乏细致深入的分析。这方面的贡献应当归功于浪漫派神学家和哲学家弗利德里希·丹尼尔·施莱尔马赫（1768—1843）。施莱尔马赫对于近代以来的柏拉图研究的伟大意义，不仅在于提供了一个迄今仍然令后人很难超越的《柏拉图全集》德译本，还在于他为《柏拉图全集》撰写的各种导论，而他在其中提出的一些核心观点奠定了近代以来影响深远的一种“柏拉图诠释学”。比如，施莱尔马赫第一个提出，我们应当把柏拉图理解为一位“**哲学艺术家**”（philosophischer Künstler）。[4]这个界定的意义在于，不是把柏拉图单纯看作一位具有艺术才华的哲学家

---

[1] 谢林《论人类自由的本质及相关对象》，第 98 页。

[2] Walter E. Ehrhardt，*Einleitende Bemerkungen über* “*Philosophie und Religion*” *in Kontext von Schellings Werk.* In Alfred Denker und Holger（hrsg.），*Schellings* “*Philosophie und Religion*”. Freiburg/München 2008. S. 63.

[3] 德国神学家潘能伯格指出：“无论施莱尔马赫怎样使人想起柏拉图的对话方法，施莱尔马赫所给出的系统展示毕竟不能从柏拉图那里出发来理解，而是应当理解为由谢林所表述的纲领的实施。”参阅潘能伯格《神学与哲学》，李秋零译，北京：商务印书馆 2013 年版，第 298 页。

[4] Friedrich Daniel Schleiermacher，*Über die Philosophie Platons.* Hamburg，1996. S. 28.

（从古至今这样的哲学家显然不在少数），而是从一开始就把柏拉图看作“哲学”和“艺术”（写作的艺术）的集合体，强调我们在研究柏拉图的时候，应该把柏拉图哲学的内容和形式——对话录——联系在一起来考察。在施莱尔马赫看来，柏拉图在写作时独辟蹊径，“完全避免了通常的哲学表述方式”。[1]值得注意的是，施莱尔马赫在解释柏拉图的写作动机时，和后世的图宾根学派一样，恰恰追溯到了柏拉图在《斐德罗》里面对于书写著作的批判和对于口传及交谈的推崇！然而施莱尔马赫从这些内容中得出的结论与图宾根学派截然不同，因为他的观点是，柏拉图的写作目的是要在读者的内心里激发起“活生生的”思想，或者说帮助读者在自己的内心里产生出对于理念的认识，为此柏拉图精心挑选了对话录的写作形式而不是通常的论文形式（也就是说，施莱尔马赫认为柏拉图对于书写著作的批判仅仅针对的是论文形式的著作），以便让书写下来的东西“尽可能地”模仿和复制那种活生生的真实对话交流的过程。对于“对话录是对于口传的模仿”这一观点，图宾根学派同样是赞同的。但关键在于，施莱尔马赫把这个“模仿”抬高到了完美的地步，他相信这个模仿是成功和完满的：“正如每个人看到的那样，口传学说的这个优点之所以真正保留下来了，是因为柏拉图的著作采用了活生生的讲授所必需具有的对话形式。”[2]同样他还说道：“……因此很显然，柏拉图必然尝试过让书写下来的教导尽可能地相似于那种更好的口头教导，而且他在这件事情上也必然获得了成功。”[3]基于这些判断，施莱尔马赫认为，柏拉图的写作必然只能是对话录的形式：“对话的形式，作为对于那个原初

[1] Ebd.，S. 29.
[2] Ebd.，S. 39－40.
[3] Ebd.，S. 40.

的相互交流的模仿，无论对柏拉图的口头讲授来说，还是对他的书写著作而言，都是同样不可或缺和自然而然的。”❶

在施莱尔马赫看来，柏拉图对话录的写作方式和相应的写作技巧已经达到了“艺术”的层次。和谢林一样，他把柏拉图的对话录称作“艺术作品”，而且认为，凭借这项独门绝技，柏拉图“几乎在任何读者那里都成功地达到了自己的目的”，也就是说，1. 要么让读者在内心里产生出对于理念的认识，2. 要么至少让读者避免把自己的无知当作是真正的知识。在这个意义上，施莱尔马赫认为，只要读者循着柏拉图的指导认识到理念，就已经领会到了柏拉图的“内传学说”，而如果读者仍然固执于自己的无知，把自己的无知当作智慧，那么就是停留于“外传学说”的层面。因此施莱尔马赫强调道：“唯有在这个意义上，人们才可以区分‘**内传**’和‘**外传**’，也就是说，这个区分仅仅表明了**读者的一种心灵状态**：是将自己提升为一个真正的内心倾听者呢，还是没有做到这一点。”❷也就是说，施莱尔马赫把“内传”和“外传”的区分归结为书写著作在读者方面造成的客观效果，把“内传”和“外传”都囊括到柏拉图的书写著作里面，而不是承认柏拉图一方面以口头传授为“内传”，另一方面以书写著作为“外传”的做法。这个观点实际上已经发后来的施特劳斯学派的先声，施莱尔马赫推崇的“作为艺术作品的对话录”被列奥·施特劳斯改造为“字里行间的写作方式”(writing between the lines)。我们看到，施特劳斯学派虽然不满意表面上的文字，想要追寻字面之外或“字里行间”的意思，但他们仍然相信，某些“聪明的读者”只要通过仔细认真的阅读，就会发现

❶ Ebd., S. 40 -41.

❷ Ebd., S. 42.

隐藏在著作中的“微言大义”，而那些“没有思想的粗心读者”只能把握到字面上的意思——这就是施特劳斯学派所谓的“隐微教诲”和“显白教诲”，这种区分无论在字面上还是就其意义而言都是和施莱尔马赫完全一致的。[1]这个观点归根结底是这样一个意思：**著作就是全部，柏拉图的著作就是柏拉图哲学的全部**，人们没有必要再去追寻柏拉图在学园内部口头讲授的“内传学说”，因为这些学说本来就巧妙地蕴含在对话录之内，就看你有没有眼光把它揭示出来。实际上，施莱尔马赫认为这并不是什么难事，因为“人们在柏拉图的著作里能够足够清楚地读出他的基本原理，因此很难相信他的学生还需要别的什么口头教诲”。[2]

施莱尔马赫对于柏拉图哲学的表述方式的重视，以及他对于对话录写作形式的细致分析都对后世的柏拉图研究产生了巨大影响乃

---

[1] 施特劳斯说：“这种著述不是写给所有读者的，其针对范围仅限于值得信赖的聪明读者。……通过自己的著作对少数人说话，同时又对绝大多数读者三缄其口，这真是一个奇迹。一个人何以能做到这一点呢？使这种著述成为可能的那个事实可用一个公理来表示：没有思想的人都是粗心的读者，有思想的人才是细心的读者。因此，如果一位作者只想对有思想的人说话，他在写书时就只需做到这一点：只让那些非常细心的读者察觉到书中的意义。”（〔美〕列奥·施特劳斯《迫害与写作艺术》，刘锋译，北京：华夏出版社 2012 年版，第 19 页。）当然，施特劳斯与施莱尔马赫的重大区别在于，施莱尔马赫仍然是立足于柏拉图本人提出的“书写”与“口传”的矛盾来解决这个问题，而施特劳斯却是从他构想出的“哲学家遭受迫害”这一社会现象出发，把柏拉图的写作与近代霍布斯、斯宾诺莎等人的写作相提并论，而这就犯了当代学者经常犯下的一个错误，即把近现代的思想观念和社会状况理所当然地套用到古人头上。且不说“迫害”对于近代作者的写作的影响是否真的达到了施特劳斯所说的那种程度，至少柏拉图并不是因为遭受迫害的原因才对于书写著作采取保留态度，而是因为他对书写著作本身的缺陷有着深刻的认识（对于这一点我们已经有足够充分的说明）。就此而言，施特劳斯的如下观点也是不符合那些与柏拉图相关的历史事实：“即便并没有什么特定的政治势力让他们感到惧怕，那些从这一假定出发的人还是会被迫得出一个结论：公开传播哲学真理或科学真理是不可能的，也是不可欲的，不仅暂时如此，而且永远如此。他们必须对除哲人之外的所有人隐瞒自己的观点。”（该书第 28 页）但实际情况却是，柏拉图既通过口传，也通过写作，公开地向不同层次的人传播不同层次的真理。

[2] Ebd.，S. 36.

至支配性的指导地位。但我们不得不说，他的解释学精神总的说来具有一种过于夸大的乐观主义，这不仅表现在他的“每个人都看到”、“很显然”、“必然获得了成功”、“几乎在任何读者那里都获得了成功”、“足够清楚地读出他的基本原理”等措辞上，表现在他武断地认为柏拉图对于书写著作的批判只是针对论文形式，而对话录这种作为“模仿”的形式能够完全取代柏拉图的口头教导（他似乎忘了，即便是一件艺术作品，它在柏拉图的眼里也不过是一种低于现实事物的存在），更在于他将亚里士多德等人有关柏拉图的“未成文学说”或“内传学说”的报道完全排斥在外，在缺乏深入考察的情况下，武断宣布这些报道“绝对没有包含着在柏拉图的其他著作里没有提到或完全不同的思想”[1]。正是在这些问题上，施莱尔马赫遭到了图宾根学派（特别是克雷默和斯勒扎克这二位）的猛烈批评，被认为是近代对话录崇拜的始作俑者。[2]确实，施莱尔马赫对于对话录这种写作形式的崇拜和神化是一种非历史、非批判的态度，他对古人有关柏拉图“未成文学说”的内容没有作哪怕一点点考察和分析，因此也没有认识到这些记述与对话录中表述出来的思想之间的内在联系。再者，正如我们在前面已经指出的，对话录的写作形式既不是柏拉图的独家专利，也不是他的首创。亚里士多德在《诗学》(1447b11）和《修辞学》(1417a21）里告诉我们，埃利亚学派的芝诺是最早写作对话录的人，而到了柏拉图那个时代，“苏格拉底式对话录”（Sokratikoi Logoi，即以苏格拉底为主角的交谈记录）已经成为一种固定的文体。诚然，施莱尔马赫可以说柏拉

---

[1] Ebd.，S. 37.

[2] Th. A. Szlezák，*Friedrich Schleiermacher und das Platonbild des 19. und 20. Jahrhunderts.* In：*Protestantismus und deutsche Literatur*（Münchner Theologische Forschungen，Bd. 2），herausgegeben. von Jan Rohls，Gunther Wenz. Vandenhoeck & Ruprecht，Göttingen 2004. S. 125 – 144.

图写作的对话录比所有别的人写作的对话录思想更为丰富，表达更为出色，但他不能因此说柏拉图的对话录尽善尽美，甚至可以把柏拉图的口头传授排斥在外。而且，即使柏拉图使用这种文体获得了最大的成功，这也并不能表明对话录本身因此就获得了一种鹤立鸡群的魔力，可以绝对凌驾于其他哲学书写形式之上。

不过，尽管施莱尔马赫的柏拉图解释学与图宾根学派有着如此巨大的分歧，但客观地看来，他们观点也有一致之处，那就是承认柏拉图把口头交流的地位置于书写著作之上，以及因此对于柏拉图的书写形式的特别关注。我们认为，他们的分歧在一定意义上是可以调和起来的。这里的关键在于，柏拉图有意识地保留给口头传授的知识与他书写下来的思想之间，是不是存在着一个**绝对的界限**？如果我们意识到柏拉图的口传学说与毕达哥拉斯学派的那种“秘传学说”（Geheimlehre）的根本差异，那么正确的态度就应该是，一方面，尊重柏拉图的本意，强调口传的优先和书写的不足，并尽可能充分地研究亚里士多德等人记载的柏拉图未成文学说的思想，另一方面，承认即使是号称未成文学说的东西在柏拉图书写下来的著作中也必然有一些蛛丝马迹的反映，尽管它们并没有完全包含在这些著作之内。因此我们的任务始终应该是，将柏拉图的未成文学说与他的对话录结合在一起来考察，这样才能获得对于柏拉图哲学的完整而正确的认识。

与此同时，尽管图宾根学派与那些重视柏拉图的哲学义理的学者也存在着尖锐的分歧（后者大多从实证主义的立场出发，认为只有柏拉图的著作才能代表柏拉图的学说，除此之外的其他记载，哪怕是亚里士多德的记载，都是不可靠和不值得信赖的），但他们同样也有一致之处，也即都是致力于分析柏拉图的哲学思想，努力建构柏拉图积极的、系统的学说主张，而不是像很多推崇对话录写作形式的学者那样，每每重形式而轻内容，以至于本末倒置。尤其是20世纪下半叶以来，许多施莱尔马赫的追随者忘记了他们的祖师爷所强调的“形式与内容统一”的原则，片面地把柏拉图的书写形式当作最重要的东西，把柏拉图的书写活动本身当作目的，认为我们不必关注柏拉图真正希望达到什么论断，甚至认为柏拉图的对话录里不存在一套严密的学说，不存在一种可以被揭示出来的“柏拉图哲学”。[1]对于这种怀疑主义和不可知论的倾向，图宾根学派与哲学义理派的柏拉图研究者应该联手起来进行坚决的斗争。

四　柏拉图的对话录为什么是“最伟大的诗”？

究竟什么是诗？长久以来，我们在日常生活中，甚至在严肃的学术讨论中使用这个概念的时候都一直是模糊不清的。按照一种通行的解释：“中国古代称不合乐的为诗，合乐的为歌，现在一般统称为诗歌。是最早产生的一种文学体裁……”[2]诚然，熟悉唐诗宋词的我们至少在形式上大致知道诗歌是什么东西，但是，我们心目中的“诗”和希腊人心目中的“ποίησις”是不是一回事呢？从某种意义来说，我们的“诗”在希腊人那儿也是存在的。比如，亚里士多德在《诗学》一开始就提到一种用语言（更确切地说是“无音乐伴奏的话语或格律文”）来进行模仿的艺术（1447a15），而这就是诗，所谓“诗人”的共同标志就是“使用格律文”。（1447b20）据说希腊的诗人都是颇有能耐的，他们中的很多人除了

[1] Michael Erler, *Platon*. Basel, 2007. S. 5 -7.

[2]《辞海·语词分册》，上海辞书出版社1988年新二版，第325页。

会作诗之外，还会作曲和演唱，有时甚至还要参加剧作的排练指导和演出（集“编剧”、“导演”、“领衔主演”于一身），可谓真正的多才多艺。[1]

但我们在这里将要谈论的“诗”，并不限于一种文学体裁，而是同时、甚至主要意味着希腊最初的那些精神载体。众所周知，古希腊语中的“诗”最早叫做“ἀοιδή”（在荷马那里）、“σοφία”（在品达那里）、“μουσική”（在柏拉图那里）等等，直到较晚的时期才出现“ποίησις”（诗）和“ποιητής”（诗人）的说法，后面这两个词原本是“制作”和“制作者”的意思，但是，并非什么雕虫小技和普通匠人都可以担当这个名称，毋宁说这些词意指的是“大制作”、“大手笔”、“特别的能人”等。在这种情况下，“诗”和“诗人”最终成为上述概念的承载者，应该说不是偶然的。根据历史学家和考古学家的考证，人们基本断定希腊文字诞生于公元前16至前14世纪之间，但希腊文明的最初的精神载体之一——荷马史诗——则是直到公元前8世纪才被书写下来。在付诸文字之前，这些诗歌在漫长的岁月里由游吟诗人们口口相传。由于人们并不重视文字，而且除了一些日常生活事务（比如记账和记事）之外也不需要文字，因此，拥有非凡记忆力的诗人们实际上肩负着传承知识和文明的职责。他们把现在和过去联系在一起（把过去发生的事情活生生地呈现在当代人面前），把人和神联系在一起（把神的法则和禁忌传达给人们），因此诗人的身份又经常和先知（预言家）、祭司混淆在一起，都被看作是神的使者。在希腊人那里，“诗”几乎等于是他们的原始文献的全部，这些文献记载的是神话、神的事迹、

---

[1] 参阅陈中梅《柏拉图诗学和艺术思想研究》，北京：商务印书馆2002年版，第442页以下。

人与神的交往、政治与伦理的法则，等等，因此希腊的“诗”与希腊神话、希腊宗教、希腊政制差不多可以说是同一个东西。同时，“诗”也是历史，因为“历史”（ἱστορία）的本意就是“讲述的故事（传说）”、“见闻”等等。我们甚至可以说“诗”就是希腊文明本身，是希腊精神的源泉。

尤其需要指出的是，希腊早期的诗人不仅具有神圣的地位，在世俗生活中同样保持着重要影响。对于那个时代的人来说，如果能得到一位诗人的歌颂或谴责就意味着有可能流芳百世或遗臭万年，而如果压根就没有得到诗人的注意，那么就将很快被后世遗忘。[1]于是，诗人成了王公贵族们一贯敬畏和献媚的对象：他们是名门望族的各个聚会里的常客，在给大家带来娱乐的同时，也收取丰厚的报酬和礼物。[2]总之，无论是神圣还是世俗的方面，诗人的崇高地位就这样奠定下来了。

可见，要在这样的历史背景和社会环境下向诗和诗人提出质疑和挑战，这是一件非常困难，需要很大勇气和毅力的事情。当然，到柏拉图的那个时代，希腊精神的分流已经比较明显，哲学以及其他学科从广义的“诗”那里独立出来，而“诗”的范围和领域则缩小到悲剧、喜剧、史诗、牧歌、抒情诗等文学意义上的诗歌，以及修辞学、雄辩术等等。在这个过程中，哲学并不是诗之唯一的、

[1] 柏拉图在对话录《米诺斯》中曾经提到一个典型的例子：克里特王国的米诺斯原本是一个智慧无比的立法者，然而人们通常对他的印象却是一个粗俗无教养、铁石心肠、极端不公正的人。米诺斯之所以有这个坏名声，就因为他与雅典为敌，得罪了雅典的诗人们，因此雅典诗人尤其通过悲剧这一最具影响力的诗歌形式在舞台上对米诺斯施加报复，丑化他的形象。有感于此，对话录中的苏格拉底如是教育他的学生：“如果你是一个理性的人，那么亲爱的，出于同样的理由，你必须和任何一个注重自己的好名声的人一样，小心不要得罪诗人。”（Min. 320e－321b）

[2] 参阅〔法〕克琳娜·库蕾《古希腊的交流》，桂林：广西师范大学出版社 2005 年版，第11—16 页。

但却是最强有力的挑战者。由柏拉图在《理想国》第十卷里提到的“哲学与诗的宿怨（παλαιὰ διαφορὰ）”（Rep. 607b）可以得知，双方的抗争至少可以溯源到第一位“纯粹的”或“严格意义上的”哲学家即泰勒士出现的那个时候。据悉，赫拉克利特曾经说过，赫西俄德虽然饱学多才但并不具有真知，而荷马更是应该被驱逐出赛会并遭受鞭笞等等。此外埃利亚学派的塞诺芬尼也有同样的举动："针对荷马和赫西俄德，他写了一些叙事史诗、哀歌和讽刺诗，斥责他们关于神灵的全部看法。他还经常作为吟诵诗人公开演出他自己的诗作。"[1]我们后面将要谈到，哲学家写诗去反对别的诗人，这绝不是一个简单的“自相矛盾”，而是有着特殊的重要意义。另一方面，诗人对哲学家的攻击也毫不手软，比如喜剧作家阿里斯托芬就在《云》、《蛙》等一系列作品中对苏格拉底及同时期的许多职业智者进行了决定性的丑化处理。[2]此外从柏拉图那里，我们还听到了诗人对于哲学家的某些经典辱骂，比如说哲学家是“对着主人无助地吠叫着的狗”。（Rep. 607b，Leg. 967c）当然，在这一系列抗争中最有名也是最悲剧的例子无疑是苏格拉底。按照柏拉图在《申辩篇》中的叙述，苏格拉底顶着“最智慧的人”的头衔重点审查并揭露了“工匠（技术专家）、官僚政客、诗人”这三类人的无知，显然，他把最不该得罪的三种人全都得罪光了，他的悲剧结局也就注定不可避免。我们不要忘了，苏格拉底的控诉人之一美勒托斯

[1] Diog. Laert. IX，18.

[2] 作为例子，这里只需提到阿里斯托芬的《云》所塑造的苏格拉底的形象：苏格拉底创办了一个名叫“思想所”的学校专门教人诡辩的逻辑，而他本人则是经常坐在一个悬于半空的箩筐里面观察天象，研究“跳蚤的弹跳距离与它的腿长的倍数”等问题，甚至有一次因为在屋檐下张着嘴观察月亮的运行轨道，被屋檐上的一只壁虎拉了他一脸的屎。参阅罗念生译《阿里斯托芬喜剧六种》，上海人民出版社 2004 年版，第 163—168 页。

(Meletos) 正是一名诗人，对此苏格拉底很清楚地指出，美勒托斯此举是“为了给遭受侮辱的诗人们报仇”。(Apol. 23e)[1]

我们知道，柏拉图在成为哲学家之前，曾经是一位青年诗人。据说他在苏格拉底的感化之下，特意在狄奥尼索斯剧场大门前焚烧了自己的悲剧作品，以表示与诗彻底决裂，从此皈依哲学。[2]然而无论在主观还是客观上，柏拉图与诗的瓜葛却从来没有撇清，比如他一方面在众多对话录中挖苦和责难诗人，甚至要将诗人驱逐出理想国，仿佛与诗和诗人有深仇大恨似的，但另一方面他对诗又不乏肯定和褒奖之辞，而且谈起诗来头头是道，一副行家里手的样子。更重要的是，柏拉图本人书写的许多对话录文笔优美，叙事述理跌宕起伏，挥洒自如，完全可以跻身一流“诗作”的行列。不过，这些华美的书写著作既为柏拉图赢得了“阿提卡语言经典作家”、“修辞学大师”、“哲学家中的荷马”（西塞罗语）[3]等美誉，也给他招致了许多负面评价，比如炫耀文采，[4]以辞害意，导致读者满足于片面的结论和肤浅的阅读等等。[5]正因如此，柏拉图在享有“诗人—哲学家”美誉的同时，他的身份定位、他对于“诗”的种种观点，看上去都不可避免地充满了矛盾。对于这些矛盾，国内有学者认定它们“体现了诗人柏拉图对哲学家柏拉图的某种形式上的否定，是柏

---

[1] 根据吉贡（O. Gigon）的考证，美勒托斯这位诗人在苏格拉底的控诉人里面只是无关紧要的一位，真正的主控其实是那个地位显赫的阿吕托斯（Anytos），柏拉图之所以把主要责任算在诗人美勒托斯的头上，是因为后者是一个便于抨击的“软柿子”。参阅〔瑞士〕葛贡（Olof Gigon）《柏拉图与政治现实》，黄瑞成、江澜等译，上海：华东师范大学出版社 2010 年版，第 37 页。且不管吉贡的考证是否符合历史事实，这并不妨碍柏拉图把“诗人的报复”看作是苏格拉底遇害的重要原因之一。

[2] Diog. Laert. III，5.

[3] Cic. Tusc. 1，79 = Dörrie/Baltes 45. 4.

[4] Dikaiarchos. frg. 42 Wehrli.

[5] Philod. Acad. inc. col. 1，15 –18 Gaiser.

拉图治学思想中的精华”。[1]在这位学者看来，“柏拉图不时流露出对诗和诗人的难以掩饰的羡慕，表现出一种受到压抑的向往，一种扭曲了的、然而却是十分深沉的挚爱”，[2]最终结果是：“柏拉图始终挣扎在矛盾之中……柏拉图在矛盾中走完了自己的一生……”[3]简言之，柏拉图在这里被描绘成了一个悲情角色，其悲剧性不仅在于他的“哲学家”和“诗人”这两种身份的分裂和矛盾，更在于他心目中至高无上的哲学对于诗竟然只有羡慕的份，甚至于最终还要被后者否定。

上述观点具有一定的代表性，但遗憾的是，它们完全不符合柏拉图的本意，对于柏拉图的“哲学”和“诗”都尚未达到妥帖的认识。实际上，当柏拉图强调哲学与诗的抗争时，他所针对的并不仅仅是一些特定的史诗作者、喜剧诗人乃至职业智者。这里面有很复杂的意思：它既意味着哲学与她的母体，也即与广义上的“**诗**”乃至**整个传统文化**的对抗，同时也意味着哲学与**狭义上的文学诗歌**之间的竞争。在这场斗争里，哲学绝不是要画地为牢，将作为原初精神载体的“诗”中的菁华拱手相让给狭义上的诗歌文艺，更不是要自断根基，与传统文化彻底决裂。[4]恰好相反，哲学要表明自己才是传统文化之最为核心的继承者，是原初精神延续下来的主流、正道，是真正的诗、最好的诗，假如她不愿放弃“诗”这个头衔的话。当然，因为原初精神有着不同的分流，所以哲学必须与她

---

[1] 陈中梅《柏拉图诗学和艺术思想研究》，第 10 页。

[2] 同上书，第 32 页。

[3] 同上书，第 129 页。

[4] 在这个问题上，伽达默尔作出了错误的判断，他认为柏拉图对诗人的批判“变成了对希腊文化基础的攻击，对希腊历史赠予我们的遗产的攻击”，“意味着与全部教育传统的决裂”，等等。参阅余纪元译《伽达默尔论柏拉图》，北京：光明日报出版社 1992 年版，第 51、68 页。

的各个同伴——特别是诗歌或艺术、宗教——进行坚决的斗争，以自己的标准对它们进行规范。反过来，诗歌或艺术以及宗教方面也在进行着同样的努力。可以说，整个西方自古以来，哲学与诗歌（艺术）、哲学与宗教之间的冲突和内在联系都必须在这个意义上来理解，如果看不到这一点而以为这不过是不同学科之间的争风吃醋，难免落入肤浅的认识。

因此，和早先的塞诺芬尼一样，柏拉图对诗人的抨击，不是针对他们的艺术表现形式，而是直指他们宣讲的内容和精神实质。柏拉图从主观和客观两个方面对诗的本质作出了深入剖析，既肯定其卓越高超之处，同时也揭露出其本身难以弥补和克服的缺陷，并将更卓越的解决途径导向哲学；在这个过程中，我们将发现，哲学家柏拉图本身就是一名真正的、甚至可以说独一无二的诗人。诚然，比塞诺芬尼更激进的柏拉图曾经焚烧了自己的诗作，但他实际上从未离开诗，而是一直在通过哲学思辨创作着一种更美和更好的诗。对此的一个有力例证，莫过于柏拉图在《斐多》里借苏格拉底之口透露出的心声：

> 我一生中有很多次做同样一个的梦，尽管这个梦有许多不同的表现，但始终都在呼吁着："苏格拉底啊，制作和演奏音乐吧。"过去我以为这是在鞭策和勉励我去做我正在做的事情，正像人们给赛跑的选手鼓气加油一样。因此，这梦是在鼓励我去做我已经做的工作，即为缪斯效劳，因为在我看来，**哲学就是最伟大的诗**（ὡς φιλοσοφίας μὲν οὔσης μεγίστης μουσικῆς），而这正是我所从事的工作。（Phaid. 60e –61a）

至于通常的诗人，就主观方面而言，柏拉图探讨了他们之所以为诗人的那种独特的心灵状态。在早期对话录《伊翁》里，柏拉图指出，伊翁仅仅精通荷马，但却对赫西俄德和阿尔奇洛科斯几乎一窍不通，这表明他并不懂得一种“普遍的诗”或“整体诗”，因为他缺乏“符合艺术特性的和科学的训练”（Ion 532c）。更何况伊翁之所以精通荷马，其所依靠的也“不是他自己的技艺，而是一种通神的力量”，一种得自缪斯的力量。（Ion 533d）因此，诗不是深思熟虑的艺术的作品，而是诗人在一种“酒神教徒式的狂热和迷醉”的状态下创作出来的。诗人“在被迷狂掌控并摆脱感官和一切宁静的理性之前”，是没有能力作诗的。（Ion 534a－b）而且，诗人既然已经被神剥夺了思考能力，如果说他们的作品里有什么真理的话，那也是因为“神自己才是宣教者，并且通过诗人向我们说话”（Ion 534d）。就此而言，即使是最好的诗人也无非是“神的代言人”（ἑρμηνῆς τῶν θεῶν），而像伊翁这样的本身并不创作，而只是吟唱前人诗作的诗人只能算是“代言人的代言人（ἑρμη ἑρμηνῆς）”（Ion 535e，535a）。在对话录的结尾，伊翁甘愿承认，他的能力作用不是基于技艺，而是基于神的激励。

毫无疑问，《伊翁》以一种批判的态度驳回了诗人对于技艺特别是知识的占有要求。如果我们仔细地体味这整部对话录的进程，就会看到，伊翁所不具备也不知道的那种技艺或知识，是属于哲学家的。实际上，在与伊翁的辩难问答的过程中，柏拉图已经勾勒出了那种“技艺”的轮廓：首先，它在内容上是一种具有普遍意义的，与**整体**相关的东西，与诗的整体，世界的整体相关；其次，它必须与**价值的区分**相关，能区分**善、美、合理以及这些东西的反面**。当然，柏拉图在《伊翁》里面还没有对于这种技艺或知识进行正面阐述，但我们知道，相关论述在柏拉图其他对话录中是大量出现的，比如《理想国》第五卷中就明确说道：“哲学家是智慧的爱好者，他不是仅仅爱智慧的一部分，而是爱它的全部。”(Rep. 475b) 正是出于对“整体”的强调，在《会饮》的结尾处，已经是翌日的天明时分，与会诸人绝大多数都已沉沉入睡，唯有苏格拉底还在继续教导诗人阿里斯托芬和阿伽通：“有能力写喜剧的人必须也有能力写悲剧，悲剧诗人必须也是一个喜剧诗人。”(Symp. 223d) 当然，诗人是否有能力并且真正愿意听取并遵从哲学家的建议，这又是另一码事。恰恰在同样的地方，柏拉图用一种讽刺的手法写道，阿里斯托芬和阿伽通在听苏格拉底的教导时已经睡意朦胧，困得要死，终于在谈话过程中先后睡着。

更重要的是，柏拉图在肯定诗人是“神的代言人”的同时，却相信哲学家在这件事情上会做得更好。在《会饮》里，柏拉图明确说道：“Eros 必然是一个哲学家。作为哲学家，他介于智慧者和无知者之间。”(Symp. 204b) 哲学家在本质上意味着“居间”(μεταξύ)，他的任务是“把人的东西带给神，把神的东西带给人：给神带去人的祈祷和牺牲，给人带来神的命令和酬谢”(Symp. 202e)。因此，《伊翁》在处处强调诗人的迷狂的无意识和无理性状态时，也表明了有意识的、深思熟虑的知识具有更高的地位。和那些平庸的敌视诗人的头脑不同，哲学家之所以能够与诗人抗衡并超越诗人，原因在于，“通神的迷狂”作为神的馈赠，并不是诗人的专利，而是同样也属于哲学家；不仅如此，哲学家的迷狂是一种更高的迷狂，是对美的爱。在《斐德罗》里，柏拉图明确提到了“**第三种**形式的迷狂，即缪斯带来的迷狂”(Phaidr. 245a)，[1]再次指出这是诗人作诗的基本必要条件。但实际上，柏拉图最强调的却是“**第四种**迷狂”(Phaidr. 249d)：那些带着对美的依稀回忆，仰望高天，却忽视了尘

[1] 前两种迷狂分别是指预言家的迷狂和赎罪救灾仪式中的迷狂。(Phaidr. 244a－e)

世事物的人，每每被指责为“陷入了迷狂”，但这种迷狂却是“最优秀的、具有最好来源的迷狂”（Phaidr. 249e）。显然，这是指那些蔑视影像世界，追求理念世界的哲学家，相比对于理念世界的直观，他们只能“艰难地”（Phaidr. 250a）观察影像世界。至于《理想国》里那位从理念世界退回到洞穴里的解放者，也面临着同样处境。同样是在普通人看来“神志不清”的样子，但哲学家的和诗人的“迷狂”的最大差别在于，后者完全沉浸于一种无意识的、物我不分的沉醉状态中，而前者不仅达到了真正的知识（对理念的认识），而且是有意识地——尽管只能“艰难地”——在理念和现实之间建立联系，因而是一种经过中介的理念认识。这些认识也就是前面提到的具有普遍意义的、关于整体的、同时把握到事物正反两个方面的认识。

与诗人的迷狂状态相关的是他们的“模仿”行为。在《理想国》的第十卷里，柏拉图宣称诗和绘画一样，是“模仿的模仿”，因为它模仿的不是真正的存在者（理念），而是现象界里面的事物。这个贬损评价在诗人和诗歌爱好者那里经常激起义愤，因为柏拉图太不给他们面子。严格说来，不单是诗，一切艺术创作的一个根本特性就是模仿。（Rep. 595c）那么，这和柏拉图在《伊翁》和《斐德罗》等著作里公开承认的诗人那种得自神授的创作是否矛盾呢？实则并非如此。柏拉图真正的意思是：当诗人不是作为神的传声筒，而是同时也掺杂进自己的思考和认识来进行创作的时候，他们从事的就是一种“模仿”的工作，而原因就在于他们缺乏一种清醒的对于理念或真实存在的认识。真正说来，柏拉图并不绝对地排斥模仿行为本身，毋宁说他更关注的是模仿带来的影响。在《法律》里他曾经指出，表现德行的模仿要比表现丑行的模仿更美。（Leg. 655c）因此，尽管诗是一种模仿艺术，但好的诗不应该是满足于无所不能地模仿各种声色犬马，不应该只是对现象的模仿，而是应该尽量模仿理念，并以此来传达真理。如果我们在这里回想起柏拉图在《理想国》第三卷里提到的那个观点，即好的诗歌应该促成“对美的有秩序的事物的一种有节制的爱”（Rep. 403a），那么这个意思就足够明显的，即真正的好的诗人不应该只知道模仿普通事物，而是应该去认识理念，模仿理念，从而促成对于真正的美好事物的爱。然而，诗人能做到这一点吗？有哪位诗人曾做到这一点？相反，我们发现，真正认识到理念并模仿理念而行动的人却是哲学家！（Rep. 500c－d）而这也意味着，只有哲学家才有能力去创作真正的好的诗。

由于诗人一方面具有通神的迷狂，另一方面又缺乏对真实存在的清醒认识，屡屡陷入到对现象界的低级模仿中，所以他们流传下来的诗作必然是一个掺杂着真理和谬误的复合体。这就涉及诗和诗人的“客观方面”，即柏拉图最为关注的一个问题：诗和诗人在文化教育和政制建设中发挥的作用。

在这里，柏拉图对诗和诗人的看法几乎是毁灭性的。在《理想国》里，最初为“不正义比正义更好”进行辩护的特拉叙马库斯、格老孔、阿德曼托斯等人，其频频援引的论据有很多都是直接来源于“诗人们”（荷马、赫西俄德、墨塞俄斯、奥菲欧）的说法，无怪乎柏拉图随后要对诗人大加鞭挞。当时雅典的普遍情形是，诗是文化教育中最基本的文献（γϱαμματά），诗人的文本被当作阅读和写作的范本，而且学生必须背诵这些诗文。因此，在关涉国家护卫者的教育时，必须对诗的各种内容提出仔细甄别。对此柏拉图的态度是客观公正的：“神话整个说来是假的，但是其中也有真东西。”（Rep. 377a）于是关键就在于去把握到神话和诗中的那些“真东西”，而把诗人们编造出的那些虚假故事加以抛弃，或至少是加以严格的限制，不让它们腐蚀年轻人纯洁的心灵。在这里，柏拉图首要关注的是有关“神”的各种说法，他批驳了诗人们将神拟人化然后将各种人性的弱点放到神身上的做法，表露出真正的神乃是纯然的善、真、不变不易、纯粹单一、不受影响和支配、完美无缺等等观点。因为，如果神也像人一样具有七情六欲，也有头脑不清楚，意志不坚定的时候，那么人（特别是那些恶人）就会以对待人的手段来对待神（比如通过贿赂和献媚来取悦神，免遭神的处罚），从而逃避真正的德行。这些观点继承了塞诺芬尼—巴门尼德—阿纳克萨戈拉—苏格拉底一脉的传统，是单一神论和理性神论思想的体现，凭借这个思想，柏拉图为世界的真善美确立了哲学的而非宗教的基础。除此之外柏拉图明确意识到：“我恐怕诗人和神话作者，在最紧要点上，在关于人的问题上说法有错误。”（Rep. 392a－b）诗人的这些观点除了宣扬错误的价值观之外，还在于它们鼓吹享乐，在人心内激起各种非理性的情绪，使之不受理性控制——后一点甚至被柏拉图称作是“诗歌的最大罪状”。（Rep. 605c）基于以上分析，柏拉图认为自己有充分理由将诗人驱逐出理想国。（Rep. 398a－b，607b）

当然，真实的情况并没有这么简单。具体说来，遭到否定批判和驱逐威胁的主要是荷马、赫西俄德以及一些悲剧诗人的诗作的部分内容，而与此同时柏拉图明确指出，另有一些诗作，比如“神灵颂歌和劝善诗作”（ὕμνους θεοῖς καὶ ἐγκώμια），是不在被驱逐之列的，因为这些诗歌符合《理想国》第二、三卷里提出的要求，即指明什么是善，并引导人们走向德行。（Rep. 607a）这样的诗作应该得到哲学家的支持，倘若哲学家自己不写诗的话。除此之外还有一个重要的地方，即那些被驱逐的有害诗歌还是有可能被城邦重新接纳，只要它们申述理由，表明它们不是仅仅给人带来愉快，而且也利于有秩序的管理和人们的生活。（Rep. 607d）当然，有资格听取这些理由并对其作出判决的，只有哲学家，因为哲学家才拥有对真、善、美的认识，才能以之为准绳，对诗的改进提出合适的建议。哲学家必然同时也是诗学专家。在《理想国》第三卷的后半部分，柏拉图展示了，文艺教育如何从显现在感性的可知觉的形体和艺术作品中的美出发，回溯到灵魂的内在结构，并进而回溯到理念和美本身。超感性的、理想的“美”是厄若斯的最高目标，也是所有音乐（诗歌）艺术的最高价值规范。（Rep. 400d－403c）

柏拉图的上述观点，直到他最后期的《法律篇》也没有改变。他对诗人们仍然保持着严峻的批判态度。在他看来，曾经有段时间，正是由于诗人对“音乐的规则和法则”一无所知，所以他们不仅将传统的音乐分类乃至音乐本身的秩序打乱，更培育出一批蔑视法律的、狂妄自大的群众。（Leg. 700d－e）为了纠正这个危险的处境，柏拉图毫不犹豫地提出了一条法律：

> 诗人在他的诗作中丝毫不得违背国家规定为合乎法律的、公正的、美的和善的东西，而且他的诗作在呈示给为此专门设立的法官和法律监护者并得到他们的批准之前，不得交到任何普通民众手里。事实上，我们已在选出的制定音乐法和监督教育的官员中任命了这样一批检审官。（Leg. 801c－d）

显然，能够顺利通过这些审查的诗非常稀少，既然如此，那些有用的、有教育意义的范本将从何得来呢？柏拉图对此并不担心，他在《法律篇》的第七卷借“雅典人”之口表达了这样的意思，即他自己的哲学著作恰好可以看作是一种新的、具有典范意义的诗的例子：

> 在我看来，我们从一大早到现在的谈话不能说没有得益于

> 一丝神灵启示的气息。如果我回顾一下这个谈话，会清楚地发现，我们谈的都是诗歌作品。看到我自己的谈话仿佛统一为一个整体的形象，我感到很高兴，也可以说这种欣喜的激动是再正常不过的了。因为，如果和我读过或听过的绝大部分诗歌作品和散文作品比起来，我觉得我的谈话对于青年教育要远远合理、合适得多。对于法律监护者和教育者来说，我只能衷心地推荐我的谈话作为典范的学习材料，此外没有更好的东西。他应该命令所有的教师将这些谈话交给孩子们……（Leg. 811c－e）

这段话的意思非常明确，几乎不需要额外的解释。如果我们稍作引申的话，那么可以得出两点结论：第一，柏拉图的谈话（可以推广到他书写下来的众多对话录）是青年教育的“典范的学习材料”；第二，没有什么比这类谈话（柏拉图对话录）更高的东西，而所有的诗歌作品和散文作品反过来都应该以这类谈话（柏拉图对话录）为准绳。用柏拉图在另一处地方的话来说就是，关于这些问题，他“比全部诗人加起来都要更懂得多得多”。(Leg. 941b)

在随后的段落里，“雅典人”提出了一些条件，只有符合这些条件，喜剧和悲剧才能在按照哲学原则建立起来的城邦里上演。就喜剧而言，任何公民都不能参与喜剧的演出，这些表演应当留给奴隶或雇来的外国人，而喜剧的价值仅仅在于通过对可笑、丑陋的东西的描述，从反面来间接地导向对于美好事物的认识。同样，任何悲剧只有符合哲学制定的准绳才是允许上演的。面对悲剧诗人的申诉，城邦的立法者应该自信地回答道：

> 就能力来说，我们自身就是能作最美和最好的悲剧的诗人（ἡμεῖς ἐσμεν τραγῳδίας αὐτοὶ ποιηταὶ κατὰ δύναμιν

ὅτι καλλίστης ἅμα καὶ ἀρίστης)。我们将城邦的整个宪法设计为对最美和最好的生活的模仿，并把这看作事实上最真实的悲剧（τραγῳίαν τὴν ἀληθεστάτην）。因此，你们诚然是诗人，但我们也是诗人。关于最美丽的剧作（τοῦ καλλίστου δράματος），我们是你们的竞争者和对抗者，而只有真正的法律才能按其本质使这部戏剧成为现实。……所以，你们这些弱不禁风的缪斯神的子孙，你们的诗歌先得交给有关部门，与我们的诗歌作一番比较。假若你们的诗歌与我们的诗歌具有同等价值，甚至更好，那么我们将允许你们将其上演，如果不是这样，那么，我的朋友，上演是不可能的。（Leg. 817b－e）

在这里，柏拉图把政治秩序（城邦）看作“最真实的悲剧”，将真正的法律看作“最美丽的戏剧”。也就是说，柏拉图把他自己的作品（对话录）看作是“最伟大的”或最好的诗，[1]比所有其他的诗都要更真，更美，因为它是以对真实存在的认识为基础，以价值规范为准则的，而只有哲学家才能获得那些认识并掌握那些规范。在这个意义上，柏拉图可以说是当之无愧的诗人，最好的诗人。但我们在这样说的同时必须铭记，诗人只是柏拉图的第二身份，柏拉图首要的、主要的是一位哲学家。而且当我们称柏拉图为“诗人”的时候，一定不要把他和通常意义上的诗人混淆，[2]因为如我们一再强调的，这里的“诗”和“诗人”都是就

[1] 陈中梅先生在其著作中同样引用了上面这一段话，也看到了在柏拉图这里诗与哲学的结合的倾向，但他的结论竟然是：“柏拉图把‘跨学科’当作儿戏，把‘泛谈’当作有学问的标志。(!!!)”（陈中梅《柏拉图诗学和艺术思想研究》，第248页）

[2] 按柏拉图在《斐德罗》里排定的灵魂的九层等级秩序，通常意义上的诗人只能在其中占据第六档的地位，根本不能与居于第一档的哲学家相提并论。(Phaidr. 248d－e)

柏拉图心目中的那种"以真理、认识、善、德行为准绳的诗和诗人"而言。简言之，**要成为这样的诗人，首先必须是一个伟大的哲学家**。按照这个标准，如果不考虑早先的绝大部分著作已遗失的塞诺芬尼和巴门尼德，那么可以说柏拉图的"诗人—哲学家"现象几乎是独一无二的。在他之后，虽然人们也可以找出一些所谓的"诗人哲学家"（比如席勒、诺瓦利斯、荷尔德林、谢林、叔本华、尼采、海德格尔等等），但和柏拉图相比，他们充其量只是一些通常意义上的"钻研哲学的诗人"或"有点诗意的哲学家"而已。

五　一点参考补充

一段时间以来，将诗凌驾于哲学之上的论调屡见不鲜，这种肇始于近代德国浪漫派（施莱格尔、诺瓦利斯、荷尔德林），直到海德格尔那里都屡屡重复的论调，和那种更古老的企图将宗教或信仰置于哲学之上的做法一样，其共同的策略在于，一定要预先将哲学贬低为一种"机械的"、"推理的"、"技术性的"、"无生命的"的东西，这样才可以名正言顺地完成对这种缺陷重重的"哲学"的超越。于是，当人们把这种思维模式投射到古人身上，作为"诗人"的柏拉图似乎也比作为"哲学家"的柏拉图可贵多了。

但是，在听够了诗人以及某些半吊子的"诗人哲学家"的陈词滥调之后，难道真正伟大的哲学家的观点不应该更值得我们关注？

这里我们选取了德国古典哲学家谢林在其晚年的《神话哲学之历史批判的导论》（1842）中对诗与哲学的关系的讨论。神话哲学是谢林后期哲学的一个部分，确切地说是一个方面，通过对于“神话”的哲学研究来阐述绝对精神在其发展过程中的一个阶段。如果与黑格尔的《历史哲学》相比参照的话，可以说谢林的神话哲学就是黑格尔的《历史哲学》的“前传”。两人最重要的区别在于，黑格尔的历史哲学是从绝对精神的自我意识开端，至于在此之前的“无意识”阶段并不是他的考察对象：“语言的传播以及这些民族的形成超出历史之外。历史是散文式的，神话里还没有包含历史。外在存在的意识是从抽象的规定性开始的，只有当表达出规律（法律）的能力存在时，才有可能以散文的方式来把握对象。”[1]而谢林的神话哲学恰好研究的就是“语言的传播和民族的形成”，研究的是黑格尔认为不包含历史的“神话”，研究的是“散文”之前的“诗”——这些在谢林看来都是历史。

简言之，对于黑格尔所不屑一顾的神话，谢林问道：它的本质是什么？它讲述的是**真理**吗？对此的答案是肯定的。问题在于以何种方式把握神话中的真理——也即神话的“宣教意义”（doctrinelle Bedeutung）。[2]在谢林之前，对于希腊神话和诗交织在一起的现象，绝大部分学者作出的解释是，神话的产生是出于个别诗人的某种无法解释的“诗意的创作冲动”（poetischen Erfindungstrieb）而随意创作出来的作品，因此不具有宣教和学说的意义。谢林对于这种“诗意的创作冲动”持以否定的态度，在他看来，任何诗作都必须以某种根基或内容为前提，没有什么能够凭空创作出来。因此，在荷马

---

[1] G. W. F. Hegel, *Vorlesungen über die Philosophie der Geschichte.* In ders. *Werke in zwanzig Bänden.* Theorie Werkausgabe. Band 12, S. 142. Frankfurt a. M. 1970.

[2] 谢林《神话哲学之历史批判导论》，先刚译，北京大学出版社 2022 年版，第 11 页。

史诗产生之前，必然已经有某种东西——神学（Götterlehre）或神谱（Göttergeschichte）——现成地存在于那里，只是到了荷马的时候才被意识到，被认作真理（als wahr angenommen）。至于神学或神谱的起源，则超出了诗的范围。“神话之黑暗的工场，神话最初的发源地，超于所有诗歌的彼岸，神谱的基础不是通过诗被奠定的。”[1]

此外，“荷马不是一个个体，像后来的诗人阿尔凯俄斯、提尔泰俄斯那样的个体，而是一个完整的时代的标志，它是那种占统治地位的力量，是时间的原则”[2]。这句话里面的“占统治地位的力量”和“时间的原则”听起来比较晦涩，因为牵涉到神话哲学之前的“世界时代哲学”，暂且略过不谈。我们在这里只需知道的是，神话之产生是一个**大事件**（Ereignis），是一个**大分化**（Krisis）。[3]通过这个大分化，原初的永恒交织的时间（或者说“永恒时间”）才分裂为真实的时间。荷马神话是伴着这个大分化，伴随着真实时间的产生而出现的，因此说荷马是“时间的原则”。正因此，荷马也不是荷马神话的真正作者，毋宁说真正的作者是那个原初精神（把它叫作什么并不重要）。这里我再引用一段谢林的原话：“诸神的世界之发展为神谱是通过那个大分化才展开的，而那个大分化不是在诗人之外，它在诗人之内完成自身，它**创作**了他们的诗歌。……不是那些诗人，而是进入他们之内的那个神话意识的大分化，创作了神谱。……神谱在诗人之内创作**自身**，在诗人之内形成，在它们之内逐步发展，首先存在于他们之内，并被说出来。”[4]众所周知，当代的海德格尔喜欢抬出同样的

[1] 谢林《神话哲学之历史批判导论》，先刚译，北京大学出版社 2022 年版，第 21 页。
[2] 同上，第 22 页。
[3] 同上，第 23、26 页。
[4] 同上，第 24 页。

论调，比如“所有伟大的诗人都在作同一首诗”，“不是诗人作诗，而是那个存在在诗人之内作诗”等等，[1]但我实在想说，这并不是什么惊世骇俗的独创思想。

神学、神谱、神话意识等既然“超出所有诗歌的彼岸”，那么研究它们就是哲学——谢林的神话哲学——的任务。在谢林看来，哲学正如诗一样，也是伴随着那个分裂危机而产生的。尤其是在赫西俄德的《神谱》那里，谢林看到，“有一种哲学意识以如此确定和不容忽视的方式绽放出来”。[2]他比后世的学者比如夏德瓦尔特（W. Schadewaldt）更早就指出，赫西俄德的“张裂”（χάρος）是一个“**纯粹思辨**的概念”，只是后来才被理解为空旷的空间或一种物质本原，即所谓的“混沌”。[3]哲学不是先于神话，而是在神话之后，理解神话并因此超越神话。

随后谢林指出，哲学和诗一开始并不是截然分开的，而是最初必然地结合在一起，“同时从神话中产生的”。[4]换言之，“哲学自身根本上就是诗，反之亦然。创造出神话形象的诗不是为一种外在的哲学服务的，它自身根本上就是产生知识的活动，就是哲学”[5]。“人们必须认识到，真正的诗作形态对于普遍有效性和必然性的要求一点都不逊色于哲学概念。”[6]在一定程度上，哲学和诗也可以说是**内容与形式**之间的关系。只是到了后来，哲学与诗作为更加具体的、更有个性的精神活动才分裂开来，这正是通常所谓的以米利都学派为代

---

[1] 海德格尔《在通向语言的途中》，孙周兴译，北京：商务印书馆2004年版，第8、30页。

[2] 同上，第53页。

[3] Ebd.，Band 11，S. 45. Vgl. auch Wolfgang Schadewaldt，*Die Anfänge der Philosophie bei den Griechen. Die Vorsokratiker und ihre Voraussetzungen.* Tübinger Vorlesungen Band 1. Frankfurt am Main 1978. S. 95.

[4] 同上，第60页。

[5] 同上，第64页。

[6] 同上，第60页。

表的哲学的崛起过程。

哲学与诗的分裂在一定意义上也是哲学与宗教的分裂。在谢林早年写于1804年的《哲学与宗教》中，开篇就提到一个“神话”：曾经有一个时代，宗教和哲学一起保存在神话之中，但是随后神话里面掺进了杂质，于是哲学为了保持自己的纯洁性，就和宗教分离开了并与其对立，成为内传的（esoterisch），而继续和神话纠缠在一起的宗教则成为外传的东西（exoterisch）。——这个过程也可以看作是哲学与诗分离的过程。当然，宗教与诗的不同之处在于，前者既已失去内在的真理源泉，就拼命地要夺取外在的真理源泉。在宗教的蛮横霸道之下，于是，哲学曾经探究的那些对象（“神”、“万物的产生以及它们与神的关系”、“灵魂的命运”、“善恶伦理”）就被宗教抢夺霸占去了。

在《哲学与宗教》里，谢林的目标是将宗教信仰企图独霸的那些对象重新追讨给理性和哲学。而在晚年的神话哲学里，谢林将神话及诗再次纳入哲学的范围。在哲学与宗教及诗的争论之中，谢林从来都是坚定地站在哲学一边。当然，谢林与柏拉图的差别在于，他对“诗”或“诗人”尽管有着深刻的认识和很高的评价，但在这个领域并没有特别的野心。简单地说，谢林要让**哲学包容诗**，而柏拉图要让**哲学成为诗**；另一方面，必须强调指出，谢林和柏拉图的共同之处在于，他们都坚定清楚地把哲学放到了最根本、最优先的位置。此外还需要指出的是，即便是德国浪漫派，他们对于“诗”的推崇也仍然是有宏大旨趣的，仍然离不开哲学。比如荷尔德林曾经说过：“诗是哲学的开端和终结。正如米涅瓦出自朱庇特的头脑，哲学也是出自一个无限的神性的存在的诗……”[1]而诺瓦

---

[1]《荷尔德林文集》，戴晖译，北京：商务印书馆1999年版，第77页。

利斯更是坦承："任何科学，当它成为哲学之后，也会成为诗。"[1]以及："没有哲学，只能是不完满的诗人。"[2]

---

[1] Novalis, *Philosophische Fragmente.* In *Novalis' Werke*, Dritter Teil, Fragmente I. Hrsg. von Hermann Friedemann. Berlin - Leipzig - Wien - Stuttgat, 1925. Nr. 348.

[2] Ebd., Nr. 26. 关于德国浪漫派对于"诗"和"哲学"的关系的理解，可进一步参阅拙文《德国浪漫派的"哲学观"》，载于《学术月刊》2012 年第 2 期。

第 6 章

柏拉图的"哲学"理想

亚里士多德在《形而上学》第一章里，提出了一种"自由的"(即以自身为目的，而不是为了利益或其他目的)、"神圣的"知识，它以探索"最初的开端"亦即"本原"为己任。[1]这就是他心目中的哲学。根据亚里士多德的梳理，"最初的那些哲学家们"——即"自然哲学家"——绝大多数都是以质料性质的东西为本原，而泰勒士则是"这种哲学的始作俑者"。[2]于是，泰勒士被尊奉为历史上的第一位哲学家或"哲学之父"。

但实际上，我们今天所说的"自然哲学家"或"前苏格拉底哲学家"，他们并没有被同时代人称作"哲学家"，而是被称作"智者"(σοφός, σοφόι)，即一些掌握了"智慧"(σοφία)的"智慧之人"或"贤能之人"。另一方面，泰勒士等人既没有自称"哲学家"，也从来没有把自己从事的研究称作"哲学"，而是称作"ἱστορία"——这个如今被翻译为"历史"的词在当时大概有"研究"、"知识"、"见闻"、"掌故"等意思。盖言之，无论σοφία还是ἱστορία，都泛指一般意义上的"知识"。而在最初的各种"知识"里面，"哲学"尚未像在亚里士多德时代那样得到明确的界定。

---

[1] 亚里士多德《形而上学》I，2. 982a－983a.

[2] 亚里士多德《形而上学》I，3. 983b.

相对于σοφία和ἱστορία这两个历史悠久的词而言，“哲学”（φιλοσοφία）以及各种相关的词语是较晚才出现的。根据柏拉图的学生赫拉克莱德斯的记载，毕达哥拉斯是第一个明确标榜自己是“哲学家”（φιλόσοφος）的人。这个说法也曾遭到质疑。唯一可以确定的是，主要是通过苏格拉底的学生辈人物（尤其是色诺芬、伊索克拉底和柏拉图）的传播，诸如名词φιλοσοφία（哲学）和φιλόσοφος（哲学家）、动词φιλοσοφεῖν（从事哲学研究）、形容词φιλόσοφον（哲学的）、副词φιλοσόφως（以哲学方式）等等词语才成为通行的词汇。大致说来，在最为宽泛的意义上，“哲学”意味着“教育”、“求知”、“好学”，比如在《理想国》里，柏拉图有时就把“好学”（爱学习，φιλομαθία）和“哲学”（爱智慧）当作是同义词。（Rep. 474c）而在较为具体的意义上，“哲学”则是指钻研几何学、文艺、天文学等等偏重于理论的学问。

一　“哲学”作为一般意义上的求知

无论怎样，哪怕在古希腊，哲学的诞生地，φιλοσοφία即便是作为一种普通的知识学问也没有得到人们的多少尊重，甚至在那个时候就已经被扣上了各种恶名和罪状。比如，在柏拉图的对话录《高尔吉亚》里，职业智者卡利克勒斯（Kallikles）在宣扬了一通弱肉强食的言论之后，特意强调道，为了认识到这个“真相”，必须把哲学抛到一边：“如果人们在年轻的时候适当搞点哲学，那么哲学可以说是一个非常有意思的东西，但是如果人们长久地醉心于它，它就会败坏人们。”（Gorg. 484c）在这里，卡利克勒斯采取的策略是欲擒故纵，他貌似公允地主张，适当地学习点哲学是必要的，尤其对于年轻人而言，钻研哲学并不是一件不光彩的事。但是，他接着强调，如果一个成年人还在继续从事哲学研究，那就非常可笑甚至不可原谅了。好比小孩子的咿咿呀呀听起来诚然很可爱，但如果一个成年人也继续咿咿呀呀的，那就简直应该挨揍了。完全不学习哲学的人是卑劣的，而且绝不会有什么大的出息，但如果一个成年人始终都在钻研哲学，留恋不舍，那么他必须挨一顿鞭子。（Gorg. 484c－485e）总之，卡利克勒斯在这里反复唠叨的意思，就是主张：**适度地搞点哲学**（用今天的话来说就是：适度地做点学问）。[1]

类似地，柏拉图在《尤叙德谟》里也提到，职业智者普罗迪科（Prodikos）同样推崇一些“站在政客和哲学家的交界处的人”（Euthyd. 305c）。这些人的典型做法，就是“**适度地**”（μετρίως）搞点哲学，“**适度地**”搞点政治事务，一切都像那么回事，但都是浅尝辄止。但与之对话的苏格拉底指出，这些人在本质上其实是墙头草，站在两个事物中间，两个事物的好处都想分沾。然而这个目的能得逞吗？这里可以区分出三种情况：

1. 如果“哲学”和“政治事务”这两个事物一好一坏，那么墙头草至少比一个好，但比另一个坏；

2. 如果这两个事物都好，那么墙头草就比两个都坏；

3. 如果这两个事物都坏，那么墙头草可能比两个都要好一点。

很明显，墙头草们肯定认为哲学和政治事务都是好的，既然如此，那么他们就属于第二种情况，即他们相对二者都是更坏的。他们企图表明自己对于哲学和政治技艺都懂，但实际上都不

---

[1] 有学者指出，卡利克勒斯的观点与修辞学家伊索克拉底（Isokrates）的观点接近（XV 266 ff.，XII 27 f.）。Vgl. Platon，*Werke in achten Bänden. Griechisch und deutsch.* Band 2. Darmstadt 2011. S. 603.

懂。(Euthyd. 306a－c) 这些三心二意，主张哲学研究适可而止的人，自然瞧不起全心全意投入哲学的人，认为他们“为无价值的东西投入许多不值得的努力”。(Euthyd. 304e)

诚然，“无价值”、“没用”等等是人们经常扣在哲学头上的帽子。卡利克勒斯声称，一个人无论具有多高的天分，无论他花多少时间来钻研哲学，到了别的领域都是一无所知的，不知道怎么成为一个有名望的和优秀的人。哲学家不懂国家法律，不懂怎么和人打交道。无论叫他们去做什么事，不管是为了自己还是为了国家，都会显得十分可笑。而柏拉图在《泰阿泰德》里，也提到了一个著名的例子：泰勒士因为一边走路一边观察天象，不小心掉到水坑里，竟至于遭到一名地位低下的色雷斯婢女的嘲笑，说哲学家想要认识天上的事物，却注意不到眼前的和脚下的东西。用今天的话来说就是，哲学家只知道“仰望星空”，却没有“脚踏实地”。对于这些责难，苏格拉底感叹道：“一直以来，人们都满足于用同样一个嘲笑来针对所有那些生活在哲学里面的人。”(Tht. 174a) 事实上的确如此，这不仅是两千多年前的柏拉图指出的“当前现实状况”(Rep. 487c)，而且直到近现代乃至我们当前这个年代，“哲学家”在人们心目中的形象仍然要么是一些毫无生活经验的木讷的书呆子，要么是一些夸夸其谈、不做实事的空谈者。[1]

---

[1] 比如，像卢梭这样的有识之士也是这样攻击哲学的：“一个人一旦爱上哲学，他就会松弛他与社会的联系，他就不那么尊重人和亲近人。这也许是哲学给人类带来的坏事之中最危险的坏事。对研究哲学入了迷，不久就会对其他的事物感到乏味。哲学家在不断对人类的命运进行思考和观察之后，便按照人的价值来评判人，因此，他不可能对他所轻视的人产生深厚的爱；他将把一切利益都捞归自己，而有道德的人则是与他自己的同胞分享的。哲学家傲气十足地轻视别人；他只爱他自己，他爱自己的心增一分，他对别人漠不关心的态度也跟着增一分。在他看来，什么家庭呀，祖国呀，全都是空话：他既不是任何人的亲友，也不是公民，也不是凡人，他是哲学家。”参阅卢梭《论科学与艺术的复兴是否有助于使风俗日趋纯朴》，李平沤译，北京：商务印书馆 2012 年版，

究竟人们为什么会产生出这些看法呢？从主观角度来说，原因在于，“哲学家是一些真正在自由和闲暇中成长起来的人”。（Tht. 175e）[1]他们追求和看重的是普遍而永恒的东西，与此同时，他们对于生活中的各种具体事物并非一窍不通，只不过是不愿投入其中而已。必要的时候，他们也可以很“务实”、很“精明”。比如恰恰是那位遭到婢女嗤笑的泰勒士，利用自己的天文气象知识，预先知道这将是一个橄榄丰收的季节，于是提前囤积了很多榨油机，在人们采集橄榄之后租出去，因此大赚了一笔。而从客观角度来说，通过柏拉图在《理想国》里面的“船喻”（Rep. 488a ff.）也很好理解：有一艘大船（指国家），它的主人（指人民群众）是一个虽然高大强壮，但视力和听力都不太灵光，而且不懂航海的人。于是一帮没有真才实学但却巧舌如簧的人（指职业智者及其培养出来的政客）骗取了船的主人的信任，获得了大船的控制权，同时把那些真正懂得航海技艺的人（指哲学家）要么杀死，要么驱逐，要么踩在脚下，

（接上页）第55—56页。从这个立场出发，卢梭攻击雅典人耽于哲学和诗歌，推崇斯巴达人的勇武纯朴，看起来他完全不知道柏拉图曾经揭示出的一个“秘密”，后者在《普罗泰戈拉》中指出，希腊人里面最古老和最常见的哲学其实是出现在克里特和拉克戴蒙（即斯巴达），那里的智慧之人装出一副四肢发达头脑简单的样子，其实是不想让其他希腊人知道他们是在智慧方面更胜一筹，而是只想让人以为他们只是崇尚勇武和精于格斗而已。斯巴达人公开演武，暗地里却是聚在一起探究智慧。而假若别人知道斯巴达的强盛的秘密在于智慧，他们就会跟着钻研哲学了。（Prot. 342a－c）

[1] 亚里士多德在同样的意义上强调了“闲暇”对于哲学家的重要性，并指出自古以来的哲学家都是不从事“生产活动”的人。（《形而上学》I，1，981b；I，2，982b）对此卢梭又表达了不满：“科学〔哲学〕产生于人的闲暇，它们反过来又助长人的闲逸。它们对社会必然造成的第一个危害，是无法弥补的时间的损失。在政治上，同在道德上一样，不做好事就是一大罪过，因此，凡是没有用处的公民都应当被认为是有害的人。……大哲学家们啊，我们是从你们手中学到许多深奥的知识的，现在，请你们告诉我：如果你们不教给我们这么多东西，我们是不是因此就会人口减少？是不是就不会治理得这么好？是不是就不这么为人所畏惧了？是不是就不这么繁荣或者更加邪恶了？”（卢梭《论科学与艺术的复兴是否有助于使风俗日趋纯朴》，第26—27页。）

贬之为“没用的人”。所以，如果说哲学家“没用”，那么责任是在于那些根本不给哲学家以施展才能的机会的人，而不是在于哲学家本人。(Rep. 489b)

不仅如此，更重要的是，从古到今都是这样的情况：“哲学所遭受的最大和最强烈的羞辱，恰恰来自某些宣称自己‘搞哲学’的人”(Rep. 489d)，亦即哲学界的败类，各种冒牌哲学家。这些人利用哲学遭受的不公待遇，利用哲学的飘零凄清的处境，乘虚而入，就像那些匪徒，闯入无人看管的神庙窃取宝藏，把它们随意披挂在身上，就像那个刚从监狱释放出来的贱人，把自己洗刷干净，打扮得人模狗样，乘着高贵的主人病危之际强行霸占了主人的女儿。(Rep. 495c -496a) 这些人做的每一件事都是对于哲学的侮辱，都是吃里爬外对于哲学的出卖，而这一切恰恰都是打着“哲学”的旗号进行的。哲学界既然存在着如此之多的败类，也难怪哲学臭名昭著了。有不少人，比如苏格拉底的朋友克里同（Kriton），本来也对哲学很感兴趣，甚至打算让儿子去学习哲学，但他们看看周围现实生活中的很多“搞哲学”的人的丑态，实在是心寒不已，只能退避三舍。对于这个可悲的局面，苏格拉底指出，其实，在任何一个行当里，糟糕的人（从能力欠缺的笨蛋到堪称害群之马的败类）都是占大多数，而优秀的人总是很少，但是难道我们就可以因此否认这个行业的价值，就不去学习这些东西？对我们来说，去关注那些优秀的人，而不是去关注败类，这才是最重要的。(Euthyd. 307a)

二　柏拉图重新界定“哲学”

前面提到的对于“哲学家”的偏见，确切说来其实是针对一般意义上的“学者”，因为正如我们所说，当时的“哲学”仅仅意味着“求知学习”或对于几何学、天文学等理论知识的钻研。柏拉图耐心而坚定地逐一回击了这些偏见。更重要的是，柏拉图在这个过程中深化并革新了“哲学”这一概念的意义：哲学从泛泛意义上的“求知”或“理论研究”转变为一种探索终极智慧的经天纬地之学！这里有一个绝对值得注意的事实和现象，那就是在柏拉图之前，还从来没有谁如此频繁而明确地把哲学和哲学家本身当作讨论的对象，如此坚决地忠于哲学和哲学家，把哲学和哲学家提升到如此崇高的地位。就此而言，可以说柏拉图是哲学的第一位伟大的旗手和斗士。在这个意义上，即便人们可以从泰勒士直到苏格拉底列出一堆伟大的人头，但我们仍然可以说，**没有柏拉图，就没有哲学**，唯有柏拉图才真正确立了哲学，赋予“哲学”以本质和存在。“**哲学家柏拉图**”——这个普通的名称蕴含着人们通常想象不到的雷霆万钧的意义。假如我们对比一下柏拉图前前后后的“哲学家们”，就不难发现，如果说哲学于他们只是一门“专业”或“业余爱好”，那么哲学于柏拉图而言则是等于他的全部生命。

既然如此，我们得看看，柏拉图心目中的“哲学”究竟是怎样一个东西，他在“哲学”里面倾注了怎样的一些理想。

在讨论这个问题之前，我们不免会面临一个直到今天都还有人不断提出的问题：“哲学是什么？”从形式上看，这是要求给哲学下一个**定义**。然而什么叫**定义**（Definition）呢？从字面上就可以看出，它意味着“给出”（de －）一个“界限”（拉丁文 finis，希腊文ὅρος）。比如给“马”下一个定义，就是划定它与“非马”之间的界限，在这个界限之内的，是马，在这个界限之外的，则不是马。我们知道，亚里士多德非常重视这个问题，他认为苏格拉底在哲学上的一大特点或功劳就是“求定义”。而按照亚里士多德后来确立的标准，为事物下定义的基本方法是“种加属差”（genus proximum cum differentia specifia），这里的“属差”就是指那个“界限”。比如在“动物”这个大种里，通过在各个层面（种、属、纲、科、目）逐一划定界限，可以得到“马”的定义。实际上，这种办法对柏拉图而言是再熟悉不过的了，因为亚里士多德的“种加属差”办法本来就是继承自柏拉图的“划分法”(διαίρεσις)，后者尤其在《智术师》和《政治家》里面对于这个办法有着大量演练，讨论什么是“钓鱼”、“制衣”、“纺织”、“人”，什么是“智者”、“政治家”等等。在那些地方，柏拉图给出了各种答案，但他并没有说这是该事物的“定义”，更没有说这是该事物的“唯一的”界定。比如，关于“智者是什么”，就有至少七个可以同时成立的说法。这说明柏拉图进行“划分”或“划界”的目的在于揭示出对象的主要特征，而不是一劳永逸地给出唯一的“定义”，尤其是当一个对象显然具有丰富内涵的时候。所以，对于“哲学是什么”这个问题，我们要做的就是揭示出“哲学”的各种特征，而不是要给哲学下一个定义。有些人抱怨道，几千年来，关于“哲学是什么”，竟然迄今为止都没有一个被普遍接受的定义，这是哲学的丑闻。我们可以看到，这种抱怨是很不明智的。任何伟大丰富的东西，尤其是无限丰富的东西，怎么可能只有一个单一的“定义”呢？试想，“存在”如何定义？“上帝”如何定义？“精神”如何定义？另一方面，我们当然可以从各个方面揭示出它们“是什么”，因为这些特征能够帮助我们更好地认识它们。它们可以是A，可以是B，可以是C……这些都有可能同时成立。但如果谁把它们限定在A或B或C上面，一定要求或主张一个唯一的“定义”，并且认为没有唯一的定义是一个耻辱，那么这个念头或方向就是错误的。

那么在柏拉图那里，“哲学是什么”呢？换言之，柏拉图所谓的“哲学”究竟具有哪些显著的特征呢？

刚才我们说过，柏拉图的一个伟大功绩在于把“哲学”从泛泛意义上的求知或理论研究转变为一种探索终极智慧的经天纬地之学。要理解这一点，需要从两个方面入手：

第一，“哲学”（φιλοσοφία）和常人心目中的“智慧”（σοφία）的划分；

第二，“哲学”和哲学家心目中的“智慧”亦即“真知”（ἐπιστήμη, γνῶσις）的结合。

我们首先看第一个方面。正如我们指出的，“哲学”是一个较晚出的词汇。φιλοσοφία这个词显然是由两个部分构成的：前面是作为动词的φιλεῖν（“喜爱”）或作为名词的φίλος（“朋友”），后面是σοφία；于是φιλοσοφία意味着“喜爱σοφία”或“σοφία的亲密朋友”。

那么，要把握φιλοσοφία这一概念的意思，就必须得从σοφία说起。这里需要注意的是，σοφία（通常翻译为“智慧”）这个概念的意思也是非常宽泛的，它既可以指最高意义上的那种无所不知的“智慧”，也可以指一门普通的“专业知识”或“技能”（τέχνη）；相应地，所谓σοφός，亦即掌握σοφία的人，同样既可以意味着一个无所不知、无所不能的神一般的人，也可能只是指一个普通的有一技之长的人。我们通常把σοφός翻译为“智者”或“智慧之人”，实际上这个头衔并不是像它乍听起来那么高不可攀或遥不可及，而是一个在日常生活中很流行的说法。所谓“智者”，其实和我们现在所说的“知识分子”或“有本事的人”并无多大不同。在这个意义上，除了古代著名的“七大智者”[1]之外，其实

[1] 柏拉图在《普罗泰戈拉》（Prot. 343a）里第一次提出了“七大智者”的说法，他们分别

很多较为普通的人（比如木匠、航海员、诗人、政治家、医生、笛子演奏家、甚至运动员等等）都享有“智者”的称号，因为按照“智慧”这个词原本的意思（“知识”或“技能”），我们可以笼统地说，这些人都掌握了“智慧”。

问题在于，σοφία或σοφός的过于宽泛意义必然导致它们所包含的内容参差不齐，其中不免鱼目混珠，有三六九等之分。无疑，一位木匠的“智慧”与一位政治家的“智慧”是不能相提并论的，而即便在同一个领域里，比如在诗歌的领域里，诗人荷马的“智慧”与后世那些翻唱他的诗作的普通诗人（比如伊翁）的“智慧”同样不可同日而语。因此，尽管存在着众多的“智慧”和“智者”，但人们始终逃脱不了这样一类问题：什么样的“知识”或“技能”才最配得上“智慧”的称号？什么样的人才是最智慧的人？这类问题又可以归结为另一个问题：**真正的**“智慧”或“智者”应当是怎样的？这个问题尤其对于哲学来说尤为至关重要，因为哲学作为“对于智慧的爱”，不可能、也不应当追求那些低级的乃至虚假的“智慧”，而是仅仅追求最高的、真正的智慧。正是从这个问题出发，柏拉图在古代哲学家里面第一个探讨了“哲学”与“智慧”的关系。

于是就有柏拉图在《苏格拉底的申辩》和《夏米德》里面所描述的那件众所周知的事情：根据德尔菲神庙的神谕，没有人比苏格拉底更智慧。苏格拉底对此非常困惑，因为他觉得自己并不是多智慧，甚至可以说相当无知，但神无论如何是不会说谎的，神的判断也不会有错——这意味着，苏格拉底原则上并不否认自己确实是

（接上页）是哲学家泰勒士、政治家匹塔科（Pittakos）、政治家比亚斯（Bias）、政治家梭伦（Solon）、明君克勒奥布罗斯（Kleobulos）、能工巧匠弥松（Myson）、政治家希隆（Chilon）。

最智慧的人，他所困惑的仅仅是，自己“在什么意义上”是最智慧的人。所谓比较之下出真知，为了澄清这个困惑，苏格拉底于是到处找那些得到大家公认“智慧之人”进行单挑，看看自己比那些人究竟高明在什么地方。他首先找的是**政客**，结果大失所望：“那些最有名望的人在我看来几乎是最可怜可笑的人。”（Apol. 22a）换言之，政客代表着一批滥竽充数，徒具“智慧之人”虚名的人。然后苏格拉底拜访了诸位**诗人**，发现他们虽然也说出了很多真理和智慧，但本身却不理解这些真理和智慧。借用《泰阿泰德》里面的一个比喻来说就是，诗人只是**“占有”**（ἔχειν）智慧，但并不是真正**“拥有”**（κεκτῆσθαι）智慧。（Vgl. Tht. 197b）他们的创作是通过一种“天赋”，处于一种“癫狂状态”中，虽然说出很多美好的东西，但却不知道自己说的是什么。最后，苏格拉底拜会了许多**工匠**，发现他们确实有一技之长，令人佩服，但这些工匠在精通一门专业知识之后，就以为自己理所当然在所有别的领域（包括最重要的领域）里面也是同样的大师。（Apol. 21c－22e）好比我们今天的某些网络作家或足球评论员，在自己的圈子里出名之后，就觉得自己完全有能力在政治、经济、法制、文化、民主自由等问题上指点江山，发表什么真知灼见，以“意见领袖”自居。但这实在是太愚蠢了。

通过以上检验，苏格拉底明白了他在什么样的意义上比所有那些“智慧之人”都更智慧，即**他知道自己的无知**。这个结论我们早就耳熟能详，但它究竟是什么意思呢？很显然，苏格拉底并不是简单地要宣扬“骄傲使人落后，谦虚使人进步”这个平庸的道理，更何况熟悉柏拉图文本的人都知道，这种“谦虚”仅仅是一个幌子，它所表现出来的效果其实是相当咄咄逼人的。事实是苏格拉底公开羞辱政客、诗人、工匠，摆明自己确实是比他们更智慧的，而这绝不是因为他比他们“谦虚”，而的的确确是因为他具有丰富得多、深刻得多的知识，尽管这些知识并未达到完满——换言之，“无知”绝不是简单指一无所知，“知道自己的无知”也不是简单指“谦虚”，而是指：

1. 知道自己的知识尚且处于一种不完满的状态；
2. 知道这种不完满状态的原因；
3. 知道如何克服这种不完满状态的途径。

如果我们仔细审视一下，就会发现，苏格拉底的上述检验过程其实是遵循着一个隐含的秩序，即从极端无知的人（政客，徒具虚名）到某种意义上的无知的人（诗人，嘴里说着真理，却不理解真理），再到略有知识的人（工匠，至少掌握一门专业知识或特定技艺）。关键在于，这些都是大家公认的“智慧之人”，掌握着“智慧”，在这种情况下，苏格拉底（或柏拉图）如何甘心与这些人为伍？他宁愿宣称自己“无知”，也要和这些所谓的“智慧之人”划清界限。

但柏拉图在这样做的时候，绝对不是要和真正的“智慧”划清界限，把“智慧”和“哲学”树立为水火不容的两个东西。毋宁说他最终想要表明，真正意义上的“智慧”是哲学所达到的**“真知”**，即柏拉图后来使用“ἐπιστήμη”或“γνῶσις”等术语所指的那个东西。（vgl. Tht. 145c；Rep. 478c）所以，当柏拉图说**“哲学就是拥有真知**（Ἡ δέ γε φιλοσοφία κτῆσις ἐπιστήμης）”（Euthyd. 288d）的时候，恰恰就是把“哲学”看作真正的“智慧”。正是在这个意义上，亚里士多德也说：“智慧就是关于本原和原因的真知。”[1]此外亚里士多德在另一个地方还说道：“智慧显然

---

[1] 亚里士多德《形而上学》I. 1，982a1。

是所有知识里面最为完满的那种。智慧之人不仅知道从本原得出的结论，而且真正认识到了这些本原。所以，智慧必然是理性与真知的结合，必定是那种关于最高题材的、居于首位的知识。”[1]这些地方清楚表明，柏拉图和亚里士多德绝对不是要割裂“智慧”和“哲学”，相反却是通过“真知”这一概念把“智慧”和“哲学”紧密地联系在一起。此外我们还会看到，“智慧”或“真知”虽然一般说来也是一种“知识”，但和那些形形色色的普通知识相比，“智慧”或“真知”的关键在于通过理性而认识到那作为最高题材的本原（Prinzipien），换言之，“智慧”或“真知”在本质上是一种“本原学说”（Prinzipienlehre）。至于柏拉图这里所谓的“本原”究竟意指为何，我们将在随后的章节里展开讨论。

三　柏拉图拒斥职业智者的“智慧”

柏拉图当时面临的情况是，各种声称对于“智慧”拥有主权的人实在很多。不过，对哲学家而言，政客、诗人、工匠等所谓的“智慧之人”只能算一些轻量级的对手，这些人相比于另外一类“智慧之人”只能算小巫见大巫了。后面这类人就是那些直接把“智慧”二字刻在自己的额头上，通过到处叫卖“智慧”而谋取名利，并完全以此为生计的σοφιστής。在本书里，我们倾向于把σοφιστής这个词翻译为**“职业智者”**或**“智术师”**，以便把它与通常意义上的**“智慧之人”**（σοφός）区别开来——柏拉图在谈到那些职业智者的时候，虽然也使用过σοφός的称呼，但主要还是使

[1] 亚里士多德《尼各马科伦理学》1141a17 –20，1141b3。

用σοφιστής这个词。当苏格拉底和柏拉图的那个年代，正是职业智者们大行其道的时候，其中最著名的有普罗泰戈拉（Protagoras）、高尔吉亚（Gorgias）、普罗迪科（Prodikos）、希比亚（Hippias）等等。在这些人里面，普罗泰戈拉扮演着祖师爷的角色，但他自己却捏造出一段故事，宣称**“智术”**（σοφιστικὴ τέχνη）其实有着非常悠久的历史，只不过古代的智术师们为了避免遭到公众的嫉恨（至于“智术”为何会招致嫉恨，普罗泰戈拉没有说明），就采取别的身份来掩饰自己，比如荷马、赫希俄德、西蒙尼德（Simonides）表现为诗人，奥菲欧（Orpheus）和姆塞欧（Musaios）表现为传授神秘术和神谕的宗教活动家，伊克斯（Ikkos）、赫罗迪科（Herodikos）表现为体育专家，阿伽托克勒（Agathokles）表现为音乐家。据说，他们全都是因为害怕遭到人们的嫉恨，所以用其他技艺来做掩饰。（Prot. 316d－e）至于普罗泰戈拉自己，他觉得完全没有必要这样掩饰，于是反其道而行之，第一个公开站出来宣称："我是一名智术师，我愿意教育人们。"（Prot. 317b）

智术师们要把“智慧”传授给广大人民群众，这听起来这是一件非常美妙的事情。这难道不是发生在两千多年前的一场“启蒙运动”么？只不过大家别高兴得太早，因为如果你付不起高昂的学费，那么对不起，“智慧”的大门是不会向你敞开的。换言之，智术师们虽然打着“公共知识分子”的旗号，一副以开启民智为己任的样子，但他们真正的目的只有一个，就是要靠贩卖“智慧”来谋取名利。

当然，撇开智术师们假惺惺的做派不论，出卖自己的“知识成果”本身也是无可厚非的，只要他们提供的商品物有所值就好。因此苏格拉底想要搞清楚他们究竟传授的是怎样的“智慧”，看看年轻人们花大钱买来的“精神食粮”（Prot. 313c）是否物有所值。但是，结果和在政客、诗人、工匠那里的遭遇一样，苏格拉底仍然失望了。

比如，**普罗迪科**和**希比亚**主要讲授算术、星象、几何学、音乐文艺等，有点开设“课外补习班”的意思，因为这些内容在普通学校里面也是可以学到的。正因如此，**普罗泰戈拉**很瞧不起他的这两位年轻同行，认为他们是在糟蹋学生的时间和金钱，[1]相反，他传授的却是对每一个人“自己的家庭事务和国家事务都最有用的东西”，即**“政治技艺”**（πολιτικὴ τέχνη）。（Prot. 319a）问题只在于，实际上普罗泰戈拉自己既不能界定“政治技艺”是什么东西，对于“德行”（ἀρετή）本身也缺乏清楚的认识。

又比如大名鼎鼎的**高尔吉亚**，一向以“完美的修辞学家”（Gorg. 449a）自居，而他精通并传授的自然是“所有技艺中最杰出的”那门技艺（Gorg. 448d），即**修辞学**（ῥητορικὴ）。[2]高尔吉亚认为，精通修辞学的人可以轻易地说服别人，尤其是“说服群众”。他不需要具有任何专门的知识，或者说对于任何专门知识只需略懂皮毛，但只要他掌握了修辞学，就可以凭着三寸不烂之舌，让人觉得他比医生还懂医术，比画家还懂画画，比元帅还懂打仗，让人们宁愿抛弃那些真正的行家，却来找他求助。这就像金庸《天龙八部》里面描述的，鸠摩智其实只懂一门“小无相功”，但只要施展出来，给人的感觉就是他对于般若掌、摩诃指、大力金刚拳等七十二门绝技无一不精通。鸠摩智的小无相功就是高尔吉亚的修辞

---

[1] 另一方面，希比亚曾经很得意地宣称，普罗泰戈拉挣钱的速度根本不能和他相提并论，至于高尔吉亚和普罗迪科，他们两个人加起来挣的钱都不如他多。（Hipp. mai. 282c）

[2] 除了高尔吉亚之外，《斐德罗》里面还提到了另外一些“修辞学专家”：特奥多罗（Theodoros）、欧诺斯（Euenos）、提希亚斯（Tisias）、希比亚、波罗斯（Polos）、普罗泰戈拉、特拉叙马库斯。不消说，他们全都是教人如何颠倒黑白，并以此牟利的职业智者。

学。当然，正如鸠摩智糊弄不了真正的内功高手，高尔吉亚也糊弄不了真正有知识的人，只不过这些东西拿来蒙骗无知的群众是绰绰有余了。“在群众面前，无论在什么领域，修辞学家都可以把自己描绘为一个真正的行家里手。”（Gorg. 456c）说到底，就是一个无知的人把更多无知的人玩弄于股掌之间。结果是，在无知的人（群众）那里，无知的人（修辞学家）比有知识的人得到更多的信任，更确切地说，在无知的人那里，无知的人总是看起来比真正有知识的人更有知识。（Gorg. 459b－c）这种情况当然并不鲜见，即便到了今天，即便在“哲学”领域，有些人不愿或不能深入钻研古代的经典著作，因此对于伟大哲学家们的思想仅仅一知半解，尽管如此，他们却可以凭借着一种不是修辞学，但却胜似修辞学的修辞学（据说是某种先进的研究哲学问题的“方法”，即随意截取哲学家的某段文本进行“重构论证”，不去理解哲学家的某个思想的意义和价值，只关心哲学家是怎么“论证”这个思想，以及这个论证是否能够“说服”我们），在任何领域里面都头头是道，表现得比柏拉图专家还懂柏拉图，比康德专家还懂康德，比黑格尔专家还懂黑格尔，甚至比哲学家本人还更懂他们自己，比哲学家本人更高明——当然，这些只是在一群无知的听众面前显现为如此，因为无知的人总是崇拜无知的人。对此高尔吉亚非常坦率实诚地承认：是的，我要的就是这个效果，这就够了，你不觉得这是修辞学的极大优势吗，只要学习了它，不需要再学习任何别的技艺，就可以表现得比所有那些技艺的行家更厉害。（Gorg. 459c）

其实，像高尔吉亚这样坦诚自己唯一精通修辞学，其他专门知识啥都不懂的老牌职业智者，还算相对厚道的人。[1]而新一代的职

[1] 高尔吉亚的学生波罗斯甚至对高老师在苏格拉底面前的这种低调表现感到愤怒。

业智者们，比如**尤叙德谟**（Euthydemos）和**狄奥尼索多罗**（Dionysodoros）两兄弟，干脆宣称自己是“无所不知的人”（Euthyd. 213c），甚至妄言“即使当我们是小孩子，甚至我们刚出生的时候”，也是无所不知！！（Euthyd. 294e）但当人们追问他俩究竟知道些什么的时候，他们从不直接回应，而是用一个又一个充满陷阱的诡辩问答把对方至于窘境。对于这种伟大的“智慧”，苏格拉底只有表示敬谢不敏。

通过以上简要的分析可以看出，柏拉图是为了和政客、诗人、工匠、尤其是职业智者这些形形色色的打着σοφός或σοφιστής旗号的人以及他们所吹嘘兜售的σοφία划清界限，才转而坚持并推崇φιλοσοφία和φιλόσοφος等概念。不可否认，柏拉图是第一个有意识地区分“σοφία和φιλοσοφία”以及“σοφός和φιλόσοφος”的人，正如他在《斐德罗》里面所说的：

> “智者”（σοφός）这一称呼在我看来是伟大的东西，只能适用于神；但“哲学家”（φιλόσοφος）这个称呼对他（辩证法家）来说应该是更适合，也是更方便的。（Phaidr. 278d）

这是人们经常喜欢引用的一句名言。但关键在于，这个区分并不是绝对的，“哲学家”并不一定意味着与“神”无缘，因为柏拉图不仅提到**“作为神事的哲学”**（ἡ θεία φιλοσοφία，Phaidr. 239b），而且明白地宣称：哲学家虽然不是一个神（θεὸς），但“无论如何是一个**神一般的人**（θεῖος）；我希望这样来称呼所有的哲学家”。（Soph. 216b－c）此外柏拉图还说，哲学家的灵魂在完全净化之后将会“进入神的行列”。（Phaid. 82c）反之，那些职业智者根本没有资格叫做“智慧之人”（σοφός），因为他们是真正无知的，仅仅是“智慧之人”的模仿者，充其量只能叫做“智术师”（σοφιστής）。（Soph. 268c）这些证据表明，在柏拉图看来，哲学能够成为神所掌握的智慧，而哲学家也能够成为像神一样的智慧之人，至少在原则上来说这一切都是可能的。

四　柏拉图的哲学与“智慧”无缘吗？

遗憾的是，柏拉图于特定语境下在哲学和智慧、哲学家和智者之间作出的区分和划界，被后世某些人片面地夸大为一种不可逾越的鸿沟，仿佛哲学和智慧是压根不同的两个东西——哲学是“对智慧的爱”，而“爱”意味着追求自己匮乏的某种东西，所以哲学是而且始终是“智慧的欠缺和匮乏”，“爱智慧”等于“无智慧”，等于“无知”。按照这个理解，那些政客、诗人、工匠、智术师们诚然是无知的，但哲学家也是无知的，在本质上并不比那些人更高明，或者说哲学家相对于那些人的唯一优胜之处，就是做人比较谦虚一点而已；普罗泰戈拉、高尔吉亚等人诚然没有掌握真理，但苏格拉底和柏拉图同样也没有掌握真理，后者的唯一可取之处仅仅在于始终没有放弃对于真理的追求，虽然他们作为“哲学家”在本质上已经注定与智慧及真理无缘，但仍然“知其不可而为之”。这不仅是苏格拉底和柏拉图个人的宿命，而且是一切哲学家的宿命，是哲学本身的宿命，因为据说只有神才配得上智慧和真理，才是“智者”，而人只能是不断追求智慧却始终与智慧无缘的“哲学家”，充其量只能提出各种问题，而绝不能以为自己解决了什么问题，更不能认为自己给出的答案是一个真理。最后，如果人毕竟想要了解到什么根本的东西，那么他必须保持那种自甘无知的“谦虚”态度，并且摆脱哲学，另辟蹊径，而这无非意味着，放弃知识和理性，向各种非理性的情感和廉价的宗教信仰投降。

对于柏拉图哲学的上述“不可知论”解释起源于德国浪漫派的“无限主义”（Infinitismus）思想，而这又是起源于德国浪漫派自身的哲学观，甚至可以追溯到康德、费希特、席勒的相关思想。康德在《纯粹理性批判》的先验辩证论里提出了一个核心概念，即**“理想”**（Ideal）。理想在理论上意味着纯粹理性以先天必然的方式所思想的一个最高对象，但这个对象“不能在经验中被给予”，即是说既不能在现实中存在，也不能被认识。就像康德反复所说的那样，理想**仅仅**是一个理想。而在实践哲学里，理想意味着一个道德典范，是人们应该永远不停追求的目标。人们在行动中应该无限地向着它趋近，哪怕它过去从来没有，将来也永远不会在现实生活中出现。简言之，康德一方面把理想推到了绝对不可触及的彼岸，另一方面又规定我们无论在理论还是实践中都要不断向它靠拢。在康德这里已经出现了一种“无限趋近，但永远无法触及”的思维模式。首先受其影响的是费希特和席勒。费希特在1794年《关于学者使命的若干演讲》中指出，人的最终目的在于用理性来驾驭一切非理性的东西，但他同时认为：“在‘人’的概念里包含着这样一个意思：人的最终目标必定是不能达到的，达到最终目标的道路必定是无限的。因此，人的使命并不是要达到这个目标。但是，人能够而且应该日益接近这个目标；因此，无限地接近这个目标，就是他作为人的真正使命。”[1]同样，席勒在《秀美与尊严》（1794）中也说道：“人的使命就是在他的两种本性之间建立起内在的和谐一

---

[1]《费希特著作选集》第二卷，梁志学主编，北京：商务印书馆1994年版，第12页。

致……但是，这种性格的美，人性最成熟的果实，只是一个理念。人以持续的专注去符合这个理念，但他在所有的努力中都不可能完全达到它。”[1]在后来的《审美教育书简》（1795）里，席勒继续宣称，“审美自由”的理念是这样一个无限者：“人在时间的长河里能够逐渐接近，但却永远不能达到它。”[2]感性力量和理性力量至多只能趋向尽可能的和谐，但这种和谐“在现实中是一个永远都不能达到的理念”[3]。

康德、费希特、席勒的这种“无限趋近”思维模式深深地影响了德国浪漫派的青年才俊，尤其是弗里德里希·施莱格尔，而施莱格尔的一大创举在于，他把这个思维模式应用到了古代哲学家柏拉图身上，而且他的这套柏拉图诠释在现当代学者对于柏拉图的理解那里发挥着持续的巨大影响。有鉴于此，我们在这里考察一下施莱格尔的相关思想是绝对有必要的。

众所周知，施莱格尔曾经计划与施莱尔马赫合作，共同翻译柏拉图全集，但他最终因耽于各种事务而将这份工作完全交付给了后者。至于施莱格尔后来认为施莱尔马赫对于柏拉图的理解“剽窃”了他的思想，从而导致朋友之间反目，这是另外的问题。事实上，施莱格尔虽然“临阵脱逃”，没有参与《柏拉图全集》的翻译工作，但他本人毕竟是这个计划的发起者，如果没有他对于施莱尔马赫的启发和鼓励，后者恐怕也不会有雄心和勇气去承担这项伟大的工作。作为德国浪漫派的最重要的理论家，施莱格尔对于哲学史、对于柏拉图，始终青睐有加，不仅多次专门讲授柏拉图的哲学，而

---

[1] Friedrich Schiller, *Über Anmut und Würde*. In *Gesammelte Werke*, hrsg. von Reinhold Netolitzky. Berlin, 1955. Band 5, S. 157.

[2] Friedrich Schiller, *Über die ästhetische Erziehung der Menschen*. In *Gesammelte Werke*, hrsg. von Reinhold Netolitzky. Berlin, 1955. Band 5, S. 366.

[3] Ebd., S. 391 u. 374.

且更重要的是把他自己的哲学观点与他的柏拉图诠释糅合在一起。从现存文献来看，施莱格尔对于柏拉图的论述主要见于1803—1806年的《柏拉图性格刻画》[1]、《苏格拉底和柏拉图的辩证法》[2]、《柏拉图的哲学》[3]等文章或课堂教授录，这些论述的篇幅虽然长短不一，但都集中体现了施莱格尔的柏拉图诠释的要点。

简言之，和施莱尔马赫一样，施莱格尔也强调必须从形式和内容这两个方面来考察柏拉图的哲学，强调柏拉图哲学的形式的重要性一点都不亚于柏拉图哲学的具体内容，甚至可以说，正确把握柏拉图哲学的形式是真正认识柏拉图哲学的基本前提和关键之所在。而所谓柏拉图哲学的形式，就是柏拉图表述其哲学思想所采取的方式，或更确切地说，就是柏拉图的对话录写作方式。关于施莱尔马赫在这个问题上的观点，我们在本书第5章里已经有过讨论，这里不再赘述。相比之下，施莱格尔在关注柏拉图哲学的对话录这一形式的时候，重点不是在于其具有的艺术性，[4]而是在于这样一个观点，即“对话录”与“体系”不相容，是**“反体系”**的。对此施莱格尔有一句名言：“柏拉图没有任何体系，而是只有一种哲学。”

---

[1] Friedrich Schlegel, *Charakteristik des Plato*, in ders. *Schriften und Fragmente. Ein Gesamtbild seines Geistes.* Aus den Werken und dem handschriftlichen Nachlaβ zusammengestellt und eingeleitet von Ernst Behler. Stuttgart 1956. S. 185. 以下引用相关文本时缩写为“CP”，并标注该书相应页码。

[2] Friedrich Schlegel, *Von der sokratischen und platonischen Dialektik.* in *Friedrich Schlegel's Philosophische Vorlesungen aus den Jahren 1804 bis 1806. Nebst Fragmenten vorzüglich philosophisch – theologischen Inhalts.* Hrsg. von C. J. H. Windischmann. Erster Teil. Bonn 1846. S. 30. 以下引用相关文本时缩写为“SPD”，并标注该书页码。

[3] Friedrich Schlegel, *Philosophie des Plato*, in *Friedrich Schlegel's Philosophische Vorlesungen aus den Jahren 1804 bis 1806. Nebst Fragmenten vorzüglich philosophisch – theologischen Inhalts.* Hrsg. von C. J. H. Windischmann. Erster Teil. Bonn 1846. S. 365. 以下引用相关文本时缩写为“PP”，并标注该书页码。

[4] 施莱格尔当然也承认：“柏拉图的著作，每一个单独看来都是一个完满的艺术品。”（CP，185）

（CP，185，187）“哲学”和“体系”一开始就被对立起来，后者被理解为一种完结了的、静态的、特殊的、甚至片面的结论，[1]而与之相反，哲学是一个人的精神的成长史，是他的思想的逐渐塑造和发展的过程。关键在于，这是一个没有尽头、不能终止的过程，就像施莱格尔曾经说过的那样：“一个人只能**成长**为哲学家，而不能**是**哲学家。只要谁相信自己是哲学家，那么他就再也不能成长为哲学家。”[2]因此，柏拉图既不是从一个特定的根本原理出发进行哲学思考，最后也没有达到一个终极的结论，而是始终处于探索的过程当中：“他的思想始终没有完成，他在对话录里费尽周折，力图表达出他的精神历程——不断地追求着对最高者的完满知识和认识——，表达出他的思想的永恒转变、塑造和发展过程。”（CP，187）施莱格尔认为这种探索过程“完全符合哲学的精神”，因为“哲学总的说来是对于智慧的一种寻找和追求，而不是智慧自身”。（CP，185）智慧仅仅是哲学的一个理想（！），哲学在追求这个理想的过程中获得的各种“真理”都是相对的，并都不是绝对的真理，甚至严格说来，她在这个过程中陷入的各种“谬误”也不是真正的谬误。在作这些强调的时候，施莱格尔在智慧和对智慧的追求（哲学）之间画开了一道不可逾越的鸿沟，把二者的差别绝对化了。[3]

---

[1] 必须指出，这种意义上的“体系”与谢林—黑格尔强调的那种作为有机整体的“体系”完全不是一回事。事实上经常是这样的情形，即“体系”的拥护者和批评者对他们所讨论的对象的基本界定都没有达到共识，因而经常出现鸡同鸭讲的局面。

[2] Friedrich Schlegel，*Schriften und Fragmente. Ein Gesamtbild seines Geistes.* Aus den Werken und dem handschriftlichen Nachlaß zusammengestellt und eingeleitet von Ernst Behler. Stuttgart 1956. S. 90.

[3] 对于施莱格尔的上述观点对于近代以来柏拉图诠释的影响，克雷默在《费希特、施莱格尔和柏拉图释义中的无限主义》一文中进行了深入的揭露和批判。Vgl. Hans Joachim Krämer，*Fichte*，*Schlegel und der Infinitismus in der Platondeutung.* In *Deutsche Vierteljahrs Schrift für Literaturwissenschaften und Geistesgeschichte.* 62. Jahrgang 1988，Heft 4/Dezember. S：583 –621.

同样，在《苏格拉底和柏拉图的辩证法》里，施莱格尔提出："苏格拉底的哲学、他的学派的哲学、甚至柏拉图的哲学，都不是一个真正封闭的和完结的体系，毋宁说是一种持续推进的哲学思考，是一种对于真理和确定性的孜孜不倦的探究和追求。"（SPD，30）在施莱格尔看来，苏格拉底和柏拉图都认为真正的哲学的第一项事务就是消除人们头脑中各种已有的成见和谬误，必须首先清楚所有的障碍，才能达到哲学的神庙。苏格拉底学派（包括柏拉图）的所有著作首先的任务在于，驱逐当时广为流传的谬误和支配性的成见，同时仅仅以顺便提及或暗示（Andeutung）的方式宣讲他们自己的学说，但这样一些反驳意见不可能构成"独立的体系"，因为它们依赖于一些偶然的情况，即取决于哲学家想要反驳哪些谬误。正因如此，"苏格拉底学派的著作不可能是体系性的，因为他们绝大多数都是论战性的，也就是说，更倾向于反抗那种'非哲学'（Unphilosophie），而不是发展和建立一个关于他们自己思考所得的真理的独立体系"（SPD，30）。

对于施莱格尔而言，反驳成见和谬误是"辩证法"的主要用途，而辩证法——正如其词源所表明的那样——起源于对话、交谈，从这里又引申出苏格拉底学派和柏拉图的对话录写作。这似乎再次证明了柏拉图的对话录不是一种体系性的思考，因为正如施莱格尔所说的那样："一部哲学对话录不可能是体系性的，因为否则的话，它就不再是对话录，而仅仅是一篇改头换面的体系性论文，反过来，以体系性的方式来交谈必然看起来是荒谬的、学究气的。"（PP，S. 365；CP，S. 186）这个观察具有一定的合理性，但施莱格尔的问题在于，他实际上已经预设了这样一个重大前提，即柏拉图的哲学思考（和别人交谈、反驳各种成见和谬误等等）和他的写作是**绝对同步发生的**，或者说当柏拉图在书写对话录的相关内容时，恰恰**仅仅**具有目前的认识。但是，柏拉图为什么不可以**预先**已经具有一套系统的哲学思想，**然后**在和别人交谈或写作对话录的时候反驳各种谬误，进行论战呢？换言之，一部哲学著作的“论战性”和“体系性”并不是绝对排斥的。退而言之，即使一部对话录不是体系性的，那么这也不能证明柏拉图的哲学本身不是体系性的。遗憾的是，施莱格尔在这里有意无意地略去了这个非常尖锐的问题。

与此同时，施莱格尔提出了另一个理由，用来表明苏格拉底和柏拉图的哲学是与“体系”不相容的。他说：“在苏格拉底和柏拉图看来，哲学的对象是如此地超越于人类理智的紧促界限之上，如此地超脱于人类理智的有限的理解能力，所以他们宣称，即使通过最大的努力也绝不可能完全认识到无限的真理，不可能完全穷尽无限的真理；这个真理只能以揣摩、猜测和暗示的方式被把握，人们只能通过一种永不止息的持续追求、通过一种上升式的追求完满的教育、通过推崇一切精神力量和行为，才能接近它；但要完全达到它，这对于人来说是一个不可解决的问题。”（SPD，31）

施莱格尔的这些言论明显体现出我们刚才提到的康德、费希特和席勒的影响，而他自己的主要“贡献”，就是把这套思想应用到了柏拉图诠释上面，用不可知论来表明柏拉图不具有一个“体系”——原因在于，“体系”意味着一种完满的、终极的知识。出于同样的理由，施莱格尔对于苏格拉底的“无知”和“谦虚”推崇备至，认为“坦诚对于人类认识的最高对象的无知”是一种正直的、严肃的、对于真理的追求的表现。（SPD，33）但施莱格尔没有注意到，这恰恰只是他曾经指出的柏拉图的著作的“论战性”的一个表现，因此不能从中推出一个“体系性”的结论。而最大的问题在于，不可知论也许可以适用于许多哲学家，但在柏拉图这里却是绝对不可接受的，因为柏拉图恰恰是不可知论的死敌，他的哲学立场就是要反对职业智者们（普罗泰戈拉、高尔吉亚等等）宣扬的那些观点，比如人类出于自己理智的缺陷不可能认识到确定的真理，不可能认识到最高的善、美、理念等等。柏拉图从来没有像施莱格尔所声称的那样，认为“哲学的对象是如此地超越于人类理智的紧促界限之上，如此地超脱于人类理智的有限的理解能力，所以……即使通过最大的努力也绝不可能完全认识到无限的真理”——这类观点毋宁说正是普罗泰戈拉等人的主张，是柏拉图所坚决反对的。除此之外，柏拉图在《斐德罗》、《斐多》、《理想国》、《会饮》、《智术师》、《政治家》、《蒂迈欧》等大量著作的多处地方都明确表明，哲学家**能够**认识到“善”、“美”等最高理念，**能够**认识到理念与具体事物之间的关系（这才是真正的柏拉图的“辩证法”思想），而从来没有提出这些对象超出了人类理智的界限。至于这些认识是否达到了一个体系，那是另外的问题，但这些事实无论如何都已经表明，施莱格尔用不可知论来诠释柏拉图乃是一个巨大的曲解。

我们看到，施莱格尔站在康德的立场上曲解柏拉图，反复强调，由于人类理智远离理智世界，束缚于感官世界，“所以它对于神性只能具有一种不完满的认识”（PP，363）。诚然，人们可以、而且必须摆脱感性冲动、禀好和激情，但是却不可能摆脱对于最高对象的认识的否定性，因为这种否定性是基于人的本质，基于“人作为感性存在的原初的局限性”。施莱格尔宣称：“柏拉图认为，人基于自己的有限的、感性的本性，只能以否定的认识，间接地和不完满地认识那种无限的、最高的实在性。”（PP，362）在他看来，柏拉图不是用一个特定的命题或结果来概括整体，而是总是借助于关于无限者的一个暗示，以及对于无限者的一个“展望”（Aussicht)。相应的，柏拉图的对话录所教导的思想一直走到了最高对象的门口，但并不“登堂入室”，而是满足于仅仅以一种不确定的方式暗示那无限的、神性的东西，因为这个东西不可能通过哲学而加以标注和解释。所有这些观点合在一起，结论就是一个，即柏拉图既然没有以肯定的方式认识到那些最高对象，那么他当然不可能建立或具有一个“真正意义上的哲学体系”。

与不可知论路线相一致和相联系的，是施莱格尔提出的**“无限接近”**（unendliche Annäherung）模式。施莱格尔在诠释柏拉图哲学之前，预先对于“哲学”本身提出了一种浪漫式的诠释。他说：“假设哲学的目的就是对于无限本质的一种肯定的认识，那么必须承认，这个认识是绝不可能达到完满的，既然如此，哲学也绝不可能成为科学。”（PP，362）诚然，纯粹从概念上来说，“哲学”和“科学”（亦即“智慧”）是两个东西，但施莱格尔恰恰不懂这样的辩证法，即“哲学”在本质上就是“成为科学”，而“科学”也不是一个孤零零的、现成地摆放在遥不可及的远方的东西，毋宁说它就是哲学成为科学的这样一个过程本身，就是哲学。[1]是的，有许多特定的哲学还处在走向科学的途中，但这绝不意味着另有一些哲学（比如柏拉图、谢林和黑格尔的哲学）或哲学本身不能成为科学。施莱格尔只看到了前面一点，却没有认识到后面这种情况，因此他才会妄自声称：“柏拉图只有一种哲学，但却没有一个体系；正如哲学总的说来仅仅是对于科学的一种寻求和追求，而不是科学本身，这一点对于柏拉图的哲学来说尤其是如此。他的思考永远都没有完结，他尝试着以一种精巧的方式在对话录中呈现出他的精神

[1] 对此可参阅黑格尔在《精神现象学》之“导论”中的精彩论述。（黑格尔《精神现象学》，先刚译，北京：人民出版社 2013 年版，第 56—57 页。）

的这种不断追求完满知识和对于最高者的认识的过程，呈现出他的理念的永恒的转变过程、塑造过程和发展过程。这也是柏拉图哲学的性格特征。”（CP，187；PP，363－364）按照施莱格尔的看法，一个人的哲学就是一个人的精神的历史，是他的理念的逐渐产生、塑造、推进的过程。只有当他的思考完结了，达到一个确定的结果，才产生出一个体系。但施莱格尔认为，柏拉图的哲学研究不能达到一个最终结果，所以他只能试图把那个内在的关联、那种独特的统一性注入到他的理念的进程、发展和呈现中，因此柏拉图哲学的形式的个性特征仅仅在于他的哲学研究的特定的、合乎计划的推进过程。施莱格尔把柏拉图称作“一个彻底处于进展中的（durchaus progressiver）的思想家”，把柏拉图的哲学称作是“一种处于转变过程中的哲学”，从总体上给柏拉图贴上了一个“未完成”的标签：要么是他的哲学没有完成，要么是他的哲学的表述没有完成。（PP，366，367）

概言之，施莱格尔给柏拉图贴上“不可知论”、“过程性”、“未完成”等标签，归根结底就是要表明柏拉图哲学不是一种达到了终极认识的科学，不具有一个严密的体系。但施莱格尔始终是在柏拉图哲学的“形式”这个框架内来讨论上述问题的，也就是说，他的那些言论尚未触及柏拉图哲学的“内容”，不是建立在柏拉图哲学的具体内容之上，因此臆想的成分远远大于实际研究的结果。只要真正深入研究了柏拉图的著作，就会发现，施莱格尔的那些标签和柏拉图哲学的真相是完全不符的。

施莱格尔在柏拉图那里对于科学和体系的排斥，导致他得出了另外一个具有深远影响的结论，即否认柏拉图的“未成文学说”的存在。我们曾经指出，施莱格尔的战友施莱尔马赫排斥“未成文学说”的办法是试图表明那些学说的内容已经以巧妙的方式存在于对话录之内，因此没有独立存在的必要，而施莱格尔的主要出发点还是因为他力主柏拉图哲学的“非科学性”和“非体系性”，因此不可避免地要否定那些具有浓厚体系气息的“未成文学说”。在这个问题上，施莱格尔列出了三条反对“未成文学说”的理由：

1. 柏拉图在表述自己的思想时并没有什么克制保留的，比如他经常赤裸裸地攻击祭司、大众教师和诗人，与神话对立，主张神的单一性等等。

2. 施莱格尔的第二条反驳理由是，“未成文学说”是一个科学的体系，而“体系”这一概念无论如何不可能与柏拉图哲学的形式和方法相容，或者说“体系”对于柏拉图的“处于转变过程中的哲学”来说是一个过于严格、过于局促的界限，因此“未成文学说”是站不住脚的。

3. 最后，施莱格尔认为，柏拉图的“未成文学说”极有可能出自他的学生斯彪希波和塞诺克拉底，但就我们对于斯彪希波和塞诺克拉底的了解而言，他们其实不怎么理解他们的老师，因此他们的记载不会提供什么关于柏拉图哲学的新的、有意思的启发。(PP, 366–367)

在这里，就施莱格尔的第一个反驳理由而言，这不过是一种无的放矢，因为正如我们已经指出的，柏拉图在著作中有所保留的东西不是他的宗教观点，而是对于最高本原（“一”和“不定的二”）的界定以及这两个本原和各级存在的辩证关系。看起来施莱格尔根本不知道这个问题的关键之所在。与此同时，他的第二个反驳理由其实是一个“丐题”诡辩（petitio principii），即以一个预先设定的结论——“柏拉图哲学不可能是一个体系”——来证明与此不符的东西是错误的。至于施莱格尔的第三个反对理由，我们在本书第4

章已经驳斥过了，因为施莱格尔不仅妄自尊大（即以为斯彪希波和塞诺克拉底这两位柏拉图的亲炙弟子竟然不怎么理解他们的老师，或认为自己比这两位哲学家更理解柏拉图），最重要的是，他看起来根本不知道，关于柏拉图的“未成文学说”的记载恰恰不是来源于斯彪希波和塞诺克拉底，而是主要来自于亚里士多德。总的说来，施莱格尔就是用这么几条无的放矢的理由清除了柏拉图的“未成文学说”，得出一个放心大胆的一劳永逸的结论：“我们通过柏拉图的著作就能了解他的真正的、真实的哲学。”（PP，367）至于这种意义上的柏拉图哲学只不过是一种“未完成的”、“不完满的”东西，对于施莱格尔来说也是不言而喻的。

其实，针对这种绝对割裂“智慧”与“哲学”，并将智慧推到遥不可及的彼岸的做法，黑格尔在《精神现象学》里已经作出了明确的回应。他在该书序言中写道：“我为自己设定了一个目标，即通过我的一份努力，使哲学具有智慧（Wissenschaft）的形式，——使哲学能够卸下‘爱智慧’这个名字，成为一种现实的智慧。”[1]必须指出，黑格尔的这番话并不是一种狂妄自大的反映，毋宁说根植于一种深刻的辩证法洞见，也就是说，如果把“智慧”看作一个结果或目的的话，那么这个结果只有与之前的整个过程结合起来才是一个真正意义上的结果：“因为事情并不是在它的目的里面，而是在它的具体展开过程中才得以穷尽，同样，结果本身也不是一个现实的整体，而是只有与它的转变过程合并起来才是一个现实的整体。”[2]如果说施莱格尔把哲学理解为一条通往智慧的

---

[1] 参阅黑格尔《精神现象学》，先刚译，北京：人民出版社 2013 年版，第 3 页。这里的“智慧”在那里被译为“科学”或“知识”，引文为适应本书的语境进行了改动。以下几处黑格尔的引文同理。

[2] 同上书，第 2 页。

道路的话，那么在黑格尔看来，**“这条走向智慧的道路本身就已经是智慧”**。[1]另一方面，谢林虽然也在哲学和智慧之间作出了区分，但他并不认为二者之间有一条绝对的鸿沟，而是认为这是一个必然会完成，而且在他那里已经完成了的过渡，因此他才会自信地宣称：“我的哲学是σοφία，是真实的智慧，而其他人的哲学仅仅是φιλοσοφία，亦即有关σοφία的准备工作。但智慧就是那将开端、中间站点包揽在自身内的洞见和科学，而哲学则是对于这个目标的追求。”[2]

一方面是以施莱格尔为代表的德国浪漫派，另一方面是以谢林、黑格尔为顶峰的德国唯心主义，二者在哲学观上的分歧，不可避免地投射到后人对于“哲学”本身的理解上。当然，在20世纪这个总的说来对于哲学、形而上学、理性、精神、科学（这个概念必须在德语的“Wissenschaft”意义上来理解）、知识、体系失去了信心的时代里，德国浪漫派的观点拥有更大市场是不足为奇的。比如存在主义者卡尔·雅斯贝斯在其《哲学导论》中就说道：“哲学的本质在于寻求真理，而不是拥有真理。……‘哲学’意味着‘在路上’（auf dem Wege sein）。她的提问比她给出的答案更根本，而每一个答案都成为新的提问。”[3]持同样观点的还有知名学者福尔克曼-施鲁克，作为海德格尔和伽达默尔的忠实学生，他操着其老师们标志性的腔调（即把许多独立的单词像羊肉串一样连在一起，仿佛非此不足以表达他们的意味深长的重大思想），说道：“哲学的本质不在于持续不断地拥有知识，毋宁说她是一种‘永—不—止—息—

---

[1] 黑格尔《精神现象学》，先刚译，北京：人民出版社2013年版，第57页。

[2] F. W. J. Schelling，*System der Weltalter. Münchener Vorlesungen* 1827/28. Herausgegeben und eingeleitet von Siegbert Peetz，Frankfurt a. M.，1990. S. 87 –88.

[3] Karl Jaspers，*Einführung in die Philosophie.* München，1953. S. 14.

的—动—身—上—路’（unaufhörliches Sich-auf-den-Weg-Machen），是一种‘保—持—在—路—上’（Auf-dem-Weg-Bleiben）。”[1]类似的例子当然还可以找到许多。在他们看来，历史上所有的伟大的哲学家们的工作，说得客气和诗意一点，是“在路上”；说得不好听点（其实这才是他们的真心话），都是“半途而废”，反正从未拥有真正的知识和智慧。他们喜欢很“公正地”、一视同仁地对待历史上伟大的哲学家和当代的普通哲学工作者，但总是把那些伟大的哲学家降低到普通哲学工作者的层次，与后面这些人相提并论。他们特别喜欢引据苏格拉底的“谦虚”，揭露哲学本身的困境和无能，从而为他们自己在哲学上的极端无能推卸责任。但实际上，这种谦虚是一种虚伪的谦虚，因为这种态度背后隐藏着一种自觉或不自觉的自高自大（随意抹煞伟大前辈的呕心沥血的功绩，仿佛那些伟大的哲学家和他们一样无能），以及一种无力承受两千多年哲学史的重负的卑贱心灵。他们的各种充满诗意的说法，无非是重弹古希腊职业智者们的相对主义老调，而这恰恰是他们时时刻刻挂在嘴边的柏拉图所坚决而强烈反对的东西。

根本说来，德国浪漫派这种绝对割裂“哲学”与“智慧”的做法，问题不在于他们把“哲学”理解为“爱智慧”，毋宁说真正糟糕的地方在于，他们所理解的**“爱”是一种永远不能得到满足的追求，一种永远触及不到对象的寻找，因为他们所爱的对象是一个在本质上与自己彻底无关的东西**。浪漫派不懂得柏拉图在《会饮》中借助阿里斯托芬之口讲述的那个关于“全人”被割为两半的传说，即“爱”意味着“对于整体的渴求和追求”（Symp. 192e－193a），而关键在于，“爱”所追求的、渴望与之合

---

[1] Karl－Heinz Volkmann－Schluck, *Metaphysik und Geschichte*. Berlin, 1963. S. 12.

二为一的对象，并不是什么莫相干的东西，而是**原本属于自己的另一半**（Symp. 191d），而同样重要的是，这个追求在厄若斯的庇护下是能够实现的，尽管这是属于少数幸运儿的事情（Symp. 193b－c）。相应的，浪漫派也完全忽略了柏拉图在《吕西斯》中的那个教导，即"爱"和"友谊"诚然意味着追求缺失的东西，但是关键在于，这个所谓的缺失的东西并不是某种原本就不具有、与自己彻底无关的东西，而是从自己那里剥离出来的，或者说这个缺失的东西其实是**"本己的东西"**（τοῦ οἰκείου）。（Lys. 221e）可见，"哲学"与她所爱的"智慧"之间的关系也应当这样来理解，而不是像在浪漫派那里一样，被扭曲为一种病态的莫名其妙的且永远无望的追求。本来，浪漫是一种病，得治，但这件事情棘手的地方在于，浪漫派的诸位大师很享受这种病态，他们是为了得病而不是为了健康而活着。正如我们看到的，诗人诺瓦利斯、艾欣多夫等人一辈子都在悲伤忧郁地寻找着一朵虚无缥缈的"蓝花"，一边遭受着这种求而不得的煎熬，一边把玩并享受着这种痛苦的感觉，前者更是因此竟然郁郁而终。这是德国浪漫派的特色，他们只爱不能到手的东西，反过来说，如果一个东西竟然是可以追求到手的，那么他们是绝对不爱的。问题只在于，这种病态扭曲的"爱"符合古希腊人尤其是柏拉图的思想观念，甚至哪怕符合一个正常的人的思想观念吗？而答案显然是：绝不。

五　作为智慧之友的哲学

我们之前已经指出，"哲学"（φιλοσοφία）这个词是较晚才出现的。但不可忽视的是，自从荷马时代以来，类似的构词法（即φιλο前缀与某个名词或形容词结合）已经大量出现，以表明对于某个事物或某个方面的喜爱、重视、专注、擅长等等。正如德国学者阿尔伯特（K. Albert）举例表明的，比如φιλο-ποσία的意思是“爱喝酒”，φιλο-τροφία的意思是“喜爱美食”，φιλο-μαθία的意思是“爱学习”，φιλο-πλουσία的意思是“爱财富”，φιλο-τιμία的意思是“爱荣誉”，甚至还有φιλό-φιλος这样的词，意思是“爱朋友”。很显然，在所有这些词语里面，“爱”都没有“只能追求对象却永远得不到满足”的意思。φιλο-μαθία绝不意味着勤奋学习却没有获得半点知识，毋宁说这个词所指的恰恰是学识渊博的人。φιλο-τροφία绝不是永远都在追求食物，却从来都吃不到一口东西，正相反，这个词指的是那些堪称饕餮客的整天大快朵颐的人。同样，φιλό-ξενος也绝不是意味着虽然十分喜欢客人，但却从来没有客人到访，相反，这个词总是与高朋满座、热情待客的场面联系在一起。[1]其他的类似结构词语，包括φιλοσοφία，也是同样的道理。正因如此，布尔克特在谈到φιλοσοφία这个词的时候写道：“φιλεῖν的意思不是追求某种不在场的东西，不是追求不可触及的东西，而是意味着对当前的东西的一种亲近熟悉状态，正是在后面这种意义上，φιλεῖν标示着一种习以为常的行动……那些使用φιλόσοφος一词的人，并不是把它当作σοφός的对立面，当作对于σοφία的放弃。毋宁说，在最本原的意义上，我们必须把φιλεῖν理解为一种友好的关系，一种亲密的交往，φιλοσοφία就是一种经常性的，成为习惯的，

[1] Karl Albert, *Über Platons Begriff der Philosophie.* Sankt Augustin 1989. S. 18 –19.

与σοφία的交往。”[1]

也就是说，哲学和智慧的关系并不是单纯的求而不得，而是亲密的交往。相应的，哲学家也不是一个苦逼地对于智慧只能望洋兴叹的人，而是智慧的“亲密朋友”（Freund der Philosophie）。在《理想国》里，柏拉图明确地提出警示：“如果一个人永远只是徒劳地追求着，难道你不认为他最终必然会发展到仇恨自己，仇恨这样一项事业吗？”（Rep. 486c）正如我们指出的，柏拉图心目中的“智慧”就是真知，即对于永恒不变的真实存在的认识，而柏拉图说得再清楚不过：“哲学家是这样一些人，他们能够把握那永远与自身一致、永远保持这同样秩序的东西；反之，那些没有能力做到这一点的人，就不是哲学家……”（Rep. 484b）单凭这些显而易见的证据，其实已经足以纠正德国浪漫派对于“哲学”概念的曲解，更解释了浪漫派及其追随者为什么“身在曹营心在汉”，每每走向对于哲学的反动和仇视，因为相比柏拉图、亚里士多德、谢林和黑格尔等真正伟大的哲学家，这些人在最崇高的精神领域里的的确确能力欠奉，只能徒劳地追求着智慧，对于前辈的伟大思想成就各种羡慕嫉妒恨。

不过，对于哲学与智慧之间的这种亲密关系，我们还需要一些深入考察。既然是“亲密”，那就意味着经常来往，意味着一种动态的、反复的联系。在《会饮》这部以歌颂爱神厄若斯为主题的对话录里，当其他人尽可能把一切辉煌的赞美全堆在厄若斯这位“伟大的神”身上时，苏格拉底却指出厄若斯并不是神，而是一个居于神和人之间的“大精灵”（δαίμων μέγας）。（Symp. 202d）这里有一个非常重要的概念，即“居间者”（μεταξύ，Symp. 202a，

[1] Walter Burkert，*Platon oder Pythagoras*? In Hermes 88（1969）. S. 172 –173.

202e usw.)。[1]简言之，那不是“美”的东西，不等于“丑”；那不是“善”的东西，也不等于“恶”。在两个极端之间，总是有一些“居间的东西”。这里有一段大家喜欢征引的话：

> 没有哪一个神会进行哲学思考，或祈求成为智者。因为他本来就是智者。如果一个人（或神）是智慧的，他就不进行哲学思考。另一方面，那些无知者既不进行哲学思考，也不祈求成为智者。(Symp. 204a)[2]

那么，谁是那个进行哲学思考的人或哲学家呢？答案是：“小孩子也知道，是介于那两者之间的东西。厄若斯就是这样的一个东西……厄若斯必然是一个哲学家。作为哲学家，他是介于智者和无知者之间。”(Symp. 204a -b）在这里，柏拉图通过描述厄若斯的特点，同时也刻画了哲学家的本质，即哲学家相当于一个半神半人的大精灵。根据一个显然是由柏拉图自己杜撰的传说（Symp. 203b -e)，厄若斯是富神波罗斯（Poros）和穷神佩尼亚（Penia）之子。由于继承了父母各自的特性，所以厄若斯一方面像他母亲一样穷得

---

[1] 在国内最近翻译出版的一部著作即皮埃尔·阿多的《古代哲学的智慧》(上海译文出版社 2012 年版）中，译者张宪先生把柏拉图《会饮》里面的“居间者”这个概念翻译为“半吊子”(见该书第 41、42 页)，这就扭曲了柏拉图真正想要表达的意思。实际上如果考察阿多著作的前后文，可以看出阿多并不是要把厄若斯和哲学家贬低为“半吊子”(虽然其中的德国浪漫派的影响也是很明显的)，所以“半吊子”这个译法更多地是反映了译者对于这个问题的认识，一个在当前学界非常流行的认识。这不免让我们回想起陈中梅先生也曾经谴责柏拉图“把‘跨学科’当儿戏”(见前引陈中梅著作第 248 页)，只不过那里的意思是，柏拉图是一个介于哲学和诗之间的“半吊子”。

[2] 类似的话在《吕西斯》这篇对话录里面也曾出现：“智者（不管他们是神还是人）不再进行哲学思考，而那些天生愚蠢因而为恶的人也不可能进行哲学思考……只有那些尚且非善非恶的人才进行哲学思考，而全部恶人和全部善人都不进行哲学思考。”(Lys. 218a -b)

叮当响（粗鲁、蓬头垢面、光脚、睡在门口或外面的大街上、总是操劳、空虚匮乏、不完满、得不到满足——这是德国浪漫派及其追随者乐意强调的方面），另一方面又像他父亲一样散发出强大的力量（勇敢、敏捷、身手不凡、强大的猎手、求知、思维丰富、毕生钻研哲学、堪称魔法大师和智者）。作为一个介于神和人之间的精灵，哲学家厄若斯的任务是**“转述和传达”**（Ἑρμηνεῦον καὶ διαπορθμεῦον, Symp. 202e）人给神的东西（祈祷和牺牲），以及神给人的东西（命令和酬劳），因为“神并不与人直接来往”。（Symp. 203a）厄若斯仿佛是一个摆渡者，不停地来回往返于神和人的两岸之间。他不仅到达神的领域，也到达人的领域。因此厄若斯绝不是像瓦格纳笔下的那位“漂泊的荷兰人”一样，永远漂泊在两岸之间，却从来不能靠岸。假如大精灵们是这样一些两边都不能靠岸的摆渡者，假如哲学家那边听不懂神的教导和指示，这边不能把人导向神圣，那么我们很难说他们完成了自己的使命。

在另一部对话录《泰阿泰德》里，柏拉图提出了著名的“哲学产生自惊诧”这一说法，并且把“惊诧”（τὸ θαυμάζειν）与海神陶马斯（Thaumas），相应地把哲学与陶马斯的女儿——彩虹女神伊里斯（Iris）——联系在一起。（Tht. 155d）按照古希腊神话传说以及柏拉图在《克拉底鲁》中的转述，伊里斯的职责是在神和人之间传递信息，就和厄若斯一样，而这正是哲学家扮演的角色。（Krat. 408b）除此之外，我们还可以列出柏拉图在《米诺斯》中根据荷马史诗的传说而引申出的一个例子，即克里特国王米诺斯每隔九年就要前往宙斯居住的洞穴拜访宙斯，与“智慧者”宙斯（ὁ Ζεὺς σοφιστής）进行交谈，倾听和学习宙斯的教诲，然后回来向世人展示他从宙斯那里学习的东西，如此循环不止。（Min. 319c－e）

可见，哲学就是这样经常往返于神和人，往返于智慧和无知之间，永不止息。这同样也是一种无限，但不是德国浪漫派及其追随者所理解的那种线性的、不断延伸的“糟糕的无限”，而是一种循环式的无限——这种意义上的“无限”才是真正符合希腊人基本的世界观。诚然，哲学家必须经常动身上路，经常在路上，但他们绝不是“一刻不息地”在路上漂泊。相比那些一身轻松、随波逐流的浪漫派游客，哲学家担负着重要得多的使命和任务。哲学家应当并且能够掌握智慧亦即真知。与此同时，厄若斯由于母系血统的作用而不能持久地停留在他的成果上面：“但获得的东西总是一再地逃离它，所以厄若斯既不是空虚的，也不是充实的，而是处于智慧和无知的中间。”（Symp. 203e）同样，哲学家虽然也能够达到对于真实存在的认识，但他在自己的一生中并非总是占据这些认识，也不是始终处于这种境界，而是一再地堕落到日常的非哲学的生活和意见中。他的追求不是意味着那种本质上的隔离，而是意味着必须循环不断地重新开始。这是“居间”的真正含义，是哲学的必然性，是哲学和智慧之间的辩证关系的生动体现。

如果说《会饮》是从神话传说的角度来表明某种“本性上”的缺陷（厄若斯的母系血统）导致哲学家必然不停离开智慧，重新走向无知，那么《理想国》则是以另一个寓言来说明哲学家为什么不能一劳永逸地栖息在智慧那里，而是必须重新回到无知的群众那里。这就是著名的“洞喻”：许多人天生就被绑在黑暗的洞穴里，不能回头，只能面对洞壁，看着身后的火光把某些东西投射到洞壁上的影子，认为这些影子就是最真实的存在，和别人交流着关于影子的各种意见。但也有极少数的人挣脱了这个束缚，不但认识到之前看到的都是影子，而且沿着一条曲折狭隘的小路爬出洞穴，进入光明世界，看到了那代表着真实存在的日月星辰。这就是哲学家，他们摆脱假相，认识到了真实存在，就此而言掌握了智慧。但事情并没有完结。哲学家不是安然地独享真理，而是决定——不管是出于自愿还是出于神的命令（即某种“必要的强迫”，Rep. 500d）——重新回到洞穴里，告知群众真相，解除群众身上的束缚，把他们带出洞穴。但哲学家从光明世界回到黑暗的洞穴之后，由于眼睛不能适应黑暗，甚至连洞壁上的影子都看不太清，所以遭到群众的嗤笑，而当哲学家努力要解除群众身上的束缚时，这种行为却被群众看作是一种侵犯（因为这些束缚早就习以为常，融入到了群众的生命中），一种侮辱，群众甚至聚集起来要谋害哲学家的性命。这是哲学家的悲剧命运的写照，而柏拉图的老师苏格拉底就是这么一个活生生的例子：毕生敬畏神明，亲自寻求并不断激励人们追求真善美，最后恰恰却是以“不敬神”和“败坏青年”的罪名被处死。

正因如此，哲学家也有“明哲保身”的一面。《苏格拉底的申辩》里面就提到了神明对于哲学家的警告：“无论是谁，只要他坦白诚实地对待你们或者其他的人民群众，努力阻止国家里的各种不公和违法犯罪，那么他的生命就是没有保障的。事实上，谁要是真的希望做正义的战士，而为此还要保障自己这短暂的一生，那么他必须彻底地将自己限定在私人交往中，放弃参与公众事务。”（Apol. 31e－32a）苏格拉底无视这个警告，所以牺牲了。柏拉图在这个事件中看到了哲学家的孤独和无助，认识到：“没有一些朋友和可靠的同志，是不可能管理好城邦的。”（Epist. VII，325d）在这种情况下，柏拉图“退回到对于真正的哲学的研究当中”，虽然没有停止关于城邦政体的思考，但却不再热衷于直接参与公众事务，而是致力于培养学生和同志，静静地等待合适的行动时机。（Epist. VII，326a）有人曾经指责柏拉图明明知道什么是对政治有利的，却不站出来为大家出谋划策，而柏拉图对此的答复是：他对他的祖国而言出生得太迟了，人民群众已经到了风烛残年不可救药的境地；他其实何尝不想为大家提供真知灼见，但他知道这一切必然都是危险和徒劳无益的。（Epist. V，322a－b）而在《第七封信》里，柏拉图更是给出了一个详细的比喻：对于一个因为不良生活习惯而生病的人，除非他愿意改变之前的糟糕的生活方式，否则是没法接受治疗的，对他的任何劝告也是无益的。同样，对于一个具有糟糕政体的城邦，除非它的人民愿意进行改善，否则，留下来出谋划策的都不是明智之人。（Epist. VII，330c－331a）《理想国》里则宣称，当一个人病了，无论他是富人还是穷人，都应该主动上门找医生，而不是相反。同样，任何应当接受统治的人，应当主动去找那能够统治他的人，而不是相反，有统治能力的人去乞求那些庸众接受他的统治。（Rep. 489b－c）柏拉图还说，我绝不会强迫谁接受我的意见，哪怕他是我的儿子。对于奴隶，我会提意见，如果他不顺从，我会动用暴力揍他；但对于父亲和母亲，则不可能动用暴力。“一个理性的人必须以这种态度来对待他的城邦。”（Epist. VII，331b－c）他不应该对自己的祖国动用暴力，哪怕最好的政体看起来必须通过流血才能建立；他只当安静地待着，为城邦的福祉祈祷。（Epist. VII，331d）

然而到最后柏拉图发现，如今所有的城邦的政体都是糟糕的，几乎是不可救药的，除非在某种幸运的情况下，他所设想的那个美妙计划得以施行。“我必须赞扬真正的哲学，唯有它才让人认识到城邦领域和个人领域里一切公正的东西。除非那些公正而真实的**哲学家**接管城邦要职，或者，除非城邦的那些掌权人**在神的感召下**开始真正进行哲学思考，否则，世世代代的人们都不可能从苦难中解脱。”（Epist. VII，326a－b，vgl. Rep. 473c－d）这种“幸运的情况”，即所谓的“神的感召”，虽然是非常稀罕的，但并不是原则上绝对不可能的。不仅哲学王，甚至通常意义上的哲学家，如果不是靠着某种“神助”，[1]也是不会出现的。在刚才提到的“洞喻”里，柏拉图多次或隐或现地指出，那个从黑暗枷锁那里解放出来的人也经历了挣扎和抗拒，仿佛是在和某种外力作斗争，就像“被解开”、“被强迫”（Rep. 515c）、“迫使他去看”、“强行驱赶着他，不放过他”（Rep. 515e）等说法所表明的那样。这个“神助”既可以指自身理性的运用（主观能动性的重要意义），也可以指系统的教育培养（客观环境的重要意义）。现在，零星的哲学家的存在表明至少第一点已经成为现实，而《理想国》里面对于哲学家乃至哲学王的教育培养的详细规划虽然还只是一个“理想”，但它至少给我们指明了方向，保留了希望。

根据《理想国》里面的“哲学家教育培养大纲”（Rep. 521c－534e），我们可以更清楚地知道柏拉图心目中的“哲学家”的样子：除了一般人都必须学习的“体育”和“音乐（文艺）”之外，他还得掌握“算术”、“几何学”、“天文学”、“和音学”（以上四项可以看作广义上的“数学”），然后进入到最重要的**“辩证法”**的领域。关于柏拉图的辩证法，我们会在本书第10章进行具体的探讨。这里只需指出，和音乐（文艺）、数学等不同，辩证法乃是哲学家的专利（所以柏拉图的中后期对话录里面经常也把哲学家称作“辩证法家”），它的对象是宇宙万物的最高本原，以及本原与其他各级存在之间的关系。就此而言，我们可以说辩证法是柏拉图心目中的“形而上学”或“第一哲学”，尽管这些术语是到亚里士

[1] 注意我们在这里不能误解柏拉图是乞怜于宗教信仰，因为柏拉图心目中的“神”是指永恒的理性本身，即所谓的“理性神”。

多德那里才出现的。在《智术师》里面，柏拉图提到一种“最伟大的”知识，既可以把各个概念或“种”正确地联系起来，也可以把它们正确地予以区分，它的名字叫做“辩证知识”（διαλεκτικὴ ἐπιστήμη）。（Soph. 253c）这种知识仅仅掌握在哲学家手里，或更确切地说，掌握在“纯粹而公正的哲学家”手里。（Soph. 253e）于是出现了《智术师》里面所有对话伙伴都感到惊奇的一件事情：“我们搜寻着职业智者，却首先找到哲学家。”（Soph. 253c）

其实在更早之前，《理想国》已经揭示出了“哲学家”的一些特征或表现：

1. 就像“爱酒者”对每一种酒都不放过，“爱荣誉者”重视每一个荣誉，哲学家也不是只爱这种或那种智慧，而是爱**“全部智慧”**；（Rep. 475a－b；485b）

2. 哲学家追求**“真理”**，不是与某些个别事物，而是与“事物本身”亲密接触，仔细观察；（Rep. 475d－476c）

3. 哲学家爱永恒不变的**“存在本身”**，而不是爱各种变动不居的存在者。（Rep. 480a）

除了以上列举的三条之外，哲学家还应当具备“良好的记忆力”、“博学”、“高贵”、“优雅”、“公正”、“勇敢”、“节制”等属性。（Rep. 487a）但最关键的要点显然在于，哲学家追求并且拥有（！）那种对于永恒不变的真实存在的知识（ἐπιστήμη，γνῶσις），因此这种知识有资格被称作“真知”或“智慧”。哲学家“将他的目光投向永恒的秩序和不变所统治着的那个世界……在那里，一切都按照神圣的秩序和理性规则而运行”（Rep. 500b）。哲学家的灵魂因此得以净化和升华，因为，如果谁与神圣的秩序打交道，却不去模仿这种秩序，“这是不可能的”（Rep. 500c）。在这个过程中，哲学家专注于灵魂，逐步摆脱身体的影响，坦然走向死亡。根据柏拉图在《高尔吉亚》中提出的定义，“所谓死亡，无非是灵魂和身体这两个东西的分离”（Gorg. 524b）。因此在《斐多》里，苏格拉底对即将赴死感到很欣慰，甚至说出了那句脍炙人口的名言，即哲学是一种“死亡练习”，哲学家应当仅仅追求去死（ἢ ἀποθνῄσκειν τε καὶ τεθνάναι）。（Phaid. 64a）当然，对于这种说法，就像克贝的第一反应所表明的那样，很多仇视哲学家的人简直是正中下怀，他们想：“没错，哲学家真是该死呢，那么，你们还不赶快去死?!”但这些人并不知道真正的哲学家所追求的死亡是什么意思。柏拉图真正的意思是，在我们追求智慧亦即真知的道路上，身体是一大阻碍。对于“公正”、“美”、“善”、“大”、“健康”、“强大”等本质性的东西，必须“仅仅借助于纯粹的思想，努力理解把握每个东西纯粹的自身，尽可能地脱离眼睛、耳朵乃至整个身体，因为身体只会添乱，不让灵魂获得真理和真知……”（Phaid. 66a）“身体及其欲望”是战争、骚乱、屠杀的元凶。（Phaid. 66c）平时，人们为了满足身体的需要而疲于奔命，没有闲暇去追求真理；等好不容易有了闲暇可以研究点什么，身体又跳出来扰乱我们。总之，“如果我们想要纯粹地认识某些东西，就必须摆脱身体，借助于灵魂本身来审视事物本身”（Phaid. 66d）。哲学家们发现身体是一座囚禁着灵魂的监狱，[1]“一切透过肉眼的观察都充满了欺骗，同样，一切透过耳朵及其他感官进行的观察也充满欺骗……他们鼓励人们返回到自身内，保持这种凝聚状态，除了自身之外不相信任何别的东西……那些可感知的和可见的东西是不

[1] 除了这里把身体比喻为灵魂的“监狱”之外，柏拉图在《克拉底鲁》里也把身体比喻为灵魂的“坟墓”和“监狱”。在后面这部对话录里，柏拉图援引奥菲欧教派的观点，并且通过词源考证的方法表明，“身体”（σῶμα）一词起源于“收容”（σῴζηται），本身就意味着“收容所”，进而引申出“灵魂的监狱”之意。（Krat. 400c）

真实的，真正真实的东西是可思想的和不可见的东西”。(Phaid. 83a－b) 至于欲望，这东西就像毒品一样很容易上瘾，让人觉得它是最有影响力和最真实的东西。任何快乐和痛苦都像钉子一样，被敲在身体之内，附在上面，让人以为这是最真实的东西。总的说来，对于感官知觉的拒斥和对于身体欲望的警惕是柏拉图的理智主义的基本特征之一，柏拉图有时会极端地以推崇“死亡”（确切地说是指身体的消亡）来强调这一点，但他真正的意图当然还是希望我们动用思维和理性的力量，以免我们在认识和实践中误入歧途。柏拉图非常重视这一点。值得注意的是，他在《斐多》里面有多达十几处地方提到**“真正的哲学家”**（ὡς ἀληθῶς φιλόσοφος, οἱ ὡς ἀληθῶς φιλόσοφοι）或**“真正钻研哲学的人”**（οἱ φιλοσοφοῦντεςὀρθῶς）(Phaid. 63e，64a，64b，64e，66b，67d，67e，68b，69d，80e，82c，83b usw.)，以便强调他们与“冒牌哲学家”之间的区别，并且指出，摒弃身体、专注灵魂乃是所有真正的哲学家的“共识”。[1]

柏拉图自始至终都斩钉截铁地认为，在所有的灵魂里面，哲学家是地位最高、最幸福的。按照《斐德罗》区分的九个等级的灵魂，哲学家居于第一等；[2]别的灵魂必须在尘世里煎熬9000年（经历9次轮回）才能返回上界，而哲学家的灵魂如果连续三次都选择哲学家的人生，那么他只需3000年的时间，就可以重新回到上界。

[1] 谢林在《哲学与宗教》里特意引用了柏拉图《斐多》对于“真正的哲学家”的这个界定。参阅该书第81页。

[2] 这九个等级从上至下依次为：第一等，“智慧”和“美”的朋友，即哲学家；第二等，遵纪守法的国王或元帅；第三等，政治家或商人；第四等，运动员、医生；第五等，预言家和神秘主义者；第六等，诗人或其他从事模仿的艺术家；第七等，农民和手工匠；第八等，职业智者或其他谄媚民众的人；第九等，暴君。(Phaidr. 248d－e)

《高尔吉亚》、《斐多》、《理想国》这几部对话录里都有关于阴曹地府的长篇神话传说，——对于这类神话传说，柏拉图借苏格拉底之口明确说道："人们可能只当它是一个故事，而我却把它看作是真理，**完完全全的真理**。"（Gorg. 523a）在这些不同的说法里，哲学家的灵魂总是受到特别的礼遇。按照《高尔吉亚》，负责赏罚的判官只要看到一个生活在真善美里面的、公正的哲学家的灵魂，马上笑眯眯地把他送往极乐岛。（Gorg. 526c）按照《斐多》，那些钻研哲学并已经净化灵魂的人，将会在未来的时间里永远没有肉身的束缚，在更美好的地方继续过着这样的生活，甚至"进入神的行列"。（Phaid. 113c，vgl. Phaid. 81e –82c）而《理想国》则从另一个角度表明，那些不曾研究哲学的灵魂，即便前生出于习俗和训练而遵守德行，并因此获得一个好签去挑选来世的人生，也有可能在选择人生模式时因缺乏智慧而犯下决定性的大错，比如那个拥有第一号签的人选择了最大僭主的生活，却不知道其中也包含着吃自己的孩子等等可怕的命运。（Rep. 619d）在《蒂迈欧》里，柏拉图更是明确警告道，那些从未研究哲学、从未思索过宇宙本性的人，来生会变为脑袋低垂的陆生动物，甚至有可能变为完全钻到土里面的无足的爬虫。（Tim. 91e –92a）当然，柏拉图讲述这些神话传说的主要目的并不是给哲学家脸上贴金或聊以自慰，而是主要为了宣扬"善有善报，恶有恶报"的因果报应道理，同时强调哲学在这个过程中所起的指导作用。因为按照苏格拉底（或柏拉图）的观点，没有人自愿作恶，毋宁说知识在这里起着至关重要的作用，如果每个人都真正认识到（而不是在想象中以为自己知道）自己想要和应该要的是什么，那么这个世界上的罪恶就会减少许多了。就此而言，那些毕生以智慧为目标，并与智慧亲密交往的哲学家，自然会获得一个优越的地位，发挥巨大的表率作用。

第 7 章

走向本原的道路：理念的发现

一　本原学说的历史背景

“本原”（ἀρχή）作为一个严格的哲学术语是从亚里士多德开始的。根据《历史哲学辞典》的考证，[1]“本原”在希腊的日常语言中本身具有两方面的基本意思，既指“开端”，也指“统治”，而这里的“开端”又兼有时间上和空间上的意义（即“最初”和“出发点”），并未明确区分“时空在先”和“本质在先”这两个不同的层次。在亚里士多德之前，哲学家（包括柏拉图在内）虽然已经零星地使用“本原”这个词语，但尚未把它固定为一个严格的哲学术语，而且除了阿那克西曼德之外，[2]也很少把这个词语和他们事实上已经讨论的“本原”（比如“水”、“气”、“数”等等）联系在

---

[1] *Historisches Wörterbuch der Philosophie.* Herausgegeben von Joachim, Karlfried Gründer und Gottfried Gabriel. Basel, 1971 –2007. Band 7, S. 1336 ff.

[2] 新柏拉图主义哲学家辛普里丘提出：“阿那克西曼德说，‘无定’是存在者的本原和要素，……因此他是第一个引入‘本原’术语的人。”（VS 12，B1）对于这个问题，学界一直存在着争论，即究竟是阿那克西曼德本人明确说过“无定”是“本原”呢，还是只是按照辛普里丘的理解，阿那克西曼德是第一个把“无定”提升到“本原”地位的人。Vgl. A. Lumpe, *Der Terminus "Prinzip" von den Vorsokratikern bis auf Aristoteles.* In *Archiv der Begriffsgeschichte.* 1 (1955). S. 104 –116.

一起。直到亚里士多德在他的《形而上学》第五卷里区分了“本原”一词的至少七种含义，[1]方才指出了这个概念的“基本特征”，即一个“原初的东西”（τὸ πρῶτον），这个东西是“万物的存在和转变的根据，也是认识的对象”。[2]而在《形而上学》的第一卷里，亚里士多德已经在这个意义上讨论了之前的哲学家对于“本原”的不同看法。简言之，之前的哲学家虽然没有提出“本原”这个严格的概念，对于他们心目中的“本原”也有各种各样的观点，但这并不妨碍我们认识到他们的哲学思想在事实上是一种“本原学说”。

相对于那些变动不居的东西和形形色色的普通认识对象，本原是它们的永恒不变的出发点和归宿，是它们的“统治者”，是一种最高知识的对象。正如亚里士多德所说：“智慧就是关于本原和原因的真知。”[3]在柏拉图那里同样也是如此。我们已经多次提到，柏拉图心目中的“智慧”是“真知”，即对于“本原”亦即永恒不变的真实存在的认识。现在必须探讨，这种永恒不变的真实存在究竟是什么？以及，柏拉图是如何把握到它们的？

在这些问题上，很显然，柏拉图绝不是“横空出世”。实际上，人类从一开始就不但接触到各种变动不居的现象，同时也感觉到其中包含着一些持续不变的东西（比如事物的持存、日夜和时节的更替等等），然后人们从这些“持续不变”的东西推测到某个或某些“永恒不变”的东西，这是一个自然的倾向。但真正具有哲学意义的，是指出那“永恒不变”的东西究竟是什么，以及它和那些变动不居的东西之间究竟是什么关系。在古希腊，诗人荷马和赫希俄德

---

[1] 亚里士多德《形而上学》V，1012b34－1013a24。

[2] 亚里士多德《形而上学》V，1013a17－1013a19。

[3] 亚里士多德《形而上学》I，982a1。

通过讲述“诸神的起源”（Θεογονία）和“宇宙的起源”（κοσμογονία）已经表露出了这种世界观：整个世界（从神到人）是从某个开端出发，然后通过逐级的创生或派生而演变出来的。比如在赫希俄德那里，这个开端叫作 χάος——这个通常被翻译为“混沌”的词并不是像我们现在理解的那样，意味着一种杂乱朦胧的东西或状态，而是等同于 χάσκειν，即“张嘴”，意为“张开嘴的虚空”。确切地说，不是指某个东西张着嘴，而就是指“张嘴”自身。这意味着赫西俄德已经达到了很高的一种抽象的虚空概念。[1]这个开端，ἀρχή，作为一个哲学术语，就是我们所说的**“本原”**、“始基”等。对于这个开端所作的理论探讨，就是**本原学说**。第一位哲学家泰勒士提出，万物的本原是“水”，它构成了事物的真正的存在或本质（οὐσία），所有事物都从它那里产生，又复归到它，就此而言，也可以说这个东西是万物的“元素”（στοιχεῖα），万物都不过是该元素在各种情况下的变异。这里需要注意的是，泰勒士所说的“水”并不是海水、河水、雨水之类具体的实实在在的水，甚至不是一般意义上的“水”（否则他就只是一名物理学家或化学家，但不是哲学家），而是一种抽象的、具有“水性”——比如“无处不在”、“湿润”、“带来生命和活力”等等——的存在。同样，后来的哲学家们尽管给予本原各种不同的名称（“气”、“火”、“数”、“四元素”、“存在”、“原子”等等），提出本原的各种不同的规定，但都是在最根本的意义上探讨真正的存在或本质，探讨本原与它所规定的具体存在之间的秩序和关系。总之，无论这些伟大的哲学家们对于本原的理解有多大的分歧，但都不能掩盖他们的本原学说在以下几个基本观点上的一致性，即：

---

[1] Wolfgang Schadewaldt, *Die Anfänge der Philosophie bei den Griechen. Die Vorsokratiker und ihre Voraussetzungen*. Tübinger Vorlesungen Band 1. Frankfurt am Main 1978. S. 95.

1. 本原是万事万物之发生的根据；

2. 本原是杂多现象背后的统一性；

3. 本原是变动不居的世界背后的永恒不变者；

4. 本原无论从存在、认识或是价值等方面看都优先于现象。

诚然，在这里回顾古希腊早期哲学史不是我们的任务。我们只是想指出，在柏拉图那个时代，众多哲学家对于本原的探讨，亦即各种本原学说，已经发展到了相当的高度和深度，并显然为柏拉图所熟悉。与此同时，职业智者们主张的经验主义和不可知论甚嚣尘上，已经大大削弱了人们对于遥远而高深的“本原”的兴趣，相应的，人们对于实践问题和实际利益的关注也远远超出了对于理论和形而上思辨的热情，进而出现了蔑视并摈弃自然哲学传统的趋势。造成这种局面的不仅有职业智者和诗人，包括苏格拉底这样所谓的促成“伦理学转向”的实践哲学家也不能逃避责任。所幸，柏拉图作为苏格拉底的学生，他在他的老师那里所受到的影响，主要还是一种道德力量的感召，而在学理上则是力挽狂澜于既倒，保守了古希腊哲学的形而上学传统和精神。按亚里士多德的说法，柏拉图在师从苏格拉底之前，曾经跟随克拉底鲁（赫拉克利特学派的传人）学习过。[1]在柏拉图的《斐多》里，苏格拉底详细介绍了自己年轻时的求学经历（Phaid. 96a－99c），实则这在很大的程度上也可以看作是柏拉图本人的部分经验和体会，尽管柏拉图真正学习的内容当然要比这宽泛得多。柏拉图不仅对前人的学说了如指掌，而且有着明确的批判继承意识，他博采众家之长，扬弃各家的错误或缺陷，融会为一套完整的充满活力而精深的哲学思想。柏拉图的最重要的思想资源主要有以下几个方面：

---

[1] 亚里士多德《形而上学》I，987a32－987b1。

1. 他从巴门尼德那里继承了“思维”—“感觉”以及相应的“真理世界”—“意见世界”的划分乃至决裂，推崇思维高于一切，[1]一方面继承了作为“绝对同一体”的“存在”思想，另一方面克服了其静态的、片面的一元论立场，通过“非存在”（τὸ μὴ ὄν）的发现而走向二元本原学说；

2. 他从赫拉克利特那里学到了“对立统一”的辩证法，同时把赫拉克利特的“一切流动，无物常驻”观点作为一个负面参考限定在经验事物（意见世界）上面，与永恒不变的存在（真理世界）构成一个动态的二元世界；

3. 他继承了毕达哥拉斯学派的宇宙论、数学、“灵魂—肉体”二元观（乃至整个宇宙的二元结构），同时清除了其中的神秘主义色彩，将这些思想建立在哲学和理性的基础之上；

4. 他继承了阿那克萨戈拉的“努斯”（νοῦς）思想，把精神或理性确立为世界的主宰和本质，同时克服了阿那克萨戈拉在处理本原和万物的关系这个问题上的混乱和粗陋；

5. 他不但在苏格拉底的“求定义”的方法的启发下走向万事万物的概念（亦即“理念”），[2]而且通过苏格拉底的言传身教确立了完善的伦理道德观；与此同时，他大大克服了苏格拉底在理论知识方面的欠缺。

---

[1] 也有学者认为，巴门尼德的“思维高于一切”这一原则并不是一脉单传由柏拉图继承下来的，而是也产生出别的理论结果。比如吉贡（Olof Gigon）提出，巴门尼德对于思维的高度推崇同样会导致自我意识的极端膨胀（只承认自己思考的东西），从而怀疑乃至解构周围给定的客观事物、传统的观念和习俗等等——而职业智者们如普罗泰戈拉和高尔吉亚恰恰是这么做的。Vgl. Olof Gigon，*Sokrates. Sein Bild in Dichtung und Geschichte.* Tübingen und Basel，1994. S. 212 –214.

[2] “求定义”和“发现理念”虽然在形式上很相似，但从前者进步到后者却是一个巨大的飞跃。就像库切拉（Franz v. Kutschera）所说的那样：虽然求定义的方法会走向理念，但理念却不是对于“求定义”的答案。Vgl. Franz von Kutschera，*Platons Philosophie. Band I.* Paderborn，2002. S. 120 –124.

除此之外，柏拉图当然也继承了上述前辈们都共有的那些基本精神，即推崇理性（毫不含糊地把理性或思想置于感官或经验之上），推崇智慧（真知），以追求真善美为己任。这些对一个哲学家而言根本就是基本前提和必要条件。与此相对立的，则是各种经验论、不可知论、相对主义、玩弄辞藻的诡辩，盖言之，全都是职业智者们的拿手好戏。因此，柏拉图在系统阐述自己的哲学观点之前，必须首先和职业智者们展开坚决的斗争。

二　柏拉图对于经验论和相对主义的批评

我们看到，柏拉图和职业智者们在理论问题上的交锋主要是围绕着普罗泰戈拉的“人是万物的尺度”这一命题进行的。在《泰阿泰德》里，苏格拉底和泰阿泰德讨论什么是真正意义上的知识亦即“真知”（ἐπιστήμη），泰阿泰德给出的第一个观点是：“知识无非是**感觉**（αἴσθησις）。”（Tht. 151e）苏格拉底指出，如果对于事物的认识就在于每个人自己的感觉，而人们的感觉总是参差不一的，那么这个观点必然会导致普罗泰戈拉的那个命题，即“人是万物的尺度，是存在者之如何存在的尺度，是不存在者之如何不存在的尺度”（Tht. 152a）。比如，把手放到一池子水里，一个人感觉冰冷，而另一个人感觉温和，甚至同一个人，有可能在这个时候感觉冰冷，而在另一个时候又感觉温和，那么，这池子里的水究竟是“冷”还是“暖和”，就没有个准了。对于任何别的事物，也是同样的情形。因此，普罗泰戈拉的观点必然又会导致另一个结论，即“根本不存在什么本身就确定的东西”（Tht. 152d，153e，157a）：无论任何事情，既可以在你看来是这样的，也可以在他看来是那样的，没有什么东西是确定的、无争议的。[1]显然，这就是通常所说的相对主义。苏格拉底并且把这个观点与“万物流转”的观点联系在一起，[2]至少在这个问题上，普罗泰戈拉不是一个人在战斗，因为据说古代所有的智慧之人——**巴门尼德**是一个例外——，比如赫拉克利特、恩培多克勒、还有诗人们（比如荷马）都和普罗泰戈拉观点一致。（Tht. 152e，160d）而苏格拉底对于相对主义的反驳是，无论如何我们得承认，至少有某些东西是**确定的**，比如 6 大于 4，或 6 是 12 的一半，等等，因此有些知识是不依赖于人们的感觉的。（Tht. 154c）再者，我们不关心每个人的无聊的感觉，不想听他们自说自话（否则我们岂不是要累死了），而是“希望首先观察事情本身的样子”。（Tht. 154e）而对于每一个事物，我们同样得承认，至少“同一律”是一个确定无疑的东西。[3]

苏格拉底继续指出，主张“知识即感觉”的人，还会遭遇这样的问题：那些做梦的、生病的（特别是精神病）人的感觉（比如看到一个长着翅膀的神，觉得自己在飞等等）是“错觉”呢，还是同样真实的知识？（Tht. 157e ff.）至于普罗泰戈拉，如果像他说的那样，每个人都是万物的尺度，每个人自己的感觉和观念都是正

---

[1] 柏拉图在《克拉底鲁》里对普罗泰戈拉的这个观点同样提出了批评，同时也指出，如果走向另一个极端，就像职业智者尤叙德谟所说的那样，“一切东西以同样的方式同时并且始终出现在所有的人面前”，大家看到的永远都是完全一样的东西，那么这同样也是抹杀了真理和谬误之间的客观差别。（Krat. 385e－386e）

[2] 当然，柏拉图并不是绝对反对“万物流转”的观点，因为他在后面接着表扬了“生命在于运动”的观点，表明“运动”对于身体和灵魂都是一件好事。（Tht. 153a－d）但是，如果“万物流转”的观点被片面强调和发挥，没有结合对于永恒不变的存在的认识，就会沦为相对主义，这是柏拉图想要强调的。

[3] 柏拉图在这里并没有明确提出“同一律”的说法，而是通过以下三个“原则”来表达同样的思想：1. 只要某个东西是与自身相同的，那么它既不会变得更多，也不会变得更少（无论就体积还是就数目而言）；2. 如果它没有得到或失去什么，那么它绝不会增长或萎缩，而是保持与自身相同；3. 之前不存在的东西，如果没有发生转变或正在转变，那么此后也不可能存在。（Tht. 155a－b）

确和真实的，那么，普罗泰戈拉凭什么当别人的老师，还要收取高额学费呢？（Tht. 161d-e）更极端的反驳是：如果你坚持认为“人是万物的尺度”，每个人的观点都是正确的，那么，倘若有人认为“人是万物的尺度”这个命题是错误的，你也必须承认他是正确的。这已经导致自相矛盾。（Tht. 171a-b）对此普罗泰戈拉也许可以辩解道，虽然我说每个人都是万物的尺度，但恰恰因为事情对这个人显现为**这样**，而对那个人显现为**那样**，所以这里有好坏之分。如果病人觉得食物是苦的，而健康的人觉得食物是甜的，两个人都没有错，而我们要做的就是造成改变，让病人也**觉得**甜，因为甜是“好的”，而苦是“坏的”。医生和职业智者的工作都是“造成改变”，只不过前者用药，后者通过讲课和言谈。职业智者绝不改变一个人的感觉（因为这是不可能的，因为人所感觉的总是真的），而是改变他在这种感觉下的状态，让他**觉得**不错。（Tht. 166d-167a）很显然，这些辩解都是苍白无力的，且不说所谓的状态的改变归根到底仍然是感觉的改变（因而违背了普罗泰戈拉自己的原则），更何况，究竟以什么标准来这样是“好的”，那样是“坏的”，换言之，“善”和“恶”的标准是什么（或究竟有没有一个客观的确定的标准），这些问题在普罗泰戈拉那里根本就是一笔糊涂账。职业智者号称要“造成改变”，让人们在健康—不健康、美—坏、公正—不公正、虔敬—不虔敬等状态之间走向那个“更好的”状态，但是他们自己真的已经认识到这些东西，并且能够区分它们吗？无论如何，普罗泰戈拉既想摆出一副宽容大方的样子（宣称没有任何人的感觉或观念是错的），同时又坚持自己比别的人更智慧，这实在是一件好笑的事。

对于“知识即感觉”这一说法的最后致命一击在于：我们的感觉都是指向一些最具体的方面，比如红的苹果、黑的木耳、刺耳的尖叫、悦耳的音乐，但我们为什么能提出“红”、“黑”（乃至更普遍的“颜色”）、“声音”等概念呢？再者，我们通常感觉到的东西，都已经是各种性质的结合体，如果每一种性质都有一种感官对应，那么，那把各种个别性质串联起来的“**共通者**”（τὸ κοινόν），应该用哪个感官来把握？至于“存在”、“非存在”、“相似”、“不相似”、“同一”、“差异”、“偶”、“奇”之类更加抽象的概念，我们是何从“感觉”到的？（Tht. 185b-d）对于这些疑问，答案只能是，除了感官（身体）之外，还必须有一个“特殊的工具”，亦即**灵魂**，借助于它，我们才可能把握到所有事物里面的“共通者”。因此认识活动的关键在于，**一方面**需要借助身体的各种官能，但**另一方面**必须借助灵魂。（Tht. 185d-e）柏拉图并不绝对排斥感觉，但强调必须把认识从感觉上升到灵魂——超感性的层面，虽然这只是最初的一步，但却是决定性的一步，即超越经验论。

同样，《智术师》里面提到的“巨人之间的战斗”（Soph. 246a）也是在这个领域里面进行的：交战双方中的一方就是我们今天所说的经验论者，乃至在这条路线上走到极端的感觉论者，他们认为只有能够看到、摸到、握住的东西才存在，认为“形体”（σῶμα）和“存在”（οὐσία）是同一回事。对于任何不具有形体的东西，他们根本不予理睬，甚至听都不想听。按照他们的原则，诸如“公正”、“理智”之类德行，既然是看不见摸不着的，就必须拒斥。要说服这帮“贱人”（εἴϱηκας ἄνδϱας，Soph. 246b），是非常困难，甚至也许根本就不可能的。（Soph. 246a-d，246e-248a）与这些人相对抗的另一方则是所谓的“理念之友”（τοὺς τῶν εἰδ-ῶν φίλοι），他们认为，那种“可思维的、无形体的理念”（νοητὰ καὶά σώματα εἴδη）才是真正的存在，至于各种形体，则仅仅具有一种“运动中的转变”。要正确地区分对待这些不同的情况，必须把“形体—感觉”与“变化”联系起来，把“灵魂—思想”与“真正的存在”联系起来，从而意识到这两类事物的根本差别。(Soph. 246b-c，248a)

柏拉图对于经验论以及相对主义的拒斥是旗帜鲜明的，凡是在这方面有此嫌疑的哲学家，哪怕你是赫拉克利特，一样也得批评鞭挞。我们看到，柏拉图在《克拉底鲁》里明确批评赫拉克利特，说这个人其实是失去理智，所以才会觉得万物仿佛都处于流动和变化之中，“自己掉到旋涡里面了，还想把我们也一并拉下水”(Krat. 439c)。他还讥讽赫拉克利特自己深受“水肿”(Katarrh) 之苦，[1] 所以觉得万物也是浸泡在一条河流里面遭受折磨。(Krat. 440d) 此外，在《泰阿泰德》里，柏拉图讥讽“赫拉克利特的朋友们”(Tht. 179e) 总是摆出一副神秘兮兮的样子，无论你问他们什么东西，他们就像“从他们的口袋里掏出一些谜一般的简短词句”(Tht. 180a)，总是答非所问，而且这些人相互之间也不理解对方的意思，因为根据他们的原理，万事万物——包括他们的“言语”和“灵魂”——都是流动不居的。(Tht. 180b)[2] 与此同时，柏拉图虽然对赫拉克利特毫不客气，但对于巴门尼德却是无比尊敬，他公开承认：巴门尼德在他心目中的地位崇高得乃至可怕，巴门尼德具有“极为罕见的、辉煌的思想深度”。对于巴门尼德的思想，如果有什么疑问，那么或者是因为我们没有理解他所说的话，或者

---

[1] 赫拉克利特饱受水肿煎熬是一件在古代很有名的事。据第欧根尼·拉尔修记载，赫拉克利特离群索居，因营养不良患上水肿，想看医生却放不下面子，而是绕着圈子提出一个晦涩的问题：“在一个干旱的季节里面应当如何对付洪水？”由于没人听懂他的意思，赫拉克利特只好自己治疗自己，他的方法是把自己裹在牛粪里暴晒太阳，希望以此把身体里的水分蒸出来，但却就此去世。

[2] 亚里士多德在这个问题上同样追随柏拉图，批评赫拉克利特的相对主义，指出，在万物皆流的情况下，没有任何知识是可能的，甚至连感觉都是不可能的。(亚里士多德《形而上学》I，6，987a；I，14，1078b.)

是因为我们还远远钻研得不够，反正是不能斗胆加以批评的。（Tht. 183e-184a）最后，如果实在是必须对巴门尼德提出批评，就像《智术师》里面讨论“存在”问题那样，这也是一种非常复杂和纠结的感情，甚至跟“弑父”一般。这些地方清楚地表明，尽管巴门尼德和赫拉克利特都是柏拉图的重要的思想先辈，但前者在柏拉图心目中的地位的确远远超过后者。

三　“第二次航行”与理念的发现

刚才已经提出，柏拉图哲学的基本立场是超越经验论，通过思维和理智来把握那真实的、确定的（永恒不变的）东西。如果只看这一点，那么柏拉图并没有超过巴门尼德多少。但是，柏拉图的伟大进步在于，巴门尼德还只是拘泥于一般意义上的空洞的“存在”，而柏拉图却找到了“**理念**”（ιδέα）这个把一和多、普遍与个别、抽象与具体统一起来的特定的存在。

一般认为，柏拉图明确而集中地阐述理念学说，是从《斐多》、《斐德罗》、《会饮》、《理想国》等“中期对话录”开始的。但实际上，在更早期的那些对话录里，柏拉图已经进行了很多铺垫和准备工作。

比如在《普罗泰戈拉》里，苏格拉底追问普罗泰戈拉：什么东西使得“虔敬”和“公正”是相通的——也就是说，使得一方面虔敬是公正的，另一方面公正也是虔敬的，使得“虔敬”和“公正”这两个东西都堪称“德行”？什么东西甚至使得“黑”和“白”都是相通的——也就是说，都是“颜色”？（Prot. 331a ff.）

在《拉刻斯》里，苏格拉底和拉刻斯讨论什么是“勇敢”，他在这个过程中不停提醒对话伙伴，他追问的不是个别的“勇敢的”人和事有什么表现，而是“勇敢”本身是什么。(Lach. 190b-197d)

在《夏米德》里，苏格拉底追问“节制”本身是什么，并在这个过程中逐一反驳了夏米德对于“节制”的个别的描述，比如“瞻前顾后”、“羞耻感”、“各司其职”、“具有自知之明”等等。(Charm. 159b-168a)

在《吕西斯》里，苏格拉底和吕西斯、美内克塞诺讨论究竟什么是真正意义上的“友爱”，并在谈话结束时表明，大家虽然看起来已经成为了朋友，但实际上仍然没有搞清楚“朋友”本身是怎么一回事。(Lys. 223b)

在《小希比亚》里，苏格拉底和职业智者希比亚讨论什么是真正意义上的“文雅”。(Hipp. min. 363c ff.) 而在《大希比亚》里，苏格拉底追问什么是“美”本身，并在这个过程中先是纠正希比亚的误解（后者只知道列举各种个别的“美的东西”），然后逐一批驳给“美”作出的各种界定（美是“灵巧的东西”、“有用的东西”、“使人愉悦的东西”等等），最后以一句谚语“美是困难的”结束讨论。(Hipp. mai. 304e)

而在《门农》里，苏格拉底不仅开导门农去寻找各种更普遍的东西，比如“圆”之上的“形状”，“黑”和“白”之上的“颜色”，更指示门农摆脱通常各种所谓的“德行”（比如男人的德行、女人的德行、小孩和老人各自的德行等等），追问“德行”本身或“整体意义上的”德行。(Men. 78b-c) 同样，苏格拉底虽然驳斥了门农作出的那些界定（比如德行是“统治人们的能力”或“获得善的能力”等等），但也没有得出一个最终的答案，而是只能承认，德行是一种“神赐”(θείᾳ μοίρᾳ)。(Men. 100b)

最后，在《尤叙弗伦》里，苏格拉底向祭司尤叙弗伦追问“虔敬”的“**本质本身**”(αὐτὸ τὸ εἶδος)究竟是什么。(Euthyphr. 6d)也正是在这部对话录里，柏拉图第一次在专门术语的意义上提到了“一个特定的**理念**”(μίαν τινὰ ιδέαν)。(Euthyphr. 5d)[1]

我们看到，在早期的这些对话录那里，可以说柏拉图已经触及那种凌驾于个别事物之上的，代表着本质、统一性、整体性的更高存在，尽管他在表述上采取的是一种“探究”的方式，每每以“疑难困惑”(ἀπορία)作为结尾，仿佛并没有一个明确的结论。但正如我们提出的，这并不一定意味着柏拉图在写作这些对话录的时候“思想尚未成熟”、“尚未清楚认识到理念”，毋宁说这更有可能是因为柏拉图是在不同的层面上针对不同的读者群进行创作，所以在这些较为基础性的对话录中故意保留明确答案，同时却毕竟给出了大量提示——这就是不断超越众多的个别的规定，导向一个更高的统一体。因此，柏拉图即使没有明确提出“理念”，但读者大致也可以揣测到一个与“理念”相对应的东西，即什么什么“本身”，而且这个东西应当具有以下特征：

1. 它是一个**普遍而完整的**东西(κοινόνια)，可以被众多个别事物“分有”。比如“德行”本身，被“勤劳”、“顺从”、“公正”、“节制”、“勇敢”、“智慧”所分有，于是后面这些情况都是德行。

2. 它是一个“**模型**”(παράδειγμα)或“**原型**”(εἰκόν)，个别事物是对它的“模仿”(μίμησις)。比如一把椅子是对“椅子”

---

[1] 需要注意的是，柏拉图从未试图用唯一的一个术语来指称“理念”。除了“idea”这个词之外，柏拉图也使用了“eidos”(理念、本质)、“genos”(种、属)、“logos”(本性)、“paradeigma”(模型)、“eikon”(原型)、“ousia”(存在、本质)等词语来指称同一个东西。至于“idea”最终成为这些词语中的最大“代表”，成为一个专属柏拉图的固定术语，则是西塞罗的功劳。Vgl. Michael Erler, *Platon*. Basel 2007. S. 391.

本身的模仿。

3. 它是个别事物的**本质**（οὐσία）或“**本质存在**”（παρουσία），使得与它相关的个别事物成其为它所是的东西。比如“人”本身使得苏格拉底是一个人。

当然，“理念”还具有更多的特征，不止这些。于是在进行了充分的铺垫和训练之后，到了《斐多》、《理想国》等以更多知识和训练为前提的对话录，柏拉图就明确描述了他是如何发现理念的过程，以及理念与真知的关系。

《斐多》里的相关段落是与著名的“第二次航行”比喻紧密联系在一起的。在那里，为了回应希米亚和克贝对于“灵魂不朽”的质疑，苏格拉底觉得有必要回溯到一个巨大的问题（或者说哲学的根本问题）上面：“现在我们必须一般地探究〔万物〕**产生和消亡的原因**。”（Phaid. 95e）接下去描述了苏格拉底（柏拉图）年轻时的求学经历或思想路程。从早期的自然哲学家到后来的阿那克萨戈拉，他们的各种解释都不能让人满意，尤其是阿那克萨戈拉，他虽然教导“理性”是万物的原因和安排者，但却只是一般地或抽象地树立起“理性至上”或“理性无处不在”的观点，然后在处理具体的事和物时，仍然把“理性”抛到一边，走上自然主义或机械论的老路。（Phaid. 98b ff.）诚然，要确立**理性**的至高地位容易，难的是在这个世界上的大大小小的事物中展示出**合理性**。为了搞清楚万物与其根本原因（理性）之间的关系，为了弄清楚合理性的表现之所在，苏格拉底（柏拉图）对前人失望之后，只能自力更生，实施了一场以“探究本原”（ἐπὶ τὴν τῆς αἰτίας ζήτησιν）为目的的“**第二次航行**”（δε ύτεϱοϛ πλοῦϛ, zweitbeste Fahrt）。（Phaid. 99d）如今，柏拉图在第二次航行里却提出了一种“直接的、简单的、或许还有些朴素的方法”（Phaid. 100d），即通过“理念”（εἶδοϛ）这个东西来把握事物的本质。任何事物之所以是其所是，不是因为别的（绕着圈子的漫长的原因追溯），而是因为它分有了某个理念："每个单独的理念都有一个真实的存在，其他事物则因为分有了这些理念而获得相应的名称。"（Phaid. 102a-b）马之所以为马，因为分有了"马"的理念。甲之所以比乙高十公分，不是因为"十公分"，而是因为甲分有了"高"的理念，十之所以比八多二，也不是因为那个"二"，而是因为它分有了"多"的理念，如此等等。（Phaid. 100c，101d）

苏格拉底（柏拉图）的这段学习历程至少明确无误地传递了以下几点意思：

1. 追寻事物生灭背后的永恒的本原；

2. "理性"本身是个好答案，但**单纯抽象的**理性不足以解释千差万别的事物；

3. 于是找到**一些**理性层面上的存在亦即**理念**作为答案。

但除此之外，苏格拉底（柏拉图）这里提到的"第二次航行"显然还有更多的意味值得挖掘。在希腊文里，"第二次航行"本来是一个与航海相关的术语，意思是"第二好的"、"次佳的"航海方式。比如，顺风的时候，只需鼓起风帆就行了，这是"最佳方案的航行"，而在无风甚至逆风的时候，则必须动用船桨来航行，这是"次佳方案的航行"。这个术语后来被广泛使用，基本意思是，如果不能达到最佳的事物或者状态，则不妨退而求其次，采纳第二好的事物或状态。但是，柏拉图在《斐多》里使用这个术语时，究竟所指为何，这个问题引起了学者之间的争议。首先，如果把苏格拉底（柏拉图）之前对于自然哲学家的信赖和学习看作"第一次航行"，那么接下来的理念发现之旅自然是时序意义上的"第二次航行"，这是没有问题的。真正的关键在于，如何理解和评价这“第二次航行”的实质内容和意义。有些学者认为，诚然存在着一种最好的理想状态，但这是不可能到达的，因此柏拉图在这里的“第二次航行”是一个权宜之策，就像阿佩尔特所说的那样：“柏拉图在这里不是把他的理念学说看作任务的直接和真正的解决，而是当作通向解决的一条间接道路。具体的理念对他来说不是最高的、真正创造性的本原，而只是一些范型（目的因）。”[1]与此相对的则是雷亚利的观点，他在《一种新的柏拉图诠释》这部著作中指出，“第一次航行”是物理学或自然哲学的路线，而“第二次航行”则是“后物理学”亦即“形而上学”的路线。区分“第一次航行”和“第二次航行”的标志在于，前者靠天吃饭，其依赖的“风帆”是感官和感性知觉，而后者的“桨”代表着反思努力的介入，是理性概念和推论。借用那个关于“日食”的比喻，“日食”指的是感性现实，通过“眼睛”来看指的是借助感官知觉（而“被弄瞎的眼睛”指的是感官造成的虚假认识），而通过“水面的映像”来看则是指借助理性思维，因此间接的（即经历了中介活动的）理性思维比直接的感官接触更有确定性。柏拉图以此宣布了与感觉论、经验论的决裂，并开辟了一条新的道路。因此“第二次航行”堪称西方形而上学史的最伟大的开端。[2]

对于这个分歧，我们看到，阿佩尔特虽然认定柏拉图的“第二次航行”是权宜之策，但令人诧异的是，他并没有继续追问他所说的“直接的和真正的解决办法”和“最高的、真正原创性的本原”究竟是什么，而这本来应该是一个显明的极为重要的问题。这也表

---

[1] Platon, *Phaidon*. Übersetzt und erläutert von Otto Apelt. S. 148. Leipzig 1923.

[2] Giovanni Reale, *Zu einer neuen Interpretation Platons*. Paderborn, 2000. S. 135 ff.

明，当人们还没有意识到一种新的研究范式（图宾根学派所强调的柏拉图的本原学说）时，即使是最博学的柏拉图学者之一也会忽略某些显明而关键的问题。反之，雷亚利已经是站在图宾根学派的立场上来阐释柏拉图探寻本原的道路，注意到了“第二次航行”的重要意义，而此后的舍费尔更是在此基础上提出“第三次航行”的说法。[1]另一方面，有趣的是，我的同事程炜在一篇未刊发的论文《何谓 Δεύτερος Πλοῦς——再辨〈斐多〉96a6-107b9》一文里贬低“第二次航行”，对雷亚利的观点提出批评。他和阿佩尔特一样，认为“第二次航行”只是一种权宜之策，只是“第二好的”选择，但同时明确提出，“最好的”途径是以**直观**的方式认识最高的本原（就像《理想国》里通过“日喻”说明的那样），而“第二好的”途径，亦即**思维**的方式，仅仅是一种铺垫和训练，虽然可以达到对于理念的认识，但尚不足以把握到最高的本原。

我们部分同意程炜的一些观点，比如《斐多》里的“第二次航行”虽然达到了理念，但还没有达到最高的本原，以及《理想国》里的“日喻”已经以象征的形式谈到最高本原，而且指出最高本原是可以被认识到的。实际上，雷亚利也是同样的看法。对此我们在下一章里还会详述。但是，当程炜在柏拉图那里把“直观”和“思维”对立起来，甚至把前者置于后者之上，认为前者是一种更优越的认识方式，那么这就是一种非常值得怀疑的做法，更不要

---

[1] 舍费尔认为柏拉图哲学的最终归宿是一种不可言说的神秘主义，她在其著作《柏拉图的不可言说的体验》中认为，寻找本原的航行的最后目标是太阳神阿波罗。朝向阿波罗的航行不仅是“第三次航行”，而且使得前两次航行（自然哲学之旅和形而上学之旅）成为可能。苏格拉底在《斐多》结尾的死，以及对于医神阿斯克勒皮奥（Asklepios，阿波罗之子）的献祭，意味着与神的不可言说的相遇，是全书的最高潮，朝向阿波罗的航行由此达到了目的。Christina Schefer, *Platons unsagbare Erfahrung*. Basel, 2001. S. 147，S. 153.

说在这个基础上设想出一个“最佳的”航行，然后把《斐多》里面的“第二次航行”贬低为“第二好的”权宜之策，这也与《斐多》的相关文本不合。以《斐多》里的那个著名的“日食”为例，苏格拉底指出：首先，如果不是通过水面或别的什么东西的反射来直视太阳的样子，必然会致盲；同样，如果我直接以**眼睛或任何感官**来观察事物，那么我的灵魂恐怕也会完全瞎掉；所以，我必须退回到**思想**中，通过**思想**来认识把握事物的真实本质。（Phaid. 99d-e）这段话无比清楚地表明，从感官退回到思想，从直接的东西（感官）退回到间接的、实即经历了中介活动的东西（思想），是“第二次航行”的真义之所在。这些说法与前面各种严厉贬低感官、推崇思想的言论（Phaid. 66a，66d，75e，79a，83a-b usw.）是密切呼应的，苏格拉底通过这种方式不厌其烦地告诉我们，我们在思想中把握到的东西，绝不是事物的影像（εἰκάζω），而是事物的真正存在，假若是影像，那么我们还不如直接观察事物呢。（99e－100a）不仅如此，苏格拉底预料到对方可能会不懂他的意思，于是马上接着强调道：“**我所指的根本不是什么新的东西，而是我始终已经在说，而且在刚才的谈话中不停重复的东西。**”（Phaid. 100a-b）所有这些地方都表明，柏拉图的目的是把“思维”与“感觉”对立起来，而不是把“思维”与某种神秘高深的“直观”对立起来。[1]就此而言，从原则上说，即使是对于最高本原的认识，也必须

[1] 此外，汪子嵩等《希腊哲学史》第二卷（人民出版社 1993 年版）对于“第二次”（“次等的”）也提出了一种理解。他们认为，柏拉图本来要讲的是超越感性知觉的真实存在的“相”，可是为了说明“相”，柏拉图仍然不得不借用感性知觉，所以这样讲出来的“相”便不是柏拉图原来所想象的纯粹的“相”，而只能是它的影子。（参阅该书第 724 页）我认为这个解释是完全错误的，根本颠倒了柏拉图的原意和基本哲学立场，因为按照这个解释，对于理念的认识竟然是依赖于感性知觉的（所谓“不得不借用感性知觉”）！更何况，柏拉图虽然使用了比喻的说法，但他根本讲的就是理念，哪里是什么“理念的影子”。

借助于思维。虽然柏拉图在《理想国》里并没有指出最高本原亦即“善的理念”的本质是什么（这是保留在未成文学说里面的内容），但却明确指出它是可以通过不断上升的辩证法而认识到的。但辩证法的顶峰并不是一种神秘的“直观”，毋宁说它始终是一种“思维”，是一个把之前的思维过程囊括在自身内的最终结果。

四 关于“ιδέα”的翻译和理解

在这里，我觉得有必要再谈谈柏拉图的“ιδέα”这个术语的中文翻译，因为这虽然表面上看起来是个翻译问题，但实际上是和上述哲学问题息息相关的。[1]长期以来，我们把“ιδέα”翻译为“理念”，取“理性思维把握到的概念”之意。但也有学者反对“理念”这个译名，既反对“理”（也包括“理型”的译法），也反对“念”。比如陈康就说：“柏拉图、亚里士多德皆不讲‘理’，他们著作里的λόγος, νοῦς和后世唯理论中的ratio根本是不同的两回事。”[2]但遗憾的是，陈康根本没有解释他心目中的“唯理论的ratio”究竟是什么意思，也就更没有解释为什么ratio和柏拉图他们的λόγος及νοῦς“根本是不同的两回事”。更何况，说起“理”这个东西，它并不是“后世唯理论”（笛卡尔、斯宾诺莎、莱布尼茨）的专利，须知整个西方哲学都在围绕着“理”（Vernunft）做文章。如果说陈康认为唯理论所说的“理”（ratio）是一种仅仅从感觉

---

[1] 本小节虽然讨论“ιδέα”，但对于它的同义词“εἶδος”同样适用。

[2] 陈康译柏拉图《巴曼尼德斯篇》，北京：商务印书馆1982年版，第40页。

经验中提炼抽象观念，进行逻辑推论的能力，那么这种“低级的”理性确实是不配柏拉图的。但康德在《纯粹理性批判》里面说得很清楚，这种低级意义上的只懂得归纳和推理的理性仅仅是理性的“形式上的运用”（formaler Gebrauch），但除此之外，理性还有一种更重要甚至是最重要的“实质上的运用”（realer Gebrauch），即从自身创造出一些凌驾于一切直观表象和抽象概念之上的先天概念，亦即“理念”（Ideen），并且通过这些先天概念来认识一切现象和本质，从理论领域到实践领域把完整的自然—精神世界包揽无遗。既然如此，这种意义上的“理”或“理性”和古希腊哲学尤其是柏拉图和亚里士多德的 νοῦς或 λόγος有何区别？正是因为这种亲缘关系，康德才找到了柏拉图，认为没有必要新发明什么术语，因为柏拉图的“ιδέα”正好表达了他的“Idee”的意思。在他看来，这种契合尤其体现在这两个方面：1. 柏拉图的“ιδέα”绝对不是通过感性经验得到的东西；2. 柏拉图的“ιδέα”也不是亚里士多德探讨的“κατηγορία”（范畴），而是比这还要更高一个层次，因为在经验中永远都不会有与“ιδέα”完全吻合的东西。[1]在这个意义上，康德把自己的“Idee”与柏拉图的“ιδέα”等同起来，并从“**理**”（真正意义上的理性）和“**念**”（超越感性经验的思维意识）两个方面对柏拉图的“ιδέα”作出了明确的界定。正因如此，我们将康德（以及整个德国古典哲学）的“Idee”和柏拉图的“ιδέα”都翻译为“理念”。很显然，我们使用“理”这个名称，当然要立足于它的最丰富最深刻的含义（而且这是与柏拉图的思想相契合的），而不是从一个褊狭的含义出发来拒斥或否定它。

---

[1] Kant，*Kritik der reinen Vernunft*. A313.

对于“理念”这一译名的另一个反对意见在于，这个术语中的“念”字意味着 ιδέα 是某种“**主观的**”东西，就像某些学者经常挂在嘴边的那句口头禅所强调的那样：“柏拉图的 ιδέα 是一种不依赖于我们的**客观存在**。”为了摒弃所谓的“主观性”，突出所谓的“客观性”，他们强调“ιδέα”在本意上是一种“被看到的”东西，因而是一种“客观的”、外在于思想的东西等等。基于这些考虑，有些英语学者转而用“form”来翻译柏拉图的“ιδέα”。由于我国柏拉图学界在借鉴西方的柏拉图研究时主要是依赖于借鉴英语世界的相关文献，所以他们相应地就把柏拉图的 ιδέα 重新译作“相”、“型”甚至“形”，一段时间以来，这些译法在我国学界竟成为了主流。[1]

我们承认，英语的“idea”是对于柏拉图的 ιδέα 的歪曲甚至玷污，因此有些具有自知之明的英国学者放弃用“idea”来翻译 ιδέα，转而采用“form”的译法，这是合理的，值得赞许的。一切的关键在于，英语的“idea”这个词（它在哲学史里面一般译为“**观念**”）的确带有非常浓厚的主观色彩，这是洛克以来的“英国观念论”传统所决定的。但请读者注意，产生这种歧义的过失责任在于英语在哲学领域里的狭隘的表达能力，在于英国民族秉承的古希腊职业智者的经验论和反形而上学思维模式，而不是在于柏拉图本人。另一方面，德语的“Idee”虽然也有某种主观意味，但主要不是意指一种一般意义上的“精神性存在”，而是指一种**完全不依赖于感觉和经验**的“超越性存在”，这和柏拉图的“ιδέα”恰恰是契合的。我们应当知道，英语的“idea”（观念）仅仅相当于德语的

[1] 比如汪子嵩主编的《希腊哲学史》、杨适的《古希腊哲学探源》、王晓朝翻译的《柏拉图全集》、陈中梅的《柏拉图诗学和艺术思想研究》等等。

“Vorstellung”（表象）这个档次的东西，或者如陈康正确指出的那样，相当于希腊哲学家所说的 αἴσθησις（感觉）和 φαντασία（想象），即恰恰是 ιδέα 的反面。[1]反之德语的“Idee”，尤其是自从康德以来确立的“Idee”，其丰富而深刻的意蕴根本就不是英语的“idea”所能涵盖的，正如英语的“reason”（低级意义上的只懂得进行归纳和推理的理性）相对于德语的“Vernunft”（真正意义上的创造性的理性）而言也只能算一个半残废的东西。正因如此，英国人（或者说一切以英语为母语或精神母语的人）要正确理解康德以来的德国哲学家所说的“理性”是非常吃力的，先天地就受到掣肘。类似的例子还有很多很多，比如对于德国人所说的“精神”，英语无论是用“mind”还是用“spiritus”来翻译“Geist”，都差了很大的一口气，至于德语的“科学智慧”（Wissenschaft）、“扬弃”（Aufhebung）、“概念式把握”（begreifen）、“此在”（Dasein）等等具有重大意蕴的哲学概念，英语里面根本找不到一个充分对应的合适翻译。就像莱布尼茨、康德、费希特、谢林、黑格尔、叔本华、海涅、尼采、海德格尔所强调的那样，在哲学领域里，德语的优越性是英语所远远不能企及的，我们如果通过英语来理解德国哲学或哲学史上的各种伟大的形而上学，简直就像透过一枚厚实混浊的玻璃镜片来看这个无比清晰透彻的世界，要么先天地就扭曲了，要么只能看到一些肤浅的、模糊的东西。正因如此我们也看到，“Deutscher Idealismus”（**德国理念论**或**德国唯心主义**）和“English Idealism”（**英国观念论**或**英国唯心主义**）虽然从字面上看都是起源于柏拉图的“idea”，都是“唯心主义”，但是前面那种“唯心主义”和后面这种“唯心主义”之间的差别，简直比人和猴子之间的差别

[1] 陈康译柏拉图《巴曼尼德斯篇》，北京：商务印书馆馆 1982 年版，第 40 页。

还要大。[1]我们谈论柏拉图的“ιδέα”，当然要从它的深刻的（正确的）意义，而不是从它的肤浅的（误解的）意义来理解，更何况那些肤浅错误的意义本来就跟柏拉图不沾边，而是恰恰来自于柏拉图所深为反对的职业智者们。换言之，我们在研究中应当回避的，不是“ιδέα”这个概念本身，而是那些已经掺杂到这个概念中的英国经验论的错误理解。如果认识不到这一点，单独在字面上把“ιδέα”重新翻译为“form”，或把“理念”重新翻译为“相”、“形”等等，也是无济于事的。

再回到柏拉图的“ιδέα”在字面上的“本意”。人们喜欢用查字典来表明自己有理有据，但字典我们这里也有，比如门格-居特灵编撰的《希腊语—德语百科全书大字典》，[2]在其中可以查到这个词语的丰富含义。我们看到，“ιδέα”，还有柏拉图后期更为频繁使用的“εἶδος”一词，都是来自于动词“ιδεῖν, εἰδέναι”（看），其最初的意思是“看到的东西”、“形象”、“形态”、“形式”等等，这是没有疑问的。但是，大字典同时告诉我们，这些词语从来没有囿于其“最初的意思”，而是在当时就已经发展出了“观点”、“看法”、“概念”、“原型”、“种类”、“本质”、“方式”等更为抽象的

---

[1] 这里也可以看出，把康德—费希特—谢林—黑格尔这一脉 Deutscher Idealismus（德国唯心主义）称作“德国观念论”是一个多么严重的错误。人们几乎可以通过这个事情立刻作出一个判断，即如果谁使用这个“术语”，那么他对于德国古典哲学的理解是不及格的。还有一些学者，仅仅是出于对“唯心主义”这个中文词的忌惮（他们对于旧时代的意识形态关于唯物主义和唯心主义路线之争的印象始终挥之不去），于是投奔到“观念论”的译法，只要看到“Idealismus”或“idealism”就一律译为“观念论”。但我希望提醒他们，这个译法对于英美哲学诚然是适用的，但对于柏拉图，对于康德—费希特—谢林—黑格尔这一系德国古典哲学，如果实在不喜欢“唯心主义”这个说法，那么至少也应当翻译为“柏拉图的理念论”或“德国理念论”，而不是译为“柏拉图的观念论”或“德国观念论”。正如我们一再强调的，这不是单纯的翻译问题，而是一个哲学认识上的问题。

[2] Menge-Güthling, *Enzyklopädisches Wörterbuch der griechischen und deutschen Sprache*. Berlin und München, 24. Auflage, 1981.

含义。有些学者坚持把柏拉图的“ιδέα”翻译为“相”、“型”、“形”（总之是一些看得见的东西，和视觉有关），认为这是“ιδέα”的本意，但他们在这里想当然地断定，柏拉图一定是在“ιδέα”这个词的“本意”上来使用这个词的。但实际上未必如此。“ιδέα”这个词不是柏拉图发明的，毋宁说它在当时已经是一个为人们所熟悉，包含着丰富含义（尤其是那些引申出来的含义）的词。当柏拉图讨论“ιδέα”的时候，他从来没有宣称自己是从这个词的最初的“本意”（实即“通俗意义”）——“看到的东西”——出发，正相反，从各种情境下的具体文本来看，他所说的“ιδέα”更多的是“种属”、“概念”、“本质”这样的思维规定。[1]我们不要忘了，柏拉图在《斐多》里通过“第二次航行”找到理念的途径，就是脱离感官，返回到思维并通过思维来认识真相，这是再明白不过的。[2]

此外，即便是“相”、“形”之类译法，也终究撇不开与感官知觉的关系。那些学者批评“理念”一词中的“念”跟“思维”有染，却没有意识到，诸如“观”、“看”之类概念本身就必然会发展为一种思维规定。在古希腊语里，“ιδέα”、“εἶδος”等概念的含义的演化发展已经说明了问题。在其他语言那里，同样也表现出

[1] 对此黑格尔指出：“他〔阿那克萨戈拉〕的后继者们以更确切的方式把实存的本性理解为 Eidos 和 Idea，理解为一种特定的普遍性，亦即种。诚然，‘种’这个说法看起来太过于平常，不足以表达当代流行的‘美’、‘神圣’、‘永恒’等理念。但实际上，Idea 和‘种’所表达出来的不多不少恰恰是同样的意思。”参阅黑格尔《精神现象学》，先刚译，北京：人民出版社 2013 年版，第 35 页。

[2] 老一辈学者如吴寿彭也正确认识到了这一点。他在其翻译的亚里士多德《形而上学》的一处脚注中谈到了柏拉图的“ιδέα”这个术语的翻译，认为“‘理型’颇切原义，‘理念’已较为通用”。针对陈康对于这个术语的“看”的意味的强调并改译为“相”的主张，吴寿彭指出：“但 εἰδέω 本义为‘观看’亦为‘认识’；而柏拉图引用此字实已脱离感官而专重认识；故旧译实无大误。”参阅吴寿彭译亚里士多德《形而上学》，北京：商务印书馆 1959 年版，第 16 页。

这种情况。比如拉丁文的“speculatio”和“contemplatio”原本都是“静观”、“观察”的意思，但这些术语演化到今天却恰恰意味着“思辨”、“沉思”。德文的“Weltanschauung”（世界观）、“Ansicht”（观点）、“Gesichtpunkt”（思想立场），甚至中文的“观点”、“看法”这样一些词，最终都与通常所谓的“观看”无关，相反却是与“思想”联系在一起。比如，当我们问一个人“你对这件事怎么看”，这句话的意思不是要让他仅仅睁大眼睛仔细端详，而是要求他动用思维去把握这件事情。如果有谁一定要强调“看”这个词的话，那么这个意义上的“看”已经超越了感觉的层次，是用心灵来“看”——而这正是思维。柏拉图当初批评犬儒主义者第欧根尼只有一双看到具体事物的肉眼，却没有用来把握理念的“心灵之眼”，就是这个意思。[1]在这里，我们愿意不厌其烦地引用柏拉图在《斐多》、《理想国》、《政治家》里面的一些言论，以便表明惟有思维才可以把握理念：

> 但是对于那些始终不变地存在着的东西，你惟有通过灵魂的**思维本身**（ῆ τῷ τῆς διανοίας λογισμῷ）才能把握；**它们是不可见的**（ἀειδῆ），**不可能被看到**。（Phaid. 79a）

> 一切透过肉眼的观察都充满了欺骗，同样，一切透过耳朵及其他感官进行的观察也充满欺骗……他们鼓励人们返回到自身内，保持这种凝聚状态，除了自身之外不相信任何别的东西……那些可感知的和可见的东西是不真实的，真正真实的东西是**只可思想的而不能看见的**。（Phaid. 83a-b）

[1] Diog. Laert. VI，53.

如果我直接以眼睛或任何感官来观察事物，那么我的灵魂恐怕也会完全瞎掉。所以，我必须退回到思想中，在思想中直观事物的真实本质。(Phaid. 99d-e)

有很多东西只是被看见，而不是被思考。但理念则相反，它们只能被思考（νοεῖσθαι），而不是被看见。(Rep. 507b)

对于那些最伟大和最有价值的东西（τὰ μέγιστα καὶ τιμιωτάτα），不可能向人们出示一幅清楚描绘停当的肖像……那些无形体的、最美丽和最伟大的东西（κάλλιστα ὄντα καὶ μέγιστα），唯有在思维之中被揭示出来，此外没有别的途径。(Polit. 285e-286a)

再者，把“思维”等同于“主观”，把看到的“相”理解为“客观”，这种天真的想法仅仅停留在普通民众的常识水平，显然没有经历过德国古典哲学尤其是康德的先验唯心主义的洗礼。有些学者执意强调柏拉图的“ιδέα”是一种“不依赖于我们的客观存在”，但这和朴素的唯物主义声称“物质是不依赖于我们的客观存在”有什么区别？用康德的话来说，这不过是另外一种“独断论”而已。真正意义上的“客观”，不是基于朴素的主客分立，而是指一种普遍必然的有效性。正因如此，那种具有众多普遍必然的规定的**理性思维恰恰是客观的！**再者，且不说很多东西（比如“善”、“德行”、“同”、“静”）的“ιδέα”或“εἶδος”根本就不是能“看到”，而是只能通过思维来把握的，那些执着于朴素的主客分立的人，完全把巴门尼德的“思维与存在同一”原则忘诸脑后，没有认识到，任何一种绝对脱离主体的“客观存在”都是不可能的，就此而言，我们甚至可以说，“这个被我看到的 ιδέα 是不依赖于我的客观存在”这句话本身就是一个矛盾。最后，很多人根本没有注意到，任何作为认识意义上的“观”和“看”，都必然伴随着思维的活动，就像康德所说的那样：“我思必须能够伴随我的一切表象。”[1]思维不仅伴随着感觉，甚至对于感觉认识起着决定性的指导作用，任何脱离了思维的感觉活动（比如“看”），都是盲的。这是康德的先验哲学的重大理论贡献之一，我们后人在进行任何理论研究时必须首先达到这样的高度。在此顺便提到，过去我在和靳希平老师讨论柏拉图的“ιδέα”的翻译时，靳老师不仅也主张“理念”这个译法，而且提出一个值得注意的看法，即“理念”的“念”这个词还具有一种活动、动作、行动的意味，这正好与柏拉图的认识论（即“回忆说”）相符合，即在思维活动中把握事物的本质。与之相反，“相”之类译法完全没有体现出“ιδέα”在认识活动中的能动意义，而是堕落为一种僵化静态的对象。我同意这个看法。

至此我阐述了为什么应当把柏拉图的“ιδέα”翻译为“理念”，而不是“相”、“型”、“形”之类。其实除此之外还有一个最简单的理由，那就是通过“理念”这个术语，在人类哲学史上的遥遥相望的两座最高峰亦即以柏拉图—亚里士多德为代表的古希腊哲学和以康德—费希特—谢林—黑格尔为代表的德国古典哲学之间，可以轻松地梳理出一条联系脉络。这是哲学的正道，值得我们重视和珍视。

---

[1] Kant，*Kritik der reinern Vernunft*. B312.

五　理念和认识

在这个基础上，我们再来考察柏拉图在其他中期对话录里面是如何阐述理念与真知之间的关系。

在《斐德罗》里，对于理念的认识是以神话的方式来表述的：理念，或确切地说，那些“无色的、无形的、无质料的、真实存在着的本质”，存在于一个“超于天空之上的处所”。(Phaidr. 247c) 宙斯一马当先，驾着马车带着自己的随从出行，加上身后另外十个神（赫拉、阿波罗、阿尔忒弥斯、雅典娜、波塞冬、阿瑞斯、赫淮斯托斯、阿佛洛狄忒、德墨忒尔、赫尔墨斯）各自的随从，天上总共有十一支队伍在飞行。[1]诸神的随从，亦即那些长着翅膀的灵魂，他们驾着马车（分别套着一匹高贵的好马和一匹低劣的坏马），在天上起起落落，很高兴能趁着这个机会一再地看到“真实的存在者”，即“公正”、“节制”、“美”、“智慧”、“善”之类“具有神性的东西”（τὸ δε θειόν）。(Phaidr. 246d) 在这些形象化的描述里，“看”或“直观”的意味是很重的，但这终究是一种形象化的说法，好比柏拉图说“神的理智用纯粹的理性和真知来滋养自己”(Phaidr. 247d)，堕落的灵魂“以假象为食”（Phaidr. 248b）等等，肯定不是真的要拿这些东西来当饭吃。事实上柏拉图也指出，是“理性看见”（Phaidr. 247c）那些真实的存在者，而这显然意味着，是通过思维来把握真实存在者。

---

[1] 奥林波斯山上有十二个主神，其中赫斯提亚作为灶神或家居神不能出行，必须待在家里。

与灵魂的堕落及提升相对应的，是柏拉图在《门农》和《斐多》里面提出的“回忆说”。在《门农》里，苏格拉底转述他从古代祭司和诗人（品达等等）那里听来的关于“灵魂不朽”的思想。因为灵魂经历了太多太多，知道的东西太多太多，所以对于它曾经认识到的理念，只需回忆起来即可。灵魂在自身内潜在地拥有对于理念的认识（注意这并不包括通常意义上的各种乱七八糟的“知识”），而人们通常所谓的“学习”或“求知”，无非是勇敢而不知疲倦地在自身内揭示出那些认识，在这个过程中回忆起已知的东西。“因此求知和学习完完全全就是回忆（τὸ γὰϱ ζητεῖν ἄϱα καὶ τὸ μανθάνειν ἀνάμνησις ὅλον ἐστίν）。”（Men. 81d）而在《斐多》里，对于那位看起来不太熟悉《门农》中的相关观点的希米亚，苏格拉底又换了一个方法来讲解：回忆是一种联想，在认识某些事物时联想起与它们“最相似”的东西，即该事物的理念本身。但是当我们看到一个东西，动用各种感官判断出这是一张床的时候，我们如何会联想到它是一张“床”，倘若我们事先没有对于“床”本身的认识？因此，我们在出生之前就具有对于理念的认识，然后通过运用感官重新回忆起那些认识。（Phaid. 75e）

而在《会饮》里，认识的重点首要是放在“美”的理念上面，也就是说，通过“美的东西”而逐渐认识到或回忆起“美”的理念本身。在这里，柏拉图同样采用了神话传说的方式。根据苏格拉底转述的、由迪奥提玛传授的“关于爱情的最高和最神圣的秘密”（Symp. 210a），事情是这样的：诚然，爱美之心人人有之，但对于“美”的追求却有着不同的阶段或层次。当年轻的时候，人们必须追求“美丽的肉体”，然后慢慢地不再限定在某个具体肉体的美上面，而是成为“所有美丽肉体的爱好者”。（Symp. 210b）然后，他必须认识到灵魂的美要远远胜过肉体的美，把肉体的美当作是某种无关紧要的东西。与此相联系的是，他必须认识到，为了看到美本身，眼里不能只有个别的美，只去取悦某一个美丽的小男孩或男人。总之，找到心爱的男人，和他一起“生殖”[1]出许多美丽而辉煌的言谈和思想之后，最终达到一个唯一的认识，也就是说，“突然看到一个按其本性就美妙无比的东西，亦即美本身”（Symp. 210e）。盖言之，“如果谁借助于‘真正的对于小男孩的爱’，从此出发上升，开始看到那个美本身，那么他几乎可以达到完满”（Symp. 211b）。这是一种阶梯式上升的爱，其对象从一两个美男子到所有美丽的形体，从美丽的形体到美丽的教养和行为举止，从美丽的教养到美丽的知识，直到达到“那种真知”，即对于美本身的认识。（Symp. 211c）“美”本身永恒地存在着，既不是产生出来的，也不会消灭，既不会增长，也不会削减，既不会变得更美，也不会变得丑一些，不会对这人来说是美的，而对那人来说是丑的。它不会以形体的方式出现，既不在地下，也不在天上，毋宁说，“它自在且自为地在自身内永恒而无处不在地作为同一个东西存在着（ἢ ἔν τῳ ἄλλῳ, ἀλλ᾽ αὐτὸ καθ᾽ αὑτὸ μεθ᾽ αὑτοῦ μονοει δὲς ἀεὶ ὄν）”。（Symp. 211b）所有其他的“美的”东西，都是因为分有了它，才是“美的”。

这种对于“美本身”的认识，这种阶梯式上升的爱，就是真正

---

[1] 迪奥提玛之前的教导已经指出，爱的目的是“生殖”。（Symp. 206e）但生殖分为两种：一种是在肉体里发生的，另一种是在灵魂里发生的。前者是和女人一起，为了生儿育女，繁衍后代，后者是和男人一起，为了生出“智慧”以及“公正”、“节制”等德行。（Symp. 209a）所以，到了生育年龄，有些人寻找美丽的身体，而有些人寻找“美丽的、高贵的、受过良好教育的灵魂”（Symp. 209b），一旦找到，就乐不可支，马上和他们进行“关于德行的交谈”，在这个过程中，在对方的灵魂里面，和对方一起生殖出交谈所寻找的东西。相比男女婚姻关系，这是一种更稳固的“共同体”，是一种更坚实的爱情，相应的，他们生殖出来的是一些更美丽的、更不朽的“孩子”，即真知和德行。

意义上的“**柏拉图式的爱情**”。无论是《斐德罗》那里的“灵魂马车”神话，还是《会饮》这里的“爱情观”，都表明，对于理念的认识最终必须摒弃感官（肉体），上升到理智思维。这些说法虽然足够形象生动，但也容易导致人们的误解或偏离主题。当然，如果我们全面阅读柏拉图的著作，就可以在很大程度上紧紧把握柏拉图想要阐明的核心思想。比如在《理想国》里我们就看到，柏拉图在谈到对于理念的认识时主要不再借助于神话传说（虽然也使用了“洞喻”和“线喻”等辅助说明方式），而是清楚明确地把他对待感官知觉和理智思维的态度，进而把如何克服感官知觉并上升到理智思维的具体途径呈现在大家面前。

在《理想国》的“线喻”里，柏拉图把人的认识能力区分为“感官知觉”和“理智思维”两大领域，相应地把对象区分为“可见的世界”（ὁϱατόν）和“可思维的世界”（νοητόν）两个层次。（Rep. 509d）在“可见的世界”里面，最低的是**1. 具体事物的影像**（比如一匹马的影子或在水中的映像）；较高的则是**2. 具体事物**，比如这匹马。这些都是通过眼睛可以看见的东西，在这之上的对象则只能通过思维而被把握。在更高层次的“可思维的世界”里面又可以区分两个层面，相对较低的是**3. 数学对象**，比如几何学和算术研究的奇数偶数、三角形的种类等等；而比这更高的——同时也是“可思维的世界”的最高阶段——则是**4. “万物的本原”**（τὴν τοῦ παντὸς ἀϱχὴν）。（Rep. 509b – 511c）[1]按照这个划分法，

---

[1] 按照亚里士多德的记载（《形而上学》A6 987b = TP 22A），柏拉图区分的存在等级从低到高依次为“具体事物—数学对象—理念—数—本原”，这个划分与《理想国》里列出的“影像—具体事物—数学对象—本原”划分虽然不一致，但并不构成矛盾，甚至可以说是相互补充的关系。因为前者在“可思维的世界”领域，后者在“可见的世界”领域作出了进一步的细分。至于前一个等级序列里的“数”并不属于“数学对象”的范畴，而是比理念更高的本原，我们在第 4 章里已经有所说明。

人的认识能力也就有四种不同的对象，它在和那四种对象打交道时，相应地就处于四种不同的状态，这四种状态从低到高依次为 1. **揣测**（εἰκασία）、2. **相信**（πίστις）、3. **理智的确定性**（διάνοια）、4. **理性的洞察**（νόησις）。（Rep. 511d – e）在这里，前面两种状态又统称为“**意见**”（δόξα），惟有后面两种状态才有资格称之为“**知识**”（ἐπιστήμη）。

为了直观起见，我们在这里给出柏拉图的“线喻”的一个图例。需要说明的是，通常关于“线喻”的图例里，并没有包括这里出现在直线顶端的那个“善的理念”或“无条件者”，即柏拉图所说的“τό ἀνυποθὲτον”（Rep. 511b）。对于这个问题，我们在下一章里会加以解释。

除此之外，柏拉图在《第七封信》里面提出了另外一种区分存在者层次的方法。对于每一个存在者而言，首先都可以分为三个层次：1. **名称**（ὄνομα）、2. **解释**（λόγος）、3. **肖像**（εἴδωλον）。比如说到“圆”这个东西，它首先只是一个名称，指代着某个东西。如果我们接着说，“那个从它的最外边到中心总是同样距离的东西，是圆”，那么这就给出了一个“解释”，相当于通常的定义。最后，如果有人画了一个圆圈出来，则是给出了圆的“肖像”。在柏拉图看来，这三个层次都只能归属于“可见的世界”领域。在这之上还有两个层次，它们显然只属于“可思维的世界”，即 4. **真知**（ἐπιστήμη）、5. **真知的对象**，或者说**真实存在着的东西**（δ᾽ δὴ γνωστόν τε καὶ ἀληθῶς ἐστιν ὄν）。（Epist. VII，342a-b）接着上面的例子，第四个层次是对于“圆”的真正认识，是知识和思想，位于灵魂之内，而第五个层次则是“圆本身”，或者说圆的理念。（Epist. VII，342b-c）柏拉图指出，同样的例子也适用于形状、颜色、善、美、公正、任何物体（人造的和天然的）、火、

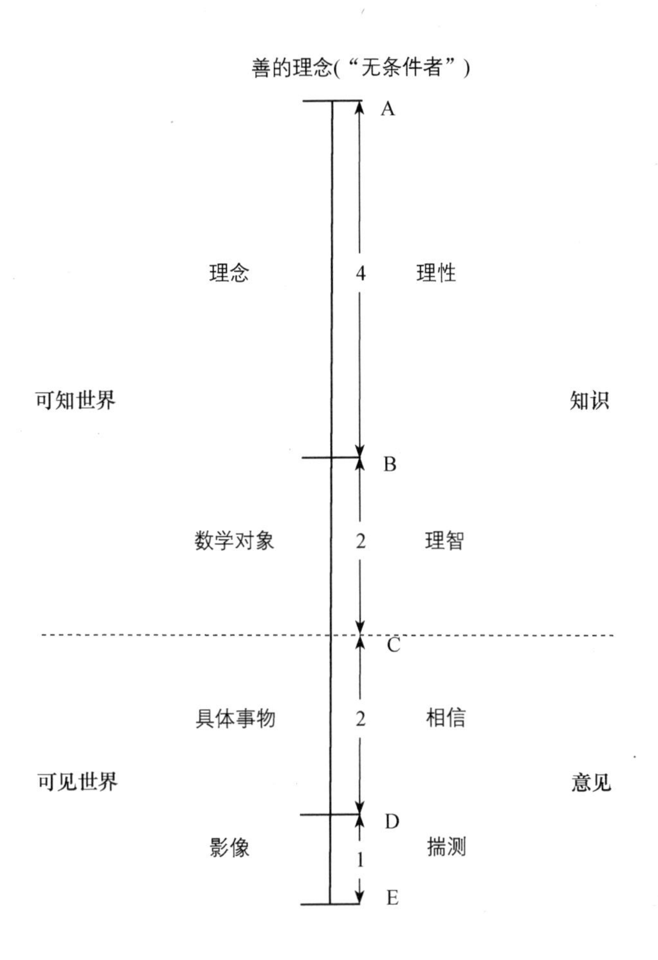

水、任何生物、灵魂的本质类型、人所做的一切和所遭受的一切。(Epist. VII，342d) 换言之，这一切东西都有对应的**理念**。[1]在这里，柏拉图把“真知”和“理念”放在两个层次，多少有点令人

---

[1] 在《巴门尼德》里，柏拉图专门提到了这样一个问题：“究竟对哪样的事物来说存在着相应的理念?”对此，“少年苏格拉底”的看法是：a. 完全承认与伦理价值（善、德行）相应的理念；b. 不能确定自然里的对象（人、水、火等）是否也有理念；c. 不愿意承认头发、烂泥、脏东西等低贱的东西也有理念。很显然，这种观点是与《第七封

意外，因为二者之间与其说是高低从属的关系，毋宁说是平行对应的关系。也许柏拉图希望通过这种方式来强调理念作为真实存在者的高超地位。他并且指出，如果人们没有掌握前面四种层次的知识，那么也永远不可能达到第五个层次的知识。（Epist. VII，342e）也就是说，真知（以理念为对象的知识）不仅不排斥对于“可见的世界”的认识，而且必须把后面一种认识包含在自身内，而这绝不意味着真知需要以后一种认识为基础。真知同时包含着对于真相和假象的认识，这完全符合柏拉图辩证法的精神。

不管存在者究竟分为几个层次，至少这一点是确定的，即我们的认识对象总是分布在高低不同的各个层次。另一方面，人的心灵状态却不是永远固定在某一个层次上，而是应当并且能够从较低的层次向着较高的层次上升。这是教育的任务，即“**提升灵魂**”（τῆς ψυχῆς ἄνοδον, Rep. 517b）或“**扭转灵魂**”（ψυχῆς περιαγωγὴ, Rep. 518c，

（接上页）信》里的说法相矛盾的。实际上，“少年苏格拉底”的观点是动摇不定的，他经常感到不踏实，有时候会怀疑是不是“一切事物都同样具有相应的概念”（Parm. 130d），但又害怕这样会陷入到一种可笑的愚蠢中，所以尽量去想“公正”、“美”之类的东西，转移注意力，以此寻得心理平衡。后人用这些疑惑来指责柏拉图本人的理念学说“有问题”、“不清楚”等等，但问题恰恰在于，“少年苏格拉底”的观点等同于柏拉图本人的认识吗？（人们太容易地想当然地认定这一点。）实际上，“少年苏格拉底”这个名字本身就表明，从他口中冒出来的关于理念的认识是“幼稚不成熟的”。对话录里面的“巴门尼德”纠正了这个错误，指出“少年苏格拉底”之所以犯错误的原因在于“还很小，没有人生经验”，没有吃透哲学，太在意人们的想法。（Parm. 130e）当他成熟并深入钻研哲学之后，就不会再去在乎那些常人关于高贵—低贱事物的区分，不去蔑视任何事物，而是勇敢地承认，任何事物都有相应的理念。不仅在这个问题上，还有诸如理念与具体事物的“分有”关系等等，“少年苏格拉底”的观点都是由于“不成熟”（在这部对话录里首要意味着不懂辩证法）而出现的误解，因此遭到“巴门尼德”（在这部对话录里代表着柏拉图的真正观点）的批评和纠正。《巴门尼德》确实批评了“少年苏格拉底”的理念观，但这绝不是意味着柏拉图对于自己从前的理念学说的“自我批评”，更不是意味着柏拉图“晚年的思想危机”（这压根就是人们臆想出来的东西），而是仅仅表明，在缺乏辩证法训练和没有意识到比理念更高的本原的情况下，理念学说会处于怎样的窘境中。我们在下一章里面还会探讨这个问题。

521c)，促使整个灵魂离开变动不居的东西，转向确定的真实存在者，“进入理性的领域”（εἰς τὸν νοητὸν τόπον）。这不是一件举手投足之间就能做到的事情，也不是一件仿佛从夜晚过渡到白天那样自然而然的事情，而是一个漫长而艰苦的过程。在这个过程中，我们不能指望“文艺、体育、谋生手艺”之类“低贱的”的知识技能（Rep. 522b），而是必须依靠另外一类完全不同的知识，即通常意义上的“理论知识”。在古希腊，首要的理论知识是数学，而广义上的“数学”又可以循序渐进地分为算术（Rep. 522b ff.）、包含平面几何和立体几何的几何学（Rep. 526c-527c）、天文学（Rep. 528a-c）、谐音学说（Rep. 530c-531c）四个部分。唯有在此之后，在已经学习掌握了以上知识的前提下，才可以学习辩证法（Rep. 531c ff.），而这是成为一名哲学家的关键之所在。可能已经有读者注意到，柏拉图在这里叙述的是国家的护卫者或哲学家的培养过程。但另一方面，这个模式其实对于每一个人都是适用的。诚然，要培养出一名哲学家很难，但话说回来，让数目众多的人成为哲学家，这是不可能的，也是没必要的。哲学是智慧金字塔的顶端，那里本来就挤不下多少人。对于绝大多数人来说，“哲学家”只是他们的理想，是鞭策他们前进的目标，至于他们能在这条路上走多远，则可以根据他们的主观客观方面的具体情况而定。最重要的是，从原则上来说，他们应当走在一条“扭转灵魂”的道路上，摒弃感官知觉，动用理智思维，从一个认识阶段上升到另一个更高的认识阶段。

这条道路是漫长的，更是艰难的，人们在这个过程中很容易成为一名逃兵。就像“洞喻”所描述的那样，当一个囚徒最初被解开锁链，被强迫站起来并舒展被长久固定的脖子时，总是会感到剧烈的疼痛，而且，由于习惯了看影子，对于影子的原型反而看得不太清楚。（Rep. 515c）这个阶段相当于从“**影像**”到“**具体事物**”。

然后，当他接触到光本身的时候，他的眼睛也会疼痛，于是“他想要逃避，并退回到他之前信以为真的那些东西上面”。(Rep. 515e) 再然后，如果他被拽着一直拉到洞穴之外的阳光下面，他也会感受到很多痛苦，很不情愿被拽出来。(Rep. 515e) 这个阶段相当于从“**具体事物**”到“**数学对象**”，以“洞口”为界限，走出洞穴意味着从“**可见的世界**”上升到“**可思维的世界**”。值得注意的是，柏拉图在整个描述中多次提到“痛苦”这个词，反复强调囚徒的被动状态和抵触情绪，其实已经明白地告诉我们，这是一条非常艰难的道路。的确，人们在“提升灵魂”或“扭转灵魂”的时候，总是会处于一种痛苦而激烈的挣扎中，总是倾向于相信他们此前已经获得的“知识”，而对当前认识的东西（因为过于明亮和清晰反而带来痛苦）感到疑虑和排斥。正因如此，柏拉图也强调，“适应过程”（συνηθείας）在这个过程中起着重大作用。(Rep. 516a) 在可见的世界里，人们最好是先看具体事物的影子和在水中的映像，然后再看它们自身。而在可思维的世界里也是同样的情形：一个人即便来到洞穴之外，刚开始最好的做法还是在夜晚仰望月亮和星星，而不是在白天直视太阳。“但最终，他还是能够凝视和观察太阳本身，不是观察太阳在水中或别的什么地方的影像，而是观察处于其原本位置的太阳本身。”(Rep. 516b)

关于这里的“太阳”——“善的理念的儿子”——以及它所代表的最高本原，我们将会在下一章里继续讨论。这里只是指出，有些学者比如费勃（R. Ferber）拾施莱格尔之牙慧，把“不可知论”的帽子扣在柏拉图头上，主张柏拉图认为最高本原是不可认识的，这种观点是对于事实的彻底歪曲。他们之所以主张柏拉图对于善的理念的“无知”，除了重弹“唯有神是智慧的，而人却是无知的”等老调之外，也依托于《理想国》里苏格拉底的如下一些说法：

> 你也听我说过，关于善的理念我们知道得很少。(Rep. 505a)
>
> ……
>
> 我亲爱的朋友们，眼下我们还是别去解释善到底是什么的问题吧。因为要把我现在心里揣摩到的解释清楚，我觉得眼下还是太难，是我怎么努力也办不到的。但是关于善的儿子，就是那个看上去很像善的东西，我倒很乐意谈一谈。(Rep. 506d-e)

以上就是那些主张柏拉图的无知的学者喜欢引用的“证据”。但是，如果我们不是仅仅断章取义，而是仔细阅读那些说法的前后文本，就会发现这根本不意味着柏拉图真的不知道什么是“善的理念”。比如，就在“关于善的理念我们知道得很少”这句话前面，柏拉图刚刚说过，善的理念是一种“最伟大的认识（μέγιστον μάθημα）”（Rep. 505a），而在这句话之后，柏拉图马上接着指出：“假若我们没有认识到善的理念，那么别的知识再多对我们也没有任何益处。”（Ebd.）显然，按照这个原则，假若柏拉图对于最高本原亦即善的理念竟然没有认识，那么“所有别的知识”乃至柏拉图自己的全部哲学主张本身都将失去任何意义——柏拉图敢于发出这种毅然决然的宣言，当然有自己的底气，换言之，他在这样说的时候必然对于善的理念已经具有清楚认识，所谓“我们知道得很少”在当时的语境下仅仅是一种退让和反讽的语气，以回避格老孔的无益的追问。同理，当对话录中的苏格拉底宣称“我觉得眼下还是太难，是我怎么努力也办不到的”（Rep. 506e），也必须在这个特定的语境下来理解。我们应当注意到，在这短短两句话里，苏格拉底两次提到了“**眼下**”（νῦν），就是对于当前这个语境的暗示（《蒂迈欧》Tim. 48c 也有类似的表述）。就此而言，所谓的“太难”，是指向格老孔这样的人“解释清楚”他对于善的理念的认识是很困难的，而不是指哲学家对于善的理念的认识是不可能的，更不是像沃尔夫冈·魏兰德所误解的那样，哲学家对于善的理念仅仅具有一些**意见**，不仅如此，哲学家甚至没办法向格老孔解释清楚这些意见！[1]在对话录里，苏格拉底宁愿谈谈“善的儿子”，“那个看上去很像善的东西”，对此我们不妨反思一下，假若苏格拉底没有认识到“善”本身，他如何能够知道什么是“善的儿子”，又如何能够知道“善的儿子”和“善”的相似呢？实际上，在随之的“日喻”结束处，苏格拉底终于也提出了一个关于“善”的说法，即“善本身不是存在，而是在尊严和力量方面超越存在(ἐπέκεινα τῆς οὐσίας)”，而格老孔对此的反应只能是发出一声惊呼：“阿波罗在上，何其神妙的超越啊！”（Rep. 509b-c）最后，当格老孔企图进入哲学家的领域，追问辩证法的奥秘时（“请告诉我们，辩证法有何种能力？它分为哪几种？各用什么方法？”），苏格拉底终于明确地打断了他：“亲爱的格老孔，你不能再跟着我一道前进了，这倒不是因为我这方面不愿如此，而是因为现在我要你看的将不再是我们用作比喻的对象，而是事物的真实存在本身了。”（Rep. 532e-533a）

可见，《理想国》里的苏格拉底究竟是故弄玄虚，还是对于善的理念确实有所认识，要找到这个答案其实是不难的。在这个问题上，有些口口声声咬定“哲人的无知”的人（比如费勃），经常是

---

[1] 沃尔夫冈·魏兰德否认柏拉图具有任何严格意义上的“学说”（比如“理念学说”）。在他看来，柏拉图之所以没法“解释清楚”，是因为“善”的理念的规定性（或者说对于善的知识）从根本上来说已经超越了人类的语言表达能力，也就是说，人类的语言只能表达经验的、有限的知识，而不适合“理念认识”这样的知识的形式。Vgl. Wolfgang Wieland, *Platon und die Formen des Wissens.* Göttingen 1982. Besonders S. 95－104, S. 159 ff.

睁着眼睛说瞎话的。如果那些举着酒神杖冒充“哲人”的学者——“举着酒神杖的人很多，但真正受到感召的人没有几个”（Phaid. 69c）——坦诚自己的无知，这也罢了，但他们偏偏认为柏拉图也和他们一样无知，这就是一件非常可笑的事情。这本是一个简单的问题，但既然费勃坚持认为，柏拉图主张哲学家没有能力去认识最高本原，[1]那么我们只好列出几个白纸黑字的铁证来予以痛击了。须知，柏拉图不仅在洞喻里明白指出哲学家“**最终能够凝视和观察太阳本身**”（Rep. 516b），而且随后明白地重复强调道：

> 在一切可认识的东西里，哲学家历尽艰辛最终看到了善的理念；而在看到善的理念之后，他就会立即认识到，对于所有的人来说，它都是一切正确的和美的东西的原因。在可见的世界里，光和太阳（前者依赖于后者）是创造性的，而在可思维的世界里，唯有善的理念作为主宰创造出了真理和理性。因此，任何一个不管是在私人事务还是在公众事务里行为举止合乎理性的人，都必定认识到了善的理念。（Rep. 517b-c）

诚然，“善的理念”的确是一个艰难的议题，而且柏拉图在《理想国》里面的相关叙述也确实语焉不详。关键在于怎么理解这

[1] 参阅费勃《哲人的无知》，王师译，北京：华夏出版社 2010 年版。附带说明的是，在整个支持和反对图宾根学派的论战中，费勃更多的是一个“围观者”的角色，他那些对于图宾根学派的反对意见并没有达到魏兰德、海奇等人的水平。遗憾的是，国内有些学者居然以费勃为权威，在不怎么熟悉围绕图宾根学派的关键论争的情况下就断言道：“图宾根学派的‘底气’就在于所谓柏拉图‘未成文学说’——作为关于‘善’即最高本原的学说——才是‘柏拉图真正的智慧’，但费勃认为根本就不存在这样的‘本原学说’或‘最高智慧’，因为哲人对于最高的智慧是无知的。按此逻辑，则‘未成文学说’根本就不存在——尽管费勃没有明确说出这一结论。”（黄瑞成译施莱尔马赫《论柏拉图对话》，北京：华夏出版社 2011 年版，中译者导言第 21 页。）

件事情。是柏拉图在这里暴露出了他的“无知”呢，还是他故意有所保留？无论如何，柏拉图不但真正掌握了“善”的认识，而且在学园内部口头传授，这是一个学理上和历史上的事实。正如亚里士多德告诉我们的，柏拉图在学园内部讲授关于最高本原的学说时，标题就是《论善》（Περί τἀγαθοῦ）。根据阿里斯托色诺斯的记载：

> 亚里士多德曾经一再说道，那些来听柏拉图的讲课《论善》的人，绝大多数都是这样的情形：在此之前，每个人都以为会听到通常关于人的福祉（比如财富、健康、体能或其他值得惊叹的幸福）的指导，但是，他们听到的却是关于数学，关于数、几何、天文学的讨论，而且最终竟然是这样一个命题：“善是一”。我觉得，对他们来说这是一些完全意想不到的，很奇怪的东西，所以他们中间有的人对这些内容不屑一顾，有的人则公开地拒绝它们。（TP 7）

柏拉图的课堂讲授以艰深著称，《论善》并不是一个特例。据说柏拉图在课堂上讲授《论灵魂》（Περὶ ψυχῆς）的时候，其他人同样起身离开，而亚里士多德是唯一的一个留下来的人。[1]恰恰是这样的亚里士多德，才能聆听柏拉图关于“善”和“灵魂”的真切教导，并告诉我们：

> 那些设定了不动的本质存在〔亦即理念〕的人说，“一本身”（αὐτὸ τὸ ἕν）就是“善本身”（τὸ ἀγαθὸν αὐτὸ），因此

---

[1] Diog. Laert. III，37.

他们认为，最确切地说来，善的本质就是“一”。(《形而上学》N，1091b = TP 51)

这些证词表明，柏拉图不但认识到了善的本质，而且把它规定为“一”。可以说《理想国》中的“善的理念”就是那个“一”的代号，但柏拉图在书写下来的文字中——鉴于谈话对象的理解能力——只是局限于描述“善”的各种作用和存在方式，而保留了对它的本质界定。

第 8 章

走向本原的道路：从理念到更高的本原

“理念”的发现是柏拉图的独创和伟大功绩。从此以后，“理念学说”（Ideenlehre）以及由之演化出的“唯心主义”（Idealismus）在西方思想史上发挥着持久的巨大影响力，甚至在一定程度上成为了柏拉图哲学的代名词。这些都是无可否认的，但是，我们仍然要追问，理念学说真的就是柏拉图哲学的根本基石？换言之，“**理念**”在柏拉图哲学的体系里真的扮演着绝对意义上的“**本原**”的角色吗？

这些疑问立即与理念遭受的各种批评和质疑联系在一起。大致说来，它们有来自“内部”的，比如柏拉图在《巴门尼德》第一部分（Parm. 127a-135c）里面借“巴门尼德”之口对“少年苏格拉底”作出的诘问，也有来自“外部”的，比如亚里士多德在《形而上学》里面提出的十几条批评。

我们认为，相对于那些来自于“外部”的批评（它们中的绝大部分是由于哲学立场的分歧或理解有误而引发的，层次参差不一），“内部的”批评或所谓的柏拉图的“自我批评”更值得我们重视，因为这是柏拉图本人深思熟虑过的东西。当然这里的关键在于，究竟应当在什么意义上来理解柏拉图对“理念”作出的批评。

不仅如此，当说到“内部的”批评的时候，我们也不能像很多人那样，只是把眼光局限在《巴门尼德》的第一部分，而是应该认识到，其实在柏拉图的另外的一些对话录里，也已经或隐或显地表露出“理念”本身蕴含着的困境。在认识到这些问题的前提下，同时与别的场合关于柏拉图的本原学说的记述结合起来，这样，当我们接触到《巴门尼德》的第一部分里明确提出的对于“理念”的那些质疑时，才不会有措手不及的感觉，然后对于所谓的“自我批评”以及柏拉图哲学所谓的“发展变化”拿出正确的判断。

一　对于理念的超越

比如，就在那部明白阐述“理念发现之旅”的对话录《斐多》里面，我们已经可以看到一些端倪。“第二次航行”的目标是发现“万物产生和消亡的原因”（Phaid. 95e），亦即走向严格意义上的**本原**。柏拉图在这个过程中发现了理念。那么，这个重大发现是否意味着“第二次航行”圆满完成呢？乍看起来，这个结论是可以肯定的，但事实上并非如此。正当大家都对“理念”这个前提感到满意时，柏拉图却借苏格拉底之口继续指出：

> 如果还有必要为那个前提〔理念学说〕自身提供解释的话，那么你将以同样的方式给出解释，即提出一些更高的前提，然后在这些更高的前提里面提出一个称得上最好的前提，直到你找到这样一个满足所有方面的前提。（Phaid. 101d-e）

这句话其实已经告诉我们，理念固然是很好的前提，在某种意义上堪称本原，但在这之上还有“更高的”乃至“最好的”前提或本原。

为什么我们不能停留于理念，不能把理念看作是最高的本原呢？因为问题的关键在于，理念作为**统一性**的原则（比如“马”的理念是所有具体个别的马的统一性原则），它本身又重新陷入到了**多样性**的范畴之中（比如除了“马”的理念之外，还有“牛”、“兔”、“狗”等无穷多的理念）。单是这就已经表明，“一”与“多”的问题是理念学说所不能解决的、更为根本的问题。

与此联系在一起的还有一个更为复杂的问题：既然存在着数目众多的理念，那么它们相互之间是怎样的关系？《斐多》对此作出了一定程度的探讨，即讨论各个理念之间相互结合或者彼此排斥的可能性。(Phaid. 103d – 105d) 比如，在“热”、“冷”、“火”、“雪”这四个东西里，“雪”既不能与“热”相结合，也不能与“火”相结合，否则就会导致它的毁灭。更确切地说，“雪”不仅不能与“热”相容，而且不能与所有在“热”这个种概念下面的东西相容。同理，三个苹果不仅分有了“三”的理念，还同时也分有了“奇数”的理念，而且甚至可以说还分有了“数”的理念，因为“三”是奇数，是数。但由于“奇数”的理念与“偶数”的理念是相互排斥的，所以“偶数”的理念不仅与“奇数”本身不相容，而且与“三”、“五”、“七”、“九”等所有的奇数不相容。总而言之，这个对立关系不仅仅限定在那个对立本身（“奇数”与“偶数”），而且延伸到所有那些分有了对立中的某方理念的东西上面。柏拉图的这些表述让我们意识到，理念本身不仅是杂多的，而且它们之间还可以区分出不同的层次，而处于不同层次的理念无论就纵向（从属关系）还是就横向而言（并列关系）都遵循着严格的规范。英国学者罗斯（W. D. Ross）最早注意到了这个问题，他说："令人感兴趣的是，柏拉图在这里〔指《斐多》里的相关论述〕似乎是第一次确定了处于'种'—'属'关系之中的理念群的存在。这个地方已经预先触及到了后来《智术师》里面的'划分'（διαίϱεσις）问题，以及对于'种之间的共通性'（κοινονία τῶν γενῶν）的讨论。"[1]

同样，理念本身的多样性与统一性的问题也表现在《理想国》里面。在第五卷和第六卷的两处地方，柏拉图都将其清楚地表述出来。比如："就自身而言，每个理念都是'一'，但当它们与各种行为、物体以及其他理念联系在一起的时候，看起来，每个理念又都是'多'。"（Rep. 476a）在另一个地方，柏拉图则指出，正如在美的事物、善的事物以及所有事物那里都存在着多样性，同样，"也存在着'美本身'、'善本身'等等，而且在我们凡是能以'多'来标示的东西那里，都存在着一个相应的'本身'"。（Rep. 507b）当然，柏拉图在《理想国》里并没有着力强调数目众多的"本身"（理念）之间的种属关系，而仅仅是借用光的作用来揭示出理念之间所具有共通性。关于光的说法直接导向了太阳的比喻，即对"善的儿子"的描述。（Rep. 508b）对此我们应当注意到，在前面的地方，柏拉图已经暗示他不愿将关于善的知识书写在对话录里，而是只愿意就"善的儿子"或"那个很像它的东西"与格老孔进行讨论。（Rep. 508c）比如，以下的对话已经隐含着柏拉图的保守态度：

格老孔：……如果你还有什么话要讲，无论如何，至少要进一步解释一下日喻。

---

[1] Vgl. Giovanni Reale, *Zu einer neuen Interpretation Platons*. Paderborn, 2000. S. 190.

苏格拉底：眼下看来，已经足够了，完全足够了。

格老孔：你可不能在我们面前保留哪怕一点点东西！

苏格拉底：眼下看来，我甚至觉得已经说得太多了……（Rep. 509c）

而在接下去的地方，柏拉图干脆明确地拒绝了格老孔的继续追问："亲爱的格老孔，你很难再跟着我一道前进了……"（Rep. 532e-533a）正如我们在前一章里已经指出的，柏拉图在这里的保留态度绝不是意味着柏拉图本人不具备关于"善"的知识，或这种知识就原则上来说是不可达到的。亚里士多德和阿里斯托色诺斯告诉我们，柏拉图在学园内部的讲授中明确提出"善是一"，"善的本质就是一"（TP 7，TP 51）。有意思的是，尽管柏拉图在《理想国》里面从未直接表露"善是一"的思想，而是仅仅对"善"的一些特征进行描述，但当他把"善"描述为一种"**超存在**"（ἐπέκεινα τῆς οὐσίας, Rep. 509b）的时候，苏格拉底的对话伙伴格老孔对此惊叹道："阿波罗在上！何其神妙的超越啊！"（Rep. 509c）在柏拉图的其他对话录里，人们赌咒发誓的时候，要么是直呼"宙斯"、"赫拉"、"缪斯"，要么是"狗儿"之类，为什么格老孔这里偏偏要喊叫"阿波罗"呢？雷亚利提醒我们，对于毕达哥拉斯学派来说，"阿波罗"是他们用来代指"一"的象征名字。从词源学来看，"阿波罗"（'Απόλλων）一词的前缀"A －"代表着对于"多"（πολλόν）的否定。柏拉图和毕达哥拉斯学派关系密切，他完全有可能知道这个秘密的象征，于是以一种巧妙的手法将其运用在这里，让无知的格老孔在无意识中说出了善的本质，即"非多"或

“一”。[1]新柏拉图主义的柏罗丁对于这个传统也了如指掌，他告诉我们：“‘一’的意思是对于‘多’的扬弃，毕达哥拉斯学派之所以把阿波罗当作‘一’的象征，就是因为这个名字表达出了对于‘多’的否定。”[2]同样，柏罗丁也把最高本原“太一”称作“善”，认为它是“超存在”，至于存在的层面，则是从“精神”（努斯）开始的，或者说与“精神”是一回事。[3]

正如我们已经指出的，柏罗丁的哲学尽管被冠以“新柏拉图主义”的头衔，但柏罗丁本人从来不认为自己的哲学有什么“新”的地方，他只不过是在忠实地传承和转达柏拉图的思想而已：“这种学说不是新的，从古代起早就公开宣布过了，尽管没有明确地展开过。我们只希望成为古人的解释者，并用柏拉图自己的证据表明，他们和我们有相同的见解。”[4]同样，无论是早期教父奥古斯丁，还是文艺复兴时期的费西罗，都一致认为“柏拉图在柏罗丁身

---

[1] 在《克拉底鲁》这篇对话录里，苏格拉底也曾与赫尔谟根尼（Hermogenes）一起讨论诸神的名字的起源。在谈到“阿波罗”这个名字的时候，苏格拉底说，由于阿波罗多才多艺，所以他的名字可能有这样一些来源，比如作为“除疾者”的“医生”（'Απολούων）、“对于真相和纯洁（ἀτλοῦν）的预言”、“百发百中的射手”（ἀεὶ βάλλων）、“伴侣”（Ὁμοπολῶν）等等。（Krat. 404b ff.）诚然，这里并没有谈到“阿波罗”意味着“对于多的否定”。尽管如此，我们并不能因此就推断出柏拉图一定不知道这层含义。根据前后文本我们可以看出，对于赫尔谟根尼这样一位资质平平的对话伙伴，苏格拉底是明显有所保留的，尤其是他明确提出，有“严肃的”和“开玩笑的”两种不同的解释方式，而他在这里更倾向于后面这种解释方式。（Krat. 406b）

[2] 柏罗丁《九章集》，V，5.

[3] 参阅柏罗丁《九章集》，VI，9。其中对于“太一”的描述是这样的：“那个太一不是精神，而是在精神之先，因为精神是某种存在者，而那个却不是某种东西，而是在任何东西之先。它也不是存在者，因为存在者具有存在者的形式，而它却没有任何形式。因为太一的本质是万物的创造者，所以它不是一种物。那个本质不是某物，没有质量，没有数量，既非精神，亦非灵魂；它既非运动的，也非静止的，既不在空间之内，也不在时间之内，没有形象，因为它先于所有形象，先于运动和静止，而运动和静止附着在存在者身上，使它们成为‘多’。”（VI,9,3）

[4] 柏罗丁《九章集》，V,1,8.

上复活”，[1]两者的哲学是完全一回事。在整个柏拉图主义的传统中，柏罗丁的权威维系了一千多年。直到18世纪末和19世纪初，人们对柏拉图的口传学说传统加以排斥，越来越执着于柏拉图的著作本身而不顾其他，才在这种片面的认识指导下反而指责柏罗丁的学说是对柏拉图哲学的歪曲，强调要把“新柏拉图主义”和“原原本本的柏拉图哲学”剥离开来。直到图宾根学派的新诠释范式兴起，才在某种程度上重新恢复了柏罗丁在柏拉图哲学传统中的“真传”地位。有些学者指责图宾根学派在实质上是“新柏拉图主义的复活”，是从新柏拉图主义的哲学观点出发来歪曲柏拉图，这就没有看清事情真正的来龙去脉。须知，图宾根学派褒扬新柏拉图主义，这不是立论的出发点，而是探讨的结果。换言之，正是因为图宾根学派提倡全面的“书写—口传”并举的柏拉图诠释模式，所以才会与谨承柏拉图传统的新柏拉图主义产生共鸣，才能正确评价新柏拉图主义的贡献。

在这里需要特别强调的是，《理想国》里的“善的理念”（ἡ τοῦ ἀγαθοῦ ἰδέα, Rep. 505a），亦作“理念之理念”（ιδέα τῶν ιδεῶν），尽管就其名称而言还挂着“理念”一词，但严格说来已经不能再被理解为**一个理念**。因为正如我们前面已经指出的，理念本身作为统一性原则却还处于多样性的规定之下，这说明在它们之上还存在着更高的乃至最高的统一性原则。理念本身还有“种属类别”的意思，但正如柏拉图所说，“善是一”，善本身是无与伦比、独一无二的，它凌驾于任何种属关系之上，是绝对的“一”，完全与“多”无关。在这个意义上，我们可以说柏拉图的“善”就是后来的德国古典哲学用“**绝对者**”（das Absolute）或“**无条件**

[1] 奥古斯丁《驳学园派》第3卷第18章第41节。转引自范明生《晚期希腊哲学和基督教神学》，上海人民出版社1993年版，第391页。

者”（das Unbedingte）等术语所指代的那个东西。它是“绝对者”，因为它无与伦比，从字面上就可以看出已经摆脱了任何有限的规定（在柏拉图这里即多样性的规定），凌驾于一切存在之上。它是“无条件者”，因为唯有它不以任何他者为条件或前提，相反却为任何他者提供条件或前提。正如线喻所表明的，所有的理念都可以被看作某种意义上的“前提”（ὑποθέσις, Rep. 510b），同时本身也需要更高的“前提”，但那个位于线条最顶端的“善”却是一个“无前提者”（τὸ ἀνυποθέτον, Rep. 511b）。——唯有它才有资格被称为最高意义上的真正的“本原”（ἀρχή）。

盖言之，从一般意义上的本原“理念”回溯到更高的乃至最高意义上的本原“善的理念”，这个模式已经在《斐多》和《理想国》等书写下来的对话录里面初现端倪，尽管其中对于“善的理念”只是进行了一些比喻和特征描述。在这里，恰恰通过关于柏拉图口传学说的记述，我们不仅掌握了“善是一”这一决定性的信息，而且获得了其他一些非常重要的、没有出现在对话录中的“情报”。这些信息大大丰富乃至改变了我们通常仅限于从对话录中获得的关于柏拉图的本原学说的认识。

在进行进一步的讨论之前，我们先列出如下几条重要的证词：

1. 特奥弗拉斯特（柏拉图和亚里士多德的学生）的报道：“看起来，柏拉图是通过追问更高的本原来把握其他的事物：从事物追溯到‘理念’，从‘理念’追溯到‘数’，从‘数’追溯到‘诸本原’。”（特奥弗拉斯特《形而上学》，6b 11-16 = TP 30）

2. 亚里士多德的记载：“因为理念是其他事物的原因，所以他〔柏拉图〕相信，‘理念的元素’也是所有存在物的元素。在此，‘大和小’作为质料是本原，而‘一’是本质。因为由‘大和小’，通过分沾‘一’，就产生出‘理念’、‘数’。他同意毕达哥拉斯派，说‘一’是本体……但是他又设定一个‘二’，认为由‘大和小’构成无定者……”（亚里士多德《形而上学》A，987b = TP 22A）

3. 亚里士多德的注释者亚历山大的记载：“柏拉图把‘一’和‘二’设定为‘数’以及所有事物的本原，就像亚里士多德在《论善》中所说的那样。”（阿弗罗迪希亚的亚历山大《亚里士多德〈形而上学〉注释》，S. 56 = TP 22B）

4. 新柏拉图主义哲学家辛普里丘的记载：“正如亚里士多德在许多地方都提到的，柏拉图把物质称作‘大—和—小’，那么人们还必须知道，根据波菲利奥的报道，德尔基里德斯在他的《柏拉图的哲学》第11卷里面讨论物质的时候，引用了柏拉图的学生赫尔谟多关于柏拉图的著述中的一句原话，以便表明，柏拉图所理解的物质就是‘无规范’或‘不定’（ἄπειρον）。”（辛普里丘《亚里士多德〈物理学〉注释》S. 247 = TP 31）

5. 学园派哲学家塞克都斯·恩皮里克的记载：“柏拉图认为……理念并不是存在者的最初本原，因为每个单独的理念就其自身来说是单一，但与其他理念联系起来之后，就成了二、三、四……所以，必须有甚至比理念的存在地位还高的东西：而这就是数，因为只有通过对数的分有，一、二、三或更多的东西才被陈述出来。……存在者的本原是：原初的‘一’（通过对它的分有，我们才可以思想所有能被计数的单一体）以及‘不定的二’（通过对它的分有，所有被规定或被限定的二才是二）。”（塞克都斯·恩皮里克《反数学家》，X 258 u. 262 = TP 32）

6. 新柏拉图主义哲学家普罗克洛的报道：“……他们〔柏拉图及其学生〕相信，如果把‘一’分割开来单独进行思考，不考虑其他东西，只是依照它自身来设定它自己而不添加别的本原，那么其他的事物就根本不可能产生出来。因此他们又引入了‘不定的二’，作为存在着的事物的本原。”（普罗克洛《柏拉图〈巴门尼德〉注释》=TP 50）

以上几条证词（它们当然远不是证词的全部）在那些毕生俯首于柏拉图书写下来的对话录、对于柏拉图的口传学说传统不理不问的旧学者看来，简直是震惊的、不可思议的，所以他们自然地倾向于将这些说法当作亚里士多德等人的杜撰、讹传甚至理解能力的缺陷。关于这个问题，我们已经在本书第3章里面讨论过，这里不再重复。我们只想指出，相关的争论发展到今天，至少这一点已经是无可辩驳的，即柏拉图在学园内部口传的未成文学说确实存在，而且亚里士多德等人的相关记述是真实可信的。如今的争论焦点已经转移到这样一类问题，即“未成文学说”在柏拉图的整个哲学思想中究竟占据着怎样的地位和意义。而这有待于各个学者的挖掘和诠释工作。

不管怎样，无论从柏拉图书写下来的对话录出发还是从他口传的未成文学说出发，我们都可以看到，理念并不是柏拉图哲学的最高本原，毋宁说“一”才是。

不仅如此，根据亚里士多德的记载（TP 22A，TP 22B），各种存在从低到高的等级秩序为“事物—数学对象—理念—数—诸本原”，而按照特奥弗拉斯特的记载（TP 30），那个等级秩序则是“事物—理念—数—诸本原”。这两个模式是基本兼容的，而它们都共同表达出这样一个思想，理念不仅低于最高的本原，甚至低于**“数”**！乍看起来，亚里士多德与特奥弗拉斯特报道的等级秩序与《理想国》的线喻所列出的“影像—事物—数学对象—理念—善的理念”等级秩序是不一致的。一种说法是把“数”置于理念之上，而另一种说法却认为“数学对象”低于理念。那么，比如“3”究竟是“数”还是“数学对象”，是高于还是低于理念？要解决这个困惑，我们必须意识到，“数”本身和作为算术研究对象的奇数偶数（特定的数）不是一回事，后者——以及几何学研究的三角形、四边形等等——之所以被看作“数学对象”，即一门低于哲学的学科（数学）的对象，在于它们已经作为现成的、特定的东西呈现出来，数学家从来不会追问它们的“前提”，而是以它们为“前提”。这种差别就像泰勒士说“水”和普通人说“水”的差别。这里对于“数”的理解必须站在毕达哥拉斯学派的高度上，该学派认为万事万物的最根本的属性是数，而柏拉图同样认为万物之间最基本的关系是数的关系。[1]但是，我们还得严格区分三个层次上的“数”：

第一个层次的“数”是指的具体事物的“数目”，或“具体的数”。比如我们面前的三把椅子是一个“具体的3”，桌子上的两个苹果是一个“具体的2”，等等。

第二个层次的“数”是柏拉图—亚里士多德—特奥弗拉斯特所说的那种“数学对象”，它们的基本特征是“永恒的”、“不动的”。比如椅子可以坏掉，苹果可以被吃掉，但椅子的“3”和苹果的“2”并不因此而消灭或改变。“3”处于各种关系之中，它可以等于“1加上2”，也可以等于“8减去5”。我们可以两次使用“3”，就像“3 +3 =6”这个公式所表明的那样。如果我们乐意的话，甚至可以无穷多次随心所欲地把“3”使用来使用去。

第三个层次，也是最高层次上的“数”，如果继续借用前面的例子的话，就是“3”本身。它是**唯一的一个**，是恰恰介于“2”与“4”之间的那个数。这才是凌驾于理念之上的数。

---

[1] 参阅亚里士多德《形而上学》D 1021a.

真正意义上的数之所以高于理念，因为当我们说“一个理念”、“两个理念”或“多个理念”的时候，已经把理念放置于数的规定之下。由于有一个又一个唯一的数，才决定了有一个又一个唯一的理念。数不但规定着理念的数目，而且规定着理念之间的秩序（因为数本身具有不可比拟的理性秩序），赋予理念以理性的确定性。理念的这些规定虽然最终都可以回溯到最高的本原亦即“一”，但终究还是必须**通过**数的中介才获得这些规定。

除此之外也许更重要，同时也更令人意外的是，《理想国》中所描述的“善的理念”（亦即口传学说中明确提出的“一”）其实不是**唯一的**根本意义上的本原，因为另外还有一个与之并列的本原，即“二”，它另有“无定者”（ἄπειρον）、“大和小”（τὸ μέγα καὶ μικρὸν）、“不定的二”（δυάς ἀόριστος）、“物质”（ὕλη）等名称。这就是说，**柏拉图的本原学说是二元的**。

乍看起来，当《理想国》里谈到“善的理念”的时候，压根就不曾给这样一个“不定的二”留下任何地位，“善”仿佛独自就担当了通常本原应该具备的那些功能：正如太阳使万物“产生、成长和得到营养”，善也不仅使得知识的对象（即理念）被认识，而且赋予理念以存在（εἶναι）和本质（οὐσία）。（Rep. 509a－b）如果我们借用一下亚里士多德的四因说（质料因、形式因、动力因、目的因），可以说《理想国》中的“善的理念”已经把形式因（本质因）、动力因、目的因[1]这三个因素包括在内——而它所缺乏的，恰恰是关键的**质料因**。那么，这是否意味着柏拉图的哲学体系本身就缺乏质料因呢？当然不是。如果人们只是把目光局限在书写

[1] 柏拉图在《蒂迈欧》里面也说过，“一切事物都趋向善”，以及“所有运动都必然是通过一个原因才可能”。（Tim. 28a）这明显就是“目的因”和“动力因”的表述。

下来的文本上面，也许会得出这样的结论。但实际上更有可能的情况是，柏拉图在写作《理想国》的时候或者没有把重心放在质料因上面，或者他在这里还没有看到表述质料因的必要。至于纯粹的“一”作为本原乃是孤掌难鸣，这是柏拉图已经清楚意识到的，就像普罗克洛所报道的那样：柏拉图知道，如果单靠“一”而不引入其他的本原，那么丰富杂多的万事万物根本就不可能产生出来。(vgl. TP 50)

除此之外，前面引用的几条柏拉图学说记述（TP 22A，TP 31）也清楚表明，“不定的二”或“大和小”其实就是质料因，就是“**物质**”。诚然，亚里士多德在《形而上学》中批评柏拉图只懂得两种原因（形式因和质料因）而不是四种原因，[1]但他在别的地方也承认：“这三个原因（形式因、动力因、目的因）经常就是一回事。”[2]所以说到底，形式因和质料因才是最根本的，柏拉图的“二因说”（二元本原学说）虽然没有亚里士多德的“四因说”那么细致整齐，但在本质上已经把后者包含在自身内。

我们说柏拉图的本原学说是“二元的”，实际上这不是什么惊世骇俗的事情，要这么说的话，理念学说还是“多元”的呢！更何况，这种“**形式—质料**”的二元结构和思维模式在**毕达哥拉斯**那里已经明确形成。当毕达哥拉斯把“数”确立为本原，存在的原则就不再从属于之前哲学家所谈的“水”、“气”之类质料，而是进入到形式的领域。这是毕达哥拉斯在哲学史上的伟大贡献。“数”是决定着形式的东西，使得无规定的东西成为一个一个确定的、特定的东西。但是，“数”并不是唯一的本原，因为必须有“无规定

[1] 亚里士多德《形而上学》A，988a =TP 22A。

[2] 亚里士多德《物理学》198a24。

的东西”让它去规定。毕达哥拉斯从未宣称事物仅仅是数。他们是旗帜鲜明的二元论。因为，要让数（形式）发挥作用，必须有某种承受作用的东西（质料）。根据亚里士多德的记载，毕达哥拉斯学派主张十大对立：**1**. 规定—不定；**2**. 奇—偶；**3**. 一—多；**4**. 右—左；**5**. 雄—雌；**6**. 静—动；**7**. 直—曲；**8**. 明—暗；**9**. 善—恶；**10**. 正方—长方。[1]在所有这些对立里，前一方都是正面的、积极的性质，而后一方则是负面的、消极的性质，而且后面九组对立都可以归结到第一组对立亦即“规定—无定”上面。正如亚里士多德在《形而上学》（A5，987a13 ff.）中指出的，毕达哥拉斯学派同时主张两个本原，其中一个是“规定”（πέρας），另一个是“不定”（ἄπειρον），在这里前者具有支配性的地位，它是数的本质（或者说，数之所以为数，就在于它等于“规定”），而数又是一切事物的本原：“……没有数，一切都是没有界限的，不清楚的，不确定的。”（DK，44B11）

而在毕达哥拉斯学派的斐洛劳（Philolaos）所留存下来的残篇里，我们能够找到很多关于他们的二元本原学说的证据。比如以下几条：

> **1**. 宇宙中的自然由“规定”和“不定”结合而成——不管是作为整体的宇宙，还是其中的所有事物，都是如此。（KRS 424）
>
> **2**. 所有存在的事物都必然要么是“规定”，要么是“不定”，或者既是“规定”又是“不定”……很明显，存在着的一切，既不是完全由“规定”的事物构成，也不是完全由“不

[1] 亚里士多德《形而上学》986a22-b4。

定”的事物构成，所以宇宙和所有在它之内的东西都是由那些既是“限定”又是“不定”的事物结合而成的。(KRS 425)

3. 如果一切都是“不定”，那么就根本不存在认识。(KRS 426)

柏拉图通过与毕达哥拉斯学派阿尔基塔的密切交往，对该学派的思想非常熟悉，这是众所周知的。诸如《斐多》、《蒂迈欧》等对话录里面的“灵魂不朽”、“宇宙结构”等思想都透露出浓厚的毕达哥拉斯学派的气息，以至于竟然有人指责柏拉图的《蒂迈欧》是剽窃之作。[1]更有一种说法是柏拉图（以及恩培多克勒）利用参加毕达哥拉斯学派内部讲座的机会，将该学派的学说据为己有，从而被禁止继续参加该学派的聚会。[2]古代围绕许多名人而流传下来的八卦逸事多不可信，但与之联系在一起的学理上的问题则应该予以重视。至少根据亚里士多德的记载，柏拉图和毕达哥拉斯在本原学说上有着明显的传承关系，即柏拉图和毕达哥拉斯一样，都是以“一”（即“规定”）为最高本原，同时引入“二”或“大和小”（即“不定”）这个本原作为质料因。柏拉图相对于毕达哥拉斯的超越之处在于，他明确把“一”和“不定的二”置于“数”之上，并且通过这两个本原说明了“数”的起源（对此请参阅本书下一章《从本原出发的道路：混合》）。除此之外，柏拉图的二元对立观不仅囊括了毕达哥拉斯学派所主张的“十大对立”，而且就像盖瑟尔所说的那样，甚至“把本体论的一切根本视角都追溯到了二元本原”。盖瑟尔把柏拉图所主张的二元对立归结为以下五个方面：

---

[1] 传说柏拉图是花了 40 个金币买来斐洛劳的著作然后改写为《蒂迈欧》(Diog. Laert. VIII，85)。

[2] Diog. Laert. VIII，54，87.

1. 本体论意义上的：存在—非存在；

2. 形式上的—逻辑上的：同—异、一—多、相等—不等、自在存在—相对性、界限—延展、形状—无形、不可分—可分；

3. 价值论意义上的：善—恶、秩序—无秩序；

4. 宇宙论意义上的：静止—运动、生—死、神性—有死、造物主—必然性；

5. 心理学（认识论）意义上的：思维—感觉、真知—意见、理智—情感。[1]

不管怎样，柏拉图的本原学说包含着一个本质上不确定的东西作为另一个本原，这是毋庸置疑的。新柏拉图主义哲学家辛普里丘如是告知我们：

> 柏拉图把“更多和更少”以及“强烈和虚弱”看作“不定”的本质。在任何包含有它们的地方，不管是往紧张还是松弛的方向，任何分有它们的东西都不是确定的和限定的，而是向着“不定”无限延伸。对于“更多和更少”也是同样的情形，只不过柏拉图不是使用这个称呼，而是使用了“大和小”。——以上这些都是波菲利奥的完全准确的原话，他的目的是以一种准确的方式分析柏拉图在讲授录《论善》中以难解的方式所讲述的东西；而波菲利奥之所以这样做，是因为那些学说与《斐勒布》里面所写的东西相一致。（辛普里丘《亚里士多德〈物理学〉注释》=TP 23B）

我们看到，柏拉图在他的口传的未成文学说里明确主张二元本

[1] Konrad Gaiser, *Platons ungeschriebene Lehre*. Stuttgart-Bad Cannstatt, S. 18 –19.

原学说，这些学说在他书写下来的对话录里面从未明确地展现出来。尽管如此，正如我们在本书第 5 章《从未成文学说到成文著作》里所指出的，柏拉图虽然在主观上有意识地区分书写和口传，把不同的思想学说托付给不同的传达方式，但在客观上而言，书写与口传之间终究没有绝对的界限，柏拉图在创作对话录的时候，尤其是当他讨论“理念”、“通种论”、“存在—非存在”等重要问题时，完全有可能在其中有意无意地留下一些线索，指向幕后的口传的未成文学说。长期以来，囿于旧诠释模式的学者因为对柏拉图的口传的未成文学说缺乏了解或虽有耳闻但不愿接受，所以他们要么压根没有注意到对话录中的某些重要问题，要么虽然触及这些问题，但对它们只具有一些支离破碎的、偏移柏拉图本意的理解，而且反过来指责柏拉图“含混不清”、“自相矛盾”等等。现在，当我们熟悉了柏拉图的口传未成文学说背景，知道了“二元本原学说”在柏拉图的哲学体系中的最高地位和根本地位，然后再去研读柏拉图的各个对话录，马上就会拓宽视野，重新认识到柏拉图在这些对话录里面精心组织的重要思想。下面我们就以柏拉图的几部后期对话录为例子，揭示出隐含在其中的“二元本原学说”线索。

二 《巴门尼德》中的“多”和《智术师》中的“非存在”

首先以《巴门尼德》为例。在柏拉图的所有书写下来的对话录里，《巴门尼德》是最接近于口头交谈的。正如柏拉图在《斐德罗》里所强调的，真正的辩证法家不仅掌握对于所谈论的对象的知识，而且有这样的能力，即根据谈话对象的不同而随机应变地控制问题的深入程度、以及问题展开的广度。在《巴门尼德》里，参加谈话的只有四个人：其中两个是大名鼎鼎的“巴门尼德”和“芝诺”，另两人则为“少年苏格拉底”和“少年亚里士多德”。[1]其中芝诺特别指出：“如果我们现在是更多的人聚在一起，那么请巴门尼德发言就是一个不太合适的打扰了。因为在很多人面前进行这样的讨论，尤其是对这样德高望重的人而言，是不合适的。大多数人（群众）确实不知道，如果没有这样全方位的对话交流，没有这种不可或缺的反复研究，那么是不可能把握真理，达到真知洞见的。”（Parm. 136d－e）而巴门尼德之所以答应这个请求，在很大程度上也是因为：“尤其如芝诺所指出的，我们这样私底下聚在一起。”（Parm. 137a）这些地方的意味是我们所不应忽视的。

除去开篇的导言（Parm. 126a-127d）之外，这篇对话录大致分为三个部分。在第一部分（Parm. 128a-e）里，芝诺表白了他和巴门尼德的关系，并重申了后者的那个著名的论点：存在着的一切都是“一”，而“多”并不存在。（Parm. 128a）而在第二部分（Parm. 128e-135c）里，围绕着理念身上的“一”和“多”的关系，[2]巴门尼德对少年苏格拉底提出了至少七个诘难，并指出后者之

---

[1] 根据本篇对话录的描述（Parm. 127b），40岁的“芝诺”是65岁的“巴门尼德”的情人，这两位哲学家作为情侣一起追求真理，探索最深奥的哲学问题，绝对是“柏拉图式爱情”的典范，羡煞旁人。至于“少年亚里士多德”，他和柏拉图的学生亚里士多德是两回事，在对话录里仅仅扮演着相对最不重要的应声筒角色。但也有学者认为柏拉图故意使用这个名字，暗指他的充满批评意识的学生亚里士多德应当接受辩证法的训练，这样才能真正理解他的老师的思想。

[2] 柏拉图在这里强调，一个具体物本身作为一个单一的东西同时具有多种属性，这是不足为奇的。真正值得追究的是，“一”本身和“多”本身是否能够结合在一起。（Parm. 129a-d）同样柏拉图在《斐勒布》里也指出，对于“一即多，多即一”这个命题，通常人的理解（即一个东西具有多个组成部分或环节）是一种“很普通的”看法，但真正的关键在于，“一”和“多”并不是“整体与部分”这样的从属关系，而是一种并列关系。“一”和“多”的关系必须在这种背景下来理解和追究。（Phil. 14c－e）

所以穷于应付，原因在于，“你还没有经过合适的训练”，就去研究“美”、“公正”、“善”之类理念。（Parm. 135c）这部分内容是一般学者最重视，也讨论得最多的。有的学者认为其中包含着柏拉图的“自我批评”，[1]有的学者认为在这里遭到批评的是一种“被误解的”理念学说，或者说并非柏拉图本人的理念学说。[2]前一种观点之站不住脚，我们已经多次指出。至于后一种观点，我们是部分赞成的，即对话录中“少年苏格拉底”关于“理念”的观点并不能真正代表柏拉图的理念学说，而是由于未掌握“一”和“多”的辩证关系而产生的“幼稚观点”。诚然，巴门尼德既未否定理念的意义，更从未否认理念的存在，而只是强调少年苏格拉底还没有获得对理念的正确理解。这是非常值得注意的。但是，我们也不能像陈康那样因此为柏拉图的理念学说开脱，仿佛只要澄清这是一些“误解”之后，“理念学说”（陈康所谓的“相论”）就安然无恙了。实际上，正如我们从柏拉图书写下来的对话录和口传的未成文学说都可以得知，即便从柏拉图的“成熟的”或“完善的”观点来看，理念也是应该被质疑、被超越的。与此同时我们也应该认识到，这没有什么可畏惧的，因为柏拉图的哲学体系的成败并不是取决于他的理念学说。理念学说还有它的根据和前提，即本原学说。对于本原

---

[1] 比如北京大学哲学系编《西方哲学原著选读》（北京：商务印书馆 1981 年版）上卷在选录这段内容时，特意为该段落冠以这样一个标题：“柏拉图晚年批评自己的分离说”。（第 93 页）在这里，除了“晚年”、“批评自己”这样带有强烈倾向的字眼之外，该段落的译者还特意加了两个注解：1. 这里的“苏格拉底”代表柏拉图自己早年的看法，2. “巴门尼德”代表柏拉图晚年的看法。

[2] 比如陈康就是这种看法。他在《“少年苏格拉底”的“相论”考》一文里通过比较《巴门尼德》中的理念学说与《斐多》、《理想国》中的理念学说，指出《巴门尼德》的理念学说区别于后两者的特点在于主张理念和事物的“分离说”——因此，这里的理念学说就不是柏拉图自己的（！）——而且，推测为柏拉图学派中的“某些人”的观点，尽管不能查证他们的名字。参阅陈康《论希腊哲学》，北京：商务印书馆 1982 年版，第 365 页以下。

的正确认识和理解方才能帮助我们正确理解把握理念及其特性。

换言之，为了回应理念遭遇的困难，我们得回溯到比理念更高的本原。因此，在《巴门尼德》的第三部分（Parm. 135d－166c）里，表面上是巴门尼德指导少年亚里士多德进行了一番思维训练，但是其实质却可以用“辩证法”和“二元本原”这两个关键概念来概括。诚然，《巴门尼德》的这部分内容可以说是最为枯燥和令人疲倦的，有不少学者甚至因此认为，这部分内容与前面部分（巴门尼德对少年苏格拉底的批评）最初并不是一个整体，是柏拉图年轻的时候写下来的炫耀其诡辩才华的作品，对于我们没有任何实质性的教益。但实际上，在进行思维训练之前，柏拉图已经明白地借“巴门尼德”之口警告那些对此觉得索然无味的人，我们必须用那种“**据说是无用的、被绝大多数人仅仅称作废话的知识**”（Parm. 135d）来训练自己，这样才不会错失真理。[1]如今，当我们冷静地审视这部分内容所包含的八个命题，尤其是从未成文学说的背景出发，就会发现，这番思维训练的真正目标是指出，按照正确的理性思维和辩证法，**不但**应该承认“一”存在，**而且**也应该承认另外一个本原的存在——在这篇对话录里，它被称为“多”、“他者”或“非存在”。

巴门尼德对少年亚里士多德的指导是通过讨论八个命题而展开的。这八个命题分为两大组，每个大组下面各分为两个小组，然后每个小组下面又各分为两个方面。概括说来，这八个命题的结构是这样的：

[1] 类似的情形就好比当代的伽达默尔、魏兰德等人，他们经常指责图宾根学派挖掘出来的柏拉图的辩证法和二元本原学说是一种“枯燥的”、“干瘪的”思想，是无用的废话。但恰恰是这些“枯燥干瘪”的思想成为解读柏拉图哲学各种疑难的钥匙。

1. 如果“一”存在而“多”不存在：

  1.1. 这对“一”来说意味着什么？

    1.1.1. 绝对地单就“一”自身而言；(命题一)

    1.1.2. 就与他者（“多”）相关而言。(命题二)

  1.2. 这对“多”来说意味着什么？

    1.2.1. 就与“一”相关而言；(命题三)

    1.2.2. 绝对地单就“多”自身而言。(命题四)

2. 如果“多”存在而“一”不存在：

  2.1. 这对“一”来说意味着什么？

    2.1.1. 就与他者（“多”）相关而言；(命题五)

    2.1.2. 绝对地单就“一”自身而言。(命题六)

  2.2. 这对“多”来说意味着什么？

    2.2.1. 就与“一”相关而言；(命题七)

    2.2.2. 绝对地单就“多”自身而言。(命题八)

或者换个梳理方式，即如下八个命题：

命题一：如果“一”存在而“多”不存在，绝对地单就“一”自身而言，这对“一”意味着什么？

命题二：如果“一”存在而“多”不存在，就“一”与“他者”（“多”）相关而言，这对“一”意味着什么？

命题三：如果“一”存在而“多”不存在，就“多”与“一”相关而言，这对“多”意味着什么？

命题四：如果“一”存在而“多”不存在，绝对地单就“多”自身而言，这对“多”意味着什么？

命题五：如果“多”存在而“一”不存在，就“一”与“他者”（“多”）相关而言，这对“一”意味着什么？

命题六：如果“多”存在而“一”不存在，绝对地单就“一”自身而言，这对“一”意味着什么？

命题七：如果“多”存在而“一”不存在，就“多”与“一”相关而言，这对“多”意味着什么？

命题八：如果“多”存在而“一”不存在，绝对地单就“多”自身而言，这对“多”意味着什么？

这八个命题里的前面四个是柏拉图阐述的重点。[1]我们在这里略过繁琐的细节讨论，只是指出其最终的结论。也就是说，柏拉图通过命题一（1.1.1.）和命题四（1.2.2.）的论证（Parm. 137c－142a，159b－160b）想要告诉我们，无论是只承认绝对的“一”，而对“多”不闻不理，还是只坚持绝对的“多”，而不承认“一”的存在，都是不可能的。

因为，按照命题一（1.1.1），在“一”和“多”绝对割裂的情况下，“一”就既没有部分也不是一个整体，它没有开端、中间和终点，它不在任何地方，既非运动、亦非静止，既非不同、亦非相同，既非相似、亦非不相似，既非相等、亦非不相等，不会更老也不会更年轻，不在时间之内，没有存在，也不会被认识……简言之，“既不能给它名字和描述，也不可能对它有任何认识、知觉和看法”（Parm. 142a）。

对于这个结论，巴门尼德问：“‘一’有可能是这样的吗？”而亚里士多德回答道：“我觉得不太可能。”（Parm. 142a）

同样，按照命题四（1.2.2），那种绝对孤立的“他者”，如果没有“一”的规定，与“一”完全脱离开来（χωϱìς），那么它也

---

[1] 后面四个命题相对说来较不重要，因为它们基本上是重复了前面四个命题的内容，尽管其“前提”似乎针锋相对。实际上，在“如果‘一’不存在”这个前提里，并不是将“一”认作虚无，而只是调转立场，将“一”放在“他者”的位置。

是既非相似的、亦非不相似的，既非相同、亦非不同，既非运动、亦非静止，既非产生出来的、亦非将会消灭的，既非大、亦非小的东西。（Parm. 159b，159e，160a）

在这里，我们切不可以为柏拉图的目的是要宣扬一种所谓的“否定神学”（尽管这个倾向在后来的柏罗丁那里得到了重要发挥），因为柏拉图真正的重心是放在命题二（1. 1. 2. ）和命题三（1. 2. 1. ）上面。确切地说，这两个命题的核心精神都是把“一”和“多”结合起来进行讨论，其占据的篇幅（Parm. 142b-155e，157b-159a）在整部著作里也是最大的。简单地说，在和“多”结合起来的情况下，“一”是一个包含着部分的整体，它有开端、终端和中点，有形状，既在自身之内、也在他者之内，既是运动的、也是静止的，既是与自身同一的、也是与自身有差异的，既是与他者同一的、也是与他者有差异的，如此等等。同样，“他者”或“多”包含着一在自身内，有许多部分，而且必然也与“整体”和“一”建立起了联系。它的各个部分，既然在自身内接纳了“一”，必然在数量上是无穷的。总之，在“他者”这里，同样是“既是……也是……”的模式。

可见，无论片面坚持“一”还是“多”，都会导致“既非……亦非……”的否定模式。因此柏拉图实际上要求我们，承认“一”和“多”这两个本原的存在，以及它们的结合，只有这样才会出现“确定的概念的统一性”和“确定的一个”。（Parm. 157d-e）也只有这样，整个存在才真正获得“既是……也是……”的无限的规定性。如果具有这种认识，那么“少年苏格拉底”其实已经可以回应“巴门尼德”当初的那个诘难，也就是说，理念“**既是**”完整地在每个事物之内，“**也是**”分割开在每个事物之内。这是辩证法的思维方式，而辩证法总是和“一”和“多”的关系联系在一起。

因此可以肯定的是，柏拉图在《巴门尼德》里根本没有作出“自我批评”，向埃利亚学派投诚，毋宁说他恰恰是在该对话录第三部分的论证里否定了芝诺在第一部分中提出的那个命题（“多不存在”），确切地说，**否定了巴门尼德（埃利亚学派）的绝对一元论世界观**，因为绝对唯一的“一”不能解释这个世界的多样性。另一方面，留基波、德谟克利特等主张绝对杂多的原子论同样不能被柏拉图接受，因为原子论既不能解释世界的统一性，也不能解释每一个原子为什么是“一个”原子。而在绝对的一元论和绝对的多元论之间保持中道的乃是二元论。二元论承认世界有两个不同的本原，或者说整个世界的现实和存在都具有一个结构，一个由“一”与“多”、规定与无定（待规定）、形式与质料结合起来的，所谓的“对立统一”的结构。柏拉图的哲学就是这样一种二元论。

而在《智术师》里面，柏拉图同样对巴门尼德的绝对一元论进行了清算。这部对话录的核心内容之一是“通种论”（κοινονία τῶν γενῶν）。但所谓“**种**”（γένος）到底是什么东西呢？仍然是**理念**（ιδέα，εἶδος），只不过在这里是指一些相对于具体事物的理念而言更加抽象得多的理念。因此“通种论”所讨论的仍然是不同理念（“存在”、“静”、“动”、“同”、“异”）之间的相互结合和排斥的可能性，和《斐多》里面讨论“热”、“火”、“冷”、“冰”等理念之间的关系是同样的做法。因此“通种论”乃是理念学说的延续和深化，并不意味着柏拉图改弦易张，放弃了理念学说。对此柏拉图有着明确说明：

> 我们在进一步的讨论中将这样进行，即不是去关注所有的理念，以免我们被它们的多样性所迷惑。毋宁说，我们将把**那些较大的理念中的某几个**拿到面前进行考察，看每一个理念自

> 在地是什么，然后看它们相互作用的能力如何，这样，即使我们不能以完全的清晰来把握“存在”和“非存在”，至少对它们也不是完全没有一点认识。(Soph. 254c-d)

值得注意的是，当柏拉图在挑选“最高的种”的时候，几乎都是以二元一组的方式提出来的。在早期和中期的对话录里，我们看到柏拉图已经习惯于在“善—恶”、“奇—偶”、“大—小”、“相似—不相似”、“相等—不相等”、“一—多”等二元对立中来考察问题。这种二元对立式的哲学结构显然不是来自于巴门尼德的埃利亚学派，而是来自毕达哥拉斯学派。前面已经指出，毕达哥拉斯学派主张十组基本的二元对立范畴，而在柏拉图那里，因为他对于“十”这样的毕达哥拉斯学派心目中的“神圣数字”没有特殊的嗜好，所以我们在他的未成文学说和对话录里找到多得多的二元对立范畴。诚然，“通种论”只是把五个种（存在、静止—运动、同—异）放在一起讨论，因此这里乍看起来并不是完全的二元对立结构，但我们联系上下文就可以清楚地看到，“存在”问题始终是和“非存在”问题结合在一起的。或者说，当我们把“存在”单独拿出来看时，那么“静止”—“运动”—“同”—“异”就是合在一起代表着“非存在”，因为它们**不是**“存在”。但是我们又不能说这些种“不存在”，因为它们同时又分有了“存在”，所以它们是一种“存在”。而且，当我们把它们看作“存在”，而“存在”本身又不是它们，那么“存在”本身在某种意义上也是“非存在”！换言之，“存在”本身作为单一的东西本身就包含着差异，呈现出“一”和“多”的规定。从这个角度来说，虽然“存在”是一个比“静止”、“运动”、“同”、“异”更高的种，但我们不能说“存在”本身就是最高的东西，毋宁说在它之上还有更根本的东西。对于这个更高的东西，柏拉图在《智术师》里面没有明言，但在我们看来，它就是“一”和“不定的二”。对于这里的关系，我们借用雷亚利的一个图例[1]来予以说明：

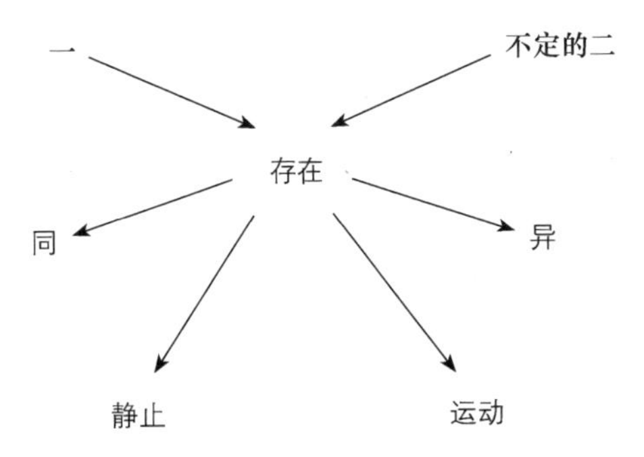

我们说，“存在”不可能是最高的东西，因为它在某种意义上包含着自己的反面，即“非存在”。相应的，通常所说的“非存在”也包含着“存在”。这就涉及《智术师》里面提到的一个非常严峻的问题：“**非存在存在**（τὸ μὴ ὄν εἶναι）。”（Soph. 237a）然而“伟大的巴门尼德”从一开始就强烈地告诫“我们这些孩子”：你们绝不可能理解“非存在者存在”（εἶναι μὴ ἐόντα）之类说法，一定要使从事研究的灵魂远离这类意见之路。（Soph. 237a）[2]那么，所谓的“**非存在**”（τὸ μὴ ὄν）究竟是什么意思呢？柏拉图指出，这个困难涉及事情本身的“最初开端”亦即“本原”。（Soph. 238a）乍看起来，“存在”与“非存在”是绝对不能搅和起来的，但是当我们谈到“非存在”时，毕竟又把它当作“某种东西”（τὸ τὶ），有时用单数形式（τὸ μὴ ὄν），有时用复数形式（μὴ ὄντα），这就把它和“数”联系在一起，也就是说，和某种“存在”联系在一起。（Soph. 238a-b）如果我们坚持不把“非存在”当

---

[1] Giovanni Reale，*Zu einer neuen Interpretation Platons*. Paderborn 2000. S. 318.

[2] Vgl. DK VS，I10，Nr. 28，B 7，1 f.

作“某种东西”，亦即不当作某种存在者，那么就不能把任何存在者与它联系在一起，而这就导致一系列的否定（因为任何谓词都是用来陈述存在者的），只能说“非存在”是“**某种不可思想的、不可描述的、不可言说的、不可解释的东西**”（ἀλλ᾽ ἔστιν ἀδιανόητόν τε καὶ ἄρρητον καὶ ἄφθεγκτον καὶ ἄλογον）。（Soph. 238c，238e，241a）但即便如此，无论希腊文、德语、中文，在这里都仍然免不了把它当作“某种东西”，而且继续采用单数形式，当作“**一个东西**”（ἕν）！（Soph. 238e，239a）这和我们前面提到的《巴门尼德》中绝对地考察“一”或“他者”的后果是一样的。在这种情况下，甚至那些反驳“非存在”的人也陷入了自相矛盾，因为他们总是不自觉地要么使用单数，要么使用复数的形式来指称“非存在”。

由于这个困难，《智术师》里的那位来自于埃利亚的客人觉得自己成了一个“弑父者”，因为我们必须重新审视并颠转“父亲巴门尼德”的那个命题，去承认：“**‘非存在’从某个角度看来是‘存在’，不仅如此，‘存在’从某个角度看来是‘非存在’**。”（Soph. 241d）柏拉图当然不是要说“存在”是虚无，而虚无是一种存在。关键在于，这里作为否定前缀的“非”（μὴ或 οὐ），本身具有两种含义，一种是**矛盾**意义上的（kontradiktorisch），另一种是**差异**意义上的（konträr）。就“非存在”而言，它绝不是指与“存在”相矛盾，绝不是指“虚无”——古希腊哲学里根本没有这个概念。毋宁说，“非存在”只是指一种“不同于”存在的东西，是存在的“他者”，它并不比存在更少一点真实性。“存在”和“非存在”同样存在，它们只是不同的两个东西，“非存在”**不是**“存在”，“存在”也**不是**“非存在”，所以我们才可以说，“非存在”在某种情况下存在，而“存在”在某种情况下不存在。

（Soph. 241d）值得注意的是，在“通种论”所讨论的五个种里，“静止”和“运动”都是既分有了“同”，也分有了“异”。（Soph. 255b）从这个分有关系来看，可知“同”和“异”这两个种要**高于**“静止”和“运动”。此外，一个种之所以保持自身同一，是由于分有了“同”，而一个种之所以不同于另一个种，比如“静止”之所以不同于“运动”，并不是由于它自己的本性（即不是由于“静止”），而是由于它分有了“异”！（Soph. 255e，256b）所以，“每一个种都包含着许多‘存在’，同时也包含着无穷多的‘非存在’”（Soph. 256e）。这些地方不但强调了“同”和“异”这两个种的**更高地位**，而且强调了它们作为**原因**（**本原**）所发挥的作用。诚然，我们并不是说“同”和“异”直接就是柏拉图哲学里面的最高本原，但它们很明显代表着“一”和“不定的二”，或者说分别是“一”和“不定的二”的本质特征之一。尤其是“异”（τὸ ἕτερον）这个东西，明白无误地肯定了另一个本原的存在。

因此，所谓“非存在”，并不是指存在的矛盾对立面（即绝对虚无的东西），而只是指“异”或者“他者”。“非”（τὸ οὐ）这个前缀仅仅意味着“异”。（Soph. 257c）因此任何扣上“非”这个头衔的东西，仍然是一个不折不扣的存在者。（Soph. 258a）比如，非美、非大、非公正的东西，可以说它是丑、小、无耻，但它无论如何存在着。走到这一步，我们已经逾越了巴门尼德的禁令。（Soph. 258c）我们不仅指出“非存在存在”，而且揭示出了“非存在”所归属的那个种，即“异”。（Soph. 258d）由于“存在”和“异”贯穿一切事物，并且相互贯穿，所以就是这样的情形：

1.“异”分有“存在”，当然存在着，但既然它异于存在，那么它显然而且必然是“非存在”；

2.“存在”也分有“异”，所以它异于所有别的种，因此它既

存在着，从很多方面看也是“非存在”。(Soph. 259a-b)

盖言之，“存在”和“非存在”是同等重要，且必然相互关联的一对范畴，要真正把握到这一点，需要辩证法，需要了解柏拉图的二元本原学说。对于这个问题，来自埃利亚的客人含蓄地指出，如果你没有认识到这些关系，那么要么是你并没有真正深入研究，要么是还太年轻。(Soph. 259d) 至于我们把这里讨论的“存在”或“同”以及“非存在”或“异”归结为柏拉图在未成文学说里提出的两个最终本原，也早就得到了亚历山大和塞克斯都·恩培里克的证实：

> 然后他〔柏拉图〕试图表明，“同”和“异”是所有自在存在和（相互）对立存在的本原，也就是说，他试图把所有的东西都回溯到这两个本原上面，将它们当作最简单的前提。因此他将“同”设定为统一，把“异”设定为超越和落后：因为“异”正是表现为二，表现为大和小。因此他也把“异”称作“不定的二”，因为无论是超越还是落后都不是确定的，而是无规定、无规范的。(TP 22B)

诚然，柏拉图在《巴门尼德》里面已经触及了“非存在”的真实含义。在某处地方他曾经指出，当我们说“‘大’不存在”或“‘小’不存在”的时候，“不存在”(τὸ μὴ ὄν, τὸ μὴ εἶναι) 在这里的意思是，有一个“他者”(τὸ ἕτερον) 存在着。(Parm. 160c) 在这个意义上，我们甚至可以说“‘一’不存在”。而这句话的意思无非是，“一”同样可以被理解为一个“他者”，即“他者的他者”(ἕτερον τῶν ἄλλων)。(Parm. 160e)

但只是到了《智术师》，柏拉图才对“存在”和“非存在”问题进行了广泛的讨论，这些思想让**海德格尔**深有感触，以至于他把《智术师》中有关“存在”的一段话特地放在了他的《存在与时间》的扉页上面：“我们无所适从，因为你们必须向我们解释清楚，当你们使用‘存在’（τὸ ὄν）这个表述的时候，你们究竟意指为何。很明显你们早就清楚了这些，我们过去也相信是这样，但现在这对我们来说成了一个谜。”（Soph. 244a）但实际上，他的先辈**谢林**早在1806年发表的《自然哲学导论箴言》里就专门提到了柏拉图在《智术师》中对于“存在”与“非存在”的区分的重要意义，更指出“非存在”其实是比“存在”更关键的一个问题。[1]谢林第一个指出了古希腊哲学中“**非存在**”（μὴ ὄν）与“**不存在**”（οὖκ ὄν）的不同含义，也是他最先将古希腊哲学中的“存在—非存在”问题转化为“存在者—存在”（Seyendes-Seyn）的问题，并发展出“非存在—存在”（Nichtseyn-Seyn）、“存在者—非存在者”（Seyendes-Nichtseyendes）等一系列对立统一的二元哲学范畴。“非存在”之所以不被看作是“存在者”，仅仅是因为这只是一个相对的概念，表述的是一种“他者”的角色：“所有的‘非存在者’都只是相对的，也就是说，就它与一个更高的‘存在者’相关而言，它是‘非存在者’，而就其本身而言，它仍然是一个‘存在者’。”[2]从1809年的《论人类自由的本质》直到谢林晚年最后的思考，他都为“非存在”保留了重要的一席之地，以此深化经常遭到片面误解的“绝对同一哲学”或“绝对唯心主义”。“非存在”对谢林来说始终是一个担当着“实在”或“物质”角色的本原，一个不依赖于精神或意识、但又从属于精神或意识的本原。在他看

---

[1] 谢林《哲学与宗教》，第255页。

[2] 谢林《论人类自由的本质及相关对象》，第131页。

来，《圣经》中所说的上帝从“无/非存在”中创造世界的意思也不过是从“无规定的物质”中创造世界，这和柏拉图《蒂迈欧》里面的相关思想是一致的。谢林的中期哲学和后期哲学有着浓厚的二元本原学说的色彩，这些情况表明，谢林不仅熟悉柏拉图书写下来的对话录，而且和柏拉图的未成文学说以及整个柏拉图主义传统有着密切的关系。

三 《蒂迈欧》中的“奶妈”

为了说明柏拉图的对话录里面隐含着的二元本原学说的线索，我们在本章的结尾处再关注一下《蒂迈欧》里面的相关思想。这是柏拉图在历史上影响最大，就其内涵而言也是最困难的一部对话录，[1]其涉及问题之繁多和晦涩都是其他对话录所不能比拟的，而我们在这里主要讨论其中蕴含着的二元本原结构。蒂迈欧在宣讲他的观点时，从一开始就提出，我们首先必须区分两种东西：一种是**始终存在着**（τί τὸ ὄν ἀεί）、并非产生出来的东西，另一种是**始终转变着**、却从未存在的东西（καὶ τί τὸ γιγνόμενον μὲν ἀεί）；前者是通过合乎理智的思想把握的，始终与自身一致，后者只能通过那与无理性的感官知觉捆绑在一起的意谓去推测，不停地转变和消逝，从未现实地存在着。（Tim. 27d-28a）当然，在哪个层面上考察“始终存在着的”和“始终转变着的”东西，这是需要小心对待的。它们显然是指向两个本原，但只是对于两个本原的特征的描

---

[1] 在拉斐尔的名画《雅典学派》里，居于正中的柏拉图右手指天，左手拿着的那本书就是《蒂迈欧》。

述，就像《巴门尼德》里面的“一”和“多”、《智术师》里面的“存在”和“非存在”一样，还不是对于两个本原的直接界定。

而在《蒂迈欧》随后的地方，柏拉图又提出了“造物主”（理性）与“必然性”（ἀνάγκη）这一对本原。“造物主”或“理性”是宇宙和万物产生的“最关键的本原”（μάλιστ᾽ ἄν τις ἀρχὴν），他把那些处于无秩序运动中的东西从无秩序变为有秩序。（Tim. 29e，30a）造物主是最高的神，但不是唯一的神，他造出了其他的神，也造出了宇宙万物，包括一切生命。但是正如巧妇难为无米之炊，为了做到这一切，造物主需要材料，需要“必然性”的合作。造物主首先创造出的是形式——这是“通过理性创造出来的东西”，但除此之外，我们也必须继续谈论那些“通过必然性而产生出来的东西”（Tim. 47e）。这里所说的“必然性”与近代理性主义所理解的那种客观规律或者先天法则没有什么关系，而是代表着一种完全没有秩序的、非理性的东西，一种不依赖于造物主的存在，一种就这么摆在这里，让人不得不接受，同时又没法再作进一步深究的东西。用谢林的话来说，这种东西毋宁是“最大的偶然性”。[1]因此柏拉图在同一部对话录的别的地方又把它称之为“偶然”（τύχη）或“无秩序”。（Tim. 46e）不管怎样，单靠造物主或理性是不行的，必须通过这两个本原的合作，世界才会产生出来，就像柏拉图所说的那样：

---

[1] 谢林在1827年的《世界时代体系》里以类似的方式提出上帝作为“存在的主人”与“存在”之间的关系。这个“存在”是不得不有，缺之不可的，是“不得不存在”（das Nicht-Nichtsein）。至于为什么“不得不”存在，则是不可追问的，是一个极大的神秘的偶然：“这个不得不存在者不能设定自己，也不能单独被设定；但是它必须在与它的主人亦即上帝的关联中被设定；……‘不得不存在’这一必然性乃是最大的偶然性。”Vgl. F. W. J. Schelling, *System der Weltalter. Münchener Vorlesungen 1827/28 in einer Nachschrift von Ernst Lasaulx*, herausgegeben und eingeleitet von Siegbert Peetz, Frankfurt a. M., 1990. S. 106-107.

在这个世界产生的时候，“必然性”和“理性”是共同发挥作用的，同时“理性”占有优势，因为它通过说服的方式规定了“必然性”，以便把绝大多数产生的事物导向最好……因此如果人们要准确地表述宇宙起源的真实过程，就不能忽视那个无计划的四处游移的原因的影响，也就是说，按照它自然地发挥其作用力的方式。我们必须再次退回去，从事物的另外一个本原出发。(Tim. 47e-48b)

我们当然已经知道，这个“无计划的四处游移的原因”或“事物的另外一个本原”所指的就是柏拉图在口传的未成文学说里明确提出的“不定的二”。就它作为宇宙产生所依赖的质料而言，早期自然哲学家一直都在研究这个东西，尤其是恩培多克勒已经明确提出了“火、水、气、土”这四大元素（四种质料）。柏拉图在《蒂迈欧》里也接纳了这四种元素，但同时指出，之前的人们并未考察它们是怎么产生出来的，仿佛已经对它们了如指掌，以为它们就是最根本的东西，甚至把它们称作“**诸本原**”（ἀρχάς）、“万物的**诸元素**”（στοιχεῖα τοῦ παντός）等，而这是不恰当的。（Tim. 48b）与此同时，柏拉图在书写下来的对话录里同样故意规避了明确的答案，指出，我们现在也不去谈论“万物的本原”（περὶ ἁπάντων ἀρχὴν）或“诸本原”，原因在于，“要以现在的处理方式来清楚阐明我们的观点，这是很困难的”（Tim. 48c）。柏拉图声称他在这里保留了“最终的答案”（Tim. 48d）——即明确地把第二个本原界定为“不定的二”或“大和小”。尽管如此，柏拉图在《蒂迈欧》里还是描述了这第二个本原的许多特征。他指出，除了此前区分的“始终存在者”和“始终转变者”这两种东西之外，还必须区分出介于二者之间的“第三种”东西。按照现在的阐释，“始终存在者”是只能通过理性才能把握到的“原型”——即形式，而“始终转变者”是对于原型的模仿——即产生出来的、可见的具体事物。

柏拉图说：“之前我们并没有区分第三种东西，因为我们当时认为，指出前面两种已经足够……但现在看起来我们必须通过言谈揭示出另一种困难而隐晦的形式。”（Tim. 48e-49a）这种形式“是一种支撑着一切转变过程的‘监护者’，就像一个‘奶妈’（πάσης εἶναι γενέσεως ὑποδοχὴν αὐτὴν οἷον τιθήνην）。”（Tim. 49a）在随后的地方，柏拉图又作出了一个三重区分：如果说原型是“父亲”，那些模仿它的具体事物是“儿女”，那么“母亲”当然也是不可或缺的。（Tim. 50c-d）盖言之，无论“监护者”也好，“奶妈”或是“母亲”也好，虽然柏拉图甚至称之为一种“困难而隐晦的形式”（χαλεπὸν καὶ ἀμυδρὸν εἶδος），但它真正的身份其实是**质料**（ὕλη）。对于这个东西，我们既不能把它称作“土、气、火、水”，也不能用任何以这四大元素为根据的东西的名字来命名它。我们只能说，它是一个“不可见的、无形状的、包容一切的构造，同时它又以一种根本不可解释的方式分有了‘可思维’，非常难以把握”（Tim. 51a-b）。

此外，柏拉图在《蒂迈欧》里还把那第三种东西称作“空间”（χώρα）。一方面，它始终存在着，不会消逝，为一切产生出来的东西提供一个场所，但另一方面，它本身却是一种难以捉摸的东西。（Tim. 52a-b）一切存在者都必须以某种方式出现在一个地方，占据一个“空间”。至于那既不在地上也不在天上的东西，就不存在。（Tim. 52b）通常我们将这里的“χώρα”译为“空间”，因为柏拉图确实在多处地方把它说成一种“无形式的”、具有“包容性”和“接纳性”的东西。（Tim. 47e，50a，50b，51a，52d）但在另外的一些地方，柏拉图又指出，“χώρα”伴随着万物而改变并且显现出来，对于任何形式塑造都保持为一种“压制材料”（ἐκμαγεῖον）。（Tim. 50b－e）最后，除了“χώρα”之外，柏拉图还以多种多样的方式表述出了所谓物质原则的存在。雷亚利以令人叹服的细心在《蒂迈欧》的这些段落里（Tim. 47e-49a）找出了另一个本原的26个特征表述，我在这里引用过来，相信这些足以让人对这个第二本原获得清晰的认识：

1. 必然性；（47e）

2. 无计划的四处游移的原因；（48a）

3. 所有产生出来的东西的容器；（49a，50b，50e，51a）

4. 这样一种东西，在它之内事物产生出来；（49e，50d）

5. 无穷尽的容纳事物的力量；（50b）

6. 在根本上始终与自己保持同一的存在着的自然；（50b）

7. 没有形式的实在；（50d，50e，51a）

8. 以复杂的方式分有精神的实在；（51a）

9. 很难理解的，晦涩的，不能看清的实在；（49a，51b）

10. 本身不可见，但是在现象中可见的实在；（51a，46d-e，52d）

11. 好像收养陌生孩子的奶妈；（49a，52d）

12. 好像母亲；（51a）

13. 好像压制材料；（50c）

14. 好像能够转换为许多形式的金子；（50a）

15. 好像能够塑造成各种模型的软材料；（50e）

16. 好像没有气味的液体，但能够接纳不同的气味；（50e）

17. 空间或空间的性质；（52a）

18. 地点、位置；（52b）

19. 事物所产生的位置；（52b）

20. 永恒的不会毁坏的实在；（52a）

21. 不是通过感官知觉，而是通过扭曲的思想所把握到的东西；（52b）

22. 很难让人接受，但不得不相信的实在；（52b）

23. 生成的原则；（52b）

24. 各种形式和力的混沌结合；（52d-e）

25. 完全没有秩序的运动；（52d-53b）

26. 筛子或者搅拌机。（52e）[1]

可以看出，虽然柏拉图在《蒂迈欧》里没有明确点名“不定的二”，但第二本原的存在是不容置疑的，其诸般特征是显明的。作为确凿的证据，我们再引证亚里士多德的一段话：

> 所以柏拉图在《蒂迈欧》里也说，物质（ὕλη）和空间（χώρα）是同一个东西，因为包容者和空间是同一个东西。虽然柏拉图在那儿以及所谓的“未成文学说”里以不同的方式提出了包容者，但是他又把方位（τόπος）和空间说成是同一个东西。所有的人都说，空间是某种东西，但究竟是什么东西，只有柏拉图一个人去试图解释。如果顺便值得一提的话，当然柏拉图必须说明，为什么理念和数不在空间之内，倘若包容者就是空间（不管它是以“大和小”还是以“物质”的名义），如他在《蒂迈欧》里所写的那样。（《物理学》D2，209b 11－17＝TP 54A）

---

[1] Giovanni Reale，*Zu einer neuen Interpretation Platons*. Paderborn，2000. S. 460－462.

有些人企图否定亚里士多德的报道的真实性，理由是“物质”在柏拉图那里还没有成为一个专门的术语。但是，柏拉图不但在《蒂迈欧》明明已经提到了“ὕλη”这个概念，而且把它理解为一般意义上的“材料”或“质料”，这是确凿无疑的。(Tim. 69a) 此外，特奥弗拉斯特也已经证明，柏拉图及其学生就是用“方位、空旷和不定”来解释“不定的二”。(TP 30) 如果我们再回忆起曾经引用过的亚里士多德的文字（TP 22A)，即在柏拉图那里只有两个原因，形式因与质料因（它就是那个“不定的二”，即“大和小”)，那么问题其实是再清楚不过的。这就是说，无论人们对“空间”或“物质”作怎样的解释，它都代表着那个独立的、与作为理性规定性的“一”相并列的本原。[1]盖言之，柏拉图的本原学说是二元论。“一”和“不定的二”是柏拉图走向本原的道路的最后归宿。

---

[1] 迄今对于柏拉图的“物质”和“空间”概念最全面的研究乃是图宾根学者海因茨·哈普（Heinz Happ）的代表作《“Hyle”——亚里士多德的物质概念研究》(Heinz Happ, *Hyle. Studien zum aristotelischen Materie-Begriff.* Berlin-New York, 1971)，该书的第82—120页着重探讨了物质原则（第二本原）在柏拉图的未成文学说和对话录里面的表现。

第9章

从本原出发的道路：混合

在此前的讨论中，我们从柏拉图书写下来的对话录和口传的未成文学说出发，梳理了柏拉图走向本原的道路以及这条道路的两个大的阶段：1. 从个别的具体事物到理念；2. 从理念到更高的本原（数、“一”和“不定的二”）。不过，在柏拉图的整个本原学说里，这些只能算一半的工作。正如赫拉克利特所说的，“上升的道路和下降的道路是同一条道路”（DK 22B60 = KRS 200），在柏拉图的本原学说里也是同样的情形，“走向本原的道路”和“从本原出发的道路”也是同一条道路，只不过方向正好相反而已。亚里士多德早就注意到了这个现象，他告诉我们：

> 柏拉图正确地提出并研究了这样的问题，即从本原出发的道路或走向本原的道路……（亚里士多德《尼各马可伦理学》I，1095a-b = TP 10）

所谓“从本原出发的道路”，就是从最高本原出发，推演出各个级别的存在直至万事万物的产生。这本身是一个非常朴素、自从远古以来就为人所熟悉的一种思维模式，并且首先以神话传说—宗教信仰的形式表现出来。在古希腊，无论是“公开显白”的（exoterische）神话（荷马史诗、赫希俄德的《神谱》），还是“秘密隐晦”的（esoterische）神秘学（奥菲欧教、厄流西斯秘仪），都是把这当作一个至关重要的问题而加以叙述。比如赫希俄德从“开俄斯”（“混沌”）出发描述诸神及宇宙的产生，而奥菲欧教则让一个“金蛋”裂开，展示出宇宙天体的秩序。（DK 1B12 = KRS 28）

泰勒士以来的哲学家们逐步脱下了神话传说和宗教信仰的外衣，不再依托超于自然之上的神灵，而是从自然本身出发，用哲学意义上的“本原”来解释万事万物的产生。比如，阿那克西曼德就不但指出“阿派朗”或“无定”（ἄπειρον）是万物的本原，而且描述了“阿派朗”派生出整个世界的过程：“阿派朗”本身包含着各种对立，比如热和冷、湿润和干燥等等，这些对立在一个持续的过程中不断展开，产生出无数的世界，无数的内容，包括地球、星星、太阳等等。在地球上面最初都是水，一切生物是从湿气中产生出来的，它们出现的时候都披着带刺的皮，到后来皮裂开了，其他的形式才产生。人直接的前身是鱼，当他们能够在干燥中生活，就从海里爬上岸来。如此等等。（DK 12A30 = KRS 137）在阿那克西曼德的那句名言里——“万物由它产生，毁灭后又复归于它，这都是按照必然性；因为它们按照固定的时间为其不正义受到惩罚并相互补偿。”（DK 12A9 = KRS 101A，KRS 110）——，我们也看到了“走向本原的道路”和“从本原出发的道路”的结合，以及这两条道路的永恒循环。又比如，恩培多克勒在提出万物的最根本的“四元素”（确切地说是存在的“四根”）亦即“火、水、气、土”之后，也用四元素的混合和分离来解释一切存在者的产生，而混合和分离之所以发生，又是由于“爱”和“恨”这两种原初的力的作用：“我将告诉你一种双重的东西。有时众多的东西组合成一个，有时那一个又分离崩析……这个持续的交替过程永远都不会停止。有时候，所有的东西通过‘爱’而结合在一起，有时候，个别的物又通过争斗不休的‘恨’而分解。”（KRS 348）按照“爱”和“恨”交替发生作用的原则，宇宙的演化分为四个大的“世界时期”：第一个世界时期是球形的，“爱”主宰着一切，一切浑然一体；在第二个世界时期，掺杂进了斗争，统一体撕裂了，四元素分裂开来，并演化出“多”——我们人类就生活在这个时期；在第三个世界时期，“恨”占据统治地位，只有差别而没有任何统一；到了第四个世界时期，“爱”又渗透进来，并逐步征服“恨”，重新进入统一与和谐。（KRS 357－372）这同样是一个永恒往复的过程。

一　未成文学说中的“混合”问题

相比以上两位作为例子的前辈，柏拉图的本原学说固然不再囿于片面的质料因的层次，也不可能再依赖于“爱”、“恨”之类单纯形象化而缺乏思辨的说法，但他实际上面临的任务是和前人一样的，即需要用“一”和“不定的二”这两个最终的本原来解释具体丰富的万事万物的产生。根据之前揭示出的走向本原的道路的“具体事物—理念—数—二元本原”结构，可知从本原出发的道路上面的第一个产物必然是“**数**”。

“数”是怎么产生出来的？毕达哥拉斯学派不会、也不可能回答这个问题，因为“数”本身已经是他们所认定的最终“本原”。[1]当然，柏拉图不会停留于数，正如他不会停留于理念。然而在柏拉图书写下来的各种对话录里，从来就没有谈到过“数的起源”，因

[1] 亚里士多德在《形而上学》（N3，1091a13 ff.）里解释了毕达哥拉斯学派的这个立场：“断定某种永恒的东西是产生出来的，这是错误的，毋宁是完全不可能的。在毕达哥拉斯学派那里，人们根本不能怀疑他们是否认为数是产生出来的。”

而这个问题长期以来不但没有得到人们的重视，甚至可以说压根没有进入某些研究者的视野。只有当我们把目光投向柏拉图的未成文学说，能够以“完整的”眼光来看待柏拉图的哲学之后，才会获得一把能够解答一系列疑难的钥匙。

盖言之，关于柏拉图未成文学说的记述不仅明确指出了“数”在整个存在级次中的卓越地位（高于理念，仅次于最终的本原），提到了“数的起源”，同时也从另一个角度强调了柏拉图的“二元本原学说”，也就是说，仅靠唯一的或单一的本原是不可能产生出“数”的。我们知道，古希腊人尚未具有“0”这个数的观念，[1]而且在他们看来，“1”同样也不是数，[2]因为“一”意味着浑然不可分的整体，单一，此外无他，只有到了另一个层面亦即与“一”相对立的“多”的层面，才谈得上“数”的出现。然而从“一”到“多”，这是如何发生的呢？持绝对一元论立场的埃利亚学派（巴门尼德、芝诺）显然无法回应这个问题，以至于他们不得不冒天下之大不韪，否认“多”的存在，而这与我们的思维和感觉都是相抵触的。诚然，绝对同一的本原如何能够派生出那不同于它的东西，出现一个“他者”，从而导致对立和杂多的局面，这些思考即使在近代思辨哲学的顶峰（费希特—谢林—黑格尔这一系德国唯心主义）那里也是最困难的理论问题之一。费希特以及早期谢林主张的“自我设定非我”模式（一分裂为二），中后期谢林提出的“上帝自身内的根据”模式（一包含着二），黑格尔主张的“自我的异在”模式（一本身就是二）等等，都是从不同角度来解答从“一”

---

[1] “0”这个数是印度人的发现，而这又和他们关于“空”的思想是分不开的。相反，在古希腊人的世界观里，不仅没有“从无生有”的思维模式，甚至缺乏绝对意义上的“虚无”或“虚空”的观念。

[2] 亚里士多德《形而上学》N，1088a6.

到“二”（乃至“多”）的过渡问题。就柏拉图而言，他的思辨性显然还没有下潜到后来的德国绝对唯心主义的深度，但幸运的是，他毕竟已经摆脱了巴门尼德的“绝对一元论”的桎梏，通过“非存在”的发现而站在二元本原的地基上。

在《斐多》里，苏格拉底早先还在为这样的问题烦恼：

> 我也想不通，怎么把一分开，这一分就使它变成了二；因为这跟前面造成二的原因是相反的；因为前面造成二是由于把一和另外一个一挪近或相加，现在造成二是由于把一和另外一个一挪远或者分开。(Phaid. 97a-b)

对于这个问题，苏格拉底在通过“第二次航行”找到理念之后，至多告诉我们，出现这种情况的原因既不是由于“相加”也不是由于“分开”，而是由于分有了“2”。(Phaid. 101c) 但关键在于，“2”又是从何而来呢？实际上，结合柏拉图的未成文学说就可以清楚地看出，“一”和“不定的二”这两个本原本身就为“2”的存在奠定基础。更确切地说，通过“一”和“不定的二”的共同参与，通过“一”对“不定的二”作出规定，才首先产生出“2”这个数。

根据辛普里丘（《亚里士多德〈物理学〉注释》）的报道：

> 柏拉图认为，第一个数的诸本原也是所有的数的诸本原。而第一个数是“2”。而且他宣称，“2”的本原就是“一”和“大和小”……“大和小”之所以也叫做“不定的二”，是因为它分有了“大和小”或“更大和更小”，有着“更多和更少”。它们不是静止不变的，而是按照张力和弛力的不同，过

渡到无界限的无规定者。(TP 23B)

在亚历山大（《亚里士多德〈形而上学〉注释》）那里，也是同样的记载：

> “2”是第一个数。通过“一”而被规定的“不定的二”成为“2”这个数。因此他〔柏拉图〕把“一”称为“造2的”(δυοποιόν)。(TP 22B)

需要指出的是，“2”是一个确定的数，而“不定的二”却是一种完全缺乏规定的东西，既可以这样，也可以那样。因此柏拉图也把“不定的二”称作“大和小”，意思是可大可小，要多大有多大，要多小有多小。我们应注意，这个本原和他在对话录里经常提到的“大”、“小”等理念没有任何关系，实际上如果我们乐意的话，也可以把它称之为“长和短”、“远和近”、“冷和热”……等等，因为柏拉图通过这样一个表达式想要标示的是那种“没有任何规定性”、“怎样都可以”的东西，它可以向着任何两个相反规定的方向延伸，可以无限地这样或不这样，总之是漂移不定的。所以柏拉图采用“A 和-A”的说法，根本是要表明那种“不定的二”的状况，或更准确地说，标示那种“无定”(ἄπειρον)，那种本身不具有任何规定性，但却可以接受任何规定的东西。

我们前面指出，仅靠单一的本原（亦即“一”）不可能产生出“数”。同样，单靠“不定的二”也不可能产生出“数”。[1]现在看

---

[1] 对此亚里士多德在《形而上学》（N3，1091a9）中以一种戏谑的口吻评论道：“元素，亦即‘大和小’，像这般遭受折磨的时候，也可能会大呼小叫，因为它们自身根本就不能产生出数。”

来，剩下的解决办法只有一个，即这两个本原合在一起共同发挥作用。那么，确定的数究竟是怎样通过两个本原的作用而产生出来的呢？对此我们试举三个相关报道：

> 通过把不相等的东西（即“大和小”）弄成相等，他们〔柏拉图及其学园弟子〕得出第一个偶数“2”。（亚里士多德《形而上学》N4，1091a24）

> “较多和较少”经过规定成为“双倍”和“一半”。（亚历山大《亚里士多德〈形而上学〉注释》，TP 22B）

> 柏拉图把“二”（δύας）当作另一个本原，因为它就像一个可塑造的质料（ἐκμαγεῖον），从它那里以一种非常自然的方式产生出数。（亚里士多德《形而上学》A 987b33，TP 22A）

也就是说，当亚里士多德报道柏拉图通过把不相等的东西弄成相等，从而得出第一个数“2”的时候，意思是，设想“大和小”是一个混沌不清的、游移不定的、充斥着“不相等”的东西，要在这里弄出“相等”，只有把它平均分成“相等”的两份，由此得出最初的确定的数的关系（双倍和一半），也得到最初的偶数“2”。同理，如果人们平均分出“相等”的三部分，就会得出“3”，如此等等。我们看到，从“不相等”到“相等”的过程实际上是一个“划分”的活动，分成相等的两份、三份、四份，等等。关键在于，在这里起作用的是那个“一”，因为划分出来的每个部分本身都是“一个”、“一份”，如果没有“一”的介入，“大和小”只是完全的不确定，在那种模糊状态里根本谈不上任何可以说是“一个”的东西。正因如此，亚历山大才说：“这个**划分**就是数的起源。”（TP 22B）按照这个方法，不仅“2”，随之的“3”、“4”、“5”等一系列无穷多的数也可以产生出来。[1]而正如我们看到的，这个方法的核心就在于两个本原的共同作用，即“一”给予“不定的二”以规定，它虽然在字面上称作“划分”，但实质上乃是两个本原的交织，亦即“**混合**”。[2]

随着数的产生，众多理念的存在也成为可能。柏拉图在《巴门尼德》中说道：“如果‘一’存在，那么必然得出，数也存在……如果数存在，那么也存在着‘多’和无穷数目的存在者。”（Parm. 143e-144a）柏拉图在这部对话录里面虽然没有明确提出数的产生是通过“一”和“不定的二”这两大本原的结合才得以实现的，但也提出了另外一种推演出“数”的方法（Parm. 142b-155e）。这个方法的前提是“‘一’存在”这个命题，在这里“一”和“存在”被理解为**两个**东西，这就是“2”，既然这是两个不同的东西，那么算上“异”的话，就有三个东西，即“3”；再者，有“2”就会有“2 倍”，有“3”也就有“3 倍”，在这个基础上，2 倍的 2 得到“4”，2 倍的 3 得到“6”，3 倍的 2 还是“6”，3 倍的 3 却是“9”；不仅如此，当各个奇数和偶数与自己相乘或与对方相

---

[1] 盖瑟尔认为，另一个本原亦即“不定的二”才是“造 2 的”。也就是说，通过划分产生出来的数总是偶数，即 2 的倍数。至于奇数则不是以“不定的二”为本原，而是以“一”为本原，产生于“1”与偶数相加。Konrad Gaiser, *Platons ungeschriebene Lehre*. Stuttgart 1998. S. 117 -118.

[2] 亚里士多德在《形而上学》里（M8，1084a4 ff.）自己提出了另一种推演出数的方法。在他看来，最初产生出来的数总是要么是偶数，要么是奇数。这样就有三种情况：首先，如果 1 与偶数相加，就产生一个奇数（比如 1 +2 =3，1 +4 =5，1 +6 =7，1 +8 =9）；其次，如果 2 与偶数相乘，就产生 2 的倍数（比如 2 ×2 =4，2 ×4 =8）；再次，如果奇数与 2 相乘，则产生其他的偶数（比如 2 ×3 =6，2 ×5 =10）。

乘，还会得出更多的数。简言之，这些“被规定的多”（Parm. 158c-d），就是数。从这些文本出发，意大利学者贝尔蒂（Enrico Berti）认为，柏拉图虽然是在未成文学说的背景下写作《巴门尼德》的，《巴门尼德》本身已经解答了从“一”推导出“多”的问题，或者说从这部对话录本身也能推演出数的产生。[1]实际上，陈康在他的《巴曼尼得斯篇》注释里也采用了同样的推演方法，而且他还注意到：“关于柏拉图的数的产生的学说，我们这里只就着本节里所言的讨论，因此不涉及亚里士多德《物理学以后诸篇》〔即《形而上学》〕中末二卷里所言的。其实那里所批评的和这节里所言的**显然不是同一个学说**。”[2]由于时代的局限性，陈康只是满足于简单指出亚里士多德《形而上学》的M卷和N卷中关于“数”的产生的记述和《巴门尼德》里面的阐述“显然不是同一种学说”，但却没有考虑到亚里士多德的那些记载与柏拉图在学园内部口传的未成文学说之间的关系。但实际上，关于“数”的起源，假若柏拉图的口传学说和他在《巴门尼德》里面的说法是两种不同的学说，那么它们是不是能够统一起来呢？如果我们仔细对照那两种学说的话，那么可以发现，其实最关键的一个地方在于，在柏拉图的未成文学说里面，“2”是通过两个本原的结合制造出来，而在《巴门尼德》里，“2”并不是“一”制造出来或推演出来的，而是一个**现成的**已有的东西（即以“一”和“存在”的差异为前提，尽管那里有一个假象，仿佛“2”是从“一”本身推导出来的）。换言之，《巴门尼德》在推演数的来源的时候，已经以“2”这个数为前提，至于究竟为什么有“2”（这是未成文学说讨论的内容），

---

[1] Vgl. Enrico Berti, *Eine neue Rekonstruktion der ungeschriebenen Lehre Platons.* In Jürgen Wippern (hrsg.), *Das Problem der ungeschriebenen Lehre Platons.* Darmstadt, 1972. S. 240 -261.

[2] 柏拉图《巴曼尼德斯篇》，陈康译注，北京：商务印书馆1982年版，第179页。

却是它没有回答的。因此我们可以说，上述两种说法虽然有所不同，但并不是相互矛盾的，毋宁说未成文学说恰恰在一个关键之点补充解释了《巴门尼德》的一个缺失。

二 《斐勒布》和《政治家》中的“混合”问题

如果说《巴门尼德》（以及《智术师》）只是暗示了二元本原的存在，但尚未明确提出这两个本原就是“一”和“不定的二”，更没有阐述两个本原在宇宙生成中的作用，那么到了《斐勒布》，相关问题已经以一种明确的方式展现出来。在这部以“快乐”为探讨对象的对话录里，苏格拉底反复提醒对话伙伴普罗塔科注意，无论“快乐”还是“知识”，作为一个**“种”**（γένος），下面都包含着许多**“类”**（τὰ δὲ μέρη）。（Phil. 12e）为了解释这个现象，苏格拉底提到了所有的人都必定会面对（不管情愿还是不情愿）都会遇到的一个“就本性而言非常奇特的命题”：**“一即多，多即一**（ἓν γάρ δὴ τὰ πολλὰ εἶναι καὶ τὸ ἕν πολλὰ）。”（Phil. 14c）普罗塔科对这个命题的理解是：我作为“一个”人，同时也是“多”（具有“高”、“矮”、“胖”、“瘦”等许多属性）。（Phil. 14c-d）然而这并不是“一和多”的问题之关键所在（在《巴门尼德》里，芝诺已经排除了少年苏格拉底的类似疑问）。真正的问题是，“一”和“多”这两个范畴本身如何能够共存，甚至发生关系？正因如此，苏格拉底指出普罗塔科的理解只是一种“普通的”看法。知道一个东西具有多个组成部分或环节，这一点都不稀奇。换言之，“一”和“多”**并不是整体与部分的关系**。（Phil. 14d-e）真正的困难在于，当人们设定一些始终存在、永不变化的“单元”（亦即理念、概念）时，就会遇到这样的问题：这些单元既然被众多变动不居的事物所分有，那么它们究竟是完整的一个呢，还是分散在众多事物之内？同一个“一”既在“一”之内，也在“多”之内吗？（Phil. 15c）可见，这正是《巴门尼德》里“少年苏格拉底”遭到诘难的问题，要解答这个问题，需要掌握关于“一”和“多”的辩证法。

《斐勒布》这里再次强调，“一”和“多”的关系是我们的言谈中的一个不朽的、永远都不会老去的性质。对此进行的研究是一条“**最美好的道路**”（比这更美好的道路现在不存在，也不可能存在），一条哲学家所热爱的，但偶尔也会在上面迷失的道路。（Phil. 16b）在普罗塔科的请求下，苏格拉底对这条道路作出了一些简单的描述：

> 古代那些比我们优越得多、与神邻居的人告诉我们，万物产生自“一”和“多”（ὡς ἐξ ἑνὸς μὲν καὶ πολλῶν），而且每一个存在者都在自身内把“规定”和“无定”（πέϱας δὲ καὶ ἀπειϱίαν）维系在一起。鉴于存在者的这种贯穿一切的结构，我们必须在任何事都对任何事物都设定一个理念（ἰδέα），去寻找它，而且事实上肯定会找到它。找到理念之后，我们必须看看它们是否包含着“二”，如果不是，那么是否包含着“三”或其他的数。对于接下去的这些单元，我们必须做同样的事情，直到不再只是知道最初的“一”是一个，“多”是无定，而且清楚地知道这“多”究竟“是多少”。（Phil. 16c-d）

柏拉图在这里甚至提到了“‘无定’的理念”（τὴν δὲ τοῦ ἀπε

ίρου ἰδέαν)，他强调我们不能满足于简单地把“无定”理解为“杂多”，而是必须给予“无定”以规定，找到那“介于‘不定’和‘一’之间（μεταξὺ τοῦ ἀπείρου τε καὶ τοῦ ἑνός）的‘**数**’”，然后才可以把每个单元输送到“不定”之内。——这才是诸神传授给我们的正确方法。（Phil. 16c-e）在这篇对话录里，苏格拉底以文字、音律、节奏为例，指出“特定的数目”（“是多少”）的重要意义。对于“无限者”或“无定”，只能用**数**来进行规定；只要人们还没有找到数，那么“无定”就会使得我们不能达到一个确定的认识。（Phil. 17d-e）在随后的地方，苏格拉底继续指出，如果从“一”出发，不可以直接走到“无定”，而是必须首先寻找某一个数，另一方面，如果从“无定”出发，也不可以直接走到“一”，还是必须寻找特定的数目。（Phil. 18a-b）与此相反，那些打着“辩证法”的旗号玩弄诡辩术的人，亦即“现时代的智术师们”（Phil. 17a），就是在“一”和“无定”之间直接地来回穿梭，完全不管其中的作为“居间者”（τὰ δὲ μέσα）的数，当然更不会认真对待存在的不同阶次。[1]

在穿插了一番关于“快乐”和“知识”的讨论，得出二者的“**混合**”（συμμειχθεὶς，Phil. 22a）才是一种更令人向往的生活之后，《斐勒布》再度回到了“一”和“多”的关系。在这里，存在者被分为四类：

1. 无定的（ἄπειρον）；

---

[1] 雷亚利认为这是《斐勒布》蕴含着的一个核心思想：“诸理念的分化结构（dihairetische Struktur）与数联系在一起。正如已经指出的，关于‘理念—数’的学说通过这个联系在一种更清楚的意义上展现出来。对于任何一般的理念的结构，可以这样来规定，即通过分化过程找到那些从属于一般理念的特殊理念，然后把这样得到的分化结构转换为一个数（而这恰恰意味着，那些包含在一般理念中的特殊理念的数目和形式得到规定）。” G. Reale，*Zu einer neuen Interpretation Platons*. Paderborn 2000. S. 358.

2. 确定的（πέρας）；

3. 二者的混合；

4. 混合的原因。（Phil. 23c-e）

在这四个东西里面，柏拉图谈得最多的还是那个"无定"。他通过"较热—较冷"、"较强—较弱"、"较干—较湿"、"较快—较慢"、"较大—较小"、尤其是"快乐—痛苦"等例子表明（Phil. 24a-b，25a，27e，41d），所有这些情况都包含着一种"**较多和较少**"（τὸ μᾶλλόν τε καὶ ἧττον），而"较多和较少"的本质就是"**无定**"。（Phil. 24e，25c）在"无定"的支配下，无论"冷"、"热"、"强"、"弱"等任何性质都可以漫无尽头地延伸，没有一个"终点"（τέλος），因此也谈不上一个"确定的分量"（τὸ ποσόν）。（Phil. 24c）为了得到"确定的分量"，我们必须以所谓的"**合乎规范者**"（τὸ μέτριον）来取代"较多和较少"的位置。这里既然谈到"合乎规范者"，那么什么是"**规范**"（τὸ μέτριον）呢？柏拉图指出，诸如"同"（τὸ ἴσον）、"等"（ἰσότητα）、"双倍"以及一切与"数"有关的东西，都是"规范"，而所有这些东西，都可以归之于"**确定**"这一种类之下。值得注意的是，"合乎规范者"和"规范"本身都不等于"确定"，而是通过"确定"的介入才产生出来的。确切地说，是通过"确定"与"无定"的混合，那个本身意味着"**法则和秩序**"（νόμον καὶ τάξιν）的"确定"才带来了"规范"。混合的第一个产物是"**数**"，它的出现改变了"较多和较少"控制下的无序局面。（Phil. 25b-26d）通过混合，"确定"给予"无定"以规定，它不仅为我们保障了知识和真理，而且它所造成的"'合乎规范'（μετριότης）和'匀称'（συμμετρία）"任何时候在我们看来都是美和德行。（Phil. 64e）

在《斐勒布》后面的讨论中，苏格拉底指出有一个"神奇的理性”，它堪称“天和地的国王”，“始终统治着宇宙”（Phil. 28c, 30d）。最终的结论是，**理性**是混合之所以发生的原因，而且它就寓居在“确定”、“无定”、“混合的产物”这三类东西之内！乍看起来，在我们认定的“确定”和“无定”这两个本原之上，柏拉图又设定了一个更高的东西，亦即理性。但如果我们仔细分析相关文本的讨论，就会认识到，理性就是“确定”的化身。柏拉图之所以把理性看作混合的“原因”，是因为他要强调“确定”在混合中发挥的主动作用，就像他所说的那样，所谓“原因”，就是“主动作用者”（τὸ δὲ ποιοῦν）的意思，二者是同一个东西，只是名称不同而已。（Phil. 26e）在同样的意义上，柏拉图在《政治家》里区分了“**辅助原因**”（συναίτιον）和“**原因本身**”（αὐτὴ αἰτία）。（Polit. 281d-e）所谓“辅助原因”，就是提供工具和材料，在创造活动中起着次要的作用，而所谓“原因本身”，则是主动参与并发挥主导作用规定性。

可见，柏拉图在《斐勒布》里面虽然是在讨论“确定”和“无定”，但这两个本原就是他在口传的未成文学说里所提出的“一”和“不定的二”，这是确凿无疑的。他在这部对话录里同样指明了“从本原出发的道路”的基本方向，即两个本原的混合，或更确切地说，即“一”给予“不定的二”以规定。不仅如此，他也提到了“数”在这条道路上的重要意义。（Phil. 25e）这个思想虽然在书写下来的对话录里鲜有提及，但却在未成文学说里面得到了大量有力的佐证。

在和《斐勒布》大约相近时间写作的《政治家》里，柏拉图同样提到了“不定”或“不定的二”的表现，以及这种情况应当得到的规定。他不仅重复了《斐勒布》中主要使用的“较多和较少”这一表述，而且又提出了“**过度和不足**”（ὑπερβολή καὶ ἔλλειψις）、“**大和小**”（τοῦ μεγάλου καὶ τοῦ σμικροῦ）等说法。（Polit. 283c，283e，284b）针对这些情况，我们需要一种“**规范技艺**”（μετρητική）。[1]对此的讨论是：

埃利亚客人：如果人们不承认“较多”只有相对于“较少”才是可能的，那么“较多”也不可能与“规范”发生关系。对不对？

少年苏格拉底：是的。

埃利亚客人：这种做法岂不是要取消各种技艺本身及其一切产品，岂不是要彻底抹杀我们正在寻找的政治技艺以及已经谈到的纺织技艺？因为所有这些技艺都会小心地避免那种凌驾于或不及“规范”的东西，不会把这种东西当作无足轻重的，而是看作一个会危及它们的敌人。因此，只有保持“规范”，才能使得它们全都是好的和美的。

少年苏格拉底：毫无疑问。

……

埃利亚客人：我们显然应当按照之前所讨论的，把“规范技艺”分为两个部分：一个部分包括所有那些用数、长度、深度、宽度和速度来规范相反方的技艺，另一个部分则包括所有那些通过“规范”〔中道〕来进行规范的技艺，以便得出合适的、恰当的、理所当然的东西，简言之，一切在那两个极端之间拥有一席之地的东西。（Polit. 284a-e）

---

[1] 柏拉图在早期对话录《普罗泰戈拉》里已经提到一种与“纯数学的规范技艺（即几何学）”不同的“规范技艺”，但仅仅是有所保留地说道：“至于这究竟是怎样一种知识和技艺，我们将会在别的地方找到答案。”（Prot. 357b）

柏拉图在这里强调，“较多和较少”必须是“可规范的”（μετρητὰ），只有这样，**“合乎规范者”**才会产生出来。（Polit. 284b-c）换言之，“无定”不是一种绝对独立的东西，它必须接受“确定”的规定，二者必须混合。而“规范技艺”的工作，一方面是针对那种“处于转变过程中的存在”（τὴν τῆς γενεσεῶς οὐσίαν）或“现实存在着的处于转变过程中的东西”（ὄντος γιγνόμενον），另一方面则是确立“大小比例关系”，亦即“数目、长、宽、高、深度、速度”等等。（Polit. 284e）在这个过程中，我们必须克服那种要么“超过”、要么“不及”合乎规范者的东西，或者说那种要么“大于”、要么“小于”合乎规范者的东西。（Polit. 283e，284a）只有当找到“合乎规范者”，一切的善和美才会得到保障。（Polit. 284b）至于哪些东西算是“合乎规范者”，除了前面提到的大小比例关系和几何性质之外，柏拉图进一步指出，是那些“合适的、恰当的、理所应当的东西，简言之，一切在**那两个极端之间**拥有一席之地的东西”（Polit. 284e）。[1]

三 《蒂迈欧》中的“混合”问题

按照两个本原的“混合”模式，我们再来解读柏拉图在《蒂迈欧》里面是怎么描述从本原出发的道路。我们在本书前一章里已经指出，《蒂迈欧》蕴含着一种二元本原结构，而在这部历史上最

[1] 雷亚利进一步把《政治家》这里提出的“规范技艺”划分为两种性质：一种是关乎“量”的，其产物是“长”、“宽”、“高”等数学规定，另一种是关乎“质”的，其产物是具有伦理价值的合乎“中道”的规定，比如介于“鲁莽”和“懦弱”之间的“勇敢”，介于“骄奢”和“吝啬”之间的“节俭”等等。Vgl. G. Reale，*Zu einer neuen Interpretation Platons*. Paderborn 2000. S. 332 －338.

为著名的关于“宇宙论”的著作中，二元本原在宇宙创生的过程中的作用必然会鲜明地体现出来。

对话录的主角蒂迈欧在阐述宇宙的起源时，从一开始就提出了“始终存在者”和“始终转变者”区分。（Tim. 27d－28a）但正如我们曾经提醒的，我们必须小心谨慎地对待这两个东西，看它们究竟是在哪个层面上扮演着“本原”的角色。尽管我们很容易由它们推想到“一”和“不定的二”，但它们在《蒂迈欧》里并不是直接等同于这两个最终的本原。关键在于，可以归之于“始终存在者”名下的，除了“一”之外，还有“数”、“理念”等等，而“始终转变者”名下的东西除了“不定的二”之外，当然也可能包括经验世界里面的具体事物。[1]换言之，柏拉图通过这个区分，毋宁是首先在最基本的层面上划定了存在的二元结构，然后在这个基础上阐释宇宙的创生。正因如此，蒂迈欧在起初的阐述中并没有急着过渡到那两种东西的“混合”，而是在一般的意义上强调二元结构的根本性，从“始终存在者”和“始终转变者”的对立推演出“完善的东西”与“不完善的东西”的对立：

> 如果工匠把“始终存在者”当作模板（παραδείγματι），那么他制造出来的东西是完善的，而如果他把“始终转变者”当作模板，那么他制造出来的东西就是不完善的。（Tim. 28a-b）

这里出现的“**工匠**”（δημιουργὸς）和后面所说的“**造物主**”

---

[1] 在《蒂迈欧》的后半部分，柏拉图提出，除了此前区分的“始终存在者”和“始终转变者”之外，还必须区分出“第三种”东西。（48e－49a）按照这里的解释，“始终存在者”是原型，只能通过理性被把握，而“始终转变者”则是对于前者的模仿，是产生出来的东西。可见，这里是把“始终转变者”当作经验世界里的具体事物来理解的，并不是等同于“不定的二”这一本原。毋宁说接下去叙述的“第三种东西”才是“不定的二”的代言人。后面我们还会讨论这个问题。

(συνιστὰς)、**“进行创造的父亲”**（ποιητὴν καὶ πατέρα，Tim. 28c，29e，37c）等等是同一个意思；蒂迈欧在更多时候干脆称之为“**神**”。乍看起来，既然是“神”创造了宇宙万物，那么按照探寻本原的思路，我们应当把“神”看作本原才对，那么柏拉图的本原学说就不再是以“一”和“不定的二”为本原，而是以“神”为本原，柏拉图的“哲学”又要退回到“神学”乃至宗教信仰的地步，跟犹太人的上帝在七天之内创造世界的神话也没什么区别了。[1]但实际上，柏拉图当然不可能接受这种粗糙简陋的理论。关键在于，正如我们不能简单地把“始终存在者”和“始终转变者”直接等同于最终的本原（“一”和“不定的二”），同样，我们也必须小心谨慎地审视“神”在《蒂迈欧》宇宙论中扮演的角色，看看他究竟是哪一个原则的“代言人”。

在这里我们有必要回忆一下：柏拉图在《斐勒布》里面除了区分“确定”和“不定”之外，还提出了二者之所以混合的“**原因**”，然后在接下去的讨论中指明这个“原因”不是别的什么东西，其实就是“**理性**”。但我们在那个地方已经指出，“理性”实际上并不是与“确定”和“无定”相并列的第三个本原，也不是一个凌驾于二者之上的更高的本原，毋宁说它就是“确定”原则的代言人，是“确定”原则的根本的、具体的表现。因为，无论我们采用“一”、“规定”、“限定”、“确定性”还是其他说法，这个原则的本性和特征终究是以理性的形式展现出来的。当柏拉图说“一”和“不定的二”是最终本原时，这是一个至为抽象的表述，但这个抽象的说法并不意味着这两个本原本身也是一种抽象的、静态的、僵化的东西（毕达哥拉斯学派在某种程度上倒是有此嫌疑）。

---

[1] 比如犹太哲学家斐洛（Philon von Alexandrien，公元前30—公元40）就很乐意拿柏拉图的《蒂迈欧》来解释《旧约》的“创世记”。

“不定的二”作为一种始终游移不定的东西尚且充满了活力，更何况那个能够对“不定的二”作出约束限定的“一”！须知柏拉图一方面不仅继承了毕达哥拉斯和巴门尼德斯的静态的存在论，而且另一方面也继承了阿那克萨哥拉的“努斯”学说，实际上他所说的“一”就是努斯，就是精神、理性。正因如此，我们说《斐勒布》里面的那个“原因”或“理性”不是别的，就是“确定”原则的具体表现，柏拉图之所以在“确定”和“不定”之外特意列出一个“混合的原因”（理性），既是为了将“确定”原则具体化为理性，也是为了强调这个原则在和另一个原则结合时发挥的**主动作用**。

带着这个认识来看待《蒂迈欧》里面的“造物主”或“神”，之前列出的一些疑问也会得到澄清。这个“神”和神话传说中的那些充满性格缺陷（实即本质上的缺陷）的最高主宰（无论乌兰诺斯、克罗诺斯还是宙斯）相去甚远，[1]他本身是完美的，希望他所创造出的宇宙也和他一样完满，因此他以“始终存在者”为模范，甚至把宇宙当作“另一个极乐之神”（Tim. 34b）创造出来，而且如随后的阐述所揭示的，他的创造是按照各种理性法则（数学、几何学、自然科学）来进行的。换言之，这就是哲学家的“**理性神**”，在本质上就是“理性”本身。“造物主”或“神”在这里扮演的角色，就是要体现出“理性”代表着“确定”原则在宇宙生成中的主动作用。另一方面，柏拉图毕竟没有像在《斐勒布》那里一样，明确地把理性当作那个“始终统治着宇宙的国王”（Phil. 28c，30d）来阐述，而是主动披上了神话传说的外衣。之所以这样做，原因大致有二。首先，“要找到宇宙的建筑师和父亲是非常困难的；即使找到了他，也不可能向所有的人说明白”（Tim. 28c）。既然如此，

---

[1] 柏拉图在《理想国》第二卷里已经明确批判了这类由诗人们宣扬的对于“神”的理解。

还不如直接称之为“神”最为方便。其次，宇宙作为一个被造物，虽然是堪称最完美的被造物，但终究只是一个“摹本”，它不是纯思维的对象，而我们对它的认识必然会掺杂进感觉、想象等等：

> 对于那些持久不变的、借助于理性而被认识的东西，我们的解释也必须是持久不变的、无可争辩的，绝不可能遭到驳斥或有所动摇；反之，对于那些仅仅模仿模板的东西，亦即单纯的摹本（εἰκόνος），我们的解释相应的也只能是大致如此（ἐκείνων）。存在与转变的关系是怎样的，真理与或然性的关系也是怎样的。（Tim. 29b-c）

也就是说，在一个“大致如此”的解释里，柏拉图不希望把“理性”亲自放到台面上，而是只愿意用不那么纯粹的“造物主”或“神”等宗教术语进行阐述，尽管他们在这个过程中完全扮演着理性的角色，即处处体现出理性的主动作用。但这里又引出了一个更大的问题，即柏拉图为什么要把蒂迈欧接下去的发言（这恰恰是整部对话录的核心内容）称作是“大致如此”的，而不是明确称之为“真理”？对于一向自信真理在握的柏拉图而言，这不是一个寻常现象。柏拉图为什么要做出这样一个让步呢？对于这个问题，学界颇有争论。在相当长的一段时间内，大多数学者的看法归结起来无非是这两种意见：要么是宇宙论本身就是理性无法掌握的，[1]

---

[1] 这种看法很明显受到了康德在《纯粹理性批判》里批判“宇宙论论证”的影响。比如阿佩尔特就认为：“柏拉图在《斐多》和《巴门尼德》里充分表明，没法以科学的方式解释现象世界如何产生自理念。这个立场在《蒂迈欧》里也丝毫没有动摇。对于宇宙的开端，不存在科学的认识。这是一个永恒的过程，因此只能借助于形象化的描述。” Otto Apelt, *Platons Timaios und Kritias*. Hamburg 1921. S. 151.

要么至少是柏拉图本人没有能力在这个领域达到真理。[1]这两种意见都是从否定的角度来理解蒂迈欧的声明。最近有些学者重新强调柏拉图那里"理性"（λόγος）与"神话"（μῦθος）的相辅相成的关系，并注意到了后一种情况的特殊的"修辞学"意义，因此转而从积极的方面来评价这一现象，指出"大致如此"在这里并不是指"有可能是这样"（probabilis），而是"类似于真理"或"堪比真理"（verisimilis，wahrscheinlich）的意思。[2]而根据雷亚利的理解，柏拉图的目的是要在这里区分两种思维方式：一种是我们今天所说的"自然科学"的思维方式，它研究作为摹本的宇宙，因此是有所限制的，在某种程度上甚至仅仅是一种"消遣"，一种"生命中的合适的和合乎理性的游戏"（Tim. 59d）；另一种则是"形而上学"（超自然科学）的思维方式，它研究的是存在者的真实结构，亦即那些摹本的模板本身。这两种思维方式是相互关联的，因此柏拉图在这里提"大致如此"既是要对"自然科学"的思维方式作出一定限制，同时也要把它导向"形而上学"（超自然科学）的根基。[3]就此而言，我们既不能把蒂迈欧随后的发言真的当作一些"大致如此的"意见甚至"神话故事"，而是应当看作同样合乎理性的科学阐述，同时也要注意到柏拉图在这里有所保留的、指向更深层次的

---

[1] 比如我国学者谢文郁是这样解释的："柏拉图在这里遵循这样一个认识论原则：我们的认识从经验开始，进入到其中的不变原则。这是我们能够达到的最高知识。但是，这种知识是有限的……我们从我们能够看见的世界出发来认识这模式，我们没有标准来判断我们的认识是否就是神所使用的模式。"（谢文郁译注《蒂迈欧篇》，上海人民出版社 2003 年版，第 97 页。）这个解释把柏拉图看作一个经验主义者，从而得出柏拉图在知识上的缺陷，显然不符合事实。因为，柏拉图尽管承认我们对宇宙的认识必然会掺杂进感觉、想象等等（Tim. 29b），但这绝对不等于说我们的认识是"从经验开始"的。

[2] Vgl. Walter Mesch, *Die Bildlichkeit der platonischen Kosmologie*. In Markus Janka/Christian Schäfer (Hrsg.), *Platon als Mythologe. Neue Interpretationen zu den Mythen in Platons Dialogen*. Darmstadt 2002. S. 200 –203. 格罗伊（K. Gloy）和伯姆（G. Böhme）也持类似的观点。

[3] Giovanni Reale, *Zu einer neuen Interpretation Platons*. Paderborn 2000. S. 453 –456.

东西——当然这些东西不仅指他在对话录中书写下来的，也包括他在学园内部口头传授的内容。更重要的是，柏拉图在之前已经说过，“对于那些持久不变的、借助于理性而被认识的东西，我们的解释也必须是持久不变的、无可争辩的，绝不可能遭到驳斥或有所动摇”（Tim. 29b）。这句话明白地告诉我们，柏拉图确实有着持久不变的、无可争辩的、对于永恒存在者的理性认识。每一个认真读过柏拉图的著作并且尊重柏拉图的人都必定会承认这一点。

再回到《蒂迈欧》里面的阐述。造物主创造宇宙是从两个方面进行的：一方面创造宇宙形体，另一方面创造宇宙灵魂。他在这整个过程中遵循的基本原则是：“把那些处于无秩序运动中的东西从无秩序改造为有秩序的。”（Tim. 30a）具体说来就是：

> 他发现，在那些就其本性可见的事物里，没有什么比一个具有理性的整体更美丽，与此同时，如果没有灵魂，那么也没有什么东西能分享理性，出于这些考虑，他用这个方式组装宇宙，即“把理性置入灵魂，把灵魂置入身体”，以此完成了这个就其本性而言最美丽和最好的作品。（Tim. 30b）

这里已经简单勾勒了一个模式，即“理性—灵魂—形体—无秩序的东西”的四连体。显然，这也是一个“混合”的模式，从根本上来说是“理性”（代表着“一”）和“无秩序的东西”（代表着“不定的二”）的混合，但从“宇宙论”的角度来看重点则在于“灵魂”和“形体”的混合。不仅如此，“灵魂”和“形体”本身也是通过混合而产生的。

首先，就“宇宙形体”而言，如果没有“火”，那么没有什么东西是可见的；而如果没有“土”，则没有什么东西是固定的、可触摸的。(Tim. 31b) 所以神得把“火”和“土”混合起来，但为了达到这个效果，还需要一个“第三者”亦即发挥中介作用的“纽带”，这样才能把那两个东西联系起来。“然而，在所有纽带里面，最美丽的是这样一个纽带，即它把自己和有待联系的东西尽可能地融为一体。”（Tim. 31c）这个纽带究竟是什么呢？它的名称叫做“类推”或“比例”（ἀναλογία）。柏拉图以“平方数”（a^2，比如 4 作为 2^2，以及 b^2，比如 9 作为 3^2）或“长方数”（ab，比如 6 作为 2 ×3）为例表明，当“$a^2: ab = ab : b^2$”或“4 : 6 =6 : 9”时，可以推知“$b^2: ab = ab : a^2$”、“$ab : a^2 = b^2: ab$”、“$ab : b^2 = a^2: ab$”也是同样的关系。柏拉图进而指出：

> 如果它们始终处于同一种关系之中，它们就合起来构成一个单元。现在，假若宇宙形体仅仅是一个没有深度的平面，那么一个中项就足以把它自己和那另外两个东西〔“火”和“土”〕联系在一起。但宇宙形体应当是立体的，而一个中项绝不可能把立体的物联系在一起，为此总是需要两个中项。所以神把“水”和“气”置于“火”和“土”中间，使之遵循一种尽可能精确的比例关系，也就是说，“火 : 气 = 气 : 水”，“气 : 水 = 水 : 土”〔即“火 : 气 = 气 : 水 = 水 : 土”〕。通过这个方式，他把宇宙形体塑造为一个可见的和可触摸的整体。(Tim. 32b)

而之所以需要“两个”中项，同样可以通过两个“立方数”（a^3，比如 8 作为 2^3，以及 b^3，比如 27 作为 3^3）之间的比例关系来说明。换言之，两个立方数必须通过两段比例才能联系起来，比如

“$a^3 : a^2b = a^2b : ab^2 = ab^2 : b^3$” 或 “8∶12 =12 ∶18 =18∶27”。[1]

通过比例关系的联系，神使用“全部火”、“全部气”、“全部水”、“全部土”这四种元素无所遗余地塑造了宇宙形体，使之成为一个“尽可能完善的生物”，不会遭受年纪和病痛的折磨。普通的物体会在外力的侵蚀下慢慢消解，但宇宙形体却是“一个完满的、永恒不变的、不会生病的整体”。而这样一个整体必须有一个“合适的”形态——**球形**，从核心到边缘，无论就任何方向而言，距离都是一样的，因此它是“所有形态里面最完满的、与自身最为一致的”。宇宙形体没有眼睛，因为没有什么东西在它之外，是它要看的；同理，它也没有耳朵，不需要呼吸，不需要进食和排泄，因为它身上没有任何进口和出口。宇宙形体是自足的，所以不需要有手、脚、膝盖。那么它如何行动呢？对此不用担心，因为神赋予了宇宙形体“七种运动”里面最适合理性和理智的那种运动，即“在同一个位置**自转**”，一种“动”与“静”的混合。（Tim. 34a）[2] 至于另外六种运动（向前、向后、向左、向右、向上、向下），则只是适应于普通物体。（Tim. 32d-34a）

宇宙形体作为形体而言堪称完满，但是只有当它具有灵魂而言，它才真正成为“另一个神”。（Tim. 34b）所以，神把灵魂放到宇宙的正中心，使之一方面贯穿渗透整个宇宙，另一方面又从外边包围着宇宙形体，自己围绕着自己旋转。（Tim. 34b，vgl. 36e，37a）换言之，真正完满的仍然是一种混合状态，即“宇宙形体”与“宇宙灵魂”的混合。

在这里，蒂迈欧特地强调指出，虽然我们现在才谈到灵魂，但

---

[1] Vgl. Otto Apelt，*Platons Timaios und Kritias*. Hamburg 1921. S. 151.

[2]《蒂迈欧》的另一处地方说道：“最为体现理性的运动是圆周运动。”（Tim. 39c）

这并不意味着灵魂是在宇宙形体之后才被创造出来的。正相反，灵魂早在宇宙形体之先就已经存在着了。神绝对不允许先来者被后到者统治，那个“就起源和优越性而言在先的、地位更高的灵魂”，是作为形体的“发号施令者和未来的主人”而被创造出来的。(Tim. 34c) 那么，灵魂是以什么方式创造出来的呢？对此的论述是：

> 神把“不可分的、始终与自身保持一致的存在”和“就形体而言可分的存在”混合起来，制造出居间的“第三种存在”。对于“同”和“异”，神同样分别制造出居于“不可分者”和“就形体而言可分者”之间的第三种“同”和第三种“异”。随后，神把这三个东西〔居间的“存在”、居间的“同”、居间的“异”〕混合为唯一的一个理念（εἰς μίαν ἰδέαν），在这个过程中，他是强行把“异”之抗拒混合的本性与“同”的本性糅合在一起，再把它们与“存在”混合。把三个东西融为一个东西之后，神把这个整体重新分割为尽可能多的部分，每一个部分都是由“同”、“异”、“存在”混合而成。(Tim. 35a)

可见，灵魂不仅产生自混合，而且是产生自一种复杂的——“二重的、多层次的”——混合：首先是一种“纵向的”混合（不可分的“存在”与可分的“存在”混合，不可分的“同”与可分的“同”混合，不可分的“异”与可分的“异”混合），产生出三种居间者，即“居间的存在”、“居间的同”、“居间的异”，然后是这三种东西的一种“横向的”混合。[1]在这里，柏拉图不仅强调了混

[1] G. Reale, *Zu einer neuen Interpretation Platons*. Paderborn 2000. S. 508 –510.

合在创造中发挥的作用，而且指明了灵魂（作为“理念”）在整个存在阶次里面的居间地位。这些地方清楚表明，理念不是最终的本原，而是“不可分”或“同”（代表着“一”）分别与“可分”或“异”（代表着“不定的二”）结合而成的派生物，就像柏拉图在未成文学说里面指出的那样。除此之外，当柏拉图把宇宙灵魂称作“唯一的一个理念”，同时又说神“把这个整体分割为尽可能多的部分，每一个部分都是由‘同’、‘异’、‘存在’混合而成”，这就不仅解释了**理念本身**，而且解释了**诸多个别理念**的产生。

随后，柏拉图在说到神分割灵魂（理念）这个整体为诸多部分的时候，特意指出是遵循这样的方式：

> 首先从整体中分出一部分，然后分割出这个部分的2倍。接着分割出第三部分，它比第二部分多一半，亦即第一部分的3倍。第四部分是第二部分的2倍〔亦即第一部分的4倍〕，第五部分是第三部分的3倍〔亦即第一部分的9倍〕，第六部分是第一部分的8倍，第七部分则是第一部分的27倍。(Tim. 35b-c)

也就是说，是这样一个模式：

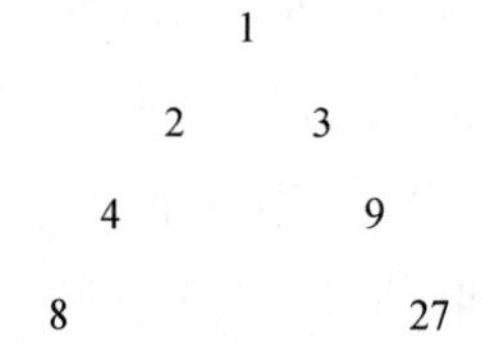

可以看出，这个金字塔模式与毕达哥拉斯学派所尊奉的神圣四数（τετϱακτύς）是吻合的。在这个由七个数字构成的金字塔里，

左右两条边都是遵循所谓的神圣的“四数”：左边是2的升幂系列（1 –2 –4 –8），右边是3的升幂系列（1 –3 –9 –27）。在每个序列里的每两个数之间，柏拉图进一步按照比例关系（“两倍距离”和“三倍距离”）区分出“两个中间数”（Tim. 36a），比如1和2之间的中间数是4/3和3/2（1∶4/3 =3/2∶2），2和4之间的中间数是8/3和3（2∶8/3 =3∶4），4和8之间的中间数是16/3和6（4∶16/3 =6∶8）；1和3之间的中间数是3/2和2（1∶3/2 =2∶3），3和9之间的中间数是9/2和6（3∶9/2 =6∶9），9和27之间的中间数是27/2和18（9∶27/2 =18∶27）。两个序列合并在一起，就是这样一个序列：1、4/3、3/2、2、8/3、3、4、9/2、16/3、6、8、9、27/2、18、27。我们在这里略过了之后推演出的数的序列与毕达哥拉斯学派的谐音学的关系，只是满足于指出这样一个清楚的事实，即一切理念乃至宇宙万物都遵循着数的规定。诚然，这个思想本身是起源于毕达哥拉斯学派。但正如我们指出的，毕达哥拉斯学派没有或没能回答这样一个问题，即“数”本身的起源问题，而柏拉图的本原学说不仅用“一”和“不定的二”的混合解释了“数”的起源，而且把这个混合模式贯彻到了理念和宇宙万物的创造过程中。

盖瑟尔在他的名著《柏拉图的未成文学说》里，引证亚里士多德在《论灵魂》里关于柏拉图灵魂学说的记载，从更开阔的视野阐述了这个基本的数学关系在柏拉图的本体论中的地位。亚里士多德的相关报道是这样的：

> 柏拉图在《论哲学》里面的论述中已经断定，生物本身（αὐτὸ μὲν τὸ ζῷον）是由“一”的理念本身（ἐξ αὐτῆς τῆς τοῦ ἑνὸς ἰδέας）和最初的“长”、“宽”、“高”构成的。其他

生物同样也是如此。

……换言之，理性（νοῦς）是“1”，理智（ἐπιστήμη）是“2”（因为它以单纯的方式与“一”相关联），“面”的数是意见（δόξα），“体”的数是感觉（αἴσθησις）。数被称作是理念本身和原因本身，而它们又是起源于本原（στοιχεῖα）。诸对象要么通过理性，要么通过理智，要么通过意见，要么通过感觉而被区分开，而他所说的数则是诸对象的理念。（亚里士多德《论灵魂》TP 25A）

根据盖瑟尔的考证，柏拉图的《论哲学》和他的《论善》在内容上是大致相同的，因此亚里士多德的这些记载可以看作是柏拉图的口传的未成文学说的忠实反映。盖瑟尔同样指出，亚里士多德在这里所说的“生物本身”就是柏拉图在《蒂迈欧》里面所说的作为“理念本身”或“理念世界”的宇宙灵魂。[1]至于把数和理念回溯到更为根本的本原，这也是我们已经熟悉的思想。关键在于，亚里士多德除此之外还告诉我们，柏拉图在这里使用了一种独特的“四分”模式，把“四数”（1－2－3－4）与空间维度（“点—长—宽—高”或“点—线—体”）以及《理想国》里划分的灵魂的认识能力（“理性—理智—意见—感觉”）结合在一起。如果我们把这种模式与《蒂迈欧》里面所谈到的灵魂的创造以及灵魂的“居间”地位联系起来，就可以得出这样一个本体论的结构：

永恒世界	1	2	3	4
灵魂	理性	理智	意见	感觉
现象世界	点	线	面	体

[1] Konrad Gaiser, *Platons ungeschriebene Lehre*. Stuttgart 1998. S. 44－45.

对于这个结构，另外一些相关记述能帮助我们获得更多的了解。辛普里丘在《亚里士多德〈物理学〉注释》中记载道：

> 亚历山大自己也说道，他是依据亚里士多德以及柏拉图的另外一些学生所记载的柏拉图的《论善》授课内容进行解释的。他这样写道："当柏拉图探究存在者的诸本原时，他认为，数就其本性而言先于一切，因为线是以点为界限，而点则是一些在空间里面确定下来的单元（μονάδες）；虽然数可以独立于一切而存在，但假若没有线，那么既不存在平面的东西，也不存在立体的东西……"（TP 23B）

而亚历山大本人在《亚里士多德〈形而上学〉注释》中是这样说的：

> 柏拉图和毕达哥拉斯主义者把数当作存在者的本原，他们认为，原初的东西和非组合而成的东西是本原，面就起源而言是先于体的——因为更单纯的、并非堆积起来的东西就本性而言是在先的——，同样，线先于面，点先于线。他们把数学家所说的符号（σημεῖα）称之为"单元"（μονάδες），它们既然是绝对非组合而成的，对它们而言也就没有什么在先的东西。但"单元"就是数，因此数是一切存在者里面最原初的东西。因为在柏拉图看来，形式是最原初的东西，理念在和那些因为分有它们而存在的具体事物相关时是在先的东西——他已经尝试以许多方式来证明这一点——，所以他把理念称作数。（TP 22B）

通过迄今为止的分析，我们已经大致可以看出柏拉图如何从“一”和“不定的二”这两个本原出发，推导出数和理念的产生，然后把数学关系和几何结构应用到随后的一切派生物上面。造物主创造了天体，创造了“时间”——“时间”是“永恒”的一个肖像，是一个“在数字中前进的”或者说运行在“数的关系”当中的东西。(Tim. 37d, 38a) 造物主还要创造出四种生物：**1**. 诸神；**2**. 有翅膀，在天上飞的；**3**. 水生的；**4**. 用脚在地上走路的。(39e-40a) 但柏拉图强调指出，造物主直接创造出来的仅仅是诸神，至于另外三种生物的创造则是诸神的任务。在《蒂迈欧》里，造物主把诸神召集起来，进行训话：

> 你们神啊，作为我的作品和儿女，是不会毁亡的，至少在我不希望如此的情况下是如此。诚然，一切东西都是结合而成的，都是可以重新消解的，但是，把组装得好好的东西和状况良好的东西重新消解，这种念头是邪恶的。因此，尽管你们是产生出来的，既不是不朽的，也不是绝对不可消解的，但放心，你们不会重新消解，也不会屈服于死亡的厄运……现在，还有三种有死的生物尚未创造出来，而在这种情况下宇宙将会是不完满的。但是，假若是我把它们创造出来，那么它们就跟你们一样是神了。所以这个任务交给你们。你们要通过**模仿**那种已经得到证明的**造物主力量**——你们就是通过这种力量被创造出来的——，去把剩下的三种生物创造出来。(Tim. 41a-c)

柏拉图之所以要把创造另外三种生物的任务交给诸神，是要刻意强调整个宇宙派生过程中的逐级层次，拉开各个层次的存在者的完满性之间的差距，要不然的话，那些较低层次的存在者也将会是神了。相比造物主自己创造出来的东西，诸神创造出来的存在者在“纯度”上低二到三个档次。(Tim. 41d) 另三种有死的生物亦即更低的事物必须存在，否则宇宙是不完满的，但如果那些存在者都是神，都没有缺陷，那么宇宙同样是不完满的。在柏拉图哲学的金字塔结构里，高低贵贱都必须存在，这才是和谐的表现。另一方面，诸神进行的创造和造物主本身所作的创造之间并没有断裂，他们只需要“模仿”造物主的方式和力量，即依据理性的法则进行创造。关键在于，诸神已经被置于“万物之主的合乎理性的轨道之上”。(Tim. 40a) 诸神既然置身于理性的轨道之上，他们所创造出的也是合乎理性的东西。因此，通过造物主的直接创造和诸神的“模仿式”创造，整个宇宙成其为一个合乎理性的整体。

虽然理性在整个创造过程中占据主导地位，但我们不要忘了，所谓独木难支，**另一个本原**所起的作用同样是至关重要的。《蒂迈欧》的后半部分花了很多篇幅，以便说明：“这个世界秩序的转变过程是作为‘必然性’和‘理性’的混合而产生出来的。”(Tim. 47e) 理性之统治必然性，是通过“**说服**”的方式。(Tim. 48a) 正如我们已经指出的，柏拉图在这里所说的“必然性”并不是指客观规律或理性法则，而是恰恰相反，指一种给定的、不得不接受的、无秩序的东西。它是“事物的另外一个本原”(Tim. 48b)。我们之前说到造物主把“火”、“气”、“水”、“土”混合起来，仿佛这四个现成的东西已经是最基本的存在，甚至堪称万物的“本原”或“元素”。但实际上并非如此。它们也是一些派生出来的东西。按照现在的解释，这四个东西之间并没有本质上的区别，因为，当“水”凝聚起来，就成为石头和“土”，当“水”稀释和消融，就成为风和“气”，而当“气”点燃，就成为“火”。反过来，如果“火”凝聚，就会转变为“气”，而“气”的凝聚会转变为云乃至“水”，“水”又会继续转变为石头和“土”，如是循环不休。（Tim. 49b-c）我们看到，“火”、“气”、“水”、“土”都处于一个不断转变的过程之中，这种情况表明，它们并不是最根本的东西，而是某个更根本的东西的不同状态而已。这个东西可以一会儿显现为这样，也可以一会儿显现为那样。（Tim. 50c）

针对这个东西，蒂迈欧提出，之前的二分法（“始终存在者”—“始终转变者”）是不充分的，现在，我们还必须区分出“第三种”东西。“之前我们并没有区分第三种东西，因为我们当时认为，指出这两种已经足够……但现在看起来我们必须通过言谈揭示出一种困难而隐晦的形式。”（Tim. 48e-49a）

按照现在的三分法，可以区分出这样三种东西：

1. 转变者，可以比之为**儿女**；

2. 那种容纳转变者的东西，可以比之为**母亲**；

3. 转变者所模仿的原型，可以比之为**父亲**。（Tim. 50c-d）

按照另一种三分法，则可以区分为：

1. **形式**，它始终保持一致，不是产生出来的，是不可见的，不可感觉的，只有通过理性予以把握；

2. 那种与形式同名或相似的东西，即形式的**摹本**，是可感觉的，产生出来的；

3. 第三种东西：**空间**（χώρα），它始终存在着，不会消逝；它为一切产生出来的东西提供一个场所，但它本身却不是通过某种感觉把握到的，而是难以捉摸的。（Tim. 52a-b）[1]

如果我们已经熟悉之前的讨论，就可以清楚地看出，这两种三

---

[1]《蒂迈欧》随后的另一种区分，即“存在者—空间—转变者”（Tim. 52d）的区分，也是同样的意思，相当于在“始终存在者”和“始终转变者”之间插入作为质料的“空间”。同理，这里的“存在者”或“始终存在者”显然就是指“形式”。

分法所区分出来的东西就是分别指代着两个本原及其混合的产物。确切地说，“形式”指代着“一”，“空间”指代着“不定的二”（参阅本书前一章的相关论述），亦即“质料”，而“摹本”则是指那些通过形式与质料的结合而产生出来的具体事物。至于“父亲—母亲—儿女”的说法，就更是以一种直观的方式点明了此中关系。根据之前引据的雷亚利的整理成果，“不定的二”在《蒂迈欧》的这部分内容里至少有26种表现方式，其中最著名的说法有“压制材料”、“奶妈”、“空间”、“搅拌机”等等。[1]在这个过程中，诸如“火”、“气”、“水”、“土”这四大元素的来源问题也得到了解决。柏拉图在这里给出了明确的答案：当“**转变者的奶妈**”发生稀释或者凝聚，就会以“火”、“气”、“水”、“土”的样子显现出来。（Tim. 53a）这个“奶妈”才是最根本的质料元素，才是真正的本原。另一方面，这个本原服从着另一个本原的规定。比如，“奶妈”要显现为“火”、“气”、“水”、“土”的样子，也不能脱离“比例关系和规范”，也就是说，“火”、“气”、“水”、“土”的样子是神通过“**诸多形式和数**”（εἴδεσί τε καὶ ἀριθμοῖς）构造出来的。（Tim. 53a-b）蒂迈欧提醒大家，他的谈话之所以能够以一种“非常规的表述方式”亦即穿插着比喻和故事的方式来进行，同时不至于遭到对方的误解，是基于这样一个基本前提，即在座诸位都已经掌握了“**数学知识**”。（Tim. 53c）[2]一切都是基于理性和必然性的共同

[1] Giovanni Reale, *Zu einer neuen Interpretation Platons.* Paderborn, 2000. S. 460 –462.

[2] 必须指出的是，柏拉图对于数学知识的赞赏与重视并不意味着数学在他的哲学体系里拥有最高位置。相反，在《理想国》著名的线喻里，柏拉图对数学的功能和范围作出了明确的批判和限定。对数学的批判是，数学家设定了“偶数奇数、图形和三种角”，“仿佛他们已经知道了这些东西，而认为没有必要，对自己和其他对象作更进一步的反省”。他们把这些东西当作对于每一个人来说都是清晰自明的，放心地从此出发。（Rep. 510c）但实际上，“几何学虽然梦到了存在，但却没有能力清醒地真正去认识存在，因为它只是设定一个无须改动的假设，却不对此进行反思”（Rep. 533b）。

作用，都必须回溯到两个本原的混合，这是蒂迈欧所反复强调的关键点。

正是在这个意义上，当蒂迈欧讨论完“建筑材料”之后，再一次回到出发点，回到同样的位置，为整个谈话做出一个“**结语和封顶**”（τελευτὴν ἤδη κεφαλήν）时，这个结语也可以看作是我们在这一章所讨论的内容的一个总结：“神把那个原本处于无秩序状态的东西带入到合适的**比例关系**当中。”（Tim. 69b）这也和柏拉图之前提出的那个原则相一致：造物主“把那些处于无秩序运动中的东西从无秩序改造为有秩序的。”（Tim. 30a）盖言之，这就是从本原出发的道路：两个本原的混合创造出从数到理念再到万事万物的和谐宇宙，就像宇宙（κόσμος）这个概念本身的意义所表明的那样。

第10章

柏拉图本原学说的命脉：辩证法

说到辩证法大师，古有柏拉图，今有黑格尔。如果我们把这两位哲学家的思想体系比作一座巍峨辉煌的殿堂，那么辩证法就是寓居在其中的神灵。对这两位哲学家而言，辩证法是一种独特的世界观和思维方式，就像一种流动的活生生的精神，把哲学家在**各个方面、各个层次**所主张和所反对的东西贯穿在一起，赋予它们相应的地位和合理性。辩证法强调以"**全面的**"、"**动态发展的**"眼光来看待一切对象和问题，以及围绕这些对象和问题必然出现的对立观点，强调每一个事物的规定性总是与一个相反的规定性联系在一起，且它的规定性真正说来同时也依赖于那个相反的规定性。正因如此，辩证法总是既能够在一致中看到分歧，也能够在分歧中看到一致，并且通过这种"对立统一"达到一个更高的、更为合理的认识，如此以往。

正因如此，"总是高人一等"和"总是在理"的辩证法也很容易遭致民众在理智和情感上的反对。有很多人反对柏拉图和黑格尔，其起因仅仅是出于这样一种心理活动："凭什么你们总是这么有道理!"比这更糟糕的是，还有一些人艳羡辩证法的威力，他们本身缺乏正确的哲学立场和理性思考（这是运用辩证法的基本前提），却打着"辩证法"的旗号毫无原则地对一个观点进行维护或批驳，或者在各种观点和立场之间随意切换，表现出处处在理的样子。你跟他讲一致的时候，他跟你讲分歧，而当你跟他讲分歧的时候，他又转而跟你讲一致。在这种情况下，“辩证法”经常成为“诡辩术”和“抬扛”的代名词。

正因为辩证法难以与诡辩术撇清关系，所以自古以来人们对于辩证法就毁誉不一。黑格尔一方面对柏拉图的辩证法推崇备至，另一方面却认定职业智者的诡辩术也是辩证法的表现，尽管是一种“错误的辩证法”。[1]值得注意的是，夹在柏拉图和黑格尔中间的两位伟大的哲学家，亚里士多德（柏拉图的学生）和康德（黑格尔的直接先辈），对于辩证法就不是毫无保留的推崇态度。就亚里士多德而言，尽管他在《论题篇》和《智术师的辩驳》里明确把辩证法和诡辩术对立起来，赞赏前者而斥责后者，[2]但他同时也是把它们放到同一个层次上来看待的，也就是说，二者都不是严格地遵循逻辑规则的证明方式，而是依据一些观点论据来对“似是而非的东西”（ἐνδοξά）作出肯定或否定。辩证法和诡辩术的最大的不同在于它们所依据的理由是否充分，但二者没有本质的差别。[3]但在康德那里，情况则要复杂得多：辩证法处理的对象是与“知识”相对立的“幻象”，然而这又是一种“先验幻象”，即人类理性无论如何必然会面对的一种错觉。就《纯粹理性批判》的框架结构和内容安排来看，在全书最重要的“要素学说”里，“先验逻辑”占据压倒

---

[1] 黑格尔《哲学史讲演录》第二卷，贺麟、王太庆译，北京：商务印书馆 1960 年版，第 208 页。

[2] 比如亚里士多德在《论题篇》里说道：“人们必须借助于一些近似为真的命题来把握事情各自的对象，而这恰恰是辩证法的独特的或主要归功于它的贡献。它是一种探索的技艺，因此他掌握着一条通向一切知识的本原的道路。”（101b1-7）而在《智术师的辩驳》里面，亚里士多德则是指出：“如果谁实事求是地注意到了一般的理由，他就是辩证法家，而如果谁只是虚假地这样做，那么他就是智术师〔职业智者〕。”（171b12-14）

[3] *Historisches Wörterbuch der Philosophie*. Hrsg. von Joachim Ritter. Band 2. Basel/Stuttgart 1972. S165 –166.

比重，而在“先验逻辑”里，“先验辩证论”又占据了最大比重。尤其是在其中著名的关于“二律背反”（Antinomien）的讨论中，康德通过分别证明四组相互矛盾的命题表明，对于一个超越了我们知识范围的对象，正反两个命题要么都是正确的，要么都是错误的，总之没有单纯的对错之分。关于康德在这里的理论前提，即存在着某些“只能思考但却不能认识”的理念，我们暂不去讨论。对本书来说更重要的是，康德不是把辩证法的出现归结为对于逻辑规则的偶然误用，而是把它回溯到理性本身的一种先天的（因而必然的不可避免的）思维方式。这是一个决定性的转折点，它扭转了长期以来人们在亚里士多德传统的支配下对于辩证法的误解和轻视，促进我们重新认识柏拉图的辩证法思想并恢复其光荣地位，更为费希特、谢林尤其是黑格尔进一步复兴辩证法直接奠定了基础。[1]

一 辩证法作为真正的修辞学

回到柏拉图。根据众多学者尤其是瓦尔特·慕里（Walter Müri）的得到公认的考证，[2]“辩证法”（διαλεκτική）一词是从柏拉图开始才成为一个专门术语。这个起源于“语言”（διάλεκτος）的词语在柏拉图那里演变为一种独特的交谈方式，即“辩证行为”（διαλέγεσθαι）。通过辩证行为，参与对话的人审查、批驳、论证自己的和对方的观点，达到一个更高的认识。在这个过程中，对话双方的地位和功能是不同的，其中一方只能回答对方的提问，而提

---

[1] 对此可参阅黑格尔小逻辑里面的“逻辑学进一步界定和划分”，第81节附释。黑格尔《哲学科学百科全书Ⅰ逻辑学》，第139—143页。

[2] Walter Müri，*Das Wort Dialektik bei Platon*. In *Museum Helvetium* 1，1944，S. 152 －168.

问者主导着整个讨论的进程。至于谁来回答，谁来提问，这不是随意的。正如柏拉图在《克拉底鲁》里面指出的，提问者必须是那个“真正掌握问答法的人”（τὸν δὲ ἐρωτᾶν καὶ ἀποκρίνεσθαι ἐπιστάμενον），即“辩证法家”。（Krat. 390c）在任何一场严肃的对话中，辩证法家总是不可战胜的引导者，而与之对话的人则总是被引导着前进。[1]对于这个现象，盖瑟尔和斯勒扎克反复强调道，柏拉图制定的问答过程并不是针对各种随意的看法进行评论，更不是以达成对话各方相互的“谅解”或“一致”（Konsens）为目标——这个在当今语境中颇受追捧的概念并不符合柏拉图探求真理的方式。参与对话的人必须承认辩证法家的优越地位。[2]对此盖瑟尔指出：“在柏拉图那里，辩证法家的优越地位不是仅仅由于他掌握了一种方法，而是首要在于他能够借助于自己的知识和另外一些更好的前提去探寻真正的‘善’，并且能够确保辩证方法始终指向这个目标。”[3]

对于这个问题，更早的施莱格尔已经提出了类似看法。在他看来，柏拉图和其他苏格拉底主义者的辩证法“不是哲学的一个独立部分，而是一切哲学的形式”。[4]施莱格尔同样正确地认识到，“在苏格拉底和柏拉图那个时代，希腊人只拥有少数书写下来的书籍，哲学也是主要通过谈话而以口头的方式进行教导和分享。”[5]关键在

---

[1] Vgl. Th. A. Szlezák, *Gespräche unter Ungleichen. Zur Struktur und Zielsetzung der Platonischen Dialoge.* In G. Gabriel und Chr, Schildknecht (hrsg.), *Literarische Formen der Philosophie.* Ders. *Platon lesen.* Stuttgart/Bad Cannstatt 1993. S. 20 ff.

[2] Vgl. Konrad Gaiser, *Platons Dialektik-damals und heute.* In Konrad Gaiser, *Gesammelte Schriften.* Berlin 2004. S. 180 –181.

[3] Ebd., S. 184.

[4] Friedrich Schlegel, *Von der sokratischen und platonischen Dialektik.* In *Friedrich Schlegel's Philosophische Vorlesungen aus den Jahren 1804 bis 1806. Nebst Fragmenten vorzüglich philosophisch-theologischen Inhalts.* Hrsg. von C. J. H. Windischmann. Erster Teil. Bonn 1846. S. 28.

[5] Ebd., S. 29.

于，这不是一些随意的谈话，而是一些完全遵循规则的，以系统的精确性和结果而展开的对话，好比学校里面的哲学论辩。因此在很多情况下，辩证法意味着一种有方法的、遵循规则的论辩艺术。施莱格尔进而指出，苏格拉底和柏拉图的辩证法的核心在于“独立思考”和“反思”，原因在于，对于哲学对象的反思无非就是一种“持续的、内在的自我对话（Selbstgespräch）”。[1]人们可能会问道，对话是两个或多个人的事情，同一个人如何能够成为多个人呢？而施莱格尔对此的答复是，每个人都会在他的经验中发现，人的本性包含着一种内在的二重性，人自问自答，询问自己的看法，就好像和另一个人一起进行判断一样。确切地说，因为人有两个灵魂，一个是感性的、低级的、激情的灵魂，另一个是精神性的、高级的、神性的灵魂。内在的自我对话就是产生于这两个灵魂的相互来往和交互作用。[2]从这里出发，施莱格尔总结了苏格拉底和柏拉图的辩证法的两个特有形式：首先是“嘲讽”（Ironie），用来对付那些自诩无所不知的职业智者，揭露他们的吹牛和实际上的无知，以便表明，“只有通过不倦的努力，始终前进的追求，才能最终接近智慧的神庙”[3]。至于辩证法的第二个特殊形式，则是“类推或归纳”（Analogie oder Induktion），即从日常生活和周围世界中拿来例子，以便赋予他的学说以最高程度的清晰性和直观性。[4]

总之，无论是“内在的自我对话”还是通常的师生问答，关键都要认识到，尽管有着表面上的相似性，但“真正掌握问答法”和“能言善辩”在本质上是两回事，尽管二者有着表面上的相似性。

---

[1] Ebd.，S. 29.

[2] Ebd.，S. 29.

[3] Ebd.，S. 32 –33.

[4] Ebd.，S. 34 –35.

能言善辩的人很多，但真正懂辩证法的人没有几个。换言之，柏拉图的“**辩证法**”和职业智者们引以为豪的“**修辞学**”有着本质的区别。比如，我们通过《普罗泰戈拉》得知，普罗泰戈拉虽然以雄辩著称，既能讲“故事”也能讲“道理”（μῦθος καὶ λόγος），但他的软肋在于，他只适合长篇大论的说话方式。（Prot. 328c）对此苏格拉底指出，长篇大论虽然很精彩，但是单靠它们是不行的，因为如果人们从这些发言里面询问更多的东西，那么它们就和书本一样，既不能进一步回答，也不能向自己提问。[1]在这里，幸好普罗泰戈拉本人在场，可以对自己的发言提供“**帮助**”，[2]因此苏格拉底通过向普罗泰戈拉提问“什么是‘德行’”，迫使普罗泰戈拉作为回答一方进入到问答程序里面。在这个典型的苏格拉底式的“求定义”

---

[1] 类似的批评也出现在《斐德罗》（Phaidr. 275c ff.）里面，只不过是针对书写下来的著作，说它们像一幅永远缄默的画。柏拉图对于书写著作的批判和对于口传的强调，是我们已经熟悉的。这里只是指出，柏拉图并不是绝对地排斥“长篇大论”，而是仅仅反对那种固定的，尤其是通过书写下来而一成不变的、仿佛独立自足的长篇大论。在特定的场合，某些独自宣讲的长篇大论也是必要的和有益的。而这又得分为两种情况：1.《智术师》里面的那位埃利亚客人指出：如果对方没有成见，易于引导，那么采用交谈或问答的方式，反之，则独自宣讲比较好。（Soph. 217c－d）在柏拉图早期和中期的对话录里，苏格拉底偶尔出现的某些长篇大论就是这种情形，因为与之对话的人要么对于关键问题完全缺乏了解，要么对苏格拉底的引导报以坚决的抵触态度。2. 当参与对话者已经具有较高的理论基础和素养，并且在一系列基本问题上达成共识时，独自宣讲的方式有利于更加充分细致地哲学家的观点，比如《蒂迈欧》里面关于造物主创造宇宙的阐述和《法律篇》里面谈论城邦法律的制定就是如此。当然，要准确地认识到这些具体场合之间的差异，关键还是取决于那个“真正掌握问答法”的人。对于那些不懂得因地制宜，一味抵触长篇大论的人，柏拉图的回应是：请向我们指出，如果不这样的话，这一切如何能够做到“更简短”，同时“更辩证”、“更有启发意义”?!（Polit. 286c－287b）

[2] 在《泰阿泰德》里，苏格拉底对普罗泰戈拉的“人是万物的尺度”这一观点提出批评。为了公平起见，苏格拉底多次提出，最好让那种观点的“父亲”（始作俑者）来“帮助”该学说，以回应批评和误解。由于普罗泰戈拉这次不在场，苏格拉底甚至尝试站在他的论敌的立场上为其进行辩护。最后在他的一再要求之下，几何学家特奥多罗（普罗泰戈拉的朋友）被迫对他的朋友的观点实施“帮助”，代表普罗泰戈拉与苏格拉底进行对话。（Tht. 164e，165a，168c，168e，171e）

的问答过程中，普罗泰戈拉感到很不适应，他刚开始还强撑着迎战，后来干脆拒绝回答对方提出的问题，以至于苏格拉底挖苦普罗泰戈拉说："你不是出了名的既能长篇大论，也擅长简短对话的吗?!"（Prot. 335c）由于普罗泰戈拉拒绝按照苏格拉底的问答法与之进行对话，苏格拉底甚至要起身离开，不想浪费时间，因为在他看来，真正的"**引导谈话**"（Gespräch miteinander führen）和"闲谈"完全是两码事。经过在场多人的劝解，普罗泰戈拉和苏格拉底继续进行对话，只不过这次普罗泰戈拉变聪明了，他要求自己来提问，苏格拉底负责回答。然而随后的实际进程再度表明，普罗泰戈拉并没有掌握问答法的要领，他对于古代诗歌的诠释更多的是处于一种自问自答的情况，根本没有发挥"引导谈话"的作用，而这样的结果是，原本作为回答方的苏格拉底在不知不觉中重新担当起提问者的角色，把讨论的问题导回到对于"德行"本身的追问，最终得出"德行即真知"的结论。（Prot. 340b-361c）这场辩论以普罗泰戈拉悻悻然中断谈话告终，而苏格拉底则是以探寻真知的辩证法给雄辩的普罗泰戈拉"上了一课"。

另一方面，有些看上去很擅长"问答法"的人，其实纯粹是在诡辩，和"辩证法"也是不相干的。为了展示二者之间的差别，柏拉图在《尤叙德谟》里对通常的诡辩术和"真正的问答法"进行了一场生动的对比。新一代职业智者尤叙德谟宣称自己是"无所不知的人"，而且他最擅长的本领是"以最好和最快的方式把德行传授给每一个人"（Euthyd. 273d）。作为示范，尤叙德谟和贵族青年克雷尼亚进行了一番对话，而他在这里同样采用了问答法。尤叙德谟首先提问："有知识的人和无知的人，谁在学习呢?"当克雷尼亚认为是前者时，尤叙德谟指出，有知识的人既然已经有知识，就不需要再追求知识，所以应该是无知的人才学习。而当克雷尼亚接受这个结论，选择“无知的人”作为答案时，尤叙德谟的哥哥，同样是职业智者的狄奥尼索多罗马上指出，“无知的人”（ἀ-μαθής）本身就和“学习”（μανθάνειν）相矛盾，因此应该是有知识的人才学习。克雷尼亚左右两难，非常困窘，而围观的人们看到这个有趣的场面，全都大笑不止。（Euthyd. 276a-b）尤叙德谟很是得意，进而提问道：“人是学习他知道的东西呢，还是他不知道的东西？”当克雷尼亚回答说是学习“不知道的东西”，尤叙德谟就说，你肯定知道字母，而不管别人教你什么，他说的都是一些字母，所以你学习的其实是你知道的东西。同样，当克雷尼亚转向相反的答案，狄奥尼索多罗立即站出来迫使克雷尼亚承认，学习是追求没有得到的东西，因此是学习他所不知道的东西。（Euthyd. 277 a－b）就在他们轮番调戏克雷尼亚的时候，苏格拉底站出来介入对话，指出尤叙德谟和狄奥尼索多罗兄弟俩只知道弄一些“游戏”（παιδιά!），即通过玩弄词藻（借助于词语的多义性）来哗众取宠，好比给人一把椅子，然后在别人坐下去的时候突然把椅子抽走让人摔倒，博取满堂欢笑。（Euthyd. 278b－c）但是，这一切毕竟是取乐而已，难道你们两兄弟真的能够以这种方式教人追求智慧和德行?！在这里，苏格拉底接下来和克雷尼亚进行了一番对话，以便示范真正的“问答法”应当是怎样的。这番对话从“每个人都希望幸福”这一命题出发，首先过渡到“获得什么才是幸福”这一问题，然后在“财富、健康、高贵的出身、权力、名望、节制、公正、勇敢、智慧”等善或好的东西里面寻找“最大的善”。（Euthyd. 279a－d）经过一番讨论，苏格拉底使克雷尼亚认识到：“智慧使人们在任何事物那里都获得幸福。”（Euthyd. 280a）至于之前所说的财富、健康、美貌等“好东西”（τά ἀγαθά），并非本身或天然地就是“善”，它们本身是无价值可言的，如果缺乏智慧的引导，落到一个傻瓜或坏蛋手里，反而会转变为善的反面，即恶。要想获得、保有、正确地使用各种“好东西”，必须依赖于智慧（σοφία）、真知（ἐπιστήμη）、知识（φρόνησίς）、理性（νοῦς）等等，[1]只有这样才是真正的幸福。（Euthyd. 281a-e）

在这样示范了真正的“问答法”之后，苏格拉底并没有继续下去，而是把提问者的角色转交给职业智者兄弟俩，让他们来引导谈话，争取使克雷尼亚成为一个智慧的人。然而正如大家预见的，尤、狄两兄弟不愿也不能学习苏格拉底的问答法，而是继续玩弄他们唯一擅长的诡辩游戏。早就按捺不住的狄奥尼索多罗提问道：“让一个人**成为**智慧的，这是可能的吗?”他说，克雷尼亚既然“不是”一个有智慧的人，那么他应当**成为**一个他现在所不是的人，**不再是**他现在所是的一个人，而这岂非希望克雷尼亚“**不再是**”或“不再存在”(μηκέτι εἶναι)，希望他死吗？（Euthyd. 283d）这番话激怒了克雷尼亚的男朋友克特希波，后者加入谈话和狄奥尼索多罗进行争吵，但同样被职业智者利用“说假话是可能的吗”、“现实中存在着矛盾吗”之类问题耍得团团转。（Euthyd. 283e-286b）在这种情况下，苏格拉底第二次介入对话，要求克特希波（实际上是要求尤、狄两位职业智者）学习“我是怎么和人对话的”。于是苏格拉底又和克雷尼亚一起从通常的知识或技艺考察到“政治技艺”，而在真正的问答法的引导下，克雷尼亚表现出了自己的聪明才智，很快就领悟了苏格拉底强调的观点。遗憾的是，一旦苏格拉底把对话的主导权转交给尤、狄两兄弟，整个对话就重新进入到职业智者玩弄诡辩问答法的表演时

---

[1] 苏格拉底在这个过程中使用了不同的术语，它们显然是指同一个东西。

间。[1]站在尤、狄两兄弟的立场来看，他们的表演可谓大获成功，从头到尾都赢得了在场诸人的欢笑和喝彩，以至于苏格拉底都不得不承认，我还真是从来没有见过像你们这般"智慧"的人。苏格拉底接着"赞美"两兄弟，尤其指出他们"最厉害的地方"在于，能够在如此之短的时间内取得立竿见影的效果，深深影响了在座诸位，尤其是那个和他们吵得最厉害的克特希波，因为恰恰是克特希波在争吵的过程中已经开始不自觉地模仿职业智者兄弟的诡辩方式，而这是一个严重的危险。（Euthyd. 303b-e）我们看到，在这整场对话中，苏格拉底虽然"两进两出"，以真正的问答法引导众人向着真知努力，但职业智者的诡辩问答法对于普通年轻人却有着更大的吸引力。在这种情况下，苏格拉底一方面只能对尤、狄两兄弟的"智慧"敬谢不敏，另一方面必然对自己掌握的真知予以保留，以其标志性的"困窘"（ἀπορία）摆脱无知的职业智者和无知的群众之间的无聊的闲聊。

在以"论修辞学"为副标题的《高尔吉亚》里，柏拉图的辩证法和高尔吉亚、波罗斯、卡利克勒斯等一众职业智者的修辞学再次进行了交锋。我们知道，高尔吉亚自诩为"完美的修辞学家"，他精通各种谈话方式，既可以长篇大论滔滔不绝，也可以比任何人都更简短地谈论问题。（Gorg. 449b-c）因此苏格拉底顺水推舟，希望和高尔吉亚进行一番"简短的"对话，实际上是让高尔吉亚进入到他的"问答法"程序中。苏格拉底通过追问"什么是修辞学"，

---

[1] 这里只举一个例子。尤叙德谟提问："你有一条狗吧?"——是的。"它有生小崽子吧?"——是的。"狗是它们的父亲。"——是的。"狗难道不是你的吗?"——当然是。"狗是父亲，狗是你的，那么，狗是你的父亲，你是那些狗崽子的兄弟。"紧接着的还有这样一个对话。"你打过这条狗吧?"是的。"那么，你打过你的父亲。"听到这些诡辩，愤怒的克特希波骂道："我还真想揍你的父亲，他当初怎么想的，居然生出你们这样的有智慧的儿子!"（Euthyd. 298d－299a）

迫使高尔吉亚承认，修辞学既不是一门知识也不是一门技艺，或者说是一种跟真正的知识或技艺无关的“伪技艺”，它的惟一任务是“说服别人”，尤其是“说服普通民众”，而且这种说服并不是建立在理性或认识的基础之上。在这里，苏格拉底区分了两种“说服”，一种导致没有知识的信仰，另一种导致知识。（Gorg. 454e）但在现实生活中（比如公民大会和法庭上），真正奏效的是哪一种呢？显然那是那种以诡辩戏耍无知群众的“说服”——《尤叙德谟》中尤、狄两兄弟的表演已经证明了这一点。所以，修辞学的特长是在于“使人相信”，而不是在于“教人知识”。苏格拉底责备高尔吉亚，你们自诩为“德行的教师”，但你们自己都不具有关于“美和丑”、“公正和不公正”的知识，只懂得夸夸其谈，怎么可能教人分辨并学会那些东西呢！（Gorg. 460c）

看到高尔吉亚遭到责难，他的学生波罗斯站出来打抱不平，但苏格拉底巧妙地指出他应该向高老师学习，少来长篇大论，多做一些有利于双方“交流”的简短对话。因此苏格拉底和波罗斯随后的对话仍然是处于问答法的程序中。苏格拉底在这里充分发挥了引导者的角色，使波罗斯认识到“技艺”与“**演练**”（ἐμπειρία）之间的区别，指出后者的目标仅仅是带来“快乐和舒适”，因此在本质上是一种“**取悦**”（κολακεία），同时还指出，对于“人的福祉”，正如存在着体育锻炼、医治伤病（这两个东西针对人的身体）、制定法律、维护法律（这两个东西针对人的灵魂）四门技艺，也存在着相应的四种打着“技艺”的旗号，但实际上仅仅以“取悦”为目的的冒牌货：“梳妆打扮”伪装成“体育锻炼”、“烹饪”伪装成“医治伤病”、“诡辩”伪装成“制定法律”、“修辞学”伪装成“维护法律”——它们表面上仿佛是为了人的好，但实际上只是追求一时的舒服和快乐，虽然都是那么吸引人，但到头来反而对人造成危害。(Gorg. 464b－465c)[1]针对波罗斯的反驳，即“优秀的演讲家”根本就不需要取悦献媚谁，相反却是最有权势的人，简直堪比“暴君”，能够想杀谁就杀谁，想驱逐谁就驱逐谁，苏格拉底指出，无论那些演讲家还是暴君，其实都是**最无权力的人**，因为他们所做的都不是他们所意愿的，尽管他们觉得自己的行为是最好的。换言之，“很有权力”原本意味着能够为自己赢得很多“善”(好东西)，但一个缺乏真知的人，不可能知道什么是真正的“善”，反而做出很多有损自己的事，所以他们并不是真正意义上的“很有权力”。(Gorg. 466d-e)

波罗斯被驳倒之后，卡利克勒斯又接过话题。他对波罗斯刚才的表现很不满意，尤其是不满波罗斯在问答的过程中居然缴械投降，转过来同意了苏格拉底的观点。卡利克勒斯先是责骂苏格拉底其实才是“煽动群众的人”和“玩弄词藻的老家伙”，然后企图通过关于“自然法”的长篇大论（Gorg. 482e-484c）和对于“哲学”本身的非难（Gorg. 484c-486e）来压倒苏格拉底，但苏格拉底仍然通过“什么是自然的公正”、“统治是否也针对自己”、“快乐是否等同于善”等一系列提问，把卡利克勒斯导向对于真正的“善”(好东西）的追问。苏格拉底指出，我们必须求得真知，知道哪些是真正的好东西，哪些是仅仅带来一时的快乐最终却带来危害的“取悦”。迄今的修辞学家一直都在做着取悦的事情，他们只管把民众当小孩一样糊弄，却不关心是否把民众变得更好。但是一个真正的“艺术家”（掌握一门技艺的人，从小工艺到政治技艺），他所做的应当是把制造出来的东西分别放到一个恰好的、特定的位置，

[1] 实际上苏格拉底在这里同样进行了长篇大论，但他对此有着自觉的反省，指出这是出于客观的需要：“因为当我简短言说的时候，你不理解我的意思，也不知道我给你的答案有什么用处，而是需要讲解。”(Gorg. 465e)

使这些东西相互适应，联合起来，成为一个美好的整体。对于灵魂而言，这样确立下来的秩序就是“法律和规则”（νόμιμόν τε καὶ νόμος），灵魂因此做到公正和节制。（Gorg. 504d）因此，真正的有技艺的演讲家，他所说的话必须能够产生这样的作用，即改善人们的灵魂。（Gorg. 505b）他所说的话并不是为了让大家高兴，让大家舒服，而是仅仅为了善，就像一个医生，为了给病人治病，不可能只是取悦病人，而是必须拿刀子割，拿火钳来烫，给他造成很大的痛苦。但恰恰在这种情况下，好心没好报，哲学家经常遭到人民的嫉恨。但如果哲学家是因为“缺乏献媚取悦的修辞学”而死，那么他会把这看得很轻，因为勇敢而智慧的人不害怕死亡，只害怕做不公正的事。（Gorg. 521d-e）这场对话以一个关于灵魂审判的神话（Gorg. 523a-526c）告终，苏格拉底虽然没有“说服”对方，但却批驳了对方的各种谬论，同样给他们“上了一课”。苏格拉底说，你们仨（高尔吉亚、波罗斯、卡利克勒斯），号称跻身于最智慧的希腊人之列，但你们的生活方式却是经不起考察的。关键在于，人们不能仅仅“**看起来**”好，而是应该“**是**”好（οὐ τὸ δοκεῖν εἶναι ἀγαθὸν ἀλλὰ τὸ εἶναι），无论在私人生活还是公众生活里面都应当如此。（Gorg. 527b）尽管这里并没有给出“公正”的界定（这个问题保留给另外的场合），但苏格拉底仍然明确告诫各位职业智者：“最好的生活方式在于，无论生和死，都要遵循公正和所有别的德行。”（Gorg. 527e）

我们看到，柏拉图在《普罗泰戈拉》、《尤叙德谟》、《高尔吉亚》这三部以职业智者为题的对话录中和那些最著名的职业智者进行了正面交锋，不仅讨论了一些专门问题，而且明确展示了他的以求知为目的的问答法亦即辩证法与职业智者的哗众取宠的诡辩修辞学之间的区别。值得注意的是，柏拉图虽然在《高尔吉亚》里把修辞学称作一种与真正的技艺相对立的“演练工具”，但是他并没有在根本上完全否定修辞学，而是指出，就像财富、美貌之类东西一样，如果修辞学得到正确的使用，那么它也是可以导向善的。换言之，单纯的修辞学本身并不是一种技艺，“正确使用的”修辞学才是，而这又取决于修辞学的使用者（所谓的“修辞学家”）是否具备相关的知识。

正是从这个观点出发，柏拉图在以“论爱情”为副标题的《斐德罗》里面再度重点讨论了“修辞学”问题。斐德罗追随智者吕希亚学习修辞学，对于吕希亚的一篇谈论爱情的演讲稿推崇备至。当斐德罗把这篇文章复述给苏格拉底听之后，苏格拉底指出这是一篇拙劣之作，拿腔拿调而且非常啰嗦，翻来覆去地说的都是同样的意思，就像一个年轻人刻意炫耀自己的能言善辩，一件事情既可以说成是这样，也可以说成是那样，随心所欲。(Phaidr. 235a) 斐德罗听到自己的老师被批评，很不高兴，于是强迫苏格拉底就吕希亚的观点——“一个人应当委身于那个不爱他的人”——作一个更精彩的讲演。[1]苏格拉底没有让斐德罗失望，他就同样的观点作了一番精彩漂亮得多的发言，提出爱情就是最大限度地满足自己的欲望，在本质上就好像“狼对羊的爱”。(Phaidr. 241b) 但是苏格拉底随后指出这是一种错误的观点，是对爱神的无耻亵渎（Phaidr. 243b），因此他必须采取措施再作一次发言，“净化”自己以作赎罪。在苏格拉底的第二次发言里，他从有爱的人的“癫狂”出发，指出“癫狂”本身并不是一种糟糕的东西，毋宁说还存在着一种在神的眷顾之下产

---

[1] 吕希亚的核心思想是：爱他的人容易厌倦和后悔，瞻前顾后，患得患失，嫉妒，多管闲事，希望约束和限制他，等等；反之，不爱他的人却可以始终保持清醒的头脑，在各种情况下作出最有利的选择，而且给他最大的自由，不会干涉和约束他，不会惹麻烦，等等。这套说辞其实可以归结为两点。第一，只要满足欲望，第二，不要责任。

生的癫狂。而这又分为诗人的癫狂和哲学家的癫狂，前一种情况导致人们创作出许多文艺作品，而后一种情况则引导着人们通过美的东西回忆起“美”本身，进而追求“美”本身以及一切理念，最后发展到对“智慧”的爱亦即从事哲学研究——这才是真正的“爱”。(Phaidr. 252b)

苏格拉底的精彩发言让斐德罗赞服不已，转而对刚才还崇拜有加的吕希亚的修辞学不屑一顾。斐德罗现在认为吕希亚的写作不够漂亮，然而一篇文章是否漂亮，以什么为标准呢？斐德罗以为，修辞学家完全没有必要去学习什么是真正公正的、善的、美的东西，而是只需了解什么是**普通民众**觉得公正的、善的、美的东西，然后投其所好糊弄他们就可以了，所以“指驴为马”、“以恶为善”是修辞学家们的拿手好戏。(Phaidr. 260a-c) 关于这方面的高手，柏拉图在这里提到了特奥多罗[1]、欧诺斯[2]、提希亚斯[3]、高尔吉亚[4]、普罗迪科[5]、希比亚[6]、波罗斯、普罗泰戈拉、特拉叙马库斯[7]、

---

[1] Theodoros，几何学家，普罗泰戈拉的朋友，在《泰阿泰德》里代表普罗泰戈拉的观点为之作辩护。

[2] Euenos，一个有钱必赚，连几个铜板都不放过的二线职业智者。

[3] Tisias，他是高尔吉亚、伊索克拉底（第一所专门的修辞学校的创办者）、吕希亚的老师。

[4] 提希亚斯和高尔吉亚“可以让虚假超越真相，让虚假得到更多的尊重，可以让小变大，让大变小，让新变老，让老变新”(Phaidr. 267a－b)。

[5] 唯有普罗迪科掌握了“既不长也不短的谈话技巧”。(Phaidr. 267b) 此外，在《普罗泰戈拉》(Prot. 314c)、《拉刻斯》(Lach. 197d) 和《夏米德》(Charm. 163d) 等对话录里，柏拉图多次提到，普罗迪科尤其擅长分析每一个词语的歧义。

[6] 我们通过柏拉图的《小希比亚》得知，希比亚以擅长诠释荷马史诗著称。又根据柏拉图在《大希比亚》里面的描述，希比亚曾经夸耀自己挣钱的能力和速度远超普罗泰戈拉，而且他挣的钱比高尔吉亚和普罗迪科两个人的收入加起来还要多。(Hipp. mai. 282c)

[7] 特拉叙马库斯擅长“摆出穷苦老人的样子，以悲天怆地的腔调戏耍人民群众”(Phaidr. 269e)。他也是《理想国》第一卷里与苏格拉底论战的主要对手。

甚至还有那位“埃利亚的帕拉墨得斯”，亦即芝诺[1]。这些人无一不是能言善辩的，但在柏拉图看来，“如果一个修辞学家没有深入进行哲学思考，那么他绝不可能深入谈论任何东西”（Phaidr. 261a）。原因在于，修辞学是一种立足于言谈的“灵魂引导”，即使你是以误导别人为目的，但起码不能让自己也跟着迷路。换言之，如果谁想要蒙蔽别人，同时自己在这件事情上不被蒙蔽，那么他必须认识到事物之间的相似之处和差异，否则的话，这只是一种非常可笑和非常拙劣的修辞学。（Phaidr. 262a，262c）修辞学要想成为一门真正的技艺，必须依赖于知识，而且是一种完备的、能够进行整合和区分的知识，因为“一个演讲必须像一个生物那样构造起来，具有自己的独特的身体，不能没头没脚，而是有中段和两端，相互构成一个整体……”（Phaidr. 264c）能言善辩仅仅是修辞学的一个“必要条件”（τὰ πϱὸ，Phaidr. 268e，269b），但是，正如一个人知道哪些药可以让人发热或发冷的人并不就是医生，一个知道怎么调高音和低音的人并不就是音乐家，同样，那些玩弄辞藻的人也不懂得悲剧艺术本身。（Phaidr. 269a）所以，要想成为一位好的修辞学家，除了“天赋”之外，还需要“知识和训练”（ἐπιστή μην καὶ μελέτεν）。（Phaidr. 269d）在这里，柏拉图再次以修辞学和医术的相似之处来说明：它们都必须区分自然，即肉体的自然和灵魂的自然，这样才能要么通过合适的药方，要么通过合适的教导，使之达到健康。就像希波克拉底所说的那样，如果没有理解整体的自然，那么要理解部分（比如灵魂）的自然是不可能的。

---

[1] 帕拉墨得斯（Palamedes）是远征特洛伊的希腊联军的英雄，以足智多谋和机警善辩著称，因得罪奥德修斯而遭后者陷害致死。柏拉图在这里对芝诺的评价是，他可以“把同一个东西说得既是相似的，也是不相似的，既是一也是多，既是静止的也是运动的”（Phaidr. 261d）。

(Phaidr. 270c)[1]不仅如此，在掌握了整体之后，接下来还必须进行区分，了解每一个事物的前因后果和作用方式，而如果缺乏这个做法，那么任何行动都仅仅类似于“盲人的漫游”。(Phaidr. 270d)准此，对话录中的苏格拉底对特拉叙马库斯等一众修辞学家提出如下要求，即他们必须做到以下几点：

1. 考察灵魂究竟是单一的、在任何情况下都与自身相似呢，还是像肉体的形态那样变化多端；

2. 考察灵魂就其自然而言能影响什么，能受到什么影响；

3. 在整齐地区分言谈以及灵魂的种类和不同表现之后，找到那个贯穿所有差异的原因，把每一个东西与每一个东西联系起来，指出，哪些灵魂由于某些原因可以通过哪些言谈而被说服，哪些不能被说服。(Phaidr. 271a-b)

除了通过以上方式之外，任何别的自诩的修辞学大师都是骗人的，我们绝不能相信他们懂得灵魂。和那些不关心知识和真理，只关心怎么让人“信以为真”的修辞学家相对立，柏拉图提出“真正的修辞学”是这样一种技艺：**首先**，“通过直观，把完全四分五裂的东西统摄到一个理念（概念）之内，准确地规定和清楚地确定每一个东西。”**其次**，我们必须能够“重新按照概念来进行划分，遵循每一个东西的环节地位，而不是像一个糟糕的厨师那样损坏某个部分”(Phaidr. 265d-e)。换言之，**真正的修辞学是辩证法**。掌握

---

[1] 希波克拉底（Hippokrates）是希腊著名的医生，讲究“整体治疗法”。柏拉图在《夏米德》里转述了这种方法，即真正的好医生并不是头疼医头，脚疼医脚。实际上，如果一个人眼睛生病，医生必须诊治他的头，如果一个人的头有病，那么得诊治他的整个身体。按照医生的信念，治疗是指向整个身体的，如果能处理和治疗整体，自然也就处理和治疗好了部分。(Charm. 156b－c) 柏拉图甚至从这里引申出这样的结论：“如果想要治疗身体，那么不能不先诊治灵魂。”(Charm. 156e)

了辩证法的柏拉图才是真正的修辞学大师。[1]惟有辩证法才能胜任**“灵魂引导”**（ψυχαγωγὶα）的工作：辩证法家必须首先从整体上认识到灵魂的本质，然后认识到灵魂又分为多少种类，对每一种灵魂施以相应的言谈。存在着多少种灵魂，就存在着多少种言谈；有些人适合用这种言谈来说服或引导，有些人则不然，而是得用另外的言谈。简言之，辩证法的特征在于既能够统摄（上升至整体或一般），也能够区分（下降至部分或个别），就像柏拉图在《斐德罗》里面所说的那样：

> 对于这种区分和统摄，我本人是一个热切的爱好者，只有这样才能进行谈话和思考。如果我认为谁有能力“一中见多，多中见一”，那么我会追随他，就像追随一个不朽者的足迹。……迄今为止，我一直称这些人为辩证法家。（Phaidr. 266b-c）

二　辩证知识的具体特征

显然，柏拉图的辩证法不仅关涉到二元本原学说（所谓“一中

[1] 其实古人早就认识到了这一点。西塞罗在其著作《论讲演家》中曾经转述罗马的另一位著名的讲演家克拉苏（Lucius Licinius Crassus，140BC. －91BC.）的话：“当时我在雅典曾经和夏玛达（Charmadas）一起非常仔细地阅读了柏拉图的《高尔吉亚》。在这本书里我最为诧异的是，柏拉图恰恰是在嘲弄修辞学家的时候，表明他自己是一位极为优秀的修辞学家。长久以来，咬文嚼字的争辩就困扰着那些渺小的希腊人，他们对于争吵的兴趣远远大于真理。”在另一处地方，西塞罗还说道，他自己的修辞技艺就是在学园之内磨炼出来的：“只有通过柏拉图和其他哲学家的阐述，修辞学家才得到最高程度的激励和帮助。”（Cicero，*De Oratore.* 1，46 －47；12. ＝Heinrich Dörrie，*Der Platonismus in der Antike*，Bausteine 16 und 26. 1a. Stuttgart/Bad Cannstatt 1987.）

见多，多中见一”就是指认识到“一”和“不定的二”这两个本原及其混合的情况），而且与本原学说的两条道路相契合（“统摄”指走向本原的道路，“区分”指从本原出发的道路）。与此同时，辩证法并不是一种单纯的“方法”，而是本身就是一种“知识”，而且是一种最基本、最重要的知识，即对于两个本原及其混合的产物的充分认识。因此辩证法是哲学家的“专利”，而“辩证法家”经常也成为“哲学家”的代名词。

对于这一点，我们不妨引用《智术师》的相关段落以作佐证：

> 埃利亚客人：泰阿泰德，我们应该给这门科学怎样一个名字呢？或者，宙斯在上，我们无意中已经触及了自由的人所掌握的知识，并且当我们在寻找智术师的时候，却首先发现了哲学家？
>
> 泰阿泰德：你指的是什么？
>
> 埃利亚客人：按照种来进行划分，既不把一个同一的理念当作不同的，也不把一个不同的理念当作同一的。难道我们不是把这看作辩证知识（διαλεκτικῆ ἐπσιτήμη）的事情吗？
>
> 泰阿泰德：是的。
>
> 埃利亚客人：因此，谁要是有这个能力，他就能完全清楚地认识到，在许多相互对立的概念中隐藏着一个概念，认识到许多彼此不同的概念被一个概念从外面包括进来，认识到一个概念与所有其他的概念，甚至是单独地，都相关联，认识到许多概念相互之间完全对立。也就是说，他懂得正确地按照种来进行区分，在什么情况下个别概念能联结起来，什么时候不能。
>
> 泰阿泰德：正是如此。

埃利亚客人：除了那些纯粹和正确地进行哲学思辨的人之外，你不会把辩证法看作其他人的任务。(Soph. 253b-e)

根据《智术师》相关段落前后文的讨论，可以归纳出一个掌握了“辩证知识”的哲学家会有以下做法：

1. 把一个**理念**按照所有方面精确地标示出各种特征；
2. 把许多不同的理念集合在一个更高的理念之下；
3. 坚定地把一个理念与众多事物之一联系在一起；
4. 把众多理念完全区分开来。(Soph. 253d)

如果我们回忆起《斐多》的“第二次航行”后半部分里关于“冷—热”、“雪—火”等概念之间的关系的讨论（Phaid. 103d–105d），就可以发现，那些关于众多理念的种属关系和金字塔形结构的讨论就是辩证法的工作。正如我们强调的，辩证法不仅是一种方法，更是一种知识。实际上就辩证法作为一种方法而言，它又可以区分出“内在的”和“外在的”表现。“内在的”表现是指哲学家本人按照前面所说的“统摄”和“区分”相结合的方式认识事物，“外在的”表现则是指哲学家把他的认识带入到对话交流中，以问答的方式做到他和对话伙伴的“统摄”与“区分”（分歧中寻找一致，一致中寻找分歧），引导对方走向知识，或者像“苏格拉底的助产术”这个著名的比喻所指的那样，让对方在自身内产生出知识。在柏拉图的早期对话录尤其是《普罗泰戈拉》、《尤叙德谟》、《高尔吉亚》等与修辞学密切相关的对话录里，柏拉图在理论和行动上批驳了职业智者们的无知的修辞学，看起来对于修辞学是一种截然否定的态度。但这是一个假象。因为在《斐德罗》里，柏拉图透露出了他的“野心”，即辩证法才是“真正的修辞学”，就像我们在本书第5章里已经指出的那样，柏拉图批评通常的诗人，其实最终是要表明哲学家才是“真正的诗人”。归根到底，用来衡量“真正的修辞学”和“真正的诗人”的，不是天赋或技巧（它们只是一些“必要条件”），而是知识！正因如此，我们看到柏拉图在中期和后期对话录里不再侧重于在现实场景中践行辩证法，而是逐渐偏向于对辩证法本身的理论探讨。

正如柏拉图在《斐德罗》中指出的，辩证法的特征在于“统摄”和“区分”，在于“一中见多，多中见一”，换言之，在于正确把握“一”和“多”的关系。当柏拉图在《理想国》里归纳哲学家的各种特征时，其中的一些表现也与之相契合。只有哲学家才能把握各个单一的理念，同时认识到：“就它们本身而言，各自为‘一’，但由于它们和行动以及物体相结合，它们彼此互相结合又显得无处不是‘多’。”（Rep. 476a）那些只能看到许多个别事物，但却不能认识理念的人，诚然如同生活在梦里，但如果一个人只认识理念，却不理解理念之间的关系，看不到理念与那些模仿它的具体事物之间的关系，那么也不能说他是清醒的。所以哲学家应当是这样的：“这种人认识美本身，能够分别美本身和包括美本身在内的许多具体的东西，又不把美本身与含有美的许多个别东西，彼此混淆。”（Rep. 476c-d）显然，这和“一中见多，多中见一”是同一个意思。

不仅如此，《理想国》对于辩证法在哲学家之所以成为哲学家这个过程中发挥的重要作用进行了更为详细的阐述。在著名的“线喻”里，柏拉图一方面区分“可见世界”和“可知世界”，另一方面又把“可知世界”分成两个部分：一个是从设定的前提出发下降到结论，另一个是从前提出发上升到更高的本原。在前一种情况下，人们研究的是“奇数偶数、图形、三种角”之类“数学对象”，把这些东西看作已知的、不必再追究的“绝对前提”，“他们假定关于这些东西是不需要对他们自己或别人作任何说明的，这些东西是任何人都明白的。他们从这些假设出发，通过首尾一贯的推理最后达到他们所追求的结论。”（Rep. 510c）更重要的是，这些人（数学家）在研究的过程中还得借助于“可见世界”中的具体事物，因此他们的知识是不纯粹的。与此相反的是后一种情况：“在这里前提不是被当作本原，而是仅仅被当作假设，即被当作一个阶段的起点，以便从这个起点一直上升到一个高于前提的世界，上升到绝对本原，并且在达到绝对本原之后，又回过头来把握那些以绝对本原为根据推导出来的东西，最后下降到结论。在这个过程中不借助于任何感性事物，而是只使用理念，从一个理念到另一个理念，并且最后归结到理念。”（Rep. 511b-c）柏拉图把这种研究称作“逻各斯本身凭借着**辩证的力量**而达到的那种知识”（Rep. 511b）。在另一个地方，柏拉图指出：“辩证法是唯一的这种研究方法，能够不依赖于假设而一直上升到绝对本原本身，以便在那里找到可靠根据。当灵魂的眼睛真的陷入无知的泥沼时，辩证法能够轻轻地把它拉出来，引导它向上，同时用我们所列举的那些学习科目帮助完成这个转变过程。”（Rep. 533c-d）这些说法表明，辩证法不仅与理念学说密切相关，更是本原学说的命脉之所在，因为惟有它才能够上升到“绝对本原”，并且从“绝对本原”出发推导出其他事物。随后在谈到哲学家的培育过程时，辩证法的崇高地位同样昭然若揭。为了把一个人的灵魂从变动不居的可见世界拖向永恒不变的可知世界，首先需要让他学习算术、几何学（平面几何与立体几何）、天文学、谐音学——这些可以看作是研究“可知世界”的第一个部分。但是仅仅成为这些方面的专家还不够，“我想你是不会把精通上述学科的人当作就是**辩证法家**的”（Rep. 531e）。因为这里的关键在于，在掌握分门别类的学科的基础上，更重要的是，

“如果研究这些学科深入到能够弄清它们之间的**相互联系和亲缘关系**，并且得出**总的认识**，那时我们对这些学科的一番辛勤研究才有一个结果”（Rep. 531c-d）。就此而言，就像法律文书的正文前面有一份序言一样，上述学科仅仅是辩证法的“必要准备”，要上升到辩证法的认识，除了“区别”的工作（学习具体的学科知识）之外，还需要进一步的“统摄”工作，需要前文所说的那种能够掌握各门具体学科的知识的“相互联系”的“总的知识”，亦即“通观”：

> 苏格拉底：……他们将被要求把以前分散学习的各种课程内容加以综合，通观（σύνοψις）它们相互间的联系以及它们和事物本质的关系。
>
> 格老孔：惟有如此，已经学习的知识才可以确定下来。
>
> 苏格拉底：这也是有无辩证法天赋的最主要的试金石。因为谁能达到那种通观，他就是一个辩证法家，反之则不然。（Rep. 537c）

在《法律》里，柏拉图借“雅典人”之口对那些有望成为国家统治者的人提出了同样的要求，他们除了必须经受各种专门训练之外，还必须做到这一点：

> 不仅把目光放在“多”上面，而且也能够向“一”前进，认识到“一”。当认识到“一”之后，能够以通观的方式（συνορῶντα）理解把握所有其他事物与“一”的关系，并且用“一”来安排一切。（Leg. 965b）

从词语构成来看，“通观”（συνοράω, σύνοψις，德语译为

zusammenschauen，Übersicht，Zusammenschau 等等）是由“通”（συν）和“观看”（ὁϱάω）组成的。但正如我们在谈到“ἰδέα”这个词的翻译的时候已经指出的，它和通常意义上的“观看”已经没有任何关系，而是意指一种概念式的思维，即黑格尔所说的那种“概念把握”（begreifen）。无疑，要做到这种洞察一切的“通观”是非常困难的，所以柏拉图规定辩证法是最后才允许学习的东西。[1]作为“灵魂引导”的根本途径，辩证法不仅可以通过正确的问答亦即对话的方式（就像早期对话录所展示的那样），而且可以通过全面系统的学习而被掌握。柏拉图说：“辩证法像封顶石一样，被放在我们的教育体制的最上头。不可能再有别的学习科目放在它的上面，而我们的学习课程到辩证法也就完成了。”（Rep. 534e）那些作为哲学家候选人的优秀青年在 20 岁的时候被挑选出来，学习数学、天文学和其他技能，然后在 25 岁的时候接受第二次挑选，通过考核者再花五年时间来深化学习以上内容。这样到了 30 岁的时候，他们才可以学习辩证法，[2]而这个学习过程又需要五年时间。到 35 岁的时候，他们被下放到洞穴里面，接受十五年的实践考验（如果说之前是要求他们在理论上掌握“统摄”和“区别”的能力，那么现在是要求他们把理论和实践加以“统摄”和“区别”的能力）。最终，在年满 50 岁之后，那些通过了所有考核的人才有资格成为国家的领导人。（Rep. 537b－540a）

---

[1] Vgl. Konrad Gaiser，*Platons Zusammenschau der mathematischen Wissenschaften*. In ders. *Gesammelte Schriften*. Berlin 2004. S. 137－176.

[2] 柏拉图拒绝让那些 30 岁以下的年轻人学习辩证法，一来他们还缺乏足够的知识训练，二来他们心智还不够成熟，很容易陷入到无谓的辩论和争吵之中。“当他们许多次地驳倒别人，自己又许多次地被别人驳倒时，便很快陷入了对以前以为正确的一切事物的强烈怀疑。结果是损害了自己和整个哲学事业在世人心目中的信誉。”（vgl. Rep. 539b－c）

除此之外，柏拉图明确指出，掌握了辩证法的人能够认识到善的理念：

> 当一个人试图靠辩证法通过推理而不管感官的直觉，以求达到每一事物的本质，并且一直坚持到靠思想本身理解到善的本质时，他就达到了可知世界的顶峰，正如我们比喻〔洞喻〕中的那个人达到可见世界的顶峰一样。（Rep. 532a-b）

对此我们还可以再列举一个佐证：

> 苏格拉底：一个能正确论证每一事物的真实存在的人，你不赞成把他叫做辩证法家吗？一个不能这样做，即不能对自己和别人作出正确论证的人，你不赞成说他没有理性，不知道事物的真实存在吗？
>
> 格老孔：我怎么能不赞成呢？
>
> 苏格拉底：这个说法关于善不也同样合适吗？一个人如果不能把**善的理念**和其他一切事物区分开来并且通过论证予以规定，不能像在战场上经受攻击那样经受得住各种考验，并竭力按照真实存在而不是按照假象来考察一切事物，在正确的方向上将论证进行到底而不出现失误，他如果缺乏这种能力，你就会说他并不真的知道**善本身**和任何特殊的善的东西……（Rep. 534b-c）

我们知道，柏拉图在《理想国》里对于“善的理念”或“善本身”并没有给出明确的界定，而是只愿意就善的理念的“儿子”亦即太阳作一些比喻性的说明。相应地，尽管对话录里面的苏格拉底大谈辩证法的重要性和意义，但一旦格老孔询问辩证法的核心问题，苏格拉底就拒绝透露更多的信息。格老孔问道：“请告诉我们，辩证法有何种能力？它分为哪几种，各用什么方法？因为这些问题的答案看来或许可以把我们带到休息地，达到旅程的终点。”而苏格拉底对此的答复是：“亲爱的格老孔，你不能再跟着我一道前进了，这倒不是因为我这方面不愿如此，而是因为现在我要你看的将不再是我们用作比喻的对象，而是事物的真实存在本身了。”（Rep. 532e－533a）很显然，苏格拉底在这里的规避是由于格老孔在理解能力和知识上的欠缺，而不是由于苏格拉底（柏拉图）本人关于善的理念和辩证法的“无知”。根据柏拉图未成文学说的有关记载，“**善是一**”是柏拉图在学园内部口授的《论善》的明确结论。既然如此，尽管柏拉图在《理想国》里面并没有告诉我们从数学对象到众多的理念再到善的理念的“辩证式上升”究竟是怎样的情形，但我们却可以根据未成文学说的相关记载来解开这个谜团。也就是说，这里的关键在于紧紧地把握“一”这一规定。辩证式上升是一个过程，需要经历各个阶段或许多层面，其中每一个阶段或层面都有不同的理念，既然最终的目标是“一”，那么我们必须找到一些理念的统一性，然后再从由此得出的各个结果出发，在其中寻求进一步的统一性，如是不断上升直至终点。根据克雷默的解释，[1]柏拉图在《巴门尼德》、《泰阿泰德》、《智术师》、《政治家》、《斐勒布》等后期对话录里面提到的静止—运动、同一—差别、相等—不等、相似—不相似等“最高的种”（μέγιστα μὴν τῶν γενῶν）就是这个过程中的关键枢纽。而亚里士多德在他的《形而上学》Gama，

[1] Hans Joachim Krämer，*Über den Zusammenhang von Prinzipienlehre und Dialektik bei Platon.* In J. Wippern（hrsg.），*Das Problem der ungeschriebenen Lehre Platons.* Darmstadt 1972. S. 394－448.

I，K 等卷里，提供了这样的信息，即柏拉图在口授的《论善》里把静止—运动、同一—差别、相等—不等、相似—不相似等“最高的种”都回溯到“**一**”（ἕν）与“**多**”（πλῆθος）这两个本原。（TP 39-42）亚里士多德尤其指出，“同一”、“相等”、“相似”都是与“一”相关联的：“‘同一’的意思就是具有**一个**本质，‘相似’的意思是具有**一个**性质，‘相等’的意思是具有**一个**量。”[1]这表明，“一”是比那些“最高的种”还要更高的一个概念，既不是与它们处于同一个层次，更不是从属于那些种的规定。就此而言，从众多理念到善的理念的“辩证式上升”是通过逐步寻求更高的统一来进行的，而辩证法在走向本原的上升道路中所扮演的角色就是一种“**抽象提炼**”活动，这也是所谓的“**统摄**”的基本意思。

既然说到抽象提炼活动，那么就必然承认杂多的存在。所以亚里士多德反复告诉我们，柏拉图在口传的未成文学说中把一切回溯到“一”和“不定的二”或“一”和“多”这两个本原。在柏拉图书写下来的对话录尤其是后期对话录里面，关于“一”和“多”的关系的讨论是屡见不鲜的。对于这个问题，我们在本书第 8 章里已经有较多的分析。

这里要强调的是，柏拉图关于“一”和“多”的关系的讨论总是和辩证法联系在一起。[2]在《巴门尼德》里，整个话题是从少年苏格拉底向芝诺请教“一”和“多”的关系引发的，中间是巴

---

[1] 亚里士多德《形而上学》G2，1004b27 ff。

[2] Konrad Gaiser，*Platons Dialektik-damals und heute.* In Konrad Gaiser，*Gesammelte Schriften.* Sankt Augustin 2004. S. 188. 对此黑格尔已经指出：“柏拉图的研究完全集中在纯粹思想里，对纯粹思想本身的考察他就叫辩证法。他的许多对话都包含这样意义的辩证法。这些纯粹思想是：‘存在’与‘非存在’、‘一’与‘多’、‘无定’与‘规定’。”参阅黑格尔《哲学史讲演录》第二卷，贺麟、王太庆译，北京：商务印书馆 1960 年版，第 204 页。

门尼德对于少年苏格拉底的不成熟的理念观的诘难，最后（作为全书的重头戏）则是巴门尼德与少年亚里士多德之间关于“一”和“多”或者说“非一”这两个概念的辩证法训练——其宗旨一方面是要让我们认识到**两个本原**的存在，另一方面是要克服少年苏格拉底所持的那种有悖辩证法的“分离观”，转而在**联系**中看待世界万物，尤其是把可见事物和不可见的理念联系在一起。（Parm. 135e）在巴门尼德提出的八个命题里，第二个命题（“一”和“多”并存）表明，在这个前提下，一系列看似相互“矛盾”的结论其实都是成立的。比如一既在自身之内，也在他者之内；一既是运动的，也是静止的；一既是与自身同一的，也是与自身有差异的；一既是与他者同一的，也是与他者有差异的，如此等等。（Parm. 144e-147b）从辩证法的立场来看，两个表面上看起来相互矛盾的断言，其实并不是处于同一个层面，而是有着不同的前提条件。用此前的例子来说则是，“理念是完整的一个”和“理念分散在众多事物之内”这两个命题乍看起来是相互矛盾的，但实际上，当我们说“理念是完整的一个”时，意思是，就理念本身来看，就它从属于“一”这一本原的规定而言，它是如此；相反，当我们说“理念分散在众多事物之内”时，意思是，就理念与具体事物联系在一起，就理念同时也从属于“多”这一本原的规定而言，它是这样的。所以，理念**既是**完整的一个，**也是**分散在众多事物之内。对于这个问题，只要我们掌握了辩证法，就不会像少年苏格拉底那样陷入到两难的抉择之中。

关于“一”和“多”的关系，《斐勒布》同样有着重要阐述：“古代那些比我们优越得多、与神邻居的人告诉我们，万物产生自‘一’和‘多’，而且每一个存在者都在自身内把‘规定’和‘无定’维系在一起。”（Phil. 16c-d）我们在本书前一章里曾经引述过这段话，只不过那里的重点是在分析作为另一个本原的“无定”或“无定的二”。而我们这里要强调的是，柏拉图把处理“一”和“多”的关系的不同方式看作是辩证法之有别于诡辩术的重要特征之一。对话录中的苏格拉底说道，“一”和“多”的关系是我们的言谈中的一个不朽的、永不消逝的部分。某些年轻人注意到了这个情况，他们如获至宝，然后热衷于在任何言谈中利用这种关系。但他们的惯常做法却是一会儿把各种不同的事情混为一谈，一会儿又树立起无端的对立，不但自己陷入到手足无措当中，还要让别人也跟着他们一起犯糊涂，甚至连野蛮人和动物都不放过。（Phil. 15d-16a）当今那些职业智者们所做的也是同样的事情。（Phil. 17a）这些人只是注意到了“一”和“多”及其联系的现象，但并没有理解其本质。换言之，他们惯常的做法是肆意妄为地走向这个或那个极端，却忽略了真理恰恰在于中庸之道。相反，正确的方法——辩证法——是要找到介于“一”和“多”（或者说“无定”）之间的那些“**居间者**”（τὰ δὲ μέσα），更重要的是，这些“居间者”是**数**。通过“一”和“多”的混合及其产物（数），通过后来的在数的基础上推演出来的东西，辩证法才可以以“统一性”为标志，逐步上升或下降，在这个过程中取得正确的认识，而不是一系列随心所欲的片面的结论。

实际上，柏拉图在《智术师》里面提出的著名的“通种论”，同样也是针对着“一”和“多”的关系。正如柏拉图在《巴门尼德》、《斐勒布》等对话录里多次指出的，一个东西有多个名称，一个事物有多个属性，这根本不是问题，毋宁说“一”和“多”的混合恰恰是一个最常见的、值得深思的现象。但是“混合”不等于“相通”，“一”和“多”这两个概念就其本身而言是相互排斥的，也就是说，我们得承认“一”和“多”是**两个**根本不同的东西（承认二元本原学说），牢记“一”本身绝不可能是“多”，“多”本身也绝不可能是“一”。（Soph. 251b）但是，虽然有些概念是相互排斥的，但有些概念却是可以相互结合的。《斐多》曾经就“火”、“热”、“雪”、“冷”、“5”、“8”、“奇”、“偶”等概念之间的相容和相斥问题进行过探讨（Phaid. 103d－105d），因此在一定程度上已经接触到如今的“通种论”问题。在这里，“通种论”是以“存在”、“静止”、“运动”、“同”、“异”这五个抽象程度极高的概念为例子来进行讨论的。它们虽然号称“最高的种”，但在本质上仍然是一些介于“一”和“多”之间的“居间者”，而且本身相互之间有着层次的区分，有的可以相容，有的绝对不可以。比如“存在”可以与“静止”相容，但“运动”与“静止”绝对不可以。需要强调的是，这五个种并不意味着全部，而仅仅是一些**例子**，因为“居间者”是无穷多的，而它们彼此之间的相容或相斥关系并不是一目了然的。这就需要那种知道如何区分和联结各个概念的知识，那种“最伟大的知识”，即“辩证知识”，而它仅仅掌握在那些“纯粹而公正的哲学家”手里。（Soph. 253c，253e）而正如我们已经指出的，辩证法家在进行区分和联结（统摄）的时候，始终是以“**统一性**”的不同层面和不同程度上的表现为指针。

在《智术师》里，柏拉图较多地是讨论辩证法的区分活动，而“区分”当然又以一个具有统一性的概念为前提。要了解“钓鱼”是怎么回事，首先要确定它是一种“技艺”，是众多技艺之一。但这个认识是不充分的，因为在“技艺”和“钓鱼”之间还有许多“居间者”。因此柏拉图首先把技艺分为“创造的”和“获得的”，再把获得的技艺分“自愿的”和“强迫的”，把强迫的分为公开的“斗争”和暗地里的“算计”，把算计分为“针对无生命的东西”和“针对活物”亦即“猎取”，把猎取分为“针对陆生的”和“针对水生的”，把水生的分为“水鸟”和“鱼”，然后把捕鱼分为“不造成伤害”（用网）和“造成伤害”（用刺），把用刺的方式分为“从上往下刺”（叉鱼）和“从下往上刺”——亦即“钓鱼”。（Soph. 218e-221b）这就是著名的**二分法**（Dihairesis），它是亚里士多德通过“种加属差”来求定义的方法的前身。按照同样的方式，柏拉图得出了关于智术师或职业智者的六个定义，即他们是“以富有青年的钱财为对象的猎人”、“倒卖知识的批发商”、“倒卖知识的小贩子”、“自产自销知识的人”、“吵架王”、“净化专家”等等。（Soph. 221d-231e）有些人纠结于柏拉图在这个划分过程中的“随意”，但这里的关键在于要认识到二分法的核心是找到介于“一”和“多”之间的那些“**居间者**”，只有这样才能让我们获得正确的和准确的知识，否则就会沦为柏拉图在《斐勒布》里面警告的那种诡辩术。

同样的操作方式也出现在《政治家》里面。为了认识到“政治家”是何许人，柏拉图首先确定“政治技艺”是一种“知识”，然后从这里出发，把知识分为“与具体行为相结合的”（手工匠）和“认知的”，然后把认知的分为“评判的”和“下令的”，把下令分为“传达别人的命令”和“自己下命令”，把自己下命令所针对的对象分为“无生命的东西”和“有生命的东西”，把有生命的东西分为“个别的”和“成群的”。（Polit. 258c-261e）在这里发生了一个有趣的插曲。参与对话的小苏格拉底[1]接下来把“成群的生物”划分为“人”和“动物”，但出人意料的是，这个貌似顺理成章的划分并没有得到埃利亚客人（对话的引导者）的赞赏，因为它“过

[1] “小苏格拉底”在这部对话录里是一个与苏格拉底同名的年轻人，并非《巴门尼德》里的那位“少年苏格拉底”。

于匆忙地”走向目标，没有做到精确细致的划分。也就是说，二分法并不是简单地把一个显而易见的部分和另外那些部分区分开就行了，而是应当“从正中间划分”（Polit. 262b），即按照**各个概念的种属关系**而不是按照简单的“整体—部分”关系来进行划分。在这里，柏拉图批评了“我们中间的绝大部分人”经常犯的一个错误，即他们把整个人类分成两种人：自己这部分是“希腊人”，而所有别的民族则笼统地称作“野蛮人”。（Polit. 262d）这是人们由于缺乏理论素养而形成的一个陋习，就像某些上海人把中国人区分为“上海人”和“乡下人”，某些广东人把中国人区分为“广东人”和“北方人”一样。但假若这样都可以的话，如果仙鹤是有理智的，那么它们恐怕也会作出这样的区分：一边是“仙鹤”，另一边非我族类的则是“动物”。（Polit. 263d）因此正确的方法应当是“从正中间划分”或“对半分”（比如把“数”分为“奇数”和“偶数”），但这也只是一个比喻，因为它真正强调的意思是，“部分”和“下属的种”是两码事。对于小苏格拉底的追究，即如何才能非常清楚地分辨“部分”和“下属的种”，埃利亚客人在这里明显有所保留，[1]而是仅仅指出这样一个关键：“如果A是B下属的一个种，那么A必然也是B的一部分，但反过来，如果A是B的一部分，那么A并不必然是B下属的一个种。”（Polit. 263b）因此对于“成群的生物”，我们不应当随意单挑出一个部分，划分为“人”和“动物”，而是应当从严格的种属关系出发，划分为“野

[1] 埃利亚客人此前已经暗示：“对于现在摆在我们面前的这个问题，要想毫无欠缺地进行澄清，是不可能的。”（Polit. 261c）随后埃利亚客人再次说道：“亲爱的，这是一个好问题。但我们现在已经远远偏移我们本来谈论的东西〔政治技艺的界定〕，而你却要求我们继续跑题。所以我们还是及时回撤吧。等我们下次有闲暇的时候，再来追溯这条线索。”（Polit. 263a-b）这是我们已经熟悉的典型的柏拉图式回避，即在书写下来的对话录里有所保留，把问题指向学园内部才会有的深入讨论。

性的”和“驯良的”。驯良的分为“水生的”和“陆生的”，陆生的分为“有翅膀的”和“用脚行走的”，用脚行走的分为“有角的”和“无角的”，无角的分为“杂交的”（比如骡子）和“纯种的”，纯种的分为“四脚的”和“两脚的”，两脚的分为“有羽毛的”和“无羽毛的”——这就是“人”（Polit. 264a-266e）[1]。

就这样，柏拉图从政治技艺是一种“认知的技艺”出发，通过层层划分终于得出它是一种“照料人的技艺”。显然，这里重要的不只是这个结论，也包括得到这个结论的二分过程。不仅如此，这还不是一个最终的结论。因为在“照料人的技艺”这一概念下，政治家还面临着另外一些人（商人、农民、厨师、医生等）的竞争，这些人认为自己同样是在照料人的生存，不仅照料民众的生存，而且也照料统治者本身的生存。（Polit. 268a）为了解决这个争议，柏拉图回到政治技艺是一种“下令的知识”，从这个环节出发，通过另一种划分过程一直达到“民众护理”，从而得出“政治技艺是对全体人们亦即国家的照料”这一结论。（Polit. 275c-276c）当然，这个结论还不足以扫荡所有竞争者，因为声称自己在“照料国家”的人同样不在少数。于是柏拉图又以“纺织”和“制衣”这两种都与衣服相关的技艺为例，首先通过二分法分别对这两个概念进行了细致的界定，然后指出二者的一个重要差别，即制衣匠所做的事情是“把联系在一起的东西分开”，而纺织工的任务是进行**整合**（συμπλοκή）。（Polit. 281a）与此同时柏拉图还提出了“原因本身”和“辅助原因”的重要区分（Polit. 281d-e，287b），表明，正如那

[1] “人是没有羽毛的两脚动物”是柏拉图关于“人”的一个著名的定义。据说犬儒主义者第欧根尼为了挖苦柏拉图，特意从外面捉了一只公鸡回来，拔光羽毛，扔在柏拉图的座位面前，说道：“这就是柏拉图所谓的‘人’——还带着尖利的爪子！”（Diog. Laert. VI，40）

些分别以“工具”、“器皿”、“运输装置”、“防护装置”、“娱乐品”、“原材料”、“食物”为对象的七种技艺相对于“纺织”只是一些辅助性的技艺，同样，诸如“奴隶”、“兑换钱币者、商人、航海家、商贩”、“书记员”、“传令官”、“预言家”、“祭司”等人相对于政治家而言也只是一些辅助人才，尽管他们在“照料国家”这件事上面也发挥着不可或缺的作用。(Polit. 289a-290d) 政治家就像纺织工一样，从整体着眼进行**梳理**和**整合**，他具有其他人无可匹敌的知识，知道如何把每一根线或每一个人置于其最合适的位置，从而制造出一个完美的整体，而一个做到了“各司其职”的国家恰恰就是一个公正的国家。在这里，柏拉图再次展示了结论和过程(辩证法式的区分和统摄)的同等重要性。他多次提醒我们不要“过于匆忙地”走向一些看似直截了当的结论，而是应当“绕着圈子”来把握各个概念之间的种属关系，直到对于一个概念获得最为细致的界定。原因在于，“这种论证是一种将来可以应用到一切类似事物上面的好方法。”(Polit. 283c)

诚然，对于柏拉图的辩证法在方法论意义上的各种细致特征，本文的讨论仍然颇有欠缺，因此我们在这里引述盖瑟尔作出的归纳作为索引，以便大家在此基础上进行更为细致的探究。根据盖瑟尔的研究，柏拉图的辩证法作为一种方法具有以下根本特征：

1) **辩驳** (Elenxis)：审查个别事例，通过梳理并清除相互矛盾的和无关本质的东西，提炼出共通的和根本重要的东西；

2) **区分和统摄** (Dihairesis und Synagoge)：按照各个种和属的定位组合，导向“概念金字塔”；

3) **分析和综合** (Analysis und Synthesis)：梳理复合的整体和基本要素之间的关系；

4) **持中** (Mesotes)：在各种“过多和过少”的情况下确立具

有规范意义的中庸之道；

5）**设定**（Hypothesis）：在最一般的原因（最简单的基本前提）和个别的、经验中可以把握的现象之间嵌入各种设定；

6）**模仿**（Mimesis）：考察原型（理念）与众多摹本（具体事物）之间的吻合和偏移情况。[1]

至此我们大致讨论了柏拉图的辩证法的**外在表现**（以引导式的问答方法批驳谬论及相应的诡辩，导向真知）和**内在特征**（依据二元本原学说，以统一性为准则，按照统摄和区分这两个方向对各个处于层层种属关系中的概念予以准确界定）。辩证法作为一种“精神”，代表着柏拉图的独特的世界观和哲学理论，而吃透这种精神乃是我们理解乃至追随柏拉图哲学的基本前提。

三　简议康德的辩证法的“统摄”和“区分”方向

在柏拉图之后，就作为一种“方法”的辩证法而言，它虽然在总体上并没有得到后世所有哲学家的认可和继承，但它的方方面面仍然以自觉的或不自觉的方式深深地渗透到了后人的哲学思考中。

这里我们不妨以康德作为一个例子。康德在《纯粹理性批判》的“先验辩证论附录”里指出，所有哲学家的基本原理中都隐含着一个“先验前提”，即具体事物的杂多本身就导向更高的统一性，从较低的种到较高的属再到更高的类，而且是尽可能地回溯到唯一的（或极少数的）本原，就像奥康的威廉（William von Ockham）

---

[1] Konrad Gaiser, *Platons Dialektik-damals und heute*. In Konrad Gaiser, *Gesammelte Schriften*. Sankt Augustin 2004. S. 196.

所说的**归同法则**那样："除了必要的之外，不要增加本质。"[1]另一方面，康德发现存在着一条与上述原则相反的原则，它从最高的统一性出发，"下降到杂多"，目的在于尽量避免对于现象的简单化把握，从而尽可能地揭示出各个层次的统一性："不停地分割自然，直到这样杂多的地步，以至于人们几乎要放弃按照一般原则来判断现象的希望。"而这就是**分异法则**："不要盲目地减少存在的多样性。"[2]按照康德另一个表述就是："归同法则把我引到这个最高点〔本原〕，而分异法则却是把我引到所有较低的事物以及它们的最大的多样性。"[3]从这些地方可以看出，康德完全继承了柏拉图的辩证法对于"统摄"、"区分"，还有"居间者"的强调。正因为看到了这一点，所以叔本华在他的博士论文《充足理由律的四重根》(1814）里，第一句话就说道："神一般的柏拉图和令人惊叹的康德以一致的强调声音向所有的哲学思考（或者说所有的知识）推荐了一个法则规则。他们说，应当同等地使用归同法则和分异法则，而不是偏重一方而忽视另一方。"[4]

不仅如此，康德还提出了上述两个法则之外的第三个法则，即**延续性法则**或亲和法则，这个法则"保障了任何一个种属通过不同层次的差异性增长持续地过渡到任何一个别的种属"。[5]也就是说，康德甚至比柏拉图更进一步，对于归同（统摄）和分异（区分）两个方向的可能条件给出了重要补充，因为只有以这第三个法则为基础，各个层次的一般和特殊之间才可以建立确切的关系。

---

[1] Immanuel Kant，*Kritik der reinen Vernunft.* A651.

[2] Ebd.，A655.

[3] Ebd.，A659.

[4] Arthur Schopenhauer，*Sämtliche Werke.* Band III. Hrsg. von Wolfgang Frhr. von Löhneysen. Stuttgart/Frankfurt am Main，1960. S. 11.

[5] Immanuel Kant，*Kritik der reinen Vernunft.* A657－658.

康德虽然没有全盘继承柏拉图式的辩证法，但他所说的**判断力**却发挥着柏拉图的辩证法的作用。在《纯粹理性批判》里，判断力是一种“把事物归摄到原则之下的能力”，[1]即从一般下降到特殊的能力，而到了《判断力批判》，康德除了坚持上述观点（这种判断力被称作“规定的判断力”）之外，还补充了另一种判断力（所谓的“反思的判断力”），[2]即反过来从特殊事物出发，上升到一般的原则。很多人对康德的这种“反思的判断力”的合法性提出质疑，因为在他们看来这种从特殊得出一般的做法是不允许的。诚然，如果把“反思的判断力”理解为一种普通的归纳活动，那么这个反对是有道理的。但问题在于并不是这样。因为“反思的判断力”并不是凭空产生出一般原则，而是去发现已经存在着的一般原则，这和经验主义者的归纳有着本质上的区别，而是对应于柏拉图所说的“辩证式上升”。而当康德说“反思的判断力”仅仅是少数人（即“天才”）的专利时，同样印证了柏拉图的那个说法，即辩证法只是掌握在少数真正的哲学家手里。从这些地方可以看出，即便是对于柏拉图的辩证法颇为抵触的康德，实际上也是深受柏拉图辩证法影响的。

---

[1] Ebd.，A132.

[2] *Kants Werke*. Akademietextausgabe，Band V. Berlin 1968. S. 179.

第11章

柏拉图政治哲学中的本原学说：哲学王与民众

柏拉图时期的雅典处于一个由盛到衰的转折点：外部在与斯巴达争霸的伯罗奔尼撒战争中失利，失去了对于希腊其他城邦的控制权，内部则是政权频繁更迭，“三十寡头”和庸众暴民轮番执政，而他敬爱的老师苏格拉底更是于公元前399年被当权的民主人士以民主的方式判处死刑。但柏拉图之所以把他那个时代看作“乱世”，与其说是针对雅典在政治和军事上的衰落，以及统治者们的各种贪得无厌的腐败表现，不如说主要是针对雅典人在社会秩序方面的混乱和思想品德领域的堕落，即所谓的“礼崩乐坏”。对于这个糟糕的局面，那些擅长于浑水摸鱼的“公知”（职业智者）们尤其起到了火上浇油的效果。一方面，这些人摆出一副“亲民”的样子，在知识、法律、道德等人类生存的基本核心领域里利用相对主义思想挑战权威、否定传统，败坏民众对于基本是非的判断能力，利用各种天灾人祸来煽动民众对于现存秩序的不满，因为只有这样，才好向其兜售他们独家炮制的绝顶“智慧”，即那种单凭三寸不烂之舌就可以横扫天下的诡辩修辞学。另一方面，“公知”或职业智者总是背叛民众，投靠富人和权贵，在主子有需要的时候摇身一变，重新鼓吹他们曾经猛烈攻击的“自然法”，只不过他们现在唯一认可的神圣不可侵犯的自然法（νόμον γε τὸν τῆς φύσεως，Gorg. 483e）不是别的，就是“弱肉强食”，或者一切有利于富人和权贵的事情。[1]他们毫不掩饰地宣扬“强权即公正”（特拉叙马库斯）、“强者天然地应当比弱者拥有更多权利”（卡里克勒斯）、“强者可以随意践踏法律”（安提丰）等反民众的观点。职业智者敢说，更敢做。他们专门服务于那些能够支付高昂学费的顾客，许诺说要把他们培育成为优秀的“政治人才”，以便在国家和政治生活中发挥主导作用。在某种程度上，职业智者兑现了自己的诺言，因为他们的学生以追名逐利为准则，同时个个都能言善辩、夸夸其谈，很容易骗得民众的信任，谋取各种位置。但是，一帮本身既无知识亦无道德的“公众教师”，他们所教导出来的，必然是一些更无知、更无耻的笨蛋和败类。而在这样一些人的治理之下，国家和人民必然像柏拉图所说的那样，“悲惨的局面永远都不会结束”（Rep. 473d）。[2]

---

[1] 这类事情直到今天都不鲜见。最新的一个例子是，某位著名的向来鼓吹“法治”的经济学家为一个因为犯集资诈骗罪而被处死的骗子鸣冤叫屈，说政府的这个行为违背了自然法，说“中国社会当前最不缺的不是法律而是天理，最缺乏符合天理的法律和司法制度”。

[2] 瑞士历史学家布克哈特（Jacob Burckhardt）曾经试图为职业智者开脱责任：“所有的希腊人都将被这些人〔职业智者〕腐化的说法完全是不可信的；这个民族需要责备的恰恰只是其自身，在高尔吉亚登上舞台之前，他们已经沉迷于雄辩之中，常常在大庭广众之下讲话，在日常的谈话中雅典人尤其是好的律师……如果诡辩家〔职业智者〕并不存在的话，他们所做的事情完全可以由别人来做，因为这些都是那个时代所固有的东西……”参阅〔瑞士〕雅各布·布克哈特《希腊人和希腊文明》，王大庆译，上海人民出版社 2008 年版，第 342 –343 页。 布克哈特并且举了几个例子来支持他的观点，意思是雅典过去也曾经出现过坏人，既然如此，那么职业智者的做法不过是迎合了雅典人一贯的做法而已，本身没有什么可指责的，真正需要受到责备的，仅仅是雅典人自己和“那个时代”。这个逻辑是很可笑的，且不说曾经出现过几个坏人和全面的“礼乐崩坏”有着根本的区别，就算雅典人的本性有着恶的一面，难道职业智者的投其所好和推波助澜不正是造成“那个时代”的可悲局面的最大的罪魁祸首吗？

柏拉图是职业智者们的永恒死敌，不仅在形而上学和知识论方面是如此，在政治和道德方面更是如此。其实，职业智者们的“纯理论观点”（感觉主义和相对主义）虽然是错误和粗陋不堪的，但相比他们在政治和道德领域里的言传身教和实际影响，其在理论方面的危害性简直可以忽略不计了。在柏拉图的早期和中期的大部分对话录里，都有职业智者的身影出现，而柏拉图对他们的批判也主要集中在政治和道德领域（通过关于各种“德行”的讨论）。在中期的《理想国》和后期的《政治家》、《法律》里，柏拉图进一步从谬误批判转向正面立论，对于国家体系和共同生活提出了完整的构想。就此而言，我们可以同意某些学者的观点，即柏拉图的所有对话录都与他的政治哲学相关，“政治哲学对于柏拉图而言具有核心意义”。[1]

一　作为治国之道的政治技艺在于改善人的灵魂

作为一名理性主义者，柏拉图无比强调知识（从普通的知识到最高的真知）的根本重要性。因此，任何参与政治的人都必须具有关于国家体制和共同生活的知识或技能。柏拉图虽然没有像亚里士多德那样明言政治学是“最权威的科学”，但他同样赋予这方面的知识或技能以独一无二的崇高地位。一个国家的领导人必须懂得“治国之道”，必须具有“大智慧”，这是每一个人都承认的。而人们每每为之争论的，只不过是这种智慧的具体内容，以及，通过什么样的标准来判定一个人是否具有这种智慧。

---

[1] Michael Erler, *Platon*. Basel 2007. S. 441.

因此必须要了解，“治国之道”是怎样的一种知识？在《普罗泰戈拉》这部对话录里，普罗泰戈拉曾经讽刺其他职业智者（比如希比亚）传授的都是一些无用的知识，而他本人的特长却是在于传授那种对“每一个人自己的家庭事务和国家事务都最有用的东西”，即**“政治技艺”**（πολιτικὴ τέχνη）。（Prot. 319a）在这里，与之对话的苏格拉底并没有像惯常的那样，从“什么是政治技艺”这个问题入手，而是发起了一个更为猛烈的进攻，追问“政治技艺是可教的吗”——这个问题隐含着的意思是，假若答案是否定的，那么普罗泰戈拉的饭碗等于被砸了。苏格拉底指出，对于各种技艺，如果谁没有经过学习和训练就在这方面大放厥词，那么即使他是一位出身显赫的“高、富、帅”（κἀν πάνυ καλὸς ᾖ καὶ πλούσιος καὶ τῶν γενναίων），也一样会遭到大家的嘲笑。但在国家事务上面则是不同的情形，我们看到，每一个人——无论他是木匠、铁匠、鞋匠、杂货商、航海员、富人、穷人、高贵的、低贱的——都可以随时站起来随意发表自己的见解，仿佛他们全都深谙此道。“很显然，他们认为，这是根本不可教的或无关教学的（οὐχ διδακτὸν εἶναι）。”（Prot. 319d）[1]再者，即便是人们心目中的杰出政治家如伯利克里，也没有把他的宝贵的政治技艺传授给他的儿子，[2]可见这个东西的确是不可教的。

对于苏格拉底的这些质疑，普罗泰戈拉讲了一个神话故事以作

---

[1] 今天的类似情形是，人们对于数学、物理、化学、生物乃至法律学和经济学都心存敬畏，作为这方面的外行，绝对不敢随便说话透露自己的无知。但另一方面，每一个人，即便是最无知最愚蠢的人，也觉得自己有权利、有能力对哲学说三道四，肆意批评。

[2] 在《大阿尔基比亚德》里，柏拉图也批评伯利克里教子无方，没有把自己的儿子培养成为优秀的政治人才。（Alk. 118b-c）而在《高尔吉亚》里，柏拉图更是批评伯利克里甚至算不上真正的或优秀的“政治家”，因为他没有做到改善雅典人的灵魂。（Gorg. 515e ff.）

回应：诸神创造出人和万物之后，交给普罗米修斯和厄庇美修斯两兄弟一个任务，把各种技巧和能力分配给万物。厄庇美修斯几乎完满地完成了这个任务，他让有些物种迅捷，有些物种缓慢，有些长翅膀能飞，有些爬得快，有些强壮但笨拙，有些弱小但灵巧，有些量少（以吃其他物种为生），有些量大（供其他物种吃的）……但他一个大意，把各种能力和技巧都分配完了，独独忘了给人留下一点什么，因此人成了一个最没有能力的物种。没办法，普罗米修斯只好从赫淮斯托斯和雅典娜那里偷来各种技艺以及火，送给人类。但是他没法偷得惟有宙斯才掌管着的“政治技艺”。之后普罗米修斯的下场大家都知道，而人虽然总算掌握了很多技艺，但因为他们不具有那个最重要的“政治技艺”，所以不知道如何正确地相处，以至于四分五裂，自相残杀，几乎要到灭绝的地步。宙斯对此看不下去了，于是让赫尔墨斯给人带来“**羞耻和公正**”（αἰδῶ τε καὶ δίκην），以之为基础建立秩序和约束。重要的是，这个东西是给予每个人的。既然每个人都具有“羞耻和公正”的意识，那么就不奇怪，每个人都愿意对“**政治德行**”（πολιτικῆς ἀρετῆς）发表意见。（Prot. 321a-322d）

我们看到，普罗泰戈拉通过这个神话故事只是解释了为什么每个人都具有政治德行，都有资格谈论甚至参与政治，但他既没有清楚界定什么是“政治技艺”，什么是“政治德行”，也没有回答苏格拉底真正的问题“政治技艺是可教的吗”，相反却是转向这样一个貌似相关、实则偏题的论点：“政治德行是可教的。”（Prot. 328c）诚然，如果把苏格拉底和柏拉图的“德行即知识”[1]的观点考虑进来，同

[1] 具有某种德行的前提是认识到该德行的本质。相关论述参阅《普罗泰戈拉》（Prot. 360d），《拉刻斯》（Lach. 194d），《高尔吉亚》（Gorg. 460b），《门农》（Men. 87c-89a），《理想国》（Rep. 348c-351a）。

时又在“知识”和“技艺”之间不作严格区分的话，那么两人的对话还是有所交集的。但严格说来，普罗泰戈拉谈的是某种类似于“自然禀赋”的东西，而苏格拉底关心的是，这种“自然禀赋”是否能够（如何能够）通过教育转化为真正的知识或技艺？苏格拉底虽然以质疑的口吻提出这个问题，但并没有彻底抹煞这方面的可能性，而是想要表明，一个本身在这个领域无知无识的人不可能做到教人技艺。换言之，普罗泰戈拉不过是在吹牛皮，他自己都不懂他扬言要传授给别人的“政治技艺”。因此，当苏格拉底追问普罗泰戈拉之前的谈话中多次提到的“羞耻”、“公正”、“节制”、“虔敬”等等“**德行**”究竟是什么意思，是一个东西分成许多不同的部分，还是一个东西具有许多不同的名称时，普罗泰戈拉就被逼入了窘境。（Prot. 329c）

普罗泰戈拉号称要传授“政治技艺”，但却对此语焉不详。通过他讲述的那个神话故事，我们只能推测那是一种指导人们如何“正确相处”（既包括家庭事务也包括国家事务）、最有用的技艺，而且它既然独独掌握在最高之神宙斯手中，可见也是一种与统治有关的技艺。在《尤叙德谟》里，苏格拉底告诉他的对话伙伴克里同，“**政治技艺**”（πολιτικὴ τέχνη）和“**国王技艺**”（βασιλικὴ τέχνη）是同一种技艺，惟有它才知道如何统筹安排和正确使用所有其他的知识和技艺，确保国家里的一切正确行为，惟有它掌握国家之舵，指引一切，统治一切，带来一切利益。（Euthyd. 291c-d）但是，和在《普罗泰戈拉》那里一样，尽管我们都知道这种技艺能够带来最有利的成果（国泰民安、繁荣富强等等），知道这是一种给人们带来幸福的技艺，但谁也不知道这种技艺或知识本身究竟是怎么一回事。在这里，苏格拉底声称他自己也曾经陷入过这个“窘境”（ἀπορία），所以想请在场的职业智者（尤叙德谟和狄奥尼索多罗）帮帮忙，替他解决问题。（Euthyd. 292e）[1]而不出意料，尤、狄二兄弟对此当然是一无所知，尽管他们另一方面又宣称自己“无所不知”。另一方面，在这部对话录里柏拉图本人对于什么是“政治技艺”也没有给出一个所谓的标准答案。在后期的对话录《政治家》里，柏拉图才尝试通过二分法来为“政治技艺”给出一个定义，并在这个过程中提出了“政治技艺是一种照料人的技艺”（Polit. 266e）或“政治技艺是对全体人们亦即国家的照料”（Polit. 276c）等说法。总的说来，我们可以大致界定，政治技艺是一种关乎人们的共同的生活，为全体人们带来幸福的技艺。但这个理解又与“幸福”问题联系在一起，又因为人们对于“幸福”的理解有着巨大的差别（至少有“肉体的幸福”和“灵魂的幸福”之别），所以人们对于“政治技艺”的理解总是产生分歧。

柏拉图认为，只有掌握了真正的“政治技艺”的人才配得上“**政治家**”这个高贵的称号。在这里我们暂时不去谈论后期对话录《政治家》对于这类人的界定，而是首先凸显出他们和那些活跃在政坛上的人物亦即“**政客**”——虽然他们通常也被称作“政治家”——之间的差别。简单地说，政客对于政治技艺是完全无知的。按照《苏格拉底的申辩》的记载，苏格拉底在考察谁是真正有智慧的人时，发现政客在各种考察对象里面堪称最无知无识的人，甚至比手工匠人和诗人都不如，因为后两类人要么多少掌握一点专门技艺，要么至少在无意识的状态中说出了一些真理。（Apol. 21c-22e，22a）不仅如此，即便是大家交口称赞的那些优秀的“政治

[1] 正如我们强调指出的那样，早期对话录里面的这一类“窘境”或对于答案的保留并不表明柏拉图尚未获得清楚的认识，而是意味着柏拉图或者不愿在当下的场合公布答案，或者希望通过疑难来揭示对手的无知。对话录里的苏格拉底在这里用过去完成时说自己“曾经陷入过”窘境，其实是暗示自己如今已经解决这个问题。

家”，比如伯利克里、吉蒙、特米斯托克勒、弥尔提亚德等等，[1]也不是真正掌握了政治技艺。柏拉图在《高尔吉亚》里把这些所谓的“政治家”划到“修辞学家”范畴，也就是说，他们最关心的是**取悦**民众，只管把民众当小孩一样糊弄，却不关心是否把民众变得“更好”。（Gorg. 503c）

关键在于，这里的“**更好**”不是单单指物质生活方面的丰富，而是主要指道德层面的提升。真正掌握了一门技艺的人，如果要制造出一个艺术品，不管这是一个精致的器具还是一个完整的国家政体，他所做的事情就是把制造出来的各个东西分别放到一个恰好的、特定的位置，强迫这些东西相互适应，联合起来，成为一个美好的整体。对于一个灵魂而言，就是要在它的内部确立秩序，或者说“规则和法律”（νόμιμόν τε καὶ νόμος），这样才能确保灵魂是一个公正而节制的灵魂。雄辩的政客很多，但真正的政治家在进行演讲的时候，他所说的话必须能够产生这样的作用，即**改善人的灵魂**。只要灵魂尚且处于糟糕的状态，也就是说，处于“非理性、无约束、不公正、妄自尊大”的状态，那么必须克制它的欲望，只提供给它可以让它变得更好的东西。（Gorg. 504d-505b）按照这个标准，伯利克里就不是一个好的政治家，而是恰恰相反，因为他鼓动和放纵雅典人的物欲，把雅典人败坏了，而他自己最终也是颠覆在民众的物欲之下。至于吉蒙、特米斯托克勒、弥尔提亚德，哪个不是悲惨的结局？所以，在这个城邦里，根本没有智慧的政治家。不仅如此，由于缺乏智慧，伯利克里等人甚至作为演讲家也是不合格

[1] 吉蒙（Kimon，510BC.-449BC.）参与了萨拉米斯海战（480Bc.），此外多次率军击败波斯人，后因被控“里通外敌（斯巴达）”而遭驱逐。特米斯托克勒（Themistokles，525BC.-459BC.）是萨拉米斯海战的主要统帅，虽然大胜波斯舰队，但因为被指控向波斯人作不必要的让步而遭驱逐。弥尔提亚德（Miltiades，550BC.-489BC.）是吉蒙的父亲，马拉松战役（490BC.）中的统帅，后因进攻帕洛岛（Paros）失利而被判处死刑。

的，因为他既不懂真正的修辞学，也不懂取悦式的修辞学。诚然，柏拉图对于伯利克里等人的批评并不是要否认他们曾经取得过一定政绩，而是要表明，他们距离**真正的政治家**还差得很远。

简言之，无论对身体还是对灵魂而言，在各种带来便利的技艺之外，还存在着一种真正的技艺，它统治着所有别的技艺，利用它们的成果，真正造福身体和灵魂。（Gorg. 517d-518c）这种技艺就是“政治技艺”。最重要的是，柏拉图在这里借苏格拉底之口宣称：**“到今天，只有我一个人在钻研真正的政治技艺和从事国家事务。”**（Gorg. 521d）这句话无比清楚地表明，在当今时代，没有谁比苏格拉底以及柏拉图更加致力于“改善人的灵魂”，虽然这本来应该是真正的政治家的首要任务。“改善人的灵魂”意味着通过正确的教育让灵魂获得知识、摆脱各种谬误，让灵魂具备各种美德、摆脱或限制物欲的影响。就此而言，柏拉图的伦理学和政治学是密切相关的，二者之间不可能（也不应当）拉开一条清晰的界限。而且由于灵魂的美德一定是以获得知识为前提，所以柏拉图的伦理学和政治学又与他的形而上学和认识论紧密地联系在一起。

二 《理想国》中的城邦和灵魂的“公正”问题

正因如此，或者说只有从这个角度出发，我们才可以理解为什么《理想国》这部以“政制构想”为主题的著作同时也包揽了柏拉图关于伦理学、教育学、文艺学、心理学、形而上学和认识论的一系列哲学思想，成为柏拉图哲学的百科全书式纲领。全书从“如何获得幸福”这一标志性的古希腊伦理学经典问题出发，经过“幸福属于一个公正的人或是属于一个不公正的人”这一争论，转移到对于“公正的灵魂”的讨论，再借助于“个人”和“国家”的类比，通过探索国家这一“放大的个人”的公正来揭示出个人灵魂的公正，不仅阐明了公正的国家的产生条件及其表现，而且也阐述了一个国家（以及个人灵魂）从公正的状态逐步堕落到各种糟糕局面的可能性和表现。这就是柏拉图的整部《理想国》的论述思路，非常清晰。

然而自从英国学者伯纳德·威廉姆斯（Bernard Williams）在一篇论文里对柏拉图的“国家和个人的类比”提出质疑以来，[1]很多学者开始纠结于柏拉图的这种做法的合法性，他们纷纷附和威廉姆斯对于柏拉图的批评，即如果我们事先没有得出某个东西“F”的定义，那么我们就不能把“F”运用于别的东西上面，说它们就具有共同的性质“F”而言是相似的。[2]威廉姆斯的意思是，柏拉图在给出“公正”的定义之前，没有权利说“公正的国家”和“公正的个人”是类似的，否则就会陷入循环论证的窘境，以及“基于内涵一致性的类比原则”和“基于整体和部分一致性的类比原则”的混乱。但威廉姆斯的这个要求是很奇怪的、不合理的。难道我们在得出“美”的定义之前，就没有权利说一个“美的人”和一匹“美的马”是类似的，具有某种相似性？难道我们在得出“德行”的定义之前，都没有权利把“勇敢”和“节制”同样称之为“德行”？柏拉图在早期对话录里追问“美本身”、“德行本身”，绝不是把这些对象当作讨论的前提，毋宁正好相反，把它们当作追问的目标。再者，对于某某事物本身（实即理念）的追问也不能等同于单纯的求定义。定义当然是重要的（虽然它既不是万能的，也不是

---

[1] B. Williams, *The Analogy of of City and Soul in Plato's Republic*. In E. N. Lee/A. P. D. Mourelatos/R. M. Rorty (hrsg.), *Exegesis and Argument*. Assen 1973. P. 196-206. 中译文：〔英〕伯纳德·威廉姆斯《柏拉图〈理想国〉中城邦和灵魂的类比》，聂敏里译，载于《云南大学学报》社会科学版 2010 年第 1 期，第 13－19 页。

[2] 见上引文，第 14 页。

终极性的），但这绝不意味着如果没有给出定义就没有资格进行判断，更何况柏拉图在《理想国》里的论述思路并不是以“公正”的定义为前提、由此出发来判定“公正的国家”和“公正的个人”是类似的，而是以“国家”和“个人”的类似为前提，然后得出“公正的国家”和“公正的个人”是类似的，哪怕“公正”的意思在这里暂时还没有澄清。也就是说，威廉姆斯的貌似犀利的批评根本没有顾及柏拉图的本意，而是自己捏造出一些莫须有的“困难”扣在柏拉图的头上而已。[1]正因如此，诸如“柏拉图的论证不能令人信服”之类英美学者惯有的指责，也是不能令人信服的。须知，哲学上的论证并不是一定得从“给出定义”开始，更何况，没有明确给出定义就一定意味着哲学家对于相关概念缺乏清楚的认识把握吗？这里暴露出威廉姆斯及其追随者的一个非常天真的假设，即他们把柏拉图在对话录中的叙事和戏剧安排（比如苏格拉底经常表示出的困惑和疑难）看作是柏拉图本人的原初的哲学思想发生过程和论证过程，把柏拉图的完整文本肢解为一个又一个的“论证”，然后在这些经过肢解的片断中找到许多“缺陷”，进而指责柏拉图的独断、随意、错误、无能。这种解读方法不但忽略了柏拉图的系统严密的思维和收放自如的特殊写作方式，忽略了柏拉图在思想认识和表达上的取舍，而且把“论证”理解为一种非常褊狭的证明方式。

但实际上，广义上的“论证”其实就是“讲道理”，而就像辩

---

[1] 对于威廉姆斯提出的各种“困难”，国内学者亦多有反思。吴天岳《重思〈理想国〉中的城邦—灵魂类比》，载于《江苏社会科学》（2009 年第 3 期）和聂敏里《〈理想国〉中柏拉图论大字的正义和小字的正义的一致性》，载于《云南大学学报》（社会科学版 2010 年第 1 期），分别提出了自己的解决方案，这里不再赘述。除此之外，王玉峰的专著《城邦的正义与灵魂的正义——对柏拉图〈理想国〉的一种批判性分析》（北京大学出版社 2009 年版）和易刚的论文《对威廉姆斯关于〈理想国〉意义类比规则和整体 - 部分规则互相冲突的论证的初步探讨》（载于《世界哲学》2011 年第 2 期）也对威廉姆斯的观点进行了分析和批评。

证法所要求的那样，“讲道理”应当随机应变，因材施教，而不是千篇一律地从“假设”、“公理”、“推论”出发来进行。换言之，柏拉图在《理想国》里探讨什么是“公正”的时候，他从一开始就不是想要进行狭义上的“论证”，而是通过类比来**呈现出**“公正”的本质特征。“公正”的某些本质特征——比如“各司其职”——是需要逐步呈现出来、予以澄清、令人领会的，而不是直接通过定义或间接通过论证而得出的。[1]而且正如人们认识到的，即便“各司其职”也不是“公正”的唯一的或最根本的定义，毋宁说这个特征还必须回溯到更高的观点——比如“理性的统治”，而这个贯穿整个柏拉图哲学的基本观点根本不依赖于这里或那里的某个“论证”。

在此我们回到柏拉图本人的论述。我们很容易就会发现，国家本身就是“一”和“多”的统一体，纷杂而躁动的民众从属于一个凌驾于任何个人之上的、不可见的共同体，通过共同体内部的层层限定而获得他们在这个体系之中的定位。正如已经有学者强调指出的那样，柏拉图那个时代理解的“国家”是一个由众多具有政治权利的公民组成的人员联盟，而不是现代意义上的那种首要以领土疆域划界的政治组织。正因如此，人员联盟才可以被看作是一个“放

---

[1] 费拉里（G. E. F. Ferrari）和布律斯纳（Norbert Blöβner）在这个意义上把“国家和个人的类比”解释为一种修辞手段，不是严格意义上的论证。（Nobert Blößner，*Dialogform und Argument. Studien zu Platons Politeia.* Stuttgart 1997. S. 195 ff.）吴天岳在上引文里批评这两位学者的做法“弱化了”或“不具有”“哲学论证效力”，而且提出，“认为柏拉图或苏格拉底有意识地通过采取表面上富有说服力而实际上缺乏哲学依据的策略来调整论证，以赢得对谈者的信任，至少是表面的信任，这有违《理想国》中苏格拉底论述的基本宗旨，也让我们怀疑柏拉图作为写作者的真诚。”（参阅尚新建主编《北大哲学系百年系庆丛书：求真集》，北京大学出版社 2012 年版，第 64 页。）在我看来，吴天岳的批评可能忽略了柏拉图在一般意义上作为对话录写作者的“基本宗旨”和书写方式，随之过于褊狭地理解了“哲学论证效力”的条件和范围。诚然，我也不认为柏拉图的类比方式仅仅是一种“修辞手段”，但费拉里和布律斯纳至少表明，威廉姆斯设计的“类比论证的困难”这个强硬的模型或许从一开始就违背了柏拉图的本意，是强加在柏拉图头上的东西。

大的个人”，而国家的结构和个人的结构也被看作是类似的。[1]根据柏拉图的二元本原学说，代表着“一”的国家和代表着“多”（不定的二）的民众都处于不可进一步还原的本原地位，也就是说，国家和民众是同样根本的，都不是后来派生出来的：并不是**首先**有一些所谓的民众，**然后**组合成一个国家，也不是**首先**有一个国家，**然后**分化为众多民众。国家和民众是两个在任何情况下都共存着的本原，至于一个没有民众的国家，或者众多生活在国家之外的民众，都是不存在的。[2]但在这个共存关系里面，国家在本原的意义上优先于、高于民众，这也是显然的，正如“一”凌驾于“不定的二”之上，前者是作出限制和统治的，后者是接受限制和统治的，这个秩序绝对不能颠倒过来。当然，国家必须维护它的民众的生存，这是它的最基本的任务，但正如之前强调的那样，柏拉图认为“政治技艺”的最重要的作用在于“改善人的灵魂”，因此国家和伦理道德以及宗教一样，它在那个基本任务之外的首要任务是提高人们的道德水准，而不是为了谋求更多的物质利益、激起并满足身体越来越多越来越强烈的欲望，虽然这些现象在客观上是不可避免的。[3]

---

[1] Michal Erler，*Platon*. Basel 2007. S. 442.

[2] 亚里士多德同样不认为存在着独立于、甚至先于国家的“人”。人们组成一个国家不是因为偶然的喜好，不是通过随意的契约，而是依照他们的天性：“人在天性上是一个社会存在（政治动物）。”（亚里士多德《政治学》A2，1253a2）这是亚里士多德的名言。“人”在概念上已经包含着一个规定性，驱使着人们必定构成一个国家。这也意味着“国家”就概念而言高于“个人”。国家的概念是一个基本结构，甚至规定着个人、家庭、小团体的转化。所以亚里士多德站在形而上的立场说道：“国家先于家庭和个人，因为整体必然先于其部分。”（亚里士多德《政治学》A2，1253a19）

[3] 亚里士多德在这个问题上同样追随柏拉图的观点。他认为国家的存在不是仅仅为了照顾人的自然需要，或者扩大商业和贸易，或者满足某些人的权力要求；国家当然也满足这些要求，但它的真正的任务是倡导“善的”和“完满的”生活，亦即将人提升为道德的、精神性的存在。国家最初产生是出于自然生存的需要，但它的继续存在却摆脱了最初的规定，而是为了幸福和道德的最大化。（参阅亚里士多德《政治学》G2，1281a2。）

这些观点从一开始就体现在柏拉图的“理想国”构想当中。一个国家首先要生存，所以它的成员必须能够生产或制造出“衣”、“食”、“住”、“行”等方面的产品。考虑到效率和每一个人天性的差异，劳动分工成为自然的和最优的选择，就像柏拉图所说的那样：“为了把大家的鞋子做好，我们不让鞋匠去当农夫，或织工，或瓦工。同样，我们选拔其他的人，按其天赋安排职业，弃其所短，用其所长，让他们集中毕生精力专搞一门，精益求精……”（Rep. 374b-c，vgl. 421b-c）除了纯粹的生产者之外，从事交换的商人和从事服务的劳工也是必须的。随着生产规模的扩大和发展，人们的“自然需要”也在膨胀，比如他们不仅要吃饱，还要讲究各式各样的调味品，酒足饭饱之外，还要各种娱乐和舒适享受，简言之，需要霸占更多的资源。正是这些贪得无厌的“自然需要”导致了国家与国家之间的冲突和战争（Rep. 373e），这也印证了柏拉图在《斐多》里反复强调的那个观点，即肉体及其欲望是战争、骚乱、屠杀的根源（Phaid. 66c）。也正是因为战争的存在，使得国家必须有保家卫国的护卫者，以及在各项具体事务方面担当护卫者助手的辅助者。护卫者和辅助者并不从事生产，而是负责管理、防卫国家。这样，整个国家的公民就是由“生产者”、“辅助者”、“护卫者”三个阶层构成。

如果说柏拉图之前的叙述相对还是平淡无奇的，那么当他转而描述护卫者的功能及其教育时，马上就提出了我们如今已经熟知的那些“惊世骇俗”的观点：比如驱逐诗人（Rep. 377c-398b）、男女平等的教育（Rep. 451d-457c）、妇女和儿童的公有（Rep. 457c-465e）、哲学王（Rep. 472a-474c）等等。需要注意的是，柏拉图强调的教育主要是**对于护卫者的教育**，至于怎么教会普通民众“跳舞、打猎、跑狗、竞技、赛马”（Rep. 412b）之类，显然不在他的考虑之内。柏拉图强调，一切的关键在于，必须在国家之内明确区分出“哪些人是统治者，哪些人是被统治者”，然后指出统治者只能在护卫者及其辅助者中间进行挑选。在这里，柏拉图讲了一个神话传说或“高贵的谎言”（Rep. 414b），[1]即每个人的身体内的“金”、“银”、“铜”、“铁”的成分是不一样的，那主要由“黄金”构成的人是统治者，由“白银”构成的人是辅助者，而由“铜”和“铁”构成的人则是普通的劳动人民。（Rep. 414c-415a）很多人批评柏拉图的这个“高贵的谎言”是一种愚民思想，对此提出“王侯将相宁有种乎”的质疑，但他们忽略了柏拉图在讲述这个神话的同时也提出，具体到个人那里，“金银铜铁”的构成比例是不停变动着的，黄金的父辈可能生出铜铁的后代，这些人应当被下放到劳动人民阶层，而铜铁的劳动人民的后辈也可能天赋里有金有银，这些人应当被提升到护卫者或辅助者阶层。（Rep. 415b-c）由此可见，柏拉图绝不是拿什么“出身决定论”来愚弄人民，毋宁说他恰恰是反对这种观点的，因为这与他所强调的教育理念相违背。换言之，教育的目的恰恰在于，一方面要防止黄金人堕落为铜铁人，另一方面要把铜铁人提升为黄金人。柏拉图用“金银铜铁”作为例子仅仅是要说明这样一个道理：即统治者应当是最优秀的人，最优秀的人应当成为统治者，仅此而已。至于“优秀”的标准，实际上只有两个：首先，具有护卫国家的智慧和能力，其次，真正关心国家利益。（Rep. 412c）

谈到对于护卫者的教育时，“关心国家利益”或更确切地说“把国家利益置于一切利益之上”是柏拉图在前半阶段重点强调的。

---

[1] 在《理想国》的另一处地方，柏拉图也说道：“统治者为了被统治者的利益，有时不得不使用一些谎言和欺骗。我想我们说过，它们都是作为一种药物来使用的。”（Rep. 459c-d）

这个要求仅仅是针对护卫者提出的，因为只有他们才与国家利益打交道，而普通民众的各种活动则是限定在他们的私利范围之内。普通民众为自己活着，护卫者为国家活着。一个农民或者瓦匠腐败堕落了不要紧，但护卫者的腐败堕落却有可能摧毁国家。之前已经说过，柏拉图的"教育"主要是针对护卫者，他的这些教育措施的"严厉苛刻"同样也是针对护卫者，至于普通民众，只要他们安守本分，接受统治，不要以下犯上，他们其实拥有相当大程度的自由，可以获得各式各样的享受。他们出生，他们劳动，他们享受，他们死去——借用费希特的一个术语来说，这就是普通民众的使命（Bestimmung）。相比之下，护卫者的一切行动都不是为了自己，而是为了作为整体的国家。为了确保护卫者们做到这一点，柏拉图一方面限制护卫者的身体欲望，宣扬大无畏的勇敢精神，防止护卫者贪生怕死过于看重自己的个体，另一方面废除了财产私有制以及与之相关联的家庭关系（注意这些措施同样只是针对护卫者而不是针对普通民众），进一步剥夺护卫者的个人方面。护卫者拥有不受制约的权力，这看起来是一件可怕的事情，但柏拉图的思路很清楚，他的对策就是采取釜底抽薪式的办法：只要剥夺了掌权者的"私"，那么"以权谋私"的事情就不会发生，掌权者就会做到"大公无私"。柏拉图的这个思想是正确的，虽然不一定是充分的。[1]不管怎样，护卫者在某种意义上是被牺牲的一个阶层，因为他们不能够拥有一个人就其自然天性而言应当拥有的东西（财产、婚姻、家庭），

[1] 比如亚里士多德就指出，"私"在伦理道德和政治中也能发挥正面的积极作用。一旦取消家庭，"关心"、"尊老爱幼"、"爱"、"忠诚"等与家庭相关的美德将不复存在。同样，在实行共产制的情况下，所谓的"慷慨"、"乐善好施"、"勤劳致富"等美德也失去了意义。和柏拉图不同，亚里士多德批评的不是私有制，而是占有欲的不节制，因此他主张通过道德法则和法律来制约财富的获得和使用。（参阅亚里士多德《政治学》第二卷，1260b27 ff.）但换个角度来看，亚里士多德的温和措施并没有从根本上解决如何防止掌权者"以权谋私"的问题。

他们作出了巨大牺牲，只为保障国家的正常运转，保障普通民众的各种自然享受。[1]尽管如此，柏拉图认为这是值得的，他反复强调，“我们建立这个国家的目标并不是为了某一个阶层的单独突出的幸福，而是为了全体公民的最大幸福”（Rep. 420b），以及，“我们的首要任务……不是支离破碎地铸造一个为了少数人幸福的国家，而是铸造一个整体的幸福国家”（Rep. 420c）。另一方面，护卫者虽然在某些方面作出了“牺牲”，但柏拉图认为，他们恰恰因为一身之外别无长物，所以避免了各种纠纷和恼人的琐碎无聊的事情（奉承富人、劳神焦思地养活一家大小、借钱拿给去老婆挥霍、苦苦还债等等），相反却会终身获得国家的供养和荣誉。在这个意义上，柏拉图对他之前的言论进行了进一步的澄清：

> 以前辩论时，有人责怪我们没有使护卫者们得到幸福，说他们掌握一切，自己却什么也没有……当时我们关心的是使一

---

[1] 遗憾的是，经常出现这样的情况，即普通民众不但不理解护卫者为他们作出的巨大牺牲，甚至还要对此加以谩骂。比如乔治·萨顿（George Sarton），他针对柏拉图的护卫者教育措施说道：“人们可能不禁会想，他〔柏拉图〕的父母是不是虐待过他？……他对妇女和儿童的共产主义……除了用性变态来解释外，我无法用其他方式来解释。”他还说：“柏拉图是同性恋者，不过，对于一个同性恋者来说，承认妻子和子女是共有财产相对比较容易。”针对柏拉图驱逐那些伤风败俗的诗人，萨顿又抗议道：“这表明他的文学艺术鉴赏能力大概与阿道夫·希特勒处于同一水平。”此外，柏拉图对斯巴达的推崇同样刺激了萨顿这位美国人，让其浮想联翩：“最不幸的是，他这个雅典贵族竟然赞赏斯巴达人，而打败其祖国并使其遭到羞辱的正是斯巴达人……这个伟大的雅典人对斯巴达美德的赞扬，让我们想起了一些心怀不满的美国人对自己的政府如此仇恨，以至他们宁愿赞美法西斯主义者和纳粹。”（参阅萨顿《希腊黄金时代的古代科学》，鲁旭东译，大象出版社 2010 年版，第 510 –511、514、515、530 页）在一部研究“古代科学”的著作里，萨顿却捡起卡尔·波普（Karl Popper）的牙慧，花费大量篇幅来对柏拉图进行人身攻击，指责柏拉图不但“背叛了”苏格拉底，甚至“背叛了”高尔吉亚等一众职业智者!! 对于这位本身具有渊博知识的学者，我们借用他的话来说，真不知道他的精神究竟因为什么原因（柏拉图是不是在梦里虐待过他?）扭曲到了何种程度，才会发出这些如疯狗一般的吠叫。

个护卫者成为一个名副其实的护卫者，尽可能使国家作为一个整体得到幸福，而不是为某一个阶层考虑，只使一个阶层得到幸福……而现在，既然我们的护卫者的生活，看起来比奥林匹克运动会的胜利者的生活还要好，那么还有什么必要去和鞋匠、其他匠人，以及农民的生活去比较吗？（Rep. 465e-466b）

三　国家的“公正”在于普通民众的节制

我们已经多次指出，柏拉图认为“政治技艺”的最重要的作用是“改善人的灵魂”，而既然国家被看作一个放大的个人，那么可以推导出，政治技艺也必须改善国家的灵魂。这个改善工作是如何进行的呢？“国家的灵魂”是什么意思？我们看到，关键还是在于国家和个人一样，其灵魂都具有类似的自上而下的三分结构：国家的灵魂由护卫者、辅助者、生产者三个阶层构成，正如个人的灵魂是由理性、激情、欲望这三个部分构成的。不仅如此，这里还存在着对应关系：护卫者相应于理性、辅助者相应于激情、生产者相应于欲望。在柏拉图看来，一个理想的国家或一个理想的个人应当具备以下四种德行：智慧、勇敢、节制、公正。但要判断一个国家或个人是否具备某德行，不能总是笼统地就整个灵魂来看，而是得区分不同情况：有时仅仅取决于灵魂的某个专门的代表部分，有时着眼于整个灵魂的内部关系。具体说来，“智慧”和“勇敢”是护卫者（以理性为主导）和辅助者（以激情主导）这两个高级阶层的特有的德行。比如，即使一个国家有许多手艺精湛的鞋匠、木匠，有着这方面的丰富的知识储备，我们也不能说这个国家是“智慧的”；相反，只有当护卫者深谙治国之道，这个国家才是“智慧的”。同理，只有当一个国家的辅助者坚定不移地奉行法律的规定，知道什么是真正可怕的、什么是不可怕的，这个国家才是“勇敢的”。显然，“智慧”和“勇敢”是统治者才具有的德行。

而对于被统治者亦即作为生产者的普通民众（以欲望为主导）而言，柏拉图其实并不期望他们具有什么专门的德行，他最大的、同时也是最基本的要求就是让他们安分守己、接受统治——而这种情况就是“节制”。柏拉图把“节制”定义为“一种好的秩序，或者说对某些享乐与欲望的控制”（Rep. 430e），他一方面把灵魂区分为“较好的部分”和“较坏的部分”，另一方面在国家里区分出“少数优秀的有智慧的人”和“为数众多的沉迷于欲望、快乐和痛苦的下等人”，然后明确告诉大家，当前者统治后者时，这种情况是“好秩序”、是“有节制的”。实际上，没有人会否认，一个国家应该由懂得治国之道的有智慧的人来统治；也没有一个人会否认，无论古今中外，这样的优秀的人是非常稀少的，而愚笨的人总是占绝大多数。但同样的意思，一旦转化为“少数优秀的人应当统治为数众多的普通民众”这样一个命题，就变得刺耳了，尤其在今天那些时时刻刻把“民主”挂在嘴边的人那里更是如此。

众所周知，柏拉图是民主制的敌人，是现实中的雅典政制的尖锐批评者。当他看起来想要赞美雅典政制的时候（比如在《美内克塞诺》里），其实也是强调，雅典的政制无论现在还是从前在本质上都是“精英制”；即使也有人称它是“民主制”或别的什么，但真正说来，它是“**代表着民众的善良意愿的精英制**”（Mx. 238c-d）。我们认为，柏拉图对于民主制的拒斥是从他的二元本原学说出发必然得出的结论，而这是一个符合大自然法则的客观真理。“不定的二”不应当、也不可能凌驾于“一”之上；同理，广大人民群众也不应当、不可能骑到少数优秀的人头上，统治国家。“民众统治国家”，这是一种违背自然规律的、反科学的想法，而且在现实中也是从未实现的。谁要是以当前的那些“民主国家”为例子来反驳我们，我们只能说他配得上“too simple，sometimes naive”这一标签。不管怎样，那些对于柏拉图的断言感到不忿或暗暗觉得受辱的人，与其去攻击谩骂柏拉图，不如通过努力来证明自己不属于“普通民众”，而是真正的“优秀的人”，这才是更好的做法。诚然，柏拉图虽然说出了客观的真理，但真理是否被人们接受，又是另一码事。柏拉图对普通民众提出“节制”的要求（虽然他声称这个德行是同样适用于统治者和被统治者的），恰恰表明，普通民众在现实生活中是不节制的，他们并不甘心处于被管理、被统治的地位，正如欲望总是企图突破理性的制约，为所欲为。柏拉图意识到了这里的危险，因此他采取各种办法来维护这个自然的秩序。前面提到的那个关于人心内的金银铜铁的神话，作为一个“高贵的谎言”，目的也是为了说服人们在“谁是统治者，谁是被统治者”这一问题上达成一致：“首先说服统治者们自己和军队，其次说服城邦的其他人。”（Rep. 414d）而在这里柏拉图同样强调的是，对于一个国家，“它的统治者和被统治者，在谁应来统治这个问题上具有一致的信念”（Rep. 431e）。怎样的一致呢？如果说柏拉图之前是借助于神话传说，那么现在他是诉诸于德行。虽然现实中是截然不同的情形，但在一个理想的国家里应当是这样的：

> 节制贯穿全体公民，把最强的、最弱的和中间的（不管是指智慧方面，还是指力量方面，或者还是指人数方面、财富方面，或其他诸如此类的方面）都结合起来，造成和谐，就像贯穿整个音阶，把各种强弱的音符结合起来，产生出一首和谐的

交响乐一样。因此我们可以正确地肯定说，节制就是天性优秀和天性低劣的人在谁应当统治，谁应当被统治——不管是在国家还是在个人身上——这个问题上所表现出来的这种一致性和协调。（Rep. 432a-b）

确定什么是“节制”之后，“公正”的性质和特征也随之呈现出来。我们甚至可以说，“节制”乃是“公正”的直接前提。因为“公正”就是“各司其职”或“每一个人都干他自己分内的事而不干涉别人分内的事”（Rep. 433d），但是，如果统治者和被统治者在“谁来统治，谁接受统治”这件事情上没有达成一致，换言之，如果普通民众没有认识到、并且接受自己在国家体系中的定位，而是蠢蠢欲动地想要“翻身做主人”，企图染指他们不能胜任的管理者和统治者的职位，那么他们是不愿意、也不可能做好自己的分内事的。就“公正”被理解为“各司其职”而言，它的关键不是在于劳动分工本身（这仅仅是一个自然状态），而是在于各方面对劳动分工造成的阶层划分的认可和维护，即所谓的“节制”。需要强调的是，维护阶层划分只是一个一般的基本原则，它并不否认某个特定的个人在金字塔形的阶层划分框架里有上升或下降的可能，就像关于金银铜铁成分的那个神话传说所表明的那样。某个原本属于普通民众的人，他在具有充分的知识和德行之后，可以上升到辅助者乃至护卫者的阶层，但这绝不是说，“普通民众”就其自身而言可以成为统治者！换言之，真正具有了知识和德行的人，已经自然而然地脱离“普通民众”的范畴了，他不再是作为“普通民众”，而是作为辅助者或护卫者来行使统治。

至此我们可以说，柏拉图的意思是，**如果一个国家由智慧的护卫者加上勇敢的辅助者来统治那些只懂得个人利益的普通民众，大**

家在这件事情上达成一致，然后各司其职，那么这个国家就是公正的。同理，如果一个人的理性和激情合起来统治欲望，灵魂的这三个部分各司其职，那么这个人也是公正的。这是一个很清楚的结论。诚然，“国家的公正和个人的公正是类似的”，这是柏拉图的观点，但从这里无论如何都不能推导出另一个让柏拉图做梦都想不到的观点，即“在一个公正的国家里面，每一个人都必须是公正的”。在任何一个国家里，哪怕是在“理想国”里，都不可能（也没有必要）做到让每一个人都是公正的。柏拉图绝对不想要一个如此“单调的”世界，他强调的仅仅是这样一个目标，即以理性为主导的公正是存在的，而护卫者和辅助者作为统治者应当成为这样的公正的人。至于广大普通民众做不到公正，这是一件很自然的事情，否则他们凭什么叫做“普通民众”呢。

然而恰恰是在这里，威廉姆斯继把“类比论证的困难”这个莫须有的帽子扣在柏拉图头上之后，又捏造出一个“整体—部分规则”用在柏拉图身上，然后抗议道：“这些人〔普通民众〕显然很难算作公正的人，而说一个公正的城邦充斥着不公正的人，这显得荒谬。”[1]但是这有什么荒谬的呢?！须知“公正”的核心在于“各司其职”，在一个公正的国家里，普通民众的任务就是扮演好普通民众的角色，也就是说，他们作为一群受欲望支配的、无知识、无德行的人，作为一群就其个人而言做不到也没有必要做到公正的人，一方面从事生产劳动并得到各种享受，另一方面接受有知识、有德行的护卫者和辅助者（他们必须是公正的人）的管理和统治。换言之，威廉姆斯所说的“在一个公正的国家里充斥着许多不公正的人”，这非但不是什么“荒谬”，反而恰恰是一件非常自然而合

---

[1] 见前引威廉姆斯文，第 16 页。

理的事情。因为在柏拉图看来，在一个国家里，只有当少数公正的人统治广大不公正的人，正如少数有智慧的人必须统治广大无知的普通群众，这才是公正，这就是公正！对于柏拉图的这个立场，德国学者罗伯特·斯贝曼（Robert Spaemann）也是赞成的。[1]他让大家注意到个人和国家之间有一种不平衡，一个圆满的（公正的）国家的前提恰好是，其中的大多数个人并不是完全公正的个人。否则的话，谈什么“最好的国家”根本就没有意义，因为如果每一个人都是公正的话，那么“公正的国家”就是根本不需要提出来的。反之，我们应当承认国家里面的各种人都是分别相当于灵魂中的一个部分。当他们相应于“欲望”或“激情”部分时，他们是没有能力合理地治理自身的，而是只能接受那代表“理性”部分的人的统治。[2]诚然，斯贝曼对于这个统治关系也提出了一些疑虑，认为这里的关键是牵涉到了政治统治的合法性（Legitimität）的问题。斯贝曼的意思是，国家和个人是不同的：在个人的灵魂之内，理性行使统治权不需要讨论任何“合法性”的问题，因为从灵魂的本性（即“理性—激情—欲望”的三分结构）来说，理性天然地就是“王”，就应当统治欲望，这是没有争议的；而在国家里面则不一样，因为现在的情况是一些人统治另一些人，统治者和被统治者都是既有理性也有灵魂的，统治者并不等于纯粹的理性，被统治者也不等于纯粹的欲望，后者不管怎样也是具有理性的，尽管其理智的程度可能比较低。对于这个问题，斯贝曼给出了自己的答案。他不是从理性与欲望的关系或“公正的个人”出发，而是根据柏拉图、

---

[1] Robert Spaemann, *Die Philosophenkönige.* In Otfried Höffe (hrsg.), *Platons Politeia.* Klassiker Auslegen. Berlin 1997. S. 161-177.

[2] 正是在这个意义上，奥古斯丁在《上帝之城》中写道：国家的形式对于基督徒来说是不合适的，因为每一个基督徒的灵魂本身就是公正的，所以他们不需要一个来统治他们的“公正的”国家，而只是需要人世间的和平。（《上帝之城》XV 14）

亚里士多德以及近代的自然法传统，提出“某些人统治某些人”的合法性的标准在于，统治者是为了共同的福利而不是仅仅为了个人的私利。[1]这个观点是正确的，实际上它和柏拉图的各种主张并无二致，因为只有当统治者是智慧的、公正的，他们才能够做到只为共同的福利而不是为了自己的私利。

我们已经表明，在柏拉图设计的公正的国家里，少数公正的人统治大多数不公正的人，这种现象一点都不荒谬，而且非常合理。而威廉姆斯之所以觉得这是“荒谬的”，因为他悄悄设定了一个默认为真的前提，即“除非普通民众也是公正的人，否则他们不会接受公正的人的统治”。这个观点换一个表述就是：“除非普通民众也是以理性为主导的，否则他们不会接受那以理性为主导的人的统治。”按照其一贯的做法，威廉姆斯把柏拉图不认为是问题的那些清楚结论——理性在普通民众那里是不可能占据主导地位的，但普通民众毕竟也具有一点理性——看作是一个纠结的“问题”，然后指责这个问题与柏拉图的灵魂三分学说相矛盾。也就是说，威廉姆斯觉得，一方面，普通群众既然相应于“欲望”部分，那么他们就应该是“纯粹的欲望”，不具有理性和激情，另一方面，只有当欲望也包含有理性（亦即不是“纯粹的欲望”），它才会“倾听”理性的要求。而这是一个矛盾。[2]对此我们必须指出，就普通民众在国家里相应于“欲望”部分而言，柏拉图从来没有说，这意味着他们等同于“纯粹的欲望”，毋宁说柏拉图的意思是，在普通群众那里，欲望是占主导地位的，虽然他们也具有理性。同理，那些在国家里相应于“理性”部分的护卫者，也不是等同于“纯粹的理性”，毋宁说他们也是有欲望的，但关键是理性在他们那里占据主

[1] Ebd.，S. 172.

[2] 见前引威廉姆斯文，第 18 页。

导地位。可见，威廉姆斯这里所谓的“矛盾”，和他之前所说的那些“困难”、“问题”等等一样，都是捏造出来的、莫须有的、粗暴扣在柏拉图头上的。这边柏拉图已经把事情说得足够清楚明白了，那边威廉姆斯就是不听，就是要有自己的“独立见解”。这种表现让我们想起席勒挖苦的那种情形：有些愚笨的婆娘，你给她讲了半天道理，她甩过头来还是一个莫相干的意见，当你之前所说的话全都是空气。不管怎样，威廉姆斯及其追随者始终强调这是一个“巨大的矛盾和困难”，即：如果普通民众不是以理性为主导（成为公正的人），他们如何能够“心甘情愿地”接受护卫者的统治？但是，这真的是什么矛盾和困难吗？

实际上，正如威廉姆斯列出的那些“矛盾”和“困难”只不过是无的放矢，他在这里的担心也是多余的。其实我们在前面讨论“节制”的时候，已经触及到了这个问题。“节制”意味着，护卫者、辅助者、普通民众三大阶层在“谁来统治，谁接受统治”这个问题上达成一致，也就是说，“节制”意味着普通民众接受护卫者的统治。（Rep. 430e，431e，432a-b）但我们也曾指出，柏拉图是把“节制”作为一个主要针对普通民众的要求而提出来的，因为在现实生活中，普通民众总是不自量力，蠢蠢欲动，意欲僭越。在这种情况下，普通群众当然不会心甘情愿地接受护卫者的统治。因此，只有当我们把现实和理想混淆起来，才会觉得这是一个矛盾和困难。反之，在理想的状态下，欲望臣服于理性，普通民众接受了护卫者的统治，但是，这件事情不是欲望或普通民众说了算，不是取决于它们是否“心甘情愿”。或者说，臣服者是否“心甘情愿”，这在一个公正的秩序里并不是至关重要的，至少并不是关键之所在。有智慧的人必须统治无知的民众，理性必须统治欲望——这是柏拉图的决不妥协的基本立场。透过整部《理想国》的描述，我们主要看到的是一个严峻的、甚至近于冷酷的“国家总设计师”，他作为理性的化身，通过一系列的强制行为（甄别、约束、纠正、引导、驱逐、弃绝等等）建立起一个理性主导的秩序。无论从大的还是小的方面看，一个公正的国家都不是在一片歌舞升平中顺风顺水形成的，正如一个公正的人也不是轻松舒适地就成为现在这个样子。公正之所以在现实中如此地难以实现，就是因为要真正做到理性统治实在是一项非常艰苦的任务。

四 哲学家必须说服普通民众

但是，柏拉图虽然强调理性统治欲望，强调这个任务的困难，但这并不意味着他始终把二者的关系看作是一种战争关系。在《斐德罗》著名的“灵魂马车”比喻里，驾驶者（理性）驾驭着由一匹好马（欲望）和一匹劣马（欲望）一起拉动的马车。这是一项辛苦的运动，因为劣马非常顽劣，无论鞭子抽还是马刺扎都收效甚微，而且劣马反过来责备驾驶者和好马胆小怕事，没有男子气概等等。但是当驾驶者采取强硬惩罚措施，反复几次之后，劣马就会被驯服，它不再顽抗，而是低调地遵照驾驶者的深思熟虑的驾驭。（Phaidr. 254e）乍看起来，这只是强制措施的胜利，但其实柏拉图是软硬兼施，懂得安抚劣马的，换言之，柏拉图也有让欲望得到释放的时候。在这部对话录的那段著名的关于恋爱过程的描写里，当恋爱双方最终达到拥抱、抚摸、亲吻、同床而眠的地步时，爱人（主动方）的劣马会要求获得一点“小小的享受”，以慰劳整个过程经历的辛苦。在这里，尽管好马和驾驶者出于羞耻心和理性对此持以抗拒的态度，但实际上恋人（被动方）肯定会满足劣马的这个并不算过分的要求。在这个恋爱关系中，只要不是爱人和恋人的两匹劣马联手起来导致声色犬马的生活，而是要么两匹好马合作，要么劣马接受好马的领导，那么都是允许的。（Phaidr. 255d-256c）

这个例子表明，柏拉图在对待欲望和普通民众的时候，除了采用强制措施之外，也会懂得使用怀柔政策。《斐德罗》已经从个人灵魂（心理学）的层面证明了这一点。同样，我们在《蒂迈欧》那里也看到，在宇宙论的层面，那代表着“一”的理性，它对待那代表着“不定的二”的质料（这个东西有时叫作“异”，有时叫作“必然性”等等）的方式，有时是“强迫”（Tim. 35a），有时则是**“说服”**（Tim. 48a）。而在政治的领域，柏拉图的二元本原结构也是很明显的。以理性及其真知（智慧）为主导的护卫者——尤其是其中的最高者亦即哲学王——代表着“一”，而无知无识的、无定性的、变化多端的、被人玩弄于股掌之间的普通民众代表着“不定的二”。既然如此，护卫者除了一方面通过法律等强制措施迫使普通民众就范之外，另一方面最好也通过说服的方式让普通民众心甘情愿地接受统治。作为一名推崇理性和智慧的哲学家，柏拉图蔑视无知无识的群众，这种态度是可以理解的，实际上也是合理的。但我们不能只盯住柏拉图的这一点不放，因为从另一方面看，柏拉图同时也是体谅、怜爱着普通群众，时时为他们的幸福着想，甚至不惜为了他们而把那已经在洞穴之外获得真知的哲学家重新遣派回洞穴之内，哪怕哲学家会因此而牺牲。（Rep. 520a-b）普通群众不相信哲学家的话，不信任哲学家，这在柏拉图看来，并不完全是普通群众的错，因为他们从来没有见过一个完美的哲学家（相反却是被许多冒牌哲学家倒尽了胃口），也从来没有看见哲学家描绘的美妙蓝图曾经实现过。（Rep. 498d-e）因此，柏拉图一方面寄希望于某种神助使得哲学家成为国王，另一方面也承认当前的工作是要“想尽一切办法，直到**说服**特拉叙马库斯和其他群众……”（Rep. 498d）

这里我们得回忆起柏拉图在《高尔吉亚》里区分的两种“说服”：一种导致知识，另一种导致没有知识的信仰。（Gorg. 454e）后面这种“说服”一般说来是“修辞学”的任务，高尔吉亚等职业智者正是利用这种手法把普通群众玩弄于股掌之中。但我们也指出，柏拉图虽然推崇辩证法（它是那种导致知识的说服），鄙夷职业智者的“修辞学”，但他有时也把辩证法称作“真正的修辞学”，因为辩证法能够“多中见一，一中见多”，对于每个灵魂总是找到相应的最合适的说服方式。也就是说，辩证法高于修辞学，同时兼容修辞学。柏拉图不可能没有注意到，职业智者们根本不用任何强迫，而是单凭三寸不烂之舌的花言巧语，就可以说服普通群众接受这样那样的哪怕非常荒谬和无耻的观点。同样还有那些诗人，他们凭借夸张的表演和音韵节律及语词的魅力，就可以潜移默化地把各种观点和态度注入到普通群众的灵魂之内。诗人和职业智者是进行“说服”的大师，哲学家必须借鉴他们的手法（比如通过神话故事来讲道理、诠释古代诗歌、创造一些“高贵的谎言”等等），同时抵御和清除他们在普通群众那里造成的危害。因此，在“说服”普通群众这件事上，哲学家和诗人、职业智者是一种竞争关系，尽管哲学家在现实中明显落于下风。这是注定的，原因很简单，因为职业智者的品格是无下限的，为了魅惑普通群众可以无所不用其极，而哲学家不是为了说服而说服，他是有原则的、高傲的，就像柏拉图说的那样：“一个人病了，不管他是富是穷，都应该趋赴医生的家门去看病。同样，所有那些需要被统治的人都应该上门去找那有能力进行统治的人，让他统治他们，而不是相反，那有能力进行统治的人请求那些需要被统治的人接受他的统治。”（Rep. 489c）在那个著名的把国家比喻为一艘大船的故事中（Rep. 488a-489a），那些不学无术但却擅长花言巧语的水手（指职业智者）就是这样欺骗了又聋又瞎的船长（指无知的普通群众），排挤了真正的航海家（指哲学家），掌控了大船。用柏拉图的话来说，这是一场“力量悬殊的对抗”（Rep. 492e），尤其是当普通群众的思想已经被职业智者严重败坏之后。

尽管如此，柏拉图并不认为哲学家在这场较量中永远都是失败者，相反，在某些条件下，比如按照“神功”（Rep. 492e）、“神迹”（Rep. 496c）、“某种必然性”（Rep. 499b）或“某种必然的命运”（Rep. 499d），哲学家也会取得胜利，成为国家的统治者，并从此建立起理想中的国度。我们在本书第 6 章里面已经提到过，柏拉图在这里寄希望于“神功”或“神迹”，并不是表明他乞怜于宗教信仰，因为柏拉图心目中的“神”是“理性神”，或者说就是理性本身。柏拉图寄希望于“神助”，因为他信任理性，相信理性的安排，相信理性终究有一天会完全主宰这个世界。哲学家虽然现在是潜龙勿用，但静待时机，终将有飞龙在天的时候。不管怎样，尽管哲学家“说服”普通民众的工作并不是很成功，尽管哲学家从过去到现在还从来没有登上王位，但实际上，按照柏拉图在《政治家》里面的说法，“那掌握了国王技艺的人，**不管他现在是否在位**……我们都必须始终称他为**国王**。”（Polit. 292e-293a）也就是说，真正的哲学家必然就是国王，不管他是否在位。因此，比起用普通的修辞学去说服普通群众，用辩证法培养出真正的哲学家才是更重要的任务。换言之，从原则上来说，最靠得住的还是哲学王自上而下的强制，至于普通群众是否心甘情愿接受理性的统治，这不是根本重要的，而且实际上是很难做到的，因为他们更容易被欲望而不是被理性“说服”。[1]

五　如何理解“哲学王”

哲学家应当、并且——“在某种必然的命运”的安排下——能够成为国王。这是柏拉图在《理想国》和《第七封信》里面发出的坚定宣言。（Epist. VII，326a-b，vgl. Rep. 473c-d）正如柏拉图自己已经预见到的，理想国之能否实现的关键，亦即“哲学家成为国王”这一主张，比“男女平等教育”、“护卫者的共产共妻制”等观点还要激起更大的反对。柏拉图同时也预见到，这些反对意见绝大部分是基于误解和无知的。他反复强调，真正的哲学家既不是大家瞧不起的那种废物，也不是和那些“冒牌哲学家”一样的无知无耻之人，而是那种真正登上了智慧的巅峰、掌握了各种理论的和实

[1] 关于理性和欲望二者之间究竟是“斗争到底”的关系还是存在着前者“说服”后者的可能，近代德国哲学曾经有过一场著名的争论。康德主张道德性和自由之唯一的体现方式只能在于理性对感性的坚决压制，而席勒虽然不否认理性的主导地位，但对于康德的“道德严肃主义”却不以为然，批评它是古希腊的那种只懂得依靠酷刑来维持统治的德拉孔主义。按照席勒在《秀美与尊严》、《审美教育书简》等著作里面的设想，我们应当想办法规导欲望，说服它去愉快地执行理性揭示出的道德义务。盖言之，理性和欲望不再相互斗争，而是和谐地统一起来。席勒把这种状况称之为“美的灵魂”或“审美自由”。席勒甚至把这个模式从道德领域转移到政治领域，他的理想构想是，在一个专制的国家里，统治者单一的意志支配一切，但如果统治者有办法“说服”普通民众，让普通民众自以为在遵循他们自己的意志的时候，实际上却是在执行统治者的意志的。对于席勒的批评意见，康德在其《纯然理性范围内的宗教》第二版（1794）里作出了回应。他在一定程度上赞成席勒的意见，认为屈从于强迫的奴性心灵只能带着仇恨去遵守法则，而真正的有德行的思想的标志是愉快地执行义务，但是这绝不可能是一种普遍现象，甚至不是一种值得严肃对待的理想。康德始终坚持理性对于欲望的毫不妥协的斗争。另一方面，席勒最终也放弃了那种通过“说服”来得到和谐的理想，并且回到康德的那个基本立场——理性必须“征服”而不是“说服”欲望。（更详细的论述可参阅拙文《席勒的自由哲学及其在德国古典哲学中的定位》，载于《北大德国研究》第一辑，北京大学出版社2005年版。）

践的知识和技艺（尤其是“政治技艺”）的人，是国家按照那种严格的教育体制培养出来的最顶尖的人才。没有人比他们更懂得经天纬地之道。这样的人其实也可以不叫作“哲学家”，而是直接叫作“王”、“智慧之人”、“圣人”等等。但我们终究还是称他们为“哲学家”或“哲学王”，因为我们想不出还有比“哲学”更荣耀的名称配得上这些最智慧的统治者。他们代表着理性，是理性的化身，是理想中的完美的哲学家，而不是指现实生活中的某一位特定的哲学家。

就此而言，康德对于柏拉图的“哲学王”的批评也是不靠谱的。康德在《论永久和平》中说道：“国王进行哲学思考或者哲学家成为国王，这是不能指望、也不值得指望的，因为拥有权力不可避免地要败坏理性的自由判断。不过，国王或者一个具有王者气质的民族（按照平等原理来治理自身的民族）不是让哲学家消失或者沉默，而是让他们公开说话，这样的相得益彰对于双方来说都是不可或缺的。”[1]我们可以看到，康德的发言只是针对现实状况才有效的。比如，让普鲁士的腓特烈国王进行真正的哲学思考，这是不能指望的，而让柯尼斯堡大学的康德教授成为普鲁士的国王，这是更不值得指望的。康德的那个断言，——“拥有权力不可避免地要败坏理性的自由判断”——，虽然在现实中屡屡得到验证，但它终究只是一个得自经验的、取决于若干条件的命题，不具有先天的效力。归根结底，康德谈的是现实中的具体的特定的哲学家（包括他自己在内），他们即使思想深刻知识渊博，但终究是一些有着这样那样缺陷的普通人，当然不能担当国王的重任，但他们和柏拉图所说的那种“神一般的”、作为理性化身的完美的“哲学家”完全是两码事。

---

[1] Immanuel Kant, *Zum ewigen Frieden*. In *Kants Werke*. Akademie Textausgabe, Berlin 1968. Band VIII, S. 369.

在这个问题上，黑格尔的认识显然要比康德深刻许多，正如他说道："当柏拉图说哲学家应该管理国家时，他的意思是根据普遍原则来决定整个情况。这在近代国家里业已更多地实现了，因为本质上普遍的原则构成了近代国家（虽非所有国家，但却是大多数）的基础，有一些国家已经达到了这个阶段，另一些国家正在争取达到这个阶段。但大家都公认，这样的原则构成了政府和权力的实质。所以柏拉图的要求就其内容而言仍然是我们当前的要求。我们所说的哲学，乃是纯粹思想的运动，是涉及一种特别的形式。如果一个国家不以普遍性、自由、公正为原则，那么这个国家就没有建筑在这种形式上面。"[1]

诚然，那些批评柏拉图的"哲学王"的人，如果声称一个没有达到完美的哲学家就不应当成为国王，柏拉图会对此表示同意。但是如果这些人断然否定"哲学家应当成为国王"或认为"哲学家不可能达到完美"，那么柏拉图只会对他们报以鄙夷的目光。

普通人对于柏拉图的"哲学王"的反对，除了基于惯常的对于"哲学家"的不信任乃至蔑视之外，也是觉得"哲学王"的理想有可能为独裁者打开方便之门。这个担心实际上包含着以下一些误解。首先，"哲学王"不是终身制，而是轮换制的；其次，在位的"哲学王"不是唯一的，而是同时存在着多位"哲学王"，大家一起协调工作。最重要的是，"哲学王"主观上一切为公，客观上也已经被剥夺了私有的一切，所以他们不可能以权谋私，更何况他们手里掌握的"权"并不是像人们想象的那样强势和无边无际。实际上，熟悉柏拉图的"理想国"构建过程的人都会认识到，在某种意

[1] 黑格尔《哲学史讲演录》第二卷，贺麟、王太庆译，北京：商务印书馆1960年版，第175－176页。

义上，真正控制着这个国家的不是“哲学王”，而是那个培养出“哲学王”的教育和管理机制。当然，严格地说来，“哲学王”也不是单纯的摆设，他们虽然是这个机制的产物，但反过来又负责监管、维护、甚至在必要的情况下改进这个机制的运转——而这是他们的主要任务。就此而言，我们可以从不同的角度来对柏拉图的“理想国”进行评判，我们既可以说柏拉图主张“制度大于人”，同样也可以说柏拉图主张“人高于制度”。

六　哲学王的人治高于法治

正因如此，我们也不能认同那样一种流行的观点，即认为柏拉图的政治构想后来发生了转变，比如他放弃了《理想国》时期主张的“**人治**”，转而在《政治家》和《法律》里主张“**法治**”等等。柏拉图真的改变了观点吗？诚然，柏拉图在《政治家》和《法律》里已经不再提“哲学王”，而且在两部对话录里都出现了“第二次航行”的说法（Polit. 300e；Leg. 875d），仿佛他要告别那个激进的“理想国”，转而寻求什么更为现实的权宜之策。但实际情况真的是这样吗？

我们希望提请读者注意的是，柏拉图在《政治家》的开篇就已经指出，所谓的“政治家”（πολιτικός）、“国王”（βασιλέα）、“主宰”（δεσπότης）、“统治者”（βασιλικός）等等只是名称不同，实际上是同一种人，因为他们所具有的是同一种知识。既然如此，下面的论述就把他们合在一起讨论，尽管有时使用“政治家”的名义，有时又使用“国王”或“统治者”的名义等等。（Polit. 258e-259d）这表明，柏拉图如今只不过是不再拘泥于特定的名称而已，他虽然不再把“哲学王”这个术语明确拿出来，但这部对话录所要寻找的那种“真真正正的国王和政治家”（ὄντως ὄντα βασιλέα καὶ πολιτικὸν，Polit. 276e）或“具有真知的国王”（τοὺς ἄρχοντας ἀληθῶς ἐπιστήμονας，Polit. 293c），和“哲学王”能有什么区别呢？实际上，柏拉图无非是对于哲学王的行为方式的描述更加具体一些而已（比如通过“纺织”的例子来说明国王具有无与伦比的甄别和整合能力）。正是在这部对话录里，柏拉图明确声称，对于“具有真知的国王”而言，他本人是富是穷，他的做法是否顺应人们的意志，或者**是否遵循法律**，都是次要的、甚至无关紧要的。就好像一名高超的医生，他不一定总是遵守医疗规则，也不一定要征求病人的同意（有时甚至违背病人的意愿），就去割啊烧啊病人的身体，但目的都是为了治好病人。（Polit. 293a-c）柏拉图甚至断言，只要国王是完全遵循“**知识和公正**”来为国家谋取福利，那么无论他杀谁驱逐谁，都是正当的，而且这种政制也是“唯一正确的政制”。（Polit. 293d）

可见，柏拉图在《政治家》里面透露出的这些观点的强硬程度并不逊色于他在《理想国》里面的主张。在《政治家》这里，与埃利亚客人进行对话的小苏格拉底同意以上大部分观点，唯独抗议道，说国王可以“无需法律”而进行统治，这听起来实在是很“刺耳”。（Polit. 293e）于是柏拉图借助埃利亚客人之口详细解释了他的“**真知高于法律**”的观点。柏拉图首先肯定，“立法”的技艺本身是从属于“国王技艺”的，而最好的情况是，不是法律掌权，而是那“具有真知的国王”（τὸν μετα ἀφρονήσεως βασιλικόν）来掌权。（Polit. 294a；vgl. Leg. 875c）为什么呢？“因为法律做不到这一点，即准确地统摄那对于所有的人而言都最适当和最公正的东西，做不到下达真正最好的命令。”（Polit. 294a-b）简言之，一成不变的法律不适合千变万化的局面和千变万化的个别情况。但另一方面柏拉图也承认，“尽管法律不是最正确的东西，但制定法律仍然是非常必要的”。(Polit. 294c-d) 这种法律由分为两种，一种是“书写下来的法律”，另一种是“未成文的、符合祖国习俗的法律（ἐν ἀγραμμάτοις, πατρίοις δὲ ἔθεσι νομοθετῶν）”（Polit. 295a）。那些书写下来的法律当然必须得到尊重和遵守，但它们绝不是至高无上、永世不移的东西，毋宁说它们仅仅是一种不得已的权宜之策，只对某时某地的特定情况有效而已。

在柏拉图看来，“具有真知的国王”是按照“理性和技艺”来治理的国家的，绝对不会犯错。但是，在某些情况下，比如当国王生病或外出旅行，较长时间不在位的时候，为了避免国家在此期间陷入混乱，他也有必要把那些治理国家的方法和准则亦即法律书写下来，就像医生有时候也得把医疗术和药方写下来一样。法律在国王不在位的时候代表国王行使最高的统治权。然而当国王回来之后，他发现当初那些书写下来的法律在人们心目中已经变得“神圣不可侵犯”，但它们实际上已经不适合现有的情况，甚至会带来很大的危害，因此必须予以改变。柏拉图明确提出：“真正的政治家在做事的时候不会理睬书写下来的东西，哪怕这些东西是他自己曾经书写下来的。”（Polit. 300c-d）但普通民众却不是这么想的，他们已经把他过去书写下来的东西捧上神坛，反而对他现今的真实教导嗤之以鼻。[1]人们已经坚信不疑地认为，“谁都不可能比法律更智

---

[1] 明眼人立即可以看出，柏拉图在这里对于“书写下来的法律”的批判和对于灵活生动的“真知”的强调，和他对待书写下来的著作和口传的学说的态度是一致的。哲学家的书写著作诚然是必要的，但哲学家本人不会囿于书写下来的东西，因为这些东西是一成不变的，只对特殊状况有效，而依据于真知的口传却可以及时纠正或改善书写著作中的缺陷。同样，那些把国王书写下来的法律奉为圭臬，却对国王的真实教导不屑一顾的人，也类似于当代那些只承认柏拉图的对话录而拒斥柏拉图的未成文学说的学者。假若柏拉图出现在这些人面前，他们恐怕也是宁要那些对话录，也不要柏拉图的亲自教诲。

最强调“自由”，但就像柏拉图指出的那样，不顾一切过分追求自由的结果，就是极端的奴役，因为真正的自由必须伴随着理性，而这恰恰是普通民众最缺乏的东西。（Rep. 562c）在这样的社会里，只要是遵纪守法、服从政府的人，都会遭到诸如“甘心为奴，一文不值”之类辱骂。（Rep. 562d）好比现在的中国人，无论任何事情只要站在政府一边，为政府的立场说几句话，立即就被扣上“洗地的五毛党”这个帽子。相反，那种为所欲为、蔑视一切法规和传统习俗的做法却成了“自由”的标志，那些在网络和媒体上大行其道的纯粹喷子每每获得最多的喝彩声。我们看到，柏拉图在两千多年前揭示出的现象与今天何其相似：为了避免民众的叫骂，国家领导人必须献媚民众，父亲必须献媚儿子，教师必须献媚学生，老人必须献媚年轻人，维护秩序的城管必须献媚扰乱市容的小贩，本地原住民必须献媚外来务工者，拆除违规建筑者必须献媚贪婪的钉子户，主人必须献媚买来的奴隶，男人必须献媚女人，而后面这类人反过来却觉得，这一切都是理所当然的事情，因为他们觉得，只有这样才能表明他们也是“自由人”。（Rep. 562d-563b）最终，必然会出现柏拉图所描述的这样的局面：“连人们畜养的动物在这种城邦里也比在其他城邦里自由不知多少倍。狗也完全像谚语所说的‘变得像其女主人一样’了，同样，驴和马也惯于十分自由地在大街上到处撞人，如果你碰上它们而不让路的话。什么东西都充满了自由精神。”（Rep. 563c）其实这也是今天我们社会的真实写照。我们今天许多人还在抱怨着索要“民主”和“自由”，但假若柏拉图死而复生看到我们这个样子，一定会说，这个地球上再也找不到比我们更自由更民主的地方了。

正因如此，柏拉图对于民主制的批判永远都是值得我们警醒和反思的一个对象。按照柏拉图哲学的二元本原结构，代表着“不定的二”的普通民众在概念上就注定了他们根本就不应该，也不可能僭越统治者的地位，而是应当要么接受一位明君（代表着“一”），要么接受少数精英（作为“一”和“不定的二”的中介）的统治，除非法律不存在或完全失去效力（而这是非常罕见的）。因此之故，柏拉图甚至认为，民主制连去模仿那个完满政制的资格都没有。从原则上说，只有“一个人的统治”或“少数人的统治”才是值得关注的。现实的政制是一种模仿，以那个完满的哲学王统治为原型，如果模仿得好，就出现“明君制”或“精英制”，而如果模仿得很糟糕，就出现“暴君制”或“寡头制”，而“暴君制”和“寡头制”是最容易与“民主制”结合在一起的。柏拉图的以上政制构想，在最终的浩繁巨制《法律》里同样没有发生本质上的变化。和在《政治家》里一样，柏拉图也强调了法律的必要性和重要性：“制定法律并且按照法律而生活，这对于人来说是不可避免的，否则他们就和那些最粗野的禽兽毫无区别。”（Leg. 874e-875a）原因在于，普通民众很难认识到什么东西才是有利于他们在一个国家之内的共同生活，他们不知道，“真正的政治技艺”（πολιτικῇ καὶ ἀληθεῖ τέχνῃ, Leg. 875a）并不是把个人的利益，而是把国家的利益（亦即人们的共同利益）放到首位，他们也不知道，只有当国家利益（共同利益）得到照顾之后，个人利益才能够真正得到照顾，而不是相反。再者，即便人们在理论上认识到了这些，他们在实践中也没有力量和意志去执行正确的做法。柏拉图的意思很清楚，由于人的自私自利的天性总是会导致他们把个人利益置于国家利益之上，由于他们的软弱意志不能阻止他们这样做，所以通过法律来制止以及惩罚这种行为乃是不可避免的。但恰恰是在这个地方，柏拉图也提出，如果“由于某种神助”（Leg. 875c），一个既掌握了政治技艺同时又有能力和意志去施行的人登上王位（这种说法显然就是

“哲学王”的翻版)，那么他绝对不需要任何凌驾于他之上的法律。换言之，在一种理想的——虽然很稀罕但绝非不可能的——状况下，哲学王的人治高于通常的法治。柏拉图在《政治家》里曾经明确主张“真知高于法律”（vgl. Polit. 294a ff.），而他在这里同样坚持认为：“没有任何法律或规章制度高于真知。因为，假若理性屈从于某种别的东西，做它的奴婢，那么这将有悖于神制定的秩序。相反，只要理性真正保持着它的真实的和自由的本性，那么理性必须凌驾于一切事物之上。”（Leg. 875c-d；vgl. Polit. 293e-302b）可见，只有当哲学王或“具有真知的国王”暂时不在位的时候，法律的重要性和意义才凸显出来。因此相比于哲学王的“人治”，目前的“法治”终究只能算是一个**“次佳方案”**（δεύτεϱος πλοῦζ, Polit. 300c；τὸ δεύτεϱον，Leg. 875d）。这个基本思想是柏拉图从《理想国》经过《政治家》再到《法律》都一以贯之，从未改变的，尽管他在这个过程中愈加关注一些现实的、具体的规章和措施。就现实的政治而言，我们诚然不能奢望某一位哲学家能够登上国家领导人的位置，但另一方面，如果当前的国家领导人以“真知”为旨归，多多学习一点哲学（尤其是真正意义上的哲学），这却是应当而且能够做到的，而且这将会是一件具有绝对重要意义的事情。

附录：国外柏拉图研究中关于“图宾根学派”的争论*

何谓“图宾根学派”

自20世纪50年代中起，德国图宾根大学哲学系和古典语文系的一批以克雷默（Hans Krämer）、盖瑟尔（Konrad Gaiser）、哈普（Heinz Happ）为代表的青年学者开始提出一种新的诠释柏拉图哲学的范式，因为独树一帜，从者甚众，故成其为一个学派。盖瑟尔（1929—1988）不幸早逝之后，斯勒扎克（Thomas A. Szlezák）接替了他的教席。

他们特别强调柏拉图本人对于“书写”和“口传”的区分，并依据亚里士多德以及古代柏拉图学派—亚里士多德学派的记载，重构柏拉图于学园内部口传的“未成文学说”（ἄγραφα δόγματα, ungeschriebene Lehre）。

从内容实质来看，“未成文学说”——在不同的场合亦作“口传

* 本文最初发表于《世界哲学》2009年第5期，并先后得到中国人民大学书报资料中心《外国哲学》（2009年第11期）及《中国社会科学文摘》（2010年第1期）全文转载。考虑到这篇文章的普及意义，尤其是能够让普通读者以最为便捷直观的方式了解到“柏拉图未成文学说问题”的核心要点，因此作者特意将其收入本书作为附录。

学说”（mündliche Lehre）或“内传学说”（esoterische Lehre）——是一种“本原学说”（Prinzipienlehre）。

柏拉图的本原学说的要点大致如下：

1）有两个最高的本原：“一”和“大和小”或“不定的二”；

2）整个存在是一个从“可感事物”经过“数学对象”、“理念”、“数”直到“本原”的金字塔形结构，所有存在都是“一”与“多”的混合，其层次的高低取决于统一性的高低；

3）通过辩证法来把握“向着本原回归的道路和从本原出发的道路”；

4）这种二元本原以及“一与多”的辩证法在所有实践领域中的应用。

引人注目的是，这些学说超出了对话录所表达的思想的范围之外，因此其可靠性和学术价值引起了激烈争议。

图宾根学派从“历史的—批判的”原则出发，认为只有以这些学说为基础，并与柏拉图的对话录结合起来，才能在根本上充分、正确地理解柏拉图的哲学。

图宾根学派的主张并非横空出世。作为他们的前驱，19世纪的勃兰迪斯（Ch. A. Brandis）、特伦德伦堡（F. A. Trendelenburg）、赫尔曼（K. F. Hermann）和20世纪上半叶的罗斑（Leon Robin）、斯登泽尔（Julius Stenzel）、贡佩茨（Heinrich Gomperz）、威尔佩特（Paul Wilpert）等学者已经在不同程度上提出了类似主张。

图宾根学派的影响

自 Hans Krämer 的开山之作（1959）问世至今，除了上举四位

“图宾根人”之外，宣称自己属于图宾根学派或支持其基本立场的著名学者有泰勒尔（Willy Theiler）、雷亚利（Giovanni Reale）、阿尔伯特（Karl Albert）、奥勒尔（Klaus Oehler）、福格尔（C. J. de Vogel）、贝尔蒂（Enrico Berti）、拜尔瓦尔特斯（Werner Beierwaltes）、弗拉斯哈（Hellmut Flashar）、阿多（Pierre Hadot）、格尔格曼斯（Herwig Görgemanns）、哈弗瓦森（Jens Halfwassen）、埃尔勒（Michael Erler）、赫斯勒（Vittorio Hösle）、塞费尔特（Josef Seifert）等。由于未成文学说在意大利（特别是雷亚利主导的米兰天主教大学）影响卓著，所以一度也有“图宾根—米兰学派”的说法。

另一方面，图宾根学派的反对者更是为数众多，其中不乏伽达默尔（Hans-Georg Gadamer）、布洛克尔（Walter Bröcker）、魏兰德（Wolfgang Wieland）、福尔克曼-施鲁克（Karl-Heinz Volkmann-Schluck）、弗里茨（Kurt von Fritz）、哈格尔（P. H. Hager）、帕泽希（Günter Patzig）、米特尔斯特拉斯（Jürgen Mittelstraβ）、帕伦特（M. Isnardi Parente）、海奇（Ernst Heitsch）、布里松（Luc Brisson）、格雷泽尔（Andreas Graeser）、弗雷德（Dorothea Frede）、库切拉（Franz von Kutschera）等著名学者。

还有一些学者，比如费勃（Rafael Ferber）、舍费尔（Christina Schefer）、维勒尔斯（Jürgen Villers）等，号称“继承并发展”图宾根学派的主张，实则把柏拉图的未成文学说的内容解释为“不能成文”甚至“不能言说”或“不可知”，同样走到了图宾根学派的对立面。

对于这场伟大的争论，雷亚利借用托马斯·库恩（Thomas Kuhn）的“范式转换”思想，把图宾根学派的主张界定为柏拉图诠释史上的第四个范式（此前三个范式分别是“亚里士多德的亲炙弟子”、“新柏拉图主义”和“施莱格尔—施莱尔马赫的浪漫派诠释模式”）。[1]

范式转换过程中的这些重量级学者之间的激烈争论涉及到了文化史、解释学、语文学、文献学、哲学义理等方方面面的问题，至今一直不断有新鲜力量加入进来。由于这些争论，图宾根学派的影响和重要性可以用伽达默尔（1983）的这样一句话来概括：“从此以来，柏拉图的未成文学说已经成为理解柏拉图哲学的显要问题和中心问题。”[2]

值得注意的是，尽管以上争论在欧陆各国学界进行得如火如荼，但在英美国家，虽然芬德莱（John N. Findlay）从20年代起就注意到了柏拉图的未成文学说，但他的相关著作[3]直到1974年才正式出版，几乎没有产生什么影响，而且他的学术旨趣也与图宾根学派相差甚远。切尔尼斯（Harold Cherniss）和弗拉斯托斯（Gregory Vlastos）曾经与克雷默有过短暂论战。总的说来，除了极个别的情况比如萨耶（K. M. Sayre）之外，当代整个英美学界对图宾根学派的主张（包括相关的反对意见）基本处于无知的状态。

中国学界对于图宾根学派的确切介绍从几年前才真正开始。先刚于2004年和2007年在《哲学门》上发表了两篇相关论文。[4]进入2009年之后，斯勒扎克的代表作之一《读柏拉图》的中译本由译林出版社出版，译者程炜撰写的长篇附录《书写批判视域下的柏拉图》值得参考和注意；同年，刘小枫/陈少明主编出版了《施莱尔马赫的柏拉图》一书（华夏出版社），其中间接地提到了图宾根

---

[1] Vgl. Giovanni Reale，*Zu einer neuen Interpretation Platons*. S. 27-135. Paderborn 1993.

[2] Hans-Georg Gadamer，*Unterwegs zur Schrift*?（1983）. In Gesammelten Werken，Band 7，S. 263. Tübingen 1991.

[3] J. N. Findlay，*Plato. The Written and Unwritten Doctrines*. London 1974.

[4] 先刚《柏拉图未成文学说的几个基本问题》，载于《哲学门》2004年第1卷，第16－38页；先刚《柏拉图的二元本原学说》，载于《哲学门》2007年第1卷，第1－25页。

学派的一些重要观点。

围绕“图宾根—柏拉图”的若干重要争论

1. 文化史的问题

这些问题包括：近代发展起来的传媒文化特别是书写文化（把著作看作是最重要的，甚至是唯一的思想载体）是否也适用于古人？口传文化在人类文明中有些什么样的表现，究竟占据怎样的地位？

本来，考虑到古代的神话、史诗、民间诗歌的流传状况，以及孔子、佛陀、苏格拉底、耶稣等人类文明导师有意识地“述而不作”的现象，尤其考虑到柏拉图在《斐德罗》（Phaidr. 274 ff.）和《第七封信》（Epist. VII，341 ff.）中对于书写—口传的严肃区分和不同评价，那么重视柏拉图的口传或内传学说就是一件很正常的事情。实际上，柏拉图的亲炙弟子（亚里士多德、斯彪西波、塞诺克拉底、特奥弗拉斯特）及其学派传统一直都是这样做的。在这里，图宾根学派推崇的“内传学说”（esoterische Lehre）经常被其反对者扣上“秘传学说”（Geheimlehre）的帽子，为此盖瑟尔和斯勒扎克在很多场合都作出澄清，指出柏拉图的“内传”既不同于古代毕达哥拉斯学派的“守秘”，也不同于当代列奥·施特劳斯学派所说的“隐微”，而是一些仅仅在较小的圈子里口头讲解的，以存在的最高本原及结构为对象的学说。[1]

近代以来对于内传学说的排斥在很大程度上归因于德国神学家

---

[1] Vgl. Konrad Gaiser，*Platons esoterische Lehre.* In Peter Koslowski（hrsg.），*Gnosis und Mystik in der Geschichte der Philosophie.* S. 13-40. München 1988.

施莱尔马赫（F. D. E. Schleiermacher，1768—1834）在翻译柏拉图全集时所确立的柏拉图诠释范式。施莱尔马赫在为翻译撰写的导言中塑造了柏拉图的“书写艺术家”形象，并把“对话录”标榜为最适合表达哲思的书写艺术。他承认柏拉图推崇口传并批判书写，但却认为柏拉图通过对话录的形式成功克服了书写的缺陷，达到了对于口传的完美模仿和替代。所谓“内传”和“外学”的区分不再是根本性的，而是取决于读者的理解能力和认识状态：当他拘泥于字面意思和结论，就处于“外学”，而当他领悟到柏拉图教导的“在内心里产生出理念认识”，也就达到了“内传”。因此，柏拉图的全部学说都包含在他的对话录里，我们没有必要再去“抱怨和梦想柏拉图智慧的另外一些失去的宝藏”。[1]

施莱尔马赫的问题主要在于他无视其他古代作者对柏拉图的记述，无视书写文化在古代和近代的差别，夸大对话录这种书写形式的独特意义和作用，进而夸大柏拉图对话录的“艺术”色彩和“戏剧”因素等等。他的当代追随者（比如伽达默尔、魏兰德和海奇）继承了这样的策略，即宣称柏拉图的书写批判只针对其他人的著作而不针对柏拉图自己的作品，或者只是针对“论文”等形式而不是针对“对话录”等等。这些论证的目的归根结底是要捍卫柏拉图的对话录的绝对地位。对此克雷默尤其是斯勒扎克进行了尖锐的批判，指出施莱尔马赫的范式是完全非历史的，它一方面曲解、弱化了柏拉图的书写批判，另一方面神化了“对话录”这种在当时普遍流行而非专属柏拉图的写作形式；至于施莱尔马赫对于古代其他记述者的漠视，更是违背了历史的—批判的科学精神。

[1] Vgl. Friedrich Schleiermacher，*Einleitung zur Platon-Übersetzung*（1804）. In ders. *Über Platons Philosophie*. S. 25-69. Hamburg 1996.

图宾根学派遇到的另一个责难是，如果柏拉图认为书写如此不堪，为什么又写下了这么多伟大的著作？以盖瑟尔为代表的观点认为，柏拉图撰写对话录主要是出于与其他学派进行宣传竞争的需要，类似当时流行的“劝导书”（Protreptik）；同时，柏拉图也可以在对话录中记载下一些重要的思想，把它们当作通往学园内部口传的铺垫。对话录与内传学说的区分是层次和阶段的区分，二者并不排斥，而是相互补充。❶

2. 语文学和文献学的问题

主要争议在于：亚里士多德等人记载的柏拉图口传的“未成文学说”是否可靠？这些记载应该如何解读，其参考价值几何？

有关争论在二十世纪六七十年代就达到了顶峰。就具体文献的辑轶、训诂等问题而言，实际上克雷默、盖瑟尔、斯勒扎克、雷亚利等无一不是这方面的大师，他们在与反对者的拉锯战般的论争中表明，柏拉图“未成文学说”的存在是一个铁的事实。这个基本上可以看作是一个定论的成果。

在“未成文学说”的基本文献方面，盖瑟尔于1963年辑录的《柏拉图学说记述》（*Testimonia Platonica*）收集了近80条重要的间接原始文献（目前克雷默、哈弗瓦森和伯尔曼正在进行该书的扩充和注释工作），这些文献通过克雷默、理夏德（M. -D. Richard）、帕伦特的后续工作得到了改善和补充。盖瑟尔并且于1970年在图宾根大学建立了柏拉图档案馆，该档案馆目前的主持者为斯坦泽尔（Karl-Heinz Stanzel）。由该档案馆编辑的九卷本《柏拉图文献补遗汇评》（*Supplementum Platonicum*）正在进行中，其中盖瑟尔编辑并注

---

❶ Vgl. Konrad Gaiser, *Platon als philosophischer Schriftsteller*. In ders. Gesammelte Schriften, hrsg. von Th. A. Szlezák. S. 3-71. Berlin 2004.

释的第一卷《斐罗德姆的学园》(*Philodems Academia*, Stuttgart, 1988)已出版。这套丛书出齐之后,将与杜里(Heinrich Dörrie)和巴尔特斯(Matthias Baltes)编辑的七卷本《古代的柏拉图主义》(*Platonismus in der Antike*, Stuttgart, 1987 ff.)一起成为研究古代柏拉图主义传统的最重要的文献汇编。

3. 哲学义理问题

在今天,图宾根学派的反对者大多数已经软化自己的立场,承认未成文学说的存在,但他们仍然否认这些学说具有重要的意义和价值,就像魏兰德(1982)所说的那样:“关于柏拉图的未成文学说,争论的关键不在于这些学说的内容,更不在于这些学说的存在与否;争论的关键在于这些学说的哲学意义。”[1]在围绕图宾根学派的各种激烈论战中,无疑这是最重要的一个战场。相关问题大致可以归结为以下几点。

1、柏拉图心目中的“哲学”究竟是怎样一种东西。

施莱格尔—施莱尔马赫确立的浪漫派诠释模式把“philosophia”定性为“对于智慧的追求”,进而阐发为“智慧的缺失”,因此他们特别强调苏格拉底自认的“无知”,认为哲学只能无限地追求、趋近,但永远达不到智慧(sophia, episteme)、真理、绝对者等等。他们宣称这是哲学的宿命,且柏拉图对此欣然接受,他的哲学就是为了展示这么一个永不停止的“上路”和“在路上”的探索过程;柏拉图的哲学不是一个体系,不仅如此,他根本就不想要有一个体系,柏拉图的哲学没有提供终极答案,而且他根本不想提供终极答案,而是有意地追求“未完成”、“片段”、“悬疑”等等。

---

[1] Wolfgang Wieland, *Platon und die Form des Wissens.* S. 328. Göttingen 1982.

这种浪漫派哲学思想的影响实在巨大，在此只需点出雅斯佩尔斯（Karl Jaspers）、伽达默尔、福尔克曼-施鲁克、魏兰德等名字就足够了，他们不但把这样的“哲学”观念强加给柏拉图，而且应用在整个哲学史上面。相应地，他们拒绝柏拉图的哲学中有什么绝对的、根本的、系统的、可以通过理性和反思来把握的东西。

反之，图宾根学派（克雷默和阿尔伯特）通过大量的词源考据指出，古希腊人的“philos + 对象”的用法从未把爱的活动与爱的对象割裂开来，而是强调与对象的亲密和熟悉关系，因此他们把“philosophia”界定为“智慧的朋友”，与智慧朝夕相处、亲密无间的东西。柏拉图的口头教导和对话录中的大量地方都表明，他认为哲学必须而且能够认识到真理、理念、乃至最高的本原，而且他的辩证法为这条认识道路制定了严格的阶段和秩序。柏拉图对于基本真理的认识贯穿于他的所有其他认识中，他虽然没有现成的教科书式的“体系”，但他的哲学确实构成了一个坚实的、全面的、理性的系统。对于柏拉图另一方面对“哲学”与“智慧”的区分，图宾根学派认为这只是意味着哲学（哲学家）不能绝对地停留于智慧，而是必须在智慧与无知之间不断地来回往复，并以这种方式将所有存在贯穿起来。哲学活动类似一种螺旋式上升，这同样是一个无限的过程。

我们可以发现，浪漫派的线性式“无限趋近”秉承的是康德—费希特—席勒的“想象无限”观念，即所谓的“恶的无限”（黑格尔语），而图宾根学派的圆圈式“无限循环”则是继承谢林—黑格尔的“思辨无限”观念。且不说这两种思维方式的高低之分，但后者显然更符合历史事实（包括对于柏拉图而言）。

2、柏拉图哲学的实质是“理念学说”还是“本原学说”。

众所周知，以往的研究把苏格拉底—柏拉图的理念学说视为其哲学的根本和成败关键，认为理念是柏拉图哲学中的最高存在。相应地，当他们看到理念在《巴门尼德》里面遭到“毁灭性”批评，在其他后期对话录里面又少有露面，往往就乱了阵脚，走上“柏拉图的自我反思与批判”或“不断探索”等浪漫派的套路。但图宾根学派从未成文学说出发，指出理念在柏拉图的哲学里从来都不是最高存在，在它的上面还有“数”，以及“一”。[1]原因在于，如果说理念代表着统一性原则，那么理念本身的杂多性已经表明它们不可能是最高本原，所谓“善的理念”或“理念的理念”严格说来也不再是理念（而是“一”）。正如雷亚利一再强调指出的，《斐多》和后期对话录中已经清楚表明理念之间也有高低之分，柏拉图的讨论重点转到了“高层次理念”或“种”，而他对于“种”之上的更高本原（“数”和“一”）的解说则保留给了学园内部的口传。

图宾根学派不但将理念学说奠基在本原学说的基础上，而且特别强调柏拉图的哲学有两个本原：如果说存在的金字塔的最顶端是“一”，那么最下层就是“大和小”或“不定的二”。亚里士多德（《形而上学》A，988a = TP 22A）把这归结为本质因和质料因。柏拉图显然认为单凭一个绝对的“一”不能说明多样性的起源，因此设定一个绝对的“他者”，一个没有任何规定性但又可以承受任何规定的东西。就此而言，柏拉图的哲学是二元本原学说，任何存在都是“混合”，都带有二元性，辩证法的“归同法”和“划分法”就是这样来整合及剖析整个存在的，这也就是向着本原回归（参看“线喻”）和从本原出发的道路（从“一”和“二”推演出“数”，

---

[1] 根据特奥弗拉斯特（Theophrast）的报道：“柏拉图……把其他事物追溯到理念，把理念追溯到数，又从数出发追溯到本原（archas）。”（《形而上学》6b = TP 30）另根据阿里斯托色诺斯（Aristoxenos）的报道：“如亚里士多德一再叙述的……柏拉图的讲授课《论“善”》讲授的是数学、数、几何学和天文学，最后的结论是：‘善’是‘一’。”（《和谐的本原》II 39 - 40 = TP 7）

再推演出“理念”，再推演出“点、线、面、体”，再推演出万事万物）。柏拉图的哲学既是一种纯正的本原学说，也是一个辩证法的体系。

不仅如此，在实践哲学方面，图宾根学派也表明，所有的德行（Arete）都表现为统一、尺度和秩序，而这些又取决于“一”对于“不定的二”的规定。善意味着合适的规定或“持中”，而恶则意味着没有确切的规定，过度或者不及。

图宾根学派的批评者认为这样重构起来的柏拉图哲学是“形而上学的”、“基础主义的”、“独断的”、“封闭的”、“整体主义的”、“新柏拉图主义的”、“黑格尔主义的”哲学。图宾根学派则指出，即使这些头衔都成立，历史上的柏拉图哲学确实就是这个样子。更重要的问题是，上述头衔难道真的意味着一种贬义的东西？必须指出的是，那些主张未成文学说“无意义”或“低价值”的学者基本上都是浪漫派、存在主义、实证主义或后现代出身，他们对于“形而上学”、“体系”、“德行”等概念的理解与评价完全不同于坚持理性主义和科学精神的图宾根学派。从哲学实质上看，图宾根学派与其反对者之间的论争反映了德国唯心主义（费希特—谢林—黑格尔）和德国浪漫派（施莱格尔—施莱尔马赫—诺瓦利斯）两种基本哲学立场之间的斗争。

3、“图宾根—柏拉图”的哲学史意义。

图宾根学派将未成文学说与对话录结合起来阐发的柏拉图哲学除了本身的意义之外，在哲学史方面至少给我们带来如下一些重要的认识：

a）柏拉图的本原学说表明他从来没有偏离前苏格拉底的自然哲学传统，特别是自毕达哥拉斯以来的“形式（本质）—质料”二元本原学说的传统。考虑到亚里士多德的“四因说”归结到底仍然也是同样的“二因说”，柏拉图在整个古希腊哲学传统中的承前启后的地位可以得到更清楚的认识。

b）在实践哲学方面，亚里士多德最重要的“中道”思想是柏拉图基于“一”和“不定的二”的“混合”、“尺度”、“秩序”等思想的延续。

c）新柏拉图主义（尤其是柏罗丁）的哲学（“太一”、存在的等级和秩序、物质学说、向上和向下的道路等）不但不是对于柏拉图的歪曲，而是恰好真正继承了柏拉图的“内学”。在图宾根学派引发的大量论争中，“新柏拉图主义”是仅次于“柏拉图”的第二激烈战场，同样在这个过程中，浪漫派模式对于新柏拉图主义的贬斥和轻视也逐渐得到修正。

d）更好地梳理古代和近代柏拉图主义的传统，比如爱留根纳、库萨的尼古拉、雅各布·波墨、布鲁诺等带有浓厚的柏拉图本原学说色彩的哲学。

e）“图宾根—柏拉图”视野下的德国古典哲学：这里的关键词是“辩证法”和“本原学说”。康德在近代重新确立辩证法为兼有“向一上升”和“无穷分异”两个方向的、理性必然具有的思维方式和认识方式，费希特则强调了本原的根本重要性。黑格尔的辩证法、普遍与个别的关系，后期谢林的二元本原学说以及他区分的“否定哲学—肯定哲学”等等，都呈现出柏拉图的本原学说的重要影响。考虑到德国浪漫派—德国唯心主义两条哲学路线本身的分歧以及它们在柏拉图诠释中造成的支配性对立，这个领域尤其大有可供挖掘的余地。

主要参考文献

A. 柏拉图著作

Platon：*Werke in acht Bänden.* Griechisch/deutsch. übersetzt von Friedrich Schleiermacher. Hrsg. von Günther Eigler. Darmstadt 1977.

Platon：*Sämtliche Dialoge in deutscher übersetzung.* 7 Bände. übersetzt und Herausgegeben von Otto Apelt，in Verbindung mit Kurt Hildebrandt，Constantin Ritter und Gustav Schneider，Leipzig 1923. Hamburg 1998 Nachdruck.

《柏拉图全集》(1—4卷)，王晓朝译，北京人民出版社2004年版。

《柏拉图对话集》，王太庆译，北京商务印书馆2004年版。

柏拉图《理想国》，郭斌和、张竹明译，北京商务印书馆2002年版。（本书关于《理想国》的部分引文采用了此版本的译文）

柏拉图《巴曼尼德斯篇》，陈康译注，北京商务印书馆1982年版。

柏拉图《智者篇》，詹文杰译，北京商务印书馆2012年版。

柏拉图《蒂迈欧》，谢文郁译，上海人民出版社2005年版。

B. 其他哲学家著作

Aristoteles，*Metaphysik. Erster Halbband*：*Bücher I*（*A*）*-VI*（*E*）. Neubearbei tung der übersetzung von Hermann Bonitz. Mit Einleitung und Kommentar herausgegeben von Horst Seidel. Griechischer Text in der Edition von Wilhelm Christ. Griechisch-Deutsch. Hamburg 1989.

Aristoteles, *Metaphysik. Zweiter Halbband: Bücher VII (Z) -XIV (N)*. Neubearbeitung der übersetzung von Hermann Bonitz. Mit Einleitung und Kommentar herausgegeben von Horst Seidel. Griechischer Text in der Edition von Wilhelm Christ. Griechisch-Deutsch. Hamburg 1991.

Aristoteles, *Metaphysik*. Übersetzt und eingeleitet von Thomas A. Szlezák. Berlin 2003.

Aristoteles. *Philosophische Schriften*. 6 Bände. Hamburg 1995.

Immanuel Kant, *Kants Werke*. Akademie Textausgabe. 9 Bände. Berlin 1968.

Friedrich Wilhelm Joseph Schelling, *Sämtliche Werke*. 14 Bände. Stuttgart und Augsburg 1856-1861.

Georg Wilhelm Friedrich Hegel, *Werke in zwanzig Bänden. Theorie-Werkausgabe*. Redaktion Eva Moldenhauer und Karl Markus Michel. Frankfurt am Main, 1970.

Arthur Schopenhauer, *Sämtliche Werke*. 5 Bände. Hrsg. von Wolfgang Freiherr von Löhneysen. Stuttgart/Frankfurt am Main, 1960-1962.

C. 研究著作或资料集（外文部分）

Karl Albert, *Über Platons Begriff der Philosophie*. Sankt Augustin 1989.

Danielle S. Allen, *Why Plato wrote*. Wiley-Blackwell 2010.

Werner Beierwaltes, *Platonismus und Idealismus*. Frankfurt am Main 1972.

Werner Beierwaltes, *Denken des Einen. Studien zur neuplatonischen Philosophie und ihrer Wirkungsgeschichte*. Frankfurt am Main 1985.

Norbert Blößner, *Dialogform und Argument. Studien zu Platons Politeia.* Stuttgart 1997.

Gernot Böhme, *Platons theoretische Philosophie.* Suttgart-Weimar 2000.

Michael Bordt, *Platon.* Freiburg 2000.

Michael Bordt, *Platons Theologie.* Freiburg 2006.

Walter Bröcker, *Platons Gespräche.* Frankfurt am Main 1967.

Harold Cherniss, *Die ältere Akademie. Ein historisches Rätsel und seine Lösung.* Heidelberg 1966.

Francis M. Cornford, *Plato's Cosmology. The Timaeus of Plato translated with a running commentary.* London 1937.

Joachim Dalfen, *Polis und Poiesis. Die Auseinandersetzung mit der Dichtung bei Platon und seinen Zeitgenossen.* München 1974.

Hermann Diels und Walter Kranz, *Die Fragmente der Vorsokratiker.* Hildesheim 1952.

Diogenes Laertius, *Leben und Meinungen berühmter Philosophen.* Hamburg 1998.

Heinrich Dörrie, *Platonica Minora.* München 1976.

Heinrich Dörrie und Matthias Baltes, *Platonismus in der Antike. Grundlagen-System-Entwicklung.* Stuttgart 1990 ff.

Theodor Ebert, *Meinung und Wissen in der Philosophie Platons.* Berlin 1974.

Michael Erler, *Der Sinn der Aporien in den Dialogen Platons. übungsstücke zur Anleitung im philosophischen Denken.* Berlin 1987.

Michael Erler, *Ueberweg: Grundriss der Geschichte der Philosophie. Platon.* Basel 2007.

Günter Figal, *Sokrates.* München 1995.

John N. Findlay, *Plato. The Written und Unwritten Doctrines.* New York 1974.

Hellmut Flashar, *Der Dialog Ion als Zeugnis platonischer Philosophie.* Berlin 1958.

Hermann Fränkel, *Dichtung und Philosophie des frühen Griechentums.* München 1962, 1993.

Paul Friedländer, *Platon.* Band 1. Berlin 1928.

Kurt von Fritz, *Philosophie und sprachlicher Ausdruck bei Demokrit, Platon und Aristoteles.* New York 1964.

Hans Georg Gadamer, *Gesammelte Werke.* Tübingen 1999.

Hans Georg Gadamer und Wolfgang Schadewaldt (hrsg.), *Idee und Zahl. Studien zur platonischen Philosophie.* Heidelberg 1968.

Hans Georg Gadamer, *Plato. Texte zur Ideenlehre.* Frankfurt am Main 1986.

Konrad Gaiser, *Platon und die Geschichte.* Stuttgart 1961.

Konrad Gaiser, *Platons ungeschriebene Lehre. Studien zur systematischen und geschichtlichen Begründung der Wissenschaften in der platonischen Schule.* Stuttgart 1963, 1968.

Konrad Gaiser (hrsg.), *Das Platonbild. Zehn Beiträge zum Platonverständnis.* Hildesheim 1969.

Konrad Gaiser, *Philodems Academica. Die Berichte über Platon und die Alte Akademie in zwei herkulanensischen Papyri.* Stuttgart 1988.

Konrad Gaiser, *Gesammelte Schriften.* Berlin 2004.

Olof Gigon, *Sokrates. Sein Bild in Dichtung und Geschichte.* Tübingen und Basel 1947.

Herwig Görgemanns, *Platon.* Heidelberg 1994.

Hermann Gundert, *Dialog und Dialektik. Zur Struktur des platonischen Dialogs.* Amsterdam 1971.

Jens Halfwassen, *Der Aufstieg zum Einen. Untersuchungen zu Platon und Plotin.* Stuttgart 1992.

Jens Halfwassen, *Plotin und der Neuplatonismus.* München 2004.

Heinz Happ, *Hyle. Studien zum aristotelischen Materie-Begriff.* Berlin 1971.

Martin Heidegger, *Platons Lehre von der Wahrheit.* Bern 1947.

Ernst Heitsch, *Platon über die rechte Art zu reden und zu schreiben.* Stuttgart 1987.

Ernst Heitsch, *Platon und die Anfänge seines dialektischen Philosophierens.* Göttingen

2004.

Otfried Höffe (hrsg.), *Platons Politeia.* Klassiker Auslegen. Berlin 1997.

Vittorio Hösle, *Wahrheit und Geschichte. Studien zur Struktur unter paradigmatischer Analyse der Entwicklung von Parmenides bis Platon.* Stuttgart 1984.

Vittorio Hösle, *Platon interpretieren.* Paderborn 2004.

Christoph Horn, Jörn Müller u. Joachim Söder (hrsg.), *Platon Handbuch.* Stuttgart/Weimar 2009.

Werner Jaeger, *Studien zur Entstehungsgeschichte der Metaphysik des Aristoteles.* Berlin 1912.

Markus Janka und Christian Schäfer (hrsg.), *Platon als Mythologe. Neue Interpretationen zu den Mythen in Platons Dialogs.* Darmstadt 2002.

Karl Jaspers, *Die großen Philosophen.* München 1957.

G. S. Kirk/J. E. Raven/M. Schofied, *Die vorsokratischen Philosophen. Einführung, Texte und Kommentare.* Stuttgart/Weimar 1994, 2001.

Th. Kobusch und B. Mojsisch (hrsg.), *Platon. Seine Dialoge in der Sicht neuer Forschungen.* Darmstadt 1996.

Hans Joachim Krämer, *Arete bei Platon und Aristoteles. Zum Wesen und zur Geschichte der platonischen Philosophie.* Heidelberg 1959, 1967.

Hans Joachim Krämer, *Der Ursprung der Geistmetaphysik. Untersuchungen zur Geschichte des Platonismus zwischen Platon und Plotin.* Amsterdam 1964, 1967.

Hans Joachim Krämer, *Plato and the Foundations of Metaphysics. A Work on the Theory of the Principles and Unwritten Doctrines of Plato with a Collection of the Fundamental Documents.* New York 1990.

Franz von Kutschera, *Platons Parmenides.* Berlin 1995.

Franz von Kutschera, *Platons Philosophie.* 3 Bände. Paderborn 2002.

Bernhard Kytzler, *Platon. Das Höhlengleichnis. Sämtliche Mythen und Gleichnisse.* Frankfurt am Main 1997.

Kang Liu, *Sein und Erkennen. Platons Ideenlehre in "Parmenides" und "Soph istes*". Dissertation der Freien Universität Berlin 2011. Noch unveröffentlicht.

Gebhard Löhr, *Das Problem des Einen und des Vielen in Platons Philebos*. Göttingen 1990.

Paul Natorp, *Platons Ideenlehre. Eine Einführung in den Idealismus*. Hamburg 2004.

Gyburg Radke, *Das Lächeln des Parmenides. Proklos' Interpretationen zur platonischen Dialogform*. Berlin 2006.

Giovanni Reale, *Zu einer neuen Interpretation Platons. Eine Auslegung der Metaphysik der großen Dialoge im Lichte der "ungeschriebenen Lehren"*. Paderborn 1993, 2000.

Christoph Riedweg, *Pythagoras. Leben, Lehre, Nachwirkung*. München 2002.

David W. Ross, *Plato's Theory of Ideas*. Oxford 1951.

Wolfgang Schadewaldt, *Die Anfänge der Philosophie bei den Griechen. Die Vorsokratiker und ihre Voraussetzungen*. Tübinger Vorlesungen Band 1. Frankfurt an Main 1978.

Wolfgang Schadewaldt, *Die griechische Tragödie*. Tübinger Vorlesungen Band 4. Frankfurt am Main 1991.

Christian Schäfer (hrsg.), *Platon-Lexikon*. Darmstadt 2007.

Christina Schefer, *Platons unsagbare Erfahrung. Ein anderer Zugang zu Platon*. Basel 2001.

Friedrich Schlegel, *Schriften und Fragmente. Ein Gesamtbild seines Geistes*. Aus den Werken und dem handschriftlichem Nachlaβ zusammengestellt und eingeleitet von Ernst Behler. Stuttgart, 1956.

Friedrich D. Schleiermacher, *Über Platons Philosophie*. Hamburg 1996.

Egidius Schmalzriedt, *Platon. Der Schriftsteller und die Wahrheit*. München 1969.

Julius Stenzel, *Zahl und Gestalt bei Platon und Aristoteles*. Darmstadt 1959.

Jan Szaif, *Platons Begriff der Wahrheit*. Freiburg/München 1996.

Thomas A. Szlezák, *Platon und die Schriftlichkeit der Philosophie. Interpretationen zu den frühen und mittleren Dialogen.* Berlin 1985.

Thomas A. Szlezák, *Platon lesen.* Stuttgart 1993.

Thomas A. Szlezák (hrsg.), *Platonisches Philosophieren. Zehn Vorträge zu Ehren von Hans Joachim Krämer.* Hildesheim 2001.

Thomas A. Szlezák, *Die Idee des Guten in Platons Politeia: Beobachtungen zu den mittleren Büchern.* Sankt Augustin 2001.

Thomas A. Szlezák, *Das Bild des Dialektikers in Platons späten Dialogen.* Berlin 2004.

Jürgen Villers, *Das Paradigma des Alphabets. Platon und die Schriftbedingtheit der Philosophie.* Würzburg 2005.

Ottomar Wichmann, *Platon. Ideelle Gesamtdarstellung und Studienwerk.* Darmstadt 1966.

Wolfgang Wieland, *Platon und die Formen des Wissens.* Göttingen 1982.

Jürgen Wippern (hrsg.), *Das Problem der ungeschriebenen Lehre Platons. Beiträge zum Verständnis der platonischen Prinzipienlehre.* Darmstadt 1972.

Ursula Wolf, *Die Suche nach dem guten Leben. Platons Frühdialoge.* Hamburg 1996.

Eduard Zeller, *Grundriss der Geschichte der griechischen Philosophie.* Stuttgart 1912.

Clemens Zintzen (hrsg.), *Die Philosophie des Neuplatonismus.* Darmstadt 1977.

D. 研究著作或资料集（中文部分）

〔法〕皮埃尔·阿多《古代哲学的智慧》，张宪译，上海译文出版社 2012 年版。

〔美〕马丁·贝尔纳《黑色雅典娜：古典文明的亚非之根》（第一卷），郝田虎、程英译，长春：吉林出版集团有限责任公司 2011 年版。
陈康《论希腊哲学》，北京商务印书馆 1990 年版。
陈中梅《柏拉图诗学和艺术思想研究》，北京商务印书馆 1999 年版。
范明生《晚期希腊哲学和基督教神学》，上海人民出版社 1993 年版。
〔德〕费勃《哲人的无知》，王师译，北京华夏出版社 2010 年版。
〔美〕弗里《口头诗学：帕里—洛德理论》，朝戈金译，北京社会科学文献出版社 2000 年版。
〔瑞士〕葛贡《柏拉图与政治现实》，黄瑞成、江澜等译，上海华东师范大学出版社 2010 年版。
〔美〕郝岚《政治哲学的悖论——苏格拉底的哲学审判》，戚仁译，娄林校，北京：华夏出版社 2012 年版。
〔美〕克莱因《柏拉图的三部曲：〈泰阿泰德〉、〈智者〉与〈政治家〉》，成官泯译，上海华东师范大学出版社 2009 年版。
〔法〕库蕾《古希腊的交流》，邓丽丹译，桂林：广西师范大学出版社 2005 年版。
〔德〕利奇德《古希腊风化史》，杜昌忠、薛常明译，北京海豚出版社 2012 年版。
刘小枫/陈少明主编《施莱尔马赫的柏拉图》，北京华夏出版社 2009 年版。
〔法〕罗斑《希腊思想和科学精神的起源》，陈修斋译，段德智校，桂林：广西师范大学出版社 2003 年版。
〔美〕罗森《柏拉图的〈治邦者〉——政治之网》，陈志伟译，上海：华东师范大学出版社 2011 年版。
〔美〕萨顿《希腊黄金时代的古代科学》，鲁旭东译，郑州：大象出版社 2010 年版。
〔德〕斯勒扎克《读柏拉图》，程炜译，南京：译林出版社 2009 年版。
〔美〕列奥·斯特劳斯《迫害与写作艺术》，刘锋译，北京华夏出版社 2012 年版。

王双洪《柏拉图〈伊翁〉译疏》，上海：华东师范大学出版社 2008 年版。
王玉峰《城邦的正义与灵魂的正义》，北京大学出版社 2009 年版。
汪子嵩等《希腊哲学史》第 1—4 卷，北京人民出版社 1993 年以来陆续出版。
〔德〕耶格尔《亚里士多德：发展史纲要》，朱清华译，北京人民出版社 2013 年版。
詹文杰《真假之辨——柏拉图〈智者〉研究》，南京：江苏人民出版社 2011 年版。
张波波《柏拉图〈菲丽布〉译注》，北京华夏出版社 2013 年版。

出版后记

当前，在海内外华人学者当中，一个呼声正在兴起——它在诉说中华文明的光辉历程，它在争辩中国学术文化的独立地位，它在呼喊中国优秀知识传统的复兴与鼎盛，它在日益清晰而明确地向人类表明：我们不但要自立于世界民族之林，把中国建设成为经济大国和科技大国，我们还要群策群力，力争使中国在21世纪变成真正的文明大国、思想大国和学术大国。

在这种令人鼓舞的气氛中，三联书店荣幸地得到海内外关心中国学术文化的朋友们的帮助，编辑出版这套《三联·哈佛燕京学术丛书》，以为华人学者们上述强劲吁求的一种记录，一个回应。

北京大学和中国社会科学院的一些著名专家、教授应本店之邀，组成学术委员会。学术委员会完全独立地运作，负责审定书稿，并指导本店编辑部进行必要的工作。每一本专著书尾，均刊印推荐此书的专家评语。此种学术质量责任制度，将尽可能保证本丛书的学术品格。对于以季羡林教授为首的本丛书学术委员会的辛勤工作和高度责任心，我们深为钦佩并表谢意。

推动中国学术进步，促进国内学术自由，鼓励学界进取探索，是为三联书店之一贯宗旨。希望在中国日益开放、进步、繁盛的氛围中，在海内外学术机构、热心人士、学界先进的支持帮助下，更多地出版学术和文化精品！

生活·读书·新知三联书店

一九九七年五月

三联·哈佛燕京学术丛书

[一至十九辑书目]

第一辑

中国小说源流论 / 石昌渝著

工业组织与经济增长的
理论研究 / 杨宏儒著

罗素与中国 / 冯崇义著
——西方思想在中国的一次经历

《因明正理门论》研究 / 巫寿康著

论可能生活 / 赵汀阳著

法律的文化解释 / 梁治平编

台湾的忧郁 / 黎湘萍著

再登巴比伦塔 / 董小英著
——巴赫金与对话理论

第二辑

现象学及其效应 / 倪梁康著
——胡塞尔与当代德国哲学

海德格尔哲学概论 / 陈嘉映著

清末新知识界的社团与活动 / 桑兵著

天朝的崩溃 / 茅海建著
——鸦片战争再研究

境生象外 / 韩林德著
——华夏审美与艺术特征考察

代价论 / 郑也夫著
——一个社会学的新视角

走出男权传统的樊篱 / 刘慧英著
——文学中男权意识的批判

金元全真道内丹心性学 / 张广保著

第三辑

古代宗教与伦理 / 陈　来著
——儒家思想的根源

世袭社会及其解体 / 何怀宏著
——中国历史上的春秋时代

语言与哲学 / 徐友渔 周国平 陈嘉映 尚　杰 著
——当代英美与德法传统比较研究

爱默生和中国 / 钱满素著
——对个人主义的反思

门阀士族与永明文学 / 刘跃进著

明清徽商与淮扬社会变迁 / 王振忠著

海德格尔思想与中国天道 / 张祥龙著
——终极视域的开启与交融

第四辑

人文困惑与反思 / 盛　宁著
——西方后现代主义思潮批判

社会人类学与中国研究 / 王铭铭著

儒学地域化的近代形态 / 杨念群著
——三大知识群体互动的比较研究

中国史前考古学史研究 / 陈星灿著
(1895—1949)

心学之思 / 杨国荣著
——王阳明哲学的阐释

绵延之维 / 丁　宁著
——走向艺术史哲学

历史哲学的重建 / 张西平著
——卢卡奇与当代西方社会思潮

第五辑

京剧·跷和中国的性别关系 / 黄育馥著
(1902—1937)

奎因哲学研究 / 陈　波著
——从逻辑和语言的观点看

选举社会及其终结 / 何怀宏著
——秦汉至晚清历史的一种社会学阐释

稷下学研究 / 白　奚著
——中国古代的思想自由与百家争鸣

传统与变迁 / 周晓虹著
——江浙农民的社会心理及其近代以来的嬗变

神秘主义诗学 / 毛　峰著

第六辑

人类的四分之一：马尔萨斯的神话与中国的现实 / 李中清　王　丰著
(1700—2000)

古道西风 / 林梅村著
——考古新发现所见中西文化交流

汉帝国的建立与刘邦集团 / 李开元著
——军功受益阶层研究

走进分析哲学 / 王　路著

选择·接受与疏离 / 王攸欣著
——王国维接受叔本华 朱光潜接受克罗齐 美学比较研究

为了忘却的集体记忆 / 许子东著
——解读50篇“文革”小说

中国文论与西方诗学 / 余　虹著

第七辑

正义的两面 / 慈继伟著

无调式的辩证想象 / 张一兵著
——阿多诺《否定的辩证法》的文本学解读

20世纪上半期中国文学的现代意识 / 张新颖著

中古中国与外来文明 / 荣新江著

中国清真女寺史 / 水镜君 玛利亚·雅绍克 著

法国戏剧百年 / 宫宝荣著
(1880—1980)

大河移民上访的故事 / 应　星著

第八辑

多视角看江南经济史 / 李伯重著
(1250—1850)

推敲“自我”：小说在 18 世纪的英国 / 黄梅著

小说香港 / 赵稀方著

政治儒学 / 蒋　庆著
——当代儒学的转向、特质与发展

在上帝与恺撒之间 / 丛日云著
——基督教二元政治观与近代自由主义

从自由主义到后自由主义 / 应奇著

第九辑

君子儒与诗教 / 俞志慧著
——先秦儒家文学思想考论

良知学的展开 / 彭国翔著
——王龙溪与中晚明的阳明学

国家与学术的地方互动 / 王东杰著
——四川大学国立化进程（1925—1939）

都市里的村庄 / 蓝宇蕴著
——一个“新村社共同体”的实地研究

“诺斯”与拯救 / 张新樟著
——古代诺斯替主义的神话、哲学与精神修炼

第十辑

祖宗之法 / 邓小南著
——北宋前期政治述略

草原与田园 / 韩茂莉著
——辽金时期西辽河流域农牧业与环境

社会变革与婚姻家庭变动 / 王跃生著
——20世纪30—90年代的冀南农村

禅史钩沉 / 龚隽著
——以问题为中心的思想史论述

“国民作家”的立场 / 董炳月著
——中日现代文学关系研究

中产阶级的孩子们 / 程巍著
——60年代与文化领导权

心智、知识与道德 / 马永翔著
——哈耶克的道德哲学及其基础研究

第十一辑

批判与实践 / 童世骏著
——论哈贝马斯的批判理论

语言·身体·他者 / 杨大春著
——当代法国哲学的三大主题

日本后现代与知识左翼 / 赵京华著

中庸的思想 / 陈赟著

绝域与绝学 / 郭丽萍著
——清代中叶西北史地学研究

第十二辑

现代政治的正当性基础 / 周濂著

罗念庵的生命历程与思想世界 / 张卫红著

郊庙之外 / 雷闻著
——隋唐国家祭祀与宗教

德礼之间 / 郑开著
——前诸子时期的思想史

从“人文主义”到“保守主义” / 张源著
——《学衡》中的白璧德

传统社会末期华北的生态与社会 / 王建革著

第十三辑

自由人的平等政治 / 周保松著

救赎与自救 / 杨天宏著
——中华基督教会边疆服务研究

中国晚明与欧洲文学 / 李奭学著
——明末耶稣会古典型证道故事考诠

茶叶与鸦片：19世纪经济全球化中的中国 / 仲伟民著

现代国家与民族建构 / 昝涛著
——20世纪前期土耳其民族主义研究

第十四辑

自由与教育 / 渠敬东　王　楠著
——洛克与卢梭的教育哲学

列维纳斯与"书"的问题 / 刘文瑾著
——他人的面容与"歌中之歌"

治政与事君 / 解　扬著
——吕坤《实政录》及其经世思想研究

清代世家与文学传承 / 徐雁平著

隐秘的颠覆 / 唐文明著
——牟宗三、康德与原始儒家

第十五辑

中国"诗史"传统 / 张　晖著

民国北京城：历史与怀旧 / 董　玥著

柏拉图的本原学说 / 先　刚著
——基于未成文学说和对话录的研究

心理学与社会学之间的
诠释学进路 / 徐　冰著

公私辨：历史衍化与
现代诠释 / 陈乔见著

秦汉国家祭祀史稿 / 田　天著

第十六辑

辩护的政治 / 陈肖生著
——罗尔斯的公共辩护思想研究

慎独与诚意 / 高海波著

——刘蕺山哲学思想研究

汉藏之间的康定土司 / 郑少雄著

——清末民初末代明正土司人生史

中国近代外交官群体的
形成（1861—1911） / 李文杰著

中国国家治理的制度逻辑 / 周雪光著
——一个组织学研究

第十七辑

新儒学义理要诠 / 方旭东著

南望：辽前期政治史 / 林　鹄著

追寻新共和 / 高　波著
——张东荪早期思想与活动研究
（1886—1932）

迈克尔·赫茨菲尔德：学术
传记 / 刘　珩著

第十八辑

"山中"的六朝史 / 魏　斌著

长安未远：唐代京畿的
乡村社会 / 徐　畅著

从灵魂到心理：关于经典精神分析的
社会学研究 / 孙飞宇著

此疆尔界："门罗主义"与
近代空间政治 / 章永乐著

第十九辑

何处是"中州"？/ 江　湄著
——十到十三世纪的历史与观念变局

波斯与东方：阿契美尼德帝国时期的
中亚 / 吴　欣著

观物：邵雍哲学研究 / 李　震著

魔化与除魔：皮柯的魔法思想与现代
世界的诞生 / 吴功青著

通向现代财政国家的路径：英国、日本
与中国 / 和文凯著

汉字革命：中国语文现代性的起源
（1916—1958） / 钟雨柔著